Alexander Wendt

VERACHTUNG nach unten

Für J.

»Verstehen heißt immer verstehen, was auf dem Spiel steht.« *Hannah Arendt*

Alexander Wendt

VERACHTUNG nach unten

Wie eine Moralelite die Bürgergesellschaft bedroht – und wie wir sie verteidigen können

lau verlag

Bibliografische Information
der Deutschen Nationalbibliothek
Die Deutsche Nationalbibliothek verzeichnet diese
Publikation in der Deutschen Nationalbibliografie;
detaillierte bibliografische Daten sind
im Internet über http://dnb.d-nb.de abrufbar.

FSC
www.fsc.org
MIX
Papier | Fördert
gute Waldnutzung
FSC® C014138

2. Auflage
ISBN 978-3-95768-259-8

www.lau-verlag.de

Umschlagentwurf: pl, Lau-Verlag, Reinbek
Satz und Layout: pl, Lau-Verlag, Reinbek
Druck und Bindung: Finidr, s.r.o.
Printed in Czech Republic

Inhalt

Der große Fortschritt zurück

»Es gibt einen Krieg zwischen denen, die sagen, es gibt Krieg/ und denen, die sagen, es gibt ihn nicht.« *Leonard Cohen*

Tief ist der Schacht, in dem die linken Ideen liegen. Die Ideen der historischen Linken wohlgemerkt, die vor langer Zeit immerhin mit der Absicht angetreten war, bessere Verhältnisse für alle zu schaffen. Fast immer scheiterte sie mit dieser Absicht. Oft verschlechterte sie das Leben derjenigen, deren Befreiung sie zu ihrem Ziel erklärt hatte.

Diejenigen, die heute in der Hülle der Linken operieren, teilen mit dieser antiken Linken nur noch Symbole und Gesten, aber längst nicht mehr die Ziele.

Die alten linken Ideen lagern an einem bekannten, aber nicht mehr zugänglichen Ort. Für das Überzeugungssystem, das sich heute als fortschrittlich ausgibt, bedeutet diese Endlagerung der alten emanzipatorischen Ideen nicht nur einen Vorteil, sondern geradezu die Existenzgarantie. Denn die bloße Symbolik der alten Fortschrittsbewegung genügt heute, um den Kritikreflex des politischen, akademischen und medialen Milieus links der Mitte weitgehend abzuschalten, selbst dann, wenn es sich um eine Bewegung handelt, die ihre Ziele nur notdürftig mit einem progressiven Firnis überzieht, in Wirklichkeit aber darauf zielt, die Gesellschaft weit zurückzuwerfen, hinter die Aufklärung, hinter die bürgerliche Emanzipation, in ein neues dunkles Zeitalter des Tribalismus und damit notwendigerweise in eine Ära des permanenten Unfriedens.

Für die klassische Linke, wie sie im vorvorigen Jahrhundert in Europa und nur dort entstand, bildete die Kritik an den ökonomischen Verhältnissen den Kern der Gesellschaft. Sie formierte sich in der Absicht, ungerechte Verhältnisse zu überwinden, und nicht, um sie zu bewirtschaften. Die ursprüngliche linke Bewegung besaß viele Schwächen und ausgedehnte blinde Flecken. Sie konnte mit Liberalität wenig bis nichts anfangen, sie überschätzte die Ökonomie als eigentliche Gesellschaftsgrundlage. Kultur samt Religion galt ihr nur als Überbau. Aber der Marxismus, der reformerische Teil der Arbeiterbewegung, auch verwandte Modelle wie die heute vergessene Staatswirtschaftsutopie Fichtes versprachen, die Menschen aus ihren Fesseln zu lösen. Ihr Stand sollte nach der gelungenen Befreiung keine Rolle mehr spielen. Nicht ihre Hautfarbe, nicht ihr Geschlecht oder die Tatsache, dass es sich bei den Befreiten um Europäer handelte. Gesellschaftsmitglied, das reichte ihnen als Identität.

Die klassische linke Ideologie plädierte gerade dafür, dass nicht der Einzelne eine Schuld an schlechten Zuständen tragen sollte, sondern dass ökonomischer Druck sie verursacht, wie es bei Bertolt Brecht heißt: *Wir wären lieber gut anstatt so roh/doch die Verhältnisse, sie sind nicht so.*

Deshalb sollten bekanntlich alle Verhältnisse umgeworfen werden, die aus Menschen verächtliche Wesen machten.

Marx und Engels glaubten, schon im Kapitalismus sei alles Stehende und Ständische verdampft. Das stimmte nie. Über die Beständigkeit kleiner Formen selbst unter großen Veränderungswellen gibt Lampedusas »Gattopardo« besser Auskunft als viele Bände großer Gesellschaftstheoretiker. Aber dass Theoretiker und Praktiker, die sich heute die alten linken Symbole borgen, nach einer neuen stehenden und ständischen Gesellschaft streben, dass sie es für Fortschritt halten, wenn sich eine Gesellschaft wieder nach Eigenschaften wie Hautfarbe, Geschlecht und Herkunft gliedert und dass sie eine unabänderliche Verächtlichkeit bestimmter Menschengruppen als neue Doktrin verkünden – diese Entwicklung hätte die Klassiker der alten Linken mindestens verblüfft. Es wäre für sie auch eine Lektion darüber gewesen, was sich mit ihren Begriffen anstellen lässt.

Wo das Bewusstsein das Sein regieren will, spielt kulturelles Kapital eine wichtigere Rolle als das Materielle. Die neue Priesterkaste stützt ihre Macht darauf, dass sie kulturelles Kapital schöpft, verteilt und auch wieder entziehen kann. Statt wie die alte Linke Produktionsmittel zu beherrschen – ein mühsames Geschäft –, möchten die neuen Priester die Sinnproduktion kontrollieren.

Wer unter einem progressiven Vorzeichen zur alten Stammes- und Standesgesellschaft zurückwill, der muss auslöschen, was im Zentrum der alten Linken und der Sozialreformer stand: die soziale Frage.

Wer von Gruppenidentität spricht, muss sich sozial blind stellen. Wer Menschen vor allem als Träger einer Hautfarbe und einer Herkunft sehen will, darf sich nicht für ihr Einkommen interessieren. Denn nur dann fügt sich der zum Mindestlohn bezahlte Kraftfahrer als Träger des weißen Privilegs in das Gesellschaftsbild ein, während die Staatssekretärin, deren Eltern als arabische Einwanderer kamen, lebenslänglich zu den Marginalisierten und potenziell Diskriminierten zählt, unabhängig von Status und Gehalt. Diejenigen, die so argumentieren, kehren die linke Klassik um. Der angemessene Begriff für sie lautet: verkehrte Linke, regressive Progressive, Kräfte, deren Zukunftsentwurf sich die Vergangenheit zum Vorbild nimmt. Soziale Blindheit ist die erste Forderung, die verkehrte Linke an sich selbst stellen müssen. Dieses Buch handelt von den Kräften, die in ihrem Moraldünkel Schwächere von oben belehren und an den Rand der Gesellschaft drängen, und das in sozialer und in kultureller Hinsicht. Wer nicht zur Kaste der neuen Hohepriester gehört, soll keine legitimen Interessen mehr vertreten dürfen. Sondern sich schuldig fühlen und schweigen.

Neue Gesellschaft, das bedeutet nicht, dass alles umgestürzt würde. In dem moralischen Kapitalismus steckt selbstverständlich noch der alte, so wie die kleinere Matrjoschka-Puppe in der größeren. Dieses Buch versucht deshalb, auch eine politische Ökonomie dieser im Entstehen begriffenen neuen Verhältnisse zu entwerfen.

Die neue moralische Klasse, die sich links ausstaffiert, arbeitet in den westlichen Ländern gerade daran, die Früchte der Aufklärung zu vernichten – und das unter dem Banner des Fortschritts. Wer die bürgerliche Emanzipation verteidigt, egal aus welcher Perspektive, handelt nach ihrer Logik als Reaktionär. Die aufsteigende moralische Kaste praktiziert nicht nur die einfache, sondern gleich die mehrfache Verdrehung von linken und überhaupt von modernen politischen Begriffen. Für dieses Phänomen gibt es in der Ideologiegeschichte kein Vorbild: Den Weg zurück in die Vormoderne erklärt eine einflussreiche Allianz von Theoretikern, Politikern, Anführern von Institutionen und Medienvertretern heute nicht nur als fortschrittlich, sondern sogar für *den* Fortschritt schlechthin, für seine einzige legitime Form.

Verachtung nach unten handelt von dem Versuch, die Bürgergesellschaft durch eine neue, von Hautfarbe, Herkunft, Geschlecht und Religion definierte Gesellschaft der Stämme zu ersetzen, Parlamente durch Ständeversammlungen, den westlichen Individualismus durch das Denken im Kollektiv, die Meritokratie durch die Zuteilung von Ressourcen nach Quoten, das Aushandeln von Begriffen mit Rede und Gegenrede durch eine unkritisierbare Orthodoxie und den westlichen Rationalismus durch einen Okkultismus.

Dieses Buch beschreibt, was die Gesellschaft verlieren würde, wenn sich die neue Kaste tatsächlich als unangefochtene Macht etablieren sollte. Ihr Glaubenssystem enthält nichts Menschenfreundliches, nichts Befreiendes, nichts, was eine Gesellschaft befrieden könnte. Es macht die Gesellschaft hysterischer, paranoider, instabiler, ärmer und primitiver. Es verbessert außerhalb der Priesterkaste selbst nirgendwo die Lebensbedingungen.

Die dauernde Anklage bildet den Modus dieser Kaste, die ihrerseits nirgends erkennen lässt, welche Kritik, welche Gegenentwürfe sie denn noch zuließe, wenn sie einmal vollständig herrschen würde.

Alles, was den Westen wertvoll macht, steht auf dem Spiel: die Idee des Bürgers, die Rationalität, das Prinzip von Rede und Gegenrede, die offene Entwicklung.

Die Alternative dazu wäre eine Gesellschaft, die in eine Finsternis fortschreitet.

EINS
Friede dem Zentrum, Krieg der Peripherie

»Die Vorstellung des permanenten Wandels macht das Leben unmöglich.« *Michel Houellebecq*

Dieses Buch soll unter anderem davon handeln, wie Abstraktion das Konkrete verdrängt. Die Debatte über den Zustand der Gesellschaft lässt sich nur durch Anschauung beginnen. Eine Gesellschaft besteht nicht aus Begriffen, sondern aus Personen, Orten, Landschaften. Wer Territorien durchstreift und mit ihren Bewohnern spricht, dem bleiben Konflikte nicht lange verborgen. Es gibt dabei nur eine wesentliche Bedingung: Es sollte sich um möglichst unterschiedliche Gebiete und Menschen handeln. Klassen und Schichten existieren auch in der Gegenwart, also der Epoche nach dem klassischen Industriezeitalter. Auch in Westeuropa, der Weltgegend, die mehr Aufwand betreibt als alle anderen, um Ungleichheit zu mildern, manchmal auch nur, um sie zu verdecken. Das soziale Oben und Unten stellt sich heute etwas anders dar als im neunzehnten Jahrhundert oder in der Mitte des zwanzigsten. Geld oder vielmehr Geld allein bestimmt heute weniger über den Platz des Einzelnen als noch vor zwei oder drei Generationen. Trotzdem herrscht nicht mehr Gleichheit als damals. Beginnen wir deshalb mit einer Wanderung durch eine imaginäre westeuropäische Stadt, zusammengesetzt aus mehreren real existierenden Gegenden. Fangen wir ganz außen an, räumlich und was den Status der Bewohner betrifft, nämlich in einer Hüttensiedlung vor Lissabon, in der Einwanderer aus

Afrika ankommen, um von dort so schnell wie möglich in die Metropolen weiterzuwandern, wo fast alle auf das Gleiche hoffen: eine berechenbare Umgebung für sich und ihre Familien, kurzum: Stabilität.

Von dort durchqueren wir in Berlin eine Übergangszone zwischen unsicheren und schon halbwegs stabilen Verhältnissen, bevor wir ins Zentrum des progressiven Denkens vordringen, genauer: in eins von vielen Zentren, in die Berliner Eigentumswohnung eines mittelalten Aktivisten, der verspricht, die industrielle Zivilisation des Westens niederzureißen, und für dieses Vorhaben eine symbolische Anleihe bei der Roten Armee Fraktion aufnimmt. Von dort aus geht es ins deutsche Hillbillygebiet am Rand von Leipzig zu einem Facharbeiter, dessen Leben sich aus Sicht des progressiven Zentrums am besten in einer Anklageschrift zusammenfassen lässt: Erwerbsarbeit in der fossilen Industrie, Eigenheim, Familie, zwei Autos, reaktionäre Ansichten. Ein Grill im Garten kommt verschärfend dazu.

Die Migranten im Hüttendorf am Atlantik und der traditionelle ostdeutsche Facharbeiter ähneln einander in einem Punkt. Sie wünschen für sich eine Umgebung, in der sie halbwegs würdig leben können, und die sich bestenfalls langsam ändert. Hier verläuft die wichtigste Trennlinie innerhalb der modernen westlichen Gesellschaften: Sucht jemand vor allem Stabilität? Oder verlangt er den großen Auf- und Umbruch, die schnelle Transformation in eine Zukunft, die sich so radikal wie möglich von der Gegenwart unterscheiden soll?

Der zweite tiefe Unterschied liegt in dem, wofür es in der identitätspolitischen Debatte das Wort *Sichtbarkeit* gibt. Die Neuankömmlinge in ihrer Behelfssiedlung, der Facharbeiter mit Auto und Haus, der als Typus verschwinden soll – keiner von ihnen spielt in der gesellschaftlichen Debatte eine große Rolle. Keiner besitzt die Macht, bestimmte Begriffe zu prägen und andere aus der Öffentlichkeit zu verdrängen. Auch das trennt die Diskursmeister im Zentrum von den Gestalten am Rand.

Sichtbar werden sie, wenn beispielsweise der Autor dieses Buchs sich auf den Weg macht, um ihnen Fragen zu stellen. Willkommen zur Grand Tour von der Peripherie ins Zentrum.

Von der Station Belem in Lissabon dauert die Überfahrt nach Trafaria eine Viertelstunde. Ein Trampelpfad führt vom Landungssteg auf der anderen Seite des Tejo an dem Silokomplex des Hafens vorbei. Wer sich an diesen erdigen Weg hält, der über eine Grasfläche mit kleinen Haufen von Schutt und Müll führt, verlässt Europa nach ungefähr zehn Minuten. Jedenfalls das Europa der befestigen Straßen, der von Bauarbeitern errichteten Häuser und unterirdisch verlegten Stromkabel. Die Siedlung in der Cova de Vapor, der Dampfbucht, beginnt unmittelbar hinter der wilden Grasfläche und den Einfamilienhäusern von Trafaria. Die Dampfbucht bildet ein kleines Sondergebiet, das niemand zu sehen bekommt, der von der Fähre aus die Hauptstraße nimmt, um zur Costa da Caparica zu fahren, dem langen Strand der Stadtbewohner und Touristen.

Das Baujahr der Häuser in der Dampfbuchtzone lässt sich schwer schätzen. Sie können vor zehn Jahren entstanden sein oder vor einer Woche. Meist bestehen sie aus roten Hohlziegeln, ungleichmäßig verputzt oder gar nicht, manche sind mit Blechplatten gedeckt. Es gibt bessere, die wie stark vereinfachte Versionen der normalen Häuser in Trafaria wirken, und sehr schmale Schuppen mit winzigen unverglasten Öffnungen in der Mauer, die vielleicht nur als Lager für irgendetwas dienen, vielleicht aber auch als Behausung oder beides.

Zwischen Stangen an den Wegen hängen Elektroleitungen, ganze Bündel, die an irgendeiner Stelle von der regulären Stromversorgung abzweigen.

Etwa sechshundert dieser Hütten stehen auf der kleinen Fläche, manche mit Meerblick. Die etwa dreitausend Bewohner stammen fast alle aus Afrika. Cova de Vapor ist eine Ankunftsstadt, eine von weltweit vielen Arrival Cities, um den Begriff zu benutzen, den der kanadische Autor Doug Saunders mit seinem Buch über die weltweiten Wanderungsströme prägte. Eigentlich handelt es sich um ein Ankunftsdorf. Es gibt fast nur Provisorien. Diejenigen, die vorübergehend hier einziehen, möchten schnellstmöglich auf die andere Seite des Tejo, in die Stadt oder in andere Städte anderer europäischer Länder. Wer in der Siedlung lebt, befindet sich, was die Schwierigkeiten der Route angeht, ungefähr auf halbem Weg zwischen seinem Herkunftsland und einem Apartment in Lissabon.

Die meisten Bewohner der Dampfbucht stammen aus Kap Verde und anderen ehemaligen Kolonien Portugals. Der Inselstaat gehört zu den stabilsten afrikanischen Staaten; Einkommen und Lebenserwartung liegen an der Spitze unter den Ländern des Kontinents. Allerdings bietet das Land Stabilität unter bescheidenen Verhältnissen. Wer in die Wohlstandszone nach westlichen Maßstäben ausbrechen will, findet dort nur sehr wenige Möglichkeiten. Nach Europa kommen gerade nicht die Ärmsten der Armen, wie es immer wieder heißt, sondern eher Menschen aus der Mittelschicht, die das nötige Geld für den Weg überhaupt aufbringen können. Für diejenigen, die weggehen, kommen wiederum Migranten aus dem ärmeren Nigeria auf die Kapverdischen Inseln. Die meisten Bewohner der Dampfbucht arbeiten entweder drüben in der Stadt oder in der kleinen dörflichen Wirtschaft der Siedlung.

Jorge Esteves stammt aus Luanda, der angolanischen Hauptstadt. Wie fast alle Dampfbuchtbewohner will er schleunigst weiterkommen. In seinem Fall heißt die nächste Station, die er sich vornimmt, Frankreich. Nach seiner Ankunft vor Lissabon bewarb er sich als Koch. Als das nicht klappte, arbeitete er als Küchenhelfer und später auf dem Bau. Mit dem Einkommen schaffte er es vorübergehend aus der Dampfbuchthütte.

Er mietete ein kleines Apartment, zwar nicht drüben in Lissabon, aber in der regulären Siedlung an der Costa da Caparica. Das veränderte allerdings seine Rechnung. Die Miete, 580 Euro im Monat, fraß einen großen Teil seines Bauhelfergehalts wieder auf.

Als er seine Anstellung verlor, ging er zurück in die Siedlung. »Die Nachbarn«, sagt er, »haben mich wieder aufgenommen.« Streitereien und Abneigung zwischen Festlandafrikanern wie ihm und Kreolen aus Kap Verde, erzählt Jorge, gebe es nicht. »Seit ich hier hingekommen bin, habe ich nie ein Problem wahrgenommen.« Auch die Beziehung zu den Weißen in der Nachbarschaft von Trafaria sei friedlich. Um die Regulierung von Streitigkeiten kümmert sich der Präsident der Siedlung, Paulo Silva, genannt *faisca*, ein Weißer. Faisca kann im Portugiesischen Blitz bedeuten, Aufblitzen, Funkeln, auch Goldkörnchen, die im ausgewaschenen Flusssand übrig bleiben.

Jorge geht zwei Beschäftigungen nach, einer, die ihn weiter seinem *faisca* näherbringen soll, und eine, mit der er seinen Lebensunterhalt verdient. Mit vier Freunden gründete er die Musikgruppe »2825-Segundo Gueto«, also »zweites Ghetto«, kombiniert mit der Postleitzahl des Ortes. Am liebsten würde er eine Tanz- und Theaterschule gründen. Um Geld zu verdienen, geht er jeden Tag zum Muschelfischen an den Tejo. »Du kannst davon leben«, sagt er. »Es gibt Tage, an denen du nichts im Netz hast. Aber das ist nun mal beim Fischen so.«

Im Schnitt verdient er damit die Hälfte des portugiesischen Mindestlohns, der bei 650 Euro liegt. Sein Motto für die Lebensplanung ähnelt dem Plan der anderen Dampfbuchtbewohner. »Ich nehme, was ich kriegen kann.« Er weiß, dass die Siedler dort zwar im Außenbereich der Gesellschaft leben, aber noch nicht ganz unten. Es gibt auch Goldkörnchensucher, die sich aus verschiedensten Gründen noch nicht einmal in einer Hütte der Cova de Vapor halten können.

Drüben am Stadtufer vor einem gelben zweistöckigen Haus in der Nähe des Bahnhofs Cais do Sodre stehen jeden Tag Obdachlose, die versuchen, hier in der Sozialstation einen Schlafplatz und eine Gelegenheit zum Duschen zu bekommen. Fast alle sind dunkelhäutig. Die Hoffnung, in eine bessere Zone springen zu können, die Angst, noch tiefer zu fallen – das eine wie das andere liefert die Lebensenergie für die Dampfbucht.

Von diesen Ankunftszonen fließt ein Strom von immer neuen Dienstleistern in die eigentliche Gesellschaft, Küchenhilfen, Reinigungskräfte und Händler von illegalen Substanzen für Stadtbewohner, Erntehelfer für Tomatenplantagen, Lotsen, die Autofahrer auf Parkplätze winken und in Supermärkten die Einkäufe in Tüten verstauen.

Die Bewohner der wohlhabenden Zonen nehmen die einzelnen Dienstleister wahr, vielleicht auch noch hier und da den größeren Strom, mit dem sie kommen, aber fast nie die Ankunfts- und Durchgangszonen. Für die Dampfbucht gab es in den vergangenen Jahren eine Ausnahme, die das Gebiet in der Peripherie direkt, wenn auch nur sehr vorübergehend, mit dem Zentrum der Gesellschaft verband. Im Jahr 2012 wurde Guimarães Europäische Kulturhauptstadt, sehr viel öffentliches Geld wartete darauf, für Projekte ausgegeben zu werden. Eins dieser Projekte wurde das Casa do Vapor, errichtet von einer Architektengruppe, eine Holzkonstruktion mit einer Gemeinschaftsküche mitten in der Siedlung. Ihr Holzhaus bezeichnete das Architektenkollektiv als *partizipatorisches Design* und *kollektive Bricolage*; als Austauschort zwischen Praktikern, Teilnehmern und lokalen Anwohnern. Es gibt einen Text der portugiesischen Architektin Joana Braga dazu; sie bezieht sich darin unter anderem auf Konzepte des sozialen Raums der belgischen Politikwissenschaftlerin Chantal Mouffe und der Architekturtheoretikerin und Derrida-Schülerin Doina Petrescu. Für die Hüttenansammlung von Cova de Vapor benutzt Braga eine Umschreibung, in der die Bewohner nicht direkt vorkommen und die sie nie selbst benutzen würden. Die Siedlung nennt sie eine einzigartige soziale und urbane Umgebung, geformt von verschiedenen Sehnsüchten, und Produkt der Selbstorganisation.

Über den Austausch zwischen den kurzzeitig gelandeten Architekten und Theoretikern des sozialen Raums einerseits und den Bewohnern auf der anderen Seite findet sich in den Dokumentationen fast nichts. Viele Fotos, die ihren Text illustrieren, zeigen Mittelschichtsangehörige, die bei der Arbeit an der Holzkonstruktion optimistisch in die Kamera schauen. Das mit dem europäischen Kulturhauptstadtprogramm finanzierte und von Aktivisten errichtete Gemeinschaftshaus aus Holz stand merkwürdigerweise nur ein Jahr, bis 2013. In der Dampfbucht, wo praktisch alles aus Provisorien besteht, gehörte das Kulturhauptstadtgeschenk zu den kurzlebigsten Bauten überhaupt. Es scheint, dass die Bewohner mit dem Haus der Architekten und Sozialtheoretiker sehr viel weniger anfangen konnten als seine Schöpfer aus dem Gesellschaftskreis Nummer eins.

Niemand in den Ankunftszonen beschäftigt sich mit kollektiver Bricolage. Auch nicht auf der nächsten Stufe, falls ihnen der Aufstieg gelingt. Jeder bastelt an seinem eigenen Leben und dem seiner Familie.

Auch diejenigen, die wandern, möchten nicht ständig irgendwohin aufbrechen. Sie möchten ankommen. Ihre Wünsche klingen einfach. Ein Apartment mit zuverlässiger Stromversorgung, ein festes Einkommen, Zugang zum Gesundheitswesen, die Möglichkeit, etwas Geld zurückzulegen, eine Familie, eine Zukunft ohne extreme Umbrüche. Das Gegenteil, den ständig schwankenden Grund unter den Füßen, kennen die Zuzügler jedenfalls besser als die anderen.

Die meisten von ihnen kommen, weil sie nicht, wie es eine deutsche Sozialdemokratin einmal formulierte, »die Regeln des Zusammenlebens täglich neu aushandeln« wollen. Wie übrigens auch so gut wie alle Alteingesessenen. Die Migranten aus chaotischen Ländern wissen, dass es nirgends friedlich zugeht, wo ein täglicher Kampf aller gegen alle um gegenwärtige und künftige Regeln herrscht. Und dass Zustände dieser Art bestenfalls den Wohlstand kleiner kleptokratischer Gruppen garantieren, aber nie ein gutes Leben für die Mehrheit.

Es gibt wohl keinen Prozess, der so widersprüchlich verläuft und solche Sprengkraft besitzt wie die massenhafte Armutseinwanderung in die Länder des Westens. Zum einen gibt es keinen besseren Beweis für die zivilisatorischen Errungenschaften, die hier die Gesellschaft prägen. Regeln, die eben nicht der täglichen Aushandlung unterliegen. Weitgehend intakte Institutionen, ein ebenfalls noch einigermaßen intaktes, wenn auch nicht mehr unangefochtenes Gewaltmonopol des Staates. Und als Folge dieser Bedingungen ein hohes Sozialkapital, also ein allgemeines Vertrauen in Verträge und Absprachen, eine Sicherheit, dass Eigentums- und sonstige Bürgerrechte auch morgen noch gelten. Die Ausstrahlung dieses Westens als Sehnsuchtsort stellt für die antiwestlichen Neolinken ein erhebliches argumentatives Problem dar. Denn in ihren Augen bildet der Westen als Ganzes ein rassistisches, ungerechtes System; alles, was sie tun und fordern, läuft daraus hinaus, die westliche Bürgergesellschaft abzuräumen, und stattdessen gerade die tribalistischen Verhältnisse zu errichten, vor denen viele Migranten fliehen. Die aus dieser Argumentationsnot geborene Erzählung der Neolinken, der Westen verdanke seinen Wohlstand der kolonialen Ausbeutung, habe die Länder des *globalen Südens* ruiniert, und bei dem Zustrom der »Verdammten der Erde« (Frantz Fanon) handle es sich um die verdiente Strafe für eine untilgbare Schuld, diese Schutzbehauptung erweist sich schon beim ersten Blick als Unsinn. Ganz offenkundig kommen keine Ströme von Armutsmigranten aus Ostasien, obwohl der Kolonialismus (europäischer, aber auch innerasiatischer) zur Geschichte etlicher Staaten gehört, dazu oft noch zerstörerische Kriege. Zum Zeitpunkt ihrer Unabhängigkeit lag das Prokopfeinkommen in einigen afrikanischen Ländern sogar höher als etwa in Singapur. Der Westen verdankte seinen Wohlstand außerdem bestenfalls in einem sehr geringen Maß seinen Kolonien, für die heutigen Volkswirtschaften spielt er praktisch keine Rolle. Für das Deutsche Reich erwies sich das kurze Kolonialabenteuer in der Gesamtrechnung sogar als Verlustgeschäft. Es waren vielmehr die Rechtssicherheit, die Stabilität, die wachsenden bürgerlichen Freiheiten, die den Boden für Massenwohlstand bildeten. Das galt für westliche Länder mit Kolonialbesitz genauso wie für Staaten ohne jede Kolonialpolitik. Aus dem gleichen Grund entstand auch der Massenwohlstand in Südkorea und Singapur, beides ehemals kolonial unterworfene Staaten.

Zum einen widerlegt die Realität der Migration also die progressive Mustererzählung vom schuldigen Westen mit seiner zum Abriss freigegebenen Ordnung. Zum anderen lieben die Erwachten die Migration – allerdings nur, soweit sie sich in ihr Weltbild einfügen lässt. *Die Migranten* stellen für sie gesichtslose soziale Figuren dar. Für ihre individuellen Schicksale interessieren sie sich nicht sonderlich. Sie müssen als Typus in die Erzählung passen, als Opfer, als Verbündete im Kampf gegen den Westen, als Maskottchen für Projekte wie das kurzlebige Holzhaus in der Dampfbucht vor Lissabon. Für Einwanderer, die einfach nur eine kleine Stabilität für sich suchen, die sich möglicherweise sogar im Westen assimilieren möchten, gibt es in den Erzählungen und Gesellschaftsentwürfen der Neulinken keine Verwendung. Zu jeder Integration gehört auch zu einem gewissen Teil eine Assimilation, eine Anpassung an neue Verhältnisse.

Interessanterweise kämpfen drei ansonsten höchst unterschiedliche Gruppen dagegen, dass sich Migranten vor allem aus islamischen Ländern dem Westen anverwandeln. Erstens die identitätspolitischen Neoprogressiven, die darin zu Recht eine Unterminierung ihrer Ideologie sehen. Zum zweiten die Identitären von Rechtsaußen, die darauf bestehen, ein Einwanderer aus Somalia, aus Tunesien, aus der Türkei, selbst ein Nachkomme von Migranten aus diesen Ländern könnte niemals wirklich Deutscher, Österreicher oder Franzose werden. Und drittens die Vertreter des politischen Islam, die eine Angleichung, eine Verwestlichung von Einwanderern für ein Unglück halten, das unbedingt verhindert werden muss. Für sie bedeutet es auch ein Unglück, denn sie würde die Machtbasis islamischer Kräfte im Westen gefährden. Alle drei Gruppen würden aus unterschiedlichen Motiven Migranten am liebsten lebenslang in das Gefängnis einer Identität sperren.

Vielleicht machen Einwanderer in manchen Ländern das Land ihrer Wünsche durch ihre Menge und das Tempo ihrer Ankunft unsicher, so wie auch Touristen bekanntlich das zerstören können, was sie suchen. Daran, dass nicht alle, aber viele Migranten für sich vor allem sichere Verhältnisse wünschen, ändert das nichts.

Für diejenigen aus dem Zentrum der Gesellschaft, dem Teil, in dem die Bewohner vor allem Theorien produzieren, Projekte entwerfen und kulturelles Kapital verteilen, klingt es möglicherweise überraschend oder sogar absurd: Aber nicht nur diejenigen, die frisch ankommen, sondern auch die meisten Alteingesessenen möchten nicht ständig die Perspektive wechseln. Sie finden es Mühe genug, ihre Perspektive aufrechtzuerhalten. Die meisten möchten ihre Lebensweise nicht ständig infrage stellen. Sie möchten nicht unentwegt Verkrustungen aufbrechen. Sie möchten erst recht nicht, dass andere darüber befinden, was bei ihnen als Verkrustung zu gelten hat, um sich dann an das Geschäft des Aufknackens zu machen. Das, was andere Verkrustungen nennen, empfinden sie möglicherweise als Schutz, zumindest aber als stabilisierendes Element in ihrem Leben. Und jeder besitzt das Recht, selbst darüber zu bestimmen, wovon er sich Schutz und Stetigkeit verspricht.

Wenn jemand die Wendung »Verkrustungen aufbrechen« benutzt, dann meint er so gut wie nie seine eigenen. In den wenigsten Fällen fragt er die anderen, deren Verkrustungen er beseitigen will, nach ihrer Sicht – ungefähr so wenig, wie ein Suppenkoch ein Gespräch mit der Schildkröte für nötig hält, wenn er sich daranmacht, ihr den Panzer einzuschlagen.

In Berlin liegen Ankunftszonen, Gebiete der vorläufigen Sicherheit und die Zentralen derjenigen, die über kulturelles Kapital entscheiden, nah beieinander. Manchmal innerhalb des gleichen Stadtbezirks. Ein kleines Landungsgebiet fand sich beispielsweise mehrere Monate lang in einer Unterführung ganz in der Nähe des Innenministeriums in Moabit, wo eine Großfamilie aus Rumänien ihre Schlaf- und Kochstellen eingerichtet hatte. Ein paar Kilometer entfernt findet sich ein Übergang zwischen dem äußersten Rand und der schon relativ sicheren Zone, der im ersten Moment dem Lager in der Unterführung ähnelt. In einem kleinen verwilderten Park eines früher sehr harten Grenzgebiets, nämlich dem zwischen dem Ost- und dem Westteil der Stadt, liegen Sitzpolster halb im Gebüsch, manchmal auch Tüten mit Lebensmittelvorräten, im Sommer läuft Hip-Hop oder Reggae auf einem Recorder. Auf den Polstern und um den Recorder stehen Westafrikaner, ein paar von ihnen kicken einen Fußball dort, wo sich bis 1989 noch ein planierter Streifen vor der Mauer hinzog. Bei dem kleinen Mai- bis Oktobercamp mit Musikuntermalung handelt es sich um einen der Berliner Supermärkte für chemische Substanzen. Das Warenlager mit den schon vorportionierten Plastiktütchen und Pillenbeutelchen befindet sich in den Büschen. Kunden spazieren, radeln, joggen oder skaten vorbei, holen sich ihre vorbestellte Portion ab und ziehen weiter.

Samaan, ein Mann Mitte dreißig mit hochgekämmten dunklen Haaren und getrimmtem Bart, gehört zu denjenigen, die solche Durchgangsgebiete gar nicht erst durchlaufen mussten. Er lebt einigermaßen sicher in der Zone, die geregeltes Einkommen, Steuern und Krankenversicherung bietet. Im Jahr 2016 kam er von Syrien nach Berlin, ein Jahr später fand er eine Anstellung als Friseur in einem zentral gelegenen, sogar ziemlich teuren Berliner Laden. In seine alte Heimatstadt Latakia am Mittelmeer, sagt er, würde er vielleicht zurückkehren, aber als Besucher. Oder falls sein Aufenthaltsstatus in Deutschland endet. Latakia, sagt er, sei vor dem Krieg eine schöne Stadt gewesen. Er erzählt auf Englisch von dem berühmten Nationalmuseum im Gebäude einer früheren ottomanischen Karawanserei, das wahrscheinlich auf den Mauerresten eines noch viel älteren Hauses steht. Erst 2014 entdeckten Archäologen einen Tunnel, der von dem Museum westwärts zum Hafen führt.

Im syrischen Krieg erlebte Samaan die Belagerung Latakias. Seine Tage verbrachte er damit, Lebensmittel zu organisieren und zu warten. Sobald er sich wieder bewegen konnte, verließ er die Stadt.

»Aber jetzt ist der Krieg doch vorbei?«

»Es gibt keine Sicherheit. Wenn etwas passiert, kannst du nicht einfach die Polizei rufen.« Es gebe zwar Polizisten, leider seien die nicht hundertprozentig von organisierten Kriminellen zu unterscheiden. Eigentlich noch nicht einmal zu fünfzig Prozent.

»Ich wollte immer mein eigenes Geschäft haben. Aber nicht dort.«

An einem Land, meint er, sei das Wichtigste überhaupt das Gesetz. »Das Gesetz ist wie ein Computerprogramm. Es muss ganz oben stehen«, er hebt die Hand über seinen Kopf, »und alles andere bestimmen.« In den wichtigen Dingen müsse man sich darauf verlassen können, dass morgen die gleichen Regeln gelten wie heute.

»Im Jahr 2015 sind auch Leute nach Deutschland gekommen, die sich nicht an das Gesetz hier halten. Was soll mit denen passieren?« Die Antwort kommt mit einem waagrechten Handkantenschlag durch die Luft.

»Raus mit denen, sofort.«

»Beispielsweise zurück nach Syrien?«

»Ja, sofort.«

Vielleicht würde er auch Johnny zurück nach Ghana schicken, vielleicht auch nicht, solange er keine Gewalttaten begeht. Vielleicht kauft sich Samaan auch ab und zu ein Tütchen Weed.

Wer sich außerhalb der Bereiche umsieht, in denen die Sinnproduktion für den Rest der Gesellschaft stattfindet, entdeckt nirgends größere Entwürfe mit einer Logik, die für alle passen würde. Aber eben auch die Gemeinsamkeit zwischen ansonsten völlig unterschiedlichen Leuten in der Cova de Vapor, in Berlin und anderswo. Sie stehen auf ihrem unsicheren Gebiet ähnlich wie auf treibenden Eisschollen. Alle versuchen, von ihrer kleinen wackligen auf die größere und festere Scholle zu springen und sich dort erst einmal zu halten.

Der Friseurladen, in dem Samaan arbeitet, liegt in der Nähe von Galerien und Kulturinstitutionen, in denen die so wichtige Sinnproduktion stattfindet. Zu dieser Sinnproduktion gehört das Prägen von Begriffen, die Erfindung von Diskussionssträngen, die Entscheidung, was überhaupt diskutiert werden soll (und was nicht). Diese Sinnproduktion braucht kulturelles Kapital und sie vermehrt es gleichzeitig. Samaan lebt zwar ganz in der Nähe dieser Institutionen, dringt aber wahrscheinlich nie in diesen Gesellschaftsbereich ein, obwohl dort die Begriffe Migranten, Migration und das Adjektiv migrantisch in Schriften und Reden verschwenderisch oft auftauchen. Falls er doch in diese Zone kommen sollte – räumlich ein Weg von zehn Minuten, allerdings mit einer für ihn kaum überwindbaren Mauer –, dann würde er feststellen, dass diejenigen, die dort das Wort führen, sich mit dem exakten Gegenteil von dem befassen, was er für wichtig und überhaupt die

Geschäftsgrundlage der Gesellschaft hält. Sie beschäftigen sich mit der Herstellung von Unsicherheit. Und das so systematisch, als würden sie dafür ein Computerprogramm benutzen.

Ihre Formeln dafür heißen Riss im System, Disruption, Umbruch, Abriss, Aufbrechen von Strukturen. Ihre Forderung lautet, dass der Boden um sie herum schwanken und das allermeiste, was auf ihm steht, zum Einsturz bringen soll. Sie verkünden die Lehre vom permanenten, alle mitreißenden Wandel.

Das zentrale Motto der Kuratoren, die vor einigen Jahren die Berlin Biennale organisierten, praktisch vor Samaans Haustür, lautete »The Crack Begins Within«. Aus ihrem langen Manifest lernt der Leser, dass sie, die Kuratoren, und ihre von ihnen ausgewählten Künstler sich selbst als genau diesen Riss sehen, der die Ordnung von innen aufsprengen soll. Sie erzählen darin von der Arbeit, die ihre Künstler erledigen, und den Dingen, die sie zerschmettern (»the work they do, and the things they shatter«). Die Rede ist von dissidentischen Körpern (»dissent bodies«), von einer Antikirche, und tatsächlich liest sich das Manifest, mit dem Alleserschütterer den Kapitalismus zerschlagen wollen (dieser Begriff kommt vor) wie eine inbrünstige Predigt im Prophetenstil.

In dem gesamten Text findet sich keine Spur von Klassenverhältnissen. Noch nicht einmal der Hinweis, dass so etwas wie Ökonomie überhaupt existiert. Es kommen auch keine Wanderer oder Einheimischen vor, die unspektakuläre, aber notwendige Arbeiten verrichten. Das Manifest kreist um Körper, Geschlecht, Rasse, Patriarchat, um die Gründung einer neuen Glaubenslehre. Auch den zum Abbruch freigegebenen Kapitalismus definieren die Autoren nicht als ökonomisches System. Sondern als Religion, deren Götter gestürzt werden müssen: »Die Religion des kolonialen Kapitalismus in seinen vielen Mutationen ist ein krimineller Amoklauf gegen die sich erhebende Mehrheit der Nichtgläubigen. Die wiederum besudeln deren bleiche Götter und ihren Fundamentalismus, zerstören ihre Kathedralen und erklären, dass ihre Denkmäler ebenfalls sterben werden.« (»The religion of colonial capitalism, in its many mutations, continues its criminal rampage against a rising majority of nonbelievers. They, in turn, are defacing the old pale gods and their fundamentalism, vandalizing their cathedrals, proclaiming that their statues will also die.«)

Nach der Biennale hätte Samaan gleich die nächste Veranstaltung besuchen können, die ihm erklärt hätte, wie und warum die Ordnung im Westen zerschlagen werden muss. Der Kongress beschäftigte sich sogar mit einem Phänomen, das er als Einwanderer aus dem syrischen Krieg bestens kennt, nämlich Heimatverlust. Allerdings trugen die Kulturbetriebsangehörigen im Maxim-Gorki-Theater das Thema mit einer etwas anderen Stoßrichtung vor, nämlich als Forderung und Verheißung. Ihr Motto lautete »De-Heimatize it«; zur Entheimatung fand in dem Theater eine ganze Serie von Diskussionen statt, welche die Veranstalter unter dem Begriff diskursive Intervention zusammenfassten. In dem Entheimatungskongress ging es ganz ähnlich wie auf der Biennale um Identität, Geschlechterrollen, Kolonialismus, Rassismus, den Zusammenhang zwischen Heimat und rechtem Populismus sowie um die Frage, wie sich das Hergebrachte abräumen und durch neue Strukturen des planetaren Netzwerkens ersetzen lässt.

Interessanterweise existiert noch nicht einmal in Berlin ein Netzwerk, das die einzelnen Gesellschaftsteile durch ein Minimum an Gemeinsamkeiten miteinander verbinden würde.

Bei der Forderung nach einem unbegrenzten Abräumen, Aufbrechen und Denkmalsturz handelt es sich natürlich nicht nur um eine Berliner Spezialität. Und auch nicht nur um Rhetorik. Während der Black Lives Matter (BLM)-Kundgebungen zwischen Seattle und Paris fielen reihenweise Denkmale oder sie wurden beschmiert, *defaced*, wie die Statue von Königin Victoria im britischen Leeds. Schon als junge Frau gehörte

Victoria, ebenso wie ihr Mann Prince Albert, zu den entschiedenen Gegnern der Sklaverei, was diejenigen, die sich an ihrem Denkmalssockel zu schaffen machten, nicht daran hinderte, sie in aufgemalten Botschaften als Profiteure des (in England schon vor Victorias Geburt abgeschafften) Sklavenhandels zu brandmarken.

Während der BLM-Kundgebungen in den USA und anderswo machte ein Buch und sein geschlechtsfluider Autor/Autorin Vicky Osterweil Karriere, »In Defense of Looting«, zu Deutsch: »Eine Verteidigung des Plünderns«, die sich nicht mehr mit dem konventionellen Kuratoren- und Diskursvokabular aufhielt, sondern ganz buchstäblich das Plündern als Mittel zur Beseitigung der bestehenden Ordnung empfahl. Osterweil galt den BLM-Sommer über bei vielen Journalisten als Vertreterin des *radical chic.* Als weiße Mittelschichtsangehörige mit Hang zum Dekonstruktivismus spricht sie vor allem ihre Sprache und sie vergisst nicht die überwölbende Botschaft: Plündern ist ein machtvolles Werkzeug, um einen echten, anhaltenden Wandel in die Gesellschaft zu bringen.

Durch all diese Kuratorenmanifeste gegen den Kapitalismus, interventionistische Debattenbeiträge, Anleitungen zur Zerstörung und Tonnen ähnlicher Texte, die alle aus dem gleichen Generator zu stammen scheinen, zieht sich gleich ein doppelter Hang zur Abstraktion. Zum einen hüpft die Sprache von einem oszillierenden Begriff zum anderen – Körper, Geschlecht, Rasse, Patriarchat –, für den es selbst in diesem Milieu keine Definition gibt, auf die sich alle einigen könnten. Zum anderen verschwindet für diejenigen, die ganz oben auf der schwankenden Plattform mit dem Ausblick auf die neue globale Gesellschaft stehen, offenbar die Frage: Was wird aus ihnen selbst? Glauben sie, dass, wenn alles um sie herum wie gewünscht reißt, bricht, bebt und fließt, ausgerechnet ihr hoher Diskursturm als einziges Menschenwerk weit und breit stehen bleibt? Oder nehmen sie an, dass dann, wenn alle repressiven Verkrustungen aufgebrochen und die letzte Verstrebung des Systems zerlegt ist, immer noch genügend Grundfestigkeit übrig bleibt? Jedenfalls unterscheidet der Wunsch der allermeisten nach Stabilität und der Ruf einer Elite nach Umwälzung die beiden Gruppen schärfer, bestimmt die Gesellschaft stärker, als es materieller Reichtum und materielle Armut tun, Herkunft oder Religion.

Die Parole der Niederreißer und Verkrustungsaufbrecher mit Kuratorenstatus oder einer anderen gut bezahlten Tätigkeit auf den Diskurshöhen könnte lauten: Friede dem Zentrum, Krieg der Peripherie. Vielleicht liegt hier auch die Antwort auf die Frage, warum sie den großen Umbruch, den sie fordern, nicht als Bedrohung für ihr eigenes Lebensmodell empfinden. Sie glauben offenbar tatsächlich, dass die Systemrisse nur durch die äußeren Zonen der Gesellschaft laufen, aber dann genau vor ihren Füßen enden.

Wer Stabilität sucht, muss sich im Konkreten bewegen. Wer die permanente Umwälzung fordert, zieht die Abstraktion vor.

Wer nicht zu den neuen Progressiven zählt, lebt an einem bestimmten Ort. Progressive leben in Themenparks.

Ab und zu begegnen diejenigen, die an einem Ort leben und rechtzeitig woanders ankommen müssen, um dort zu arbeiten, den Statikern, die aus einem Thema heraus leben. Sie treffen sich auf den Straßen, die Mitglieder der Bewegung Letzte Generation zur Blockade des Autoverkehrs besetzen. Wer mit angeklebter Hand auf der Straße sitzt, gehört fast durchweg zur Mittelschicht. Die Pendler, die ab und zu aussteigen und die Blockierer in Selbsthilfe wegziehen, tun das, weil sie sich den Zeitverlust nicht leisten können. In Deutschland ist bisher keine größere Protestbewegung der Mobilen entstanden, keine Entsprechung zu den französischen Gelbwesten, dafür aber das Gegenstück, eine Protestserie, in der Leute mit einem großen Budget an Tagesfreizeit und orangefarbenen Warnwesten ihre Auftritte so organisieren, dass sie damit Handwerkern und Schichtarbeitern schaden. Es handelt sich um die vermutlich konformistischste Protestform der Welt. Anders als in Paris, wo beispielsweise eine Blockade an der Porte d'Italie von der Polizei ziemlich ruppig aufgelöst wurde, anders als in London, wo Mitglieder der Gruppe Extinction Rebellion die U-Bahn blockierten, von wütenden Pendlern von den Dächern der Bahnwaggons gezerrt wurden und ein Teil der Medien sich auf die Seite der Pendler stellte, berichten deutsche Journalisten überwiegend wohlwollend über die Vertreter der Letzten Generation. Eine Politikerin der Berliner Grünen erschien zu einer Straßenblockade, um den Blockierern ausdrücklich ihre Solidarität zu versichern, eine Bundesministerin der gleichen Partei äußerte zumindest ihr Verständnis.

Dass es diese serielle Protestform von Bürgerkindern überhaupt gibt, sie sich angesichts von Medien- und Politikerlob alle Mühe geben müssen, um einigermaßen subversiv zu wirken, liegt auch an einem Mann, der zu dem innersten Kreis der modernen Gesellschaft gehört, zu dem Milieu, das Themen bestimmt und kulturelles Kapital verwaltet (was faktisch auf das Gleiche hinausläuft).

Nach der Besichtigungstour im Außenbezirk bei Lissabon, dem Zwischenstopp in den Übergangszonen und vor dem Besuch bei einem Arbeiter führt uns der Weg zu Tadzio Müller, einem Berliner, für den die Berufsbezeichnung Protest-Entertainer am ehesten passt, vielleicht auch Protest-Entrepreneur.

Müller arbeitete eine Zeit lang für die Rosa-Luxemburg-Stiftung, eine Organisation in der Nähe der Linkspartei. Dort kümmerte er sich um die Verbindung mit der Klimabewegung. Er nimmt für sich in Anspruch, zu den Mitgründern der Bewegung »Ende Gelände« zu gehören, einer Gruppe, die immer wieder Braunkohletagebaue und Kraftwerke vorübergehend besetzt und generell die fossile Energieerzeugung bekämpft. »Ende Gelände« ähnelt sowohl »Extinction Rebellion« – denjenigen, die in London auf das Dach des U-Bahn-Zugs in der Station kletterten – als auch den Straßenblockierern der »Letzten Generation«.

Im Jahr 2021 gab Müller seinen Job bei der Stiftung auf. Seine Begründung lautete, er sei einfach kein guter Mitarbeiter. »Und ich habe zugegebenermaßen kein kleines Ego.«

Das, was er in Interviews und in seinen Reden sagt – sein Medium ist eindeutig das Mündliche, der Auftritt –, bewegt sich in der Nähe des Kuratorenmanifests vom nötigen Sturz der kapitalistischen Götter und ähnlichen Texten, Aufrufen zum sofortigen Ende der fossilen Wirtschaft wie denen von Greta Thunberg und dem Plünderungslob von Vicky Osterweil. Bei Tadzio Müller kommen noch zwei spezielle Verstärker dazu. Wenn er einfach andere kopieren und ihr Material nur neu mischen würde, gäbe es nicht Dutzende Interviews mit ihm, YouTube-Videos von seinen Auftritten, außerdem gut 23 500 Treffer bei Google. Zum einen brachte er mit seinem Sinn für wirksame Kommunikation 2021 in einem *Spiegel*-Interview den Satz unter: »Wer den Klimaschutz verhindert, schafft eine grüne RAF.«

Seine Wendung von der grünen RAF zitierten anschließend Dutzende Medien und Tausende Twitterer. Bei ihm, der schon vorher in öffentlichen Auftritten immer wieder dazu aufgerufen hatte, das Recht im Namen der richtigen Sache zu brechen, besitzt es eine andere Glaubwürdigkeit als bei anderen, wenn er nach dem immer noch wirkungsvollsten Markenzeichen des politischen Extremismus aus der Zeit des Nachkriegsdeutschlands greift. Die RAF verstand unbestritten etwas von politischem Marketing, angefangen mit ihrem Kürzel und dem Maschinenpistolensymbol bis zum Repräsentationsstil ihrer Gründer: Porsche und Pelzmantel bei dem frühen Andreas Baader, eine Art Mao-Anzug später bei Auftritten vor Gericht.

Wer alles zusammennimmt, die Aktionen von »Ende Gelände«, Müllers Reden vor jungen Klimakämpfern und sein Geschichtszitat, der kann fürchten, hoffen oder einfach nur mutmaßen, in der Berliner Altbauwohnung säße ein neuer Andreas Baader, dessen Untergrundphase noch bevorsteht. Bei Tadzio Müller handelt es sich aus verschiedenen Gründen nicht um den nächsten Baader. Allerdings um das wahrscheinlich erfolgreichste Ein-Personen-Unternehmen in dem Kreis der Berliner Gesellschaftsdeuter und Sinnproduzenten. Das liegt an einer zweiten Eigenheit, nämlich der Art und Weise, wie er politische Manifeste mit privaten Bekenntnissen mischt. Bei einem Auftritt auf einer Klimademo ließ er sich von seinem Freund an einer Leine vorführen und trug ein Schild mit dem Slogan *Faggots For Future*. Zu seinen Standards gehört der Satz, er habe kein Problem damit, sich von zehn Männern durchficken und auspeitschen zu lassen, nicht das sei pervers, sondern der Dieselskandal von VW, und der gesamte VW-Vorstand gehöre in den Knast. Als Müller in einem Interview seinen Abschied von der Parteistiftung bekannt gab, erklärte er auch, er werde jetzt neben seiner politischen Arbeit BDSM-Hure. In der deutschen Hauptstadt, wo beim Folsom-Festival Hundemaskenträger im Latexbody mit Schöneberger Anwohnern beim sogenannten Wegebier über die Vorzüge und Schwächen von Netflixserien schnacken, liegt Müller damit zwar nicht ganz im Durchschnitt, aber auch noch nicht wirklich in der Extremzone. Auch außerhalb von Berlin erschöpft sich heute der Provokationswert von Körpern und Sexualtechniken ziemlich schnell – dank der Arbeit des Fernsehens in den letzten dreißig Jahren.

Unkonventionell und extravagant wirkt er eher durch seine Entscheidung, mit einem Autor zu sprechen, der nicht zu seinem Milieu gehört.

Müller wohnt in einem Neuköllner Altbau im besseren Teil des Quartiers, in einer Eigentumswohnung, gekauft, wie er in einem Interview mit der *taz* erzählte, mit dem Blutgeld seines Vaters, einem Anwalt der Großkanzlei Baker McKenzie mit 13 000 Angestellten und Hauptsitz in Chicago, Illinois (zu deren früheren Vorstandsmitgliedern auch die spätere Chefin des Internationalen Währungsfonds und heutige EZB-Präsidentin Christine Lagarde gehört).

Die Wohnung liegt in einem oberen Stockwerk, mittelgroß, Holzdielen, nicht luxuriös, guter Berliner Altbaustandard. Sehr aufgeräumt, eine größere Bücherwand, etwas Kunst an den Wänden (gute Auswahl). Müller empfängt an einem Tisch, auf dem zwei Teller mit je einem Stück Kuchen stehen. Er trägt kurze Haare, einen Stahlring in der Nase und um den Hals eine Stahlkette mit einem Schloss und der Aufschrift *Slave*, ansonsten T-Shirt und Jeans. Ich nehme Notizbuch und Stift aus der Tasche, auch ein Tütchen grünen Tee, den er für mich aufbrüht. Dann beginnt das Verhör (ich selbst hatte keins geplant). Müller befragt mich erst einmal, bevor unser eigentliches Gespräch beginnt.

»Sind Sie ein Trumpist? Sind Sie ein AfD-Unterstützer?«

Es handelt sich um konventionelle Triggerbegriffe, die offenbar dabei helfen sollen, den Besucher in einer bestimmten Position festzupinnen. Die Technik erinnert auch ein wenig an die Formalitäten einer Einreise in die USA, zu denen die schriftliche Versicherung gehört, dass man nicht verrückt ist und/oder mit der Absicht kommt, den Präsidenten zu ermorden. Der Einreisefragebogen sieht nur den Ja-Nein-Modus vor. Das erleichtert zwar den Flug in die Vereinigten Staaten, scheint mir aber jetzt als Aufwärmübung in einer Berliner Altbauwohnung nicht angemessen. Also antworte ich, die Frage, ob jemand zu den Trump-Anhängern gehört oder nicht, sollte besser Leuten gestellt werden, die in den USA Wahlrecht besitzen. So geht das noch eine Weile weiter. Luftboxschläge von dem Mann mit der *Slave*-Kette einerseits, Ausweichbewegungen von dem Besucher mit dem Notizbuch andererseits. Zum Glück gibt es keine Zeugen. Dieses Vorspiel, das ungefähr zehn Minuten dauert, langweilt uns beide. Aber dann beginnt so etwas wie ein Gespräch. Es gebe seiner Ansicht nach nur eine sehr geringe Chance, die Klimakatastrophe noch aufzuhalten, sagt Müller. Die Klimaentwicklung laufe auf bestimmte Kipppunkte zu, die nur Leute mit unzureichenden intellektuellen Fähigkeiten ignorieren könnten. Müller spricht sehr schnell und mit leicht gesenktem Kopf, die Silben schieben sich bei ihm oft ineinander, außerdem wechselt er oft mitten im Satz ins Englische. Für ihn herrscht jetzt schon ein politischer Ausnahmezustand, nicht nur in der Klimapolitik. Von Trump bis zum indischen Premier Narendra Modi ziehe ein neuer weltweiter Faschismus herauf. »Haben Sie sich mal näher mit der Politik von Modi beschäftigt?«

Es sind weltumspannende Großprozesse, mit denen er sich befasst; Deutschland trägt nur einen kleinen Tupfer zu dem Panoramabild bei. Wobei dieser Tupfer genauso düster ausfällt wie das große Ganze. Der Alarmzustand rechtfertigt für ihn ganz neue politische Methoden, er erzwingt sie aus seiner Sicht geradezu. Donald Trump, sagt er, sei ohne Zweifel ein rhetorisches Talent (er imitiert ihn kurz). Politikern in Deutschland, auch und gerade den Linken, fehle diese Fähigkeit zur Ansprache, zur Performance, zum Ausbruch aus der üblichen politischen Sprache. In seinen Überlegungen gehe es darum, den Protest attraktiver und geiler zu machen.

Er klickt auf seinem MacBook ein Video an, das ihn bei einer Ansprache in Berlin vor überwiegend sehr jungen Fridays-for-Future-Demonstranten zeigt. Müller selbst wirkt darauf auch jünger, obwohl die Aufnahme nicht besonders alt ist, sie stammt von 2019. Bei seinem Auftritt trägt er eine hellgraue Kapuzenjacke, Jeans, er bewegt sich beim Reden mit einer Variante von Tanzschritten vor, zurück und seitwärts und beides, Bewegung und Rede, zielt erkennbar darauf ab, das Publikum vor ihm in Schwingungen zu versetzen. Er sagt: »Ihr habt geschafft, was keine soziale Bewegung in der BRD jemals hinbekommen hat. Ihr verändert die Gesellschaft komplett.« Nach ein paar ähnlichen Sätzen fordert er das Publikum auf, Kraftwerke lahmzulegen: »Wir stoppen die Scheißkohlekraftwerke. Wenn die es nicht machen (die Politiker), dann machen wir es eben selbst.«

So richtig überträgt sich seine Dynamik nicht, was allerdings eher am Publikum liegt (teilweise sehr jung, nicht besonders demonstrationserfahren), vielleicht auch daran, dass keine Masse vor ihm steht, sondern nur eine lockere Ansammlung. Aber wie passt das zu seinem Satz, der gesellschaftsändernde Protest müsste gerade von den radikalen Rändern kommen? Wenn er meint, die Menschheit steuere in eine Klimakatastrophe, und zwar nicht erst in Jahrzehnten, sondern jetzt gleich, müsste er sich dann nicht um Leute aus der Normalbevölkerung bemühen? Beispielsweise um die Arbeiter bei VW?

»Warum soll ich irgendetwas davon abhängig machen, was ein Arbeiter bei VW denkt?«

Von jetzt an kreist das Gespräch (wir überspringen ein paar Stadien) um den Begriff der Normalbevölkerung und die Gründe, warum eine Bewegung, die das System zerschlagen will, sich nicht damit aufhalten kann und auch nicht muss, erst Mehrheiten davon zu überzeugen.

»Wie viele Normalarbeitsverhältnisse gibt es denn überhaupt in Deutschland?«, fragt er und tippt die Frage bei Google ein. Etwa 27 Millionen, etwas mehr als die Hälfte der gut 45 Millionen Beschäftigten in Deutschland (wobei auch Unternehmer und Selbstständige von der Existenz von Kraftwerken abhängen, auch von Kohlekraftwerken, solange es keinen Ersatz dafür gibt). Trotzdem sieht er keinen Grund, sich beim Gesellschaftsumbau auf diese Leute zu fixieren. »In Berlin«, sagt er, »gehen mehr Leute in Clubs, als es Beschäftigte in Betrieben gibt.«

Das, wendet der Besucher ein, sei eben die Besonderheit Berlins. In der Klimabewegung, meint Müller, würden sich sehr unterschiedliche junge Leute treffen. »Vielleicht nicht gerade die Jungs aus den 4 Blocks« (also der High-Deck-Siedlung zu beiden Seiten der Sonnenallee, 1975 als fortschrittliches Wohnprojekt errichtet, heute ein sogenannter Brennpunkt der Stufe vier auf einer Problemskala von eins bis vier und Kulisse für die TNT-Serie *4 Blocks* über einen libanesischen Mafiaclan in Berlin). Auf die Beantwortung der Frage, warum es sich bei den Klimademonstrationen wie bei den Straßenblockaden fast ausschließlich um Aktionen von weißen Akademikerkindern handelt, also Leuten wie er, hat er keine Lust. Identitätspolitik, zu der es ja auch gehört, eine zu mittelschichtige, aber eine zu weiße Zusammensetzung von Gremien und Gruppen anzuprangern, das hatte Müller vorher schon am Telefon zu verstehen gegeben, interessiere ihn nicht.

Die Ansicht passt zu seiner selbst gewählten Rolle als Vermarkter einer bestimmten Botschaft. Rolle wie Botschaft verlangen, dass er sich ganz auf das Publikum konzentriert, das er bekommen kann, statt sich daran aufzureiben, Leute zu überzeugen, die sich zu sehr von ihm unterscheiden.

Von dem amerikanischen Sozialpsychologen Jonathan Haidt stammt die These, dass moralische Urteile für die Ausbildung fester Überzeugungen eine sehr viel wichtigere Rolle spielen als Argumente. Haidt spricht von taste buds, Geschmacksknospen, an denen sich entscheidet, ob Menschen eine öffentliche Figur und ein bestimmtes Glaubenssystem für überzeugend halten oder nicht. Mit seiner Mischung aus Drogen- und Sexbekenntnissen, Kapitalismusbeschimpfung und *Terrorismus-Stilzita*t wirkt Müller bei einem jüngeren urbanen Publikum, wie ein Werbeprofi sagen würde, anschlussfähig, allerdings ohne deren Leben direkt zu berühren. Die meisten aus seinem Mittelschichtspublikum leben anders als er. Sie würden sich anders als Müller nicht dabei filmen lassen, wie sie sich eine Ladung Methamphetamin ins Rektum schieben. Die meisten würden nicht öffentlich die RAF herbeizitieren. Seine jungen Zuhörer tragen oft Markenkleidung, seine Aufrufe zur Sprengung des kapitalistischen Systems nehmen sie mit ihren iPhones auf. Sie schauen ihm dabei zu, wie er eine ganz bestimmte Rolle ausfüllt. Jemand muss die Lehre vom Riss, vom Umbruch, von der Systemsprengung öffentlich verkörpern, jemand muss die Textberge der Manifeste eindampfen und gleichzeitig vereinfachen, damit sie auch bei einer jüngeren Zielgruppe wirken, die größtenteils nicht mehr gewohnt ist, längeren Gedankengängen zu folgen.

Er bietet ihnen eine Art von optimierter Radikalität, für die er in den passenden Stadtvierteln in Seattle, Portland, London oder Wien ein ganz ähnliches Publikum finden würde wie in Berlin. In manchen seiner Videos spricht Müller seine Botschaften auch auf Englisch in die Kamera.

Er kommt noch einmal auf die Frage der kritischen Masse, ohne die es keinen Systemsturz und noch nicht einmal die bühnenfähige Fiktion eines Systemsturzes gibt. Beim letzten Christopher Street Day in Berlin, meint er, seien eine Million Menschen auf der Straße gewesen, ein Rekord in der Geschichte dieser Veranstaltung in dieser Stadt. »Das«, sagt Müller, »sind eine Million potenzielle Allys.«

»Was?«

»Allys. Alliierte. Verbündete.«

Christopher Street Days – kurz CSD – finden seit den Achtzigerjahren weltweit statt, Berlin zählte schon immer zu den größten. Sie gehören zu den festen Daten in den Kalendern einer reise- und feierfreudigen Schicht, die über finanzielle Mittel für mehrere Stadturlaube im Jahr verfügt. CSD-Umzüge samt anschließendem Clubgang ähneln einander inzwischen sehr, egal ob sie in San Francisco (der Stadt mit dem ersten Pride-Marsch, 1978), in Madrid, Berlin oder London stattfinden. Die von dem Künstler Gilbert Baker ebenfalls 1978 entworfene achtfarbige Regenbogenflagge dient inzwischen nicht nur als übergreifendes Symbol der Christopher Street Days, sondern auch als Werbesignal für Unternehmen, die im Pride Month ihre Logos damit einfärben (allerdings nicht in arabischen Ländern). Bei kaum einer anderen Gelegenheit kommen kulturelles und materielles Kapital so harmonisch zusammen wie bei einem Metropolen-CSD, also demonstrative Moral und traditioneller Konsum. Zur Berliner Mischung gehören nicht nur gut eine Million Menschen aus Europa und Übersee in Trendkleidung aus Asien, sondern auch Methamphetamin aus Tschechien, Kokain aus Südamerika und Bier aus Deutschland. Hier lässt sich am besten studieren, was der Begriff des erweiterten Konsums meint. Wer mitfeiert (der Autor tat das früher, als die CSDs noch nicht so stark wie ein Franchise-Produkt wirkten wie heute), wer hier also feiert, konsumiert nicht nur Getränke, Musik und möglicherweise chemische Substanzen, sondern auch ein modernes Stammesgefühl. Dieses Publikum würde wahrscheinlich auch eine System Change-Rede von Tadzio Müller problemlos als Radikalismus to go mitnehmen, bevor es wieder nach Hause fliegt.

Wenn Müller in einem anderen Kundgebungsvideo aus dem August 2022 sagt: »Wir machen Sachen kaputt, welche die Welt kaputt machen«, »wir müssen die Zerstörungsmaschine kaputt machen«, dann zucken die Einwohner in den äußeren Gesellschaftskreisen vermutlich zurück, falls sie ihn überhaupt wahrnehmen sollten.

Leute, die aus dem zentralen Kreis stammen, können mit Müllers Reden und Aufführungen schon eher leben. Sie merken, dass sie und ihre Innenstadtbezirke nicht gemeint sind. Zumindest hoffen sie das. Davon abgesehen halten sie die

Radikalität eines Tadzio Müller genauso wie die des Plünderungsberaters Vicky Osterweil für ein zwar scharfes, aber auch interessantes Gewürz, jedenfalls für ihre Geschmacksknospen.

Die Riss-im-System-Sätze besitzen die Qualität von einfachen, standardisierten Sinnprodukten für ein gar nicht so kleines und ziemlich homogenes Publikum von Berkeley bis Berlin, das sich selbst als progressiv und dissident beschreibt und sozial aus ähnlichen Verhältnissen stammt wie der BDSM-RAF-Antikapitalismusprediger aus Neukölln. Alles in allem steht Müller seinem Vater und dessen Arbeitgeber näher, als es ihm bewusst ist (vielleicht ist es ihm aber auch bewusst). Das Firmenmotto von Baker McKenzie lautet: *Solutions for the World.*

In einem Tweet verwendete Müller den schönen Begriff Normalextremisten, der zeigen soll, in welchem Teil der Bevölkerung er ein Problem sieht. Man ahnt es schon: Es handelt sich um diejenigen, die nicht global denken, die sich nicht schnell von den Verhältnissen wegbewegen wollen, in denen sie leben, sondern sich bestenfalls langsam vorantasten. Um diejenigen, die den großen Riss im System nicht wünschen, sondern fürchten. Meist fehlt ihnen auch ein Elternteil, der ihnen das Geld für eine Eigentumswohnung in einer europäischen Großstadt schenkt.

So wie Müller den Idealtyp der Riss-und-Zerstörungsrhetoriker verkörpert, lässt sich in Deutschland wahrscheinlich kaum ein besserer Normalextremist finden als Wolfram Ackner. Drei Eigenschaften zeichnen ihn als Angehörigen eines Milieus aus, das in Kuratorenmanifesten nie vorkommt, nicht in den Schriften Osterweils und den Reden Müllers, nicht in den Büchern eines Ibrahim X. Kendi, bestenfalls summarisch und gesichtslos in Robin Di Angelos *White Fragility*, einem Grundlagenbuch des Verachtungsdenkens. Ackner gehört zu einem Milieu, das in den meisten Medien nur zur Problembeschau kurz ins Bild rückt und danach gleich wieder aus dem Blick fällt. Er arbeitet als Schweißer, ist Vater von drei Kindern (alles Töchter) und zusammen mit seiner Frau Eigentümer eines noch nicht abbezahlten Hauses am Rand von Leipzig, dort, wo sich am Straßenverlauf und ein paar alten Häusern noch das irgendwann eingemeindete Dorf erkennen lässt. Zu seinem Häuschen im Neubauteil der Siedlung gehört ein kleiner Garten mit Gemüsehochbeet und einem selbst geschweißten Grill namens Smaug 2000 ultra.

Fragil wirkt Ackner nicht. Er sieht etwas jünger als 53 aus, was auch an seiner muskulösen Statur liegt; er wiegt 100 Kilo bei einer Größe von 1,90 Metern. In Pausen auf Arbeit, sagt er, stemmt er Gewichte. Beim Bankdrücken würde er sein Körpergewicht ohne Mühe schaffen. Die Demonstranten, zu denen Tadzio Müller spricht, nennen Ackner möglicherweise eine fossile Existenz. Und sie hätten damit recht. Die Ackners fahren zwei Autos mit Verbrennermotor, weil sie beide zur Arbeit pendeln und auf dem Weg ihre Kinder zur Schule bringen müssen. Schon das Geld für ein Elektrofahrzeug könnten sie nie aufbringen, geschweige denn für zwei.

Seine Schweißarbeiten erledigt Wolfram Ackner in Leuna, aber auch an anderen Einsatzorten, bevorzugt in Kraftwerken. Sollte es irgendwann seine Art von Job in Deutschland nicht mehr geben, zumindest nicht für ihn, dann kann er sich damit beruhigen, dass diese fossilindustrielle Welt außerhalb noch eine Weile existieren wird, in der Unternehmen traditionelle Fachkräfte aus Deutschland schätzen. Vor einiger Zeit bekam er ein Angebot für eine Stellung in der Schweiz, seine Frau hätte dort auch in ihrem Beruf bleiben können. Alles in allem hätte es auch dort für eine fünfköpfige Familie mit zwei Autos gereicht. Beide entschieden sich dann doch dagegen, weil sie die Kinder nicht aus der Schule nehmen wollten. »Aber wenn es sein müsste«, sagt Ackner, »dann kostet es mich ein, zwei Anrufe, und ich hätte im Ausland einen Job.« Ortswechsel schrecken ihn nicht grundsätzlich. Vor seiner Familiengründung hielt er es ungefähr so wie Joseph Conrads Kapitän Charles Marlow, der von sich sagt, er könnte innerhalb von vierundzwanzig Stunden an alle Enden der Welt aufbrechen, ohne sich darüber mehr Gedanken zu machen als andere, wenn sie die Straße überqueren. Aber jetzt, als Familienvater jenseits der fünfzig, möchte er nur das Land wechseln, wenn es sich nicht vermeiden lässt. In dem Gespräch kommt er ziemlich schnell zu dem Begriff Ankerpunkt, zu der Frage, wo er bei ihm liegt und wo bei denen, die jemand wie ihn Normalextremist nennen. »›Mein Ankerpunkt‹«, sagt er, »ist meine Familie.«

Neben allem, was ihn von Tadzio Müller unterscheidet (und es ist wirklich fast alles), gibt es einen Berührungspunkt, der allerdings, was Ackners Seite betrifft, weit in der Vergangenheit liegt. »In den Achtzigern habe ich zur Metal-Szene gehört, zur Hardcore-Szene«, sagt er. »Die eigentliche Bezeichnung ist Metal Punk.« Wo sein politischer Ort lag, lässt sich heute nur noch schwer erklären. »Schon linksradikal, aber wir waren auch alle ganz klar Anti-SED«, also Gegner der damaligen kommunistischen Partei, die nach mehreren Namens- und sonstigen Änderungen heute immer noch existiert. Als ihre Herrschaft Ende 1989 zusammenbrach, sagt Ackner, damals Schweißerlehrling, sei er mit seinen Metal-Punk-Freunden »aus purem Trotz in der Antikapitalismusecke gelandet«. Erst demonstrierte er in Leipzig gegen die Partei, die sich Partei der Arbeiterklasse nannte, und in deren Reihen sich kaum echte Arbeiter fanden. Zu diesen Demonstrationen gehörte es auch, sich vor Trupps der Polizei in Sicherheit zu bringen, die sich Volkspolizei nannte. Dann, als die Funktionäre der nominellen Arbeiterklassenpartei abgetreten waren, demonstrierten Hunderttausende in Leipzig für die schnelle Vereinigung mit dem Westen Deutschlands. Ackner und seine Freunde standen am Neuen Rathaus und riefen ihre Protestparolen. Ihre ganz neue Demonstrationspraxis bestand jetzt darin, vor rechtsradikalen Skinheads wegzulaufen, die linke Zecken klatschen wollten, während sich die Polizei zurückhielt. »Auf einmal«, sagt er, »war Leipzig voller Nazis. Ich frage mich, wo die alle herkamen.«

Im Gegensatz zu den Umbruchspropheten erlebte er also einen echten Umbruch, einen wirklichen Riss im System, einen, den er sogar alles in allem so wollte. Auch deshalb beharrt er heute auf seinem Stück festen Boden. Es gibt eine feine Demarkationslinie, die sich quer durch Europa zieht und in Deutschland schon an der Elbe beginnt. Überall dort, wo die Gesellschaft Ende der Achtzigerjahre erst durch den Zusammenbruch des Ostblockkommunismus erschüttert wurde, dann durch die Transformation in die kapitalistische Ordnung, überall in diesen Ländern stößt der Ruf nach dem großen Aufbruch der Struktur und nach dem Abräumen des Bestehenden auf eine sehr viel breitere Ablehnung quer durch die Gesellschaft als auf der westlichen Seite der Linie. Selbst in den politisch-medial-akademischen Milieus dieser Länder findet sich kaum jemand, der ihn begeistert aufnimmt. Und das, obwohl eine Mehrheit den Umbruch hin zum Westen wollte und obwohl der Westen kulturell ja nicht an der Elbe endet. Es scheint, als hätte selbst der gewünschte Umbruch den meisten ein realistisches Bild davon vermittelt, wie viel Veränderung eine Gesellschaft in einer bestimmten Zeit verträgt, und was sie von den Einzelnen verlangt. Östlich dieser Demarkationslinie herrscht so etwas wie eine Transformationserschöpfung, vor allem dann, wenn der Umbruch nicht von unten kommt, sondern eine Elite dem Rest der Gesellschaft erklärt, wohin er sich zu transformieren hat. Den Gesellschaften auf der anderen Seite steht sie möglicherweise noch bevor.

In der anarchischen Übergangszeit der ganz frühen Neunziger, als in Leipzig viel nebeneinander bestand, eine Goldgräberszene vor allem in der Immobilienbranche, eine Künstlerszene, eine rechtsradikale und eine linksradikale Szene, gehörte der Bruder des Ex-Punks und Schweißers zu den ersten Hausbesetzern in der Leipziger Stockartstraße. Und Wolfram tauchte in dieses Submilieu ein. Das bedeutete, sehr weit links außen zu stehen, allerdings auf eine andere Weise als ein Tadzio Müller heute. Die Hausbesetzer in Leipzig formierten sich in diesen Vor-Internetzeiten als lokales Projekt.

Das Erste, was Ackner damals von der Szene abstieß, war für ihn, den Metal-Punk, der sich erst einmal aus Prinzip oppositionell verhielt, der autoritäre Ton in den neuen Linksaußenkreisen. Dort erlebte er einen Anführer, »Typ charismatisches Arschloch, das die Leute in den Bann zieht. Ich habe noch nie so ein Kastensystem erlebt wie in der linken Szene.« Zu seiner Abneigung, sich herumkommandieren zu lassen, von wem auch immer, kam bei ihm ein Horror vor der Leere der unstrukturierten Tage mit Demonstrationen und viel Gruppendynamik, aber ohne regelmäßige Erwerbsarbeit und folglich fast ohne Geld. »Ich hatte keinen Bock darauf, in abgewetzten alten Buden zu leben und bis mittags zu schlafen. Ich konnte mir das nicht als Leben vorstellen. Vor allem nicht als Leben mit Mitte Dreißig.«

Also nahm er in den nächsten 17 Jahren gut bezahlte Arbeiten an. In Norwegen lebte er für ein halbes Jahr auf einer Baustelle und schweißte Rohre. In Südafrika schweißte er ebenfalls, verliebte sich zweimal, jeweils in eine Musikerin, und überstand einen Überfall von Machetenmännern, bei dem er es außerdem noch schaffte, den größten Teil seines Geldes zu retten, eine Rolle aus D-Mark-Scheinen. In Italien begann er nach den langen Schichten, bis Mitternacht an seinem Computer zu tippen. Einen Afrikareise-Roman. »Das war das erste Mal«, sagt er, »dass ich merkte, ich kann Texte schreiben.«

Mit Anfang dreißig lernte er dann die Frau kennen, mit der er in Leipzig eine Familie gründen wollte. Familie, Haus,

Arbeit, das kam ihm nicht wie ein Kompromiss vor, nicht wie das zweitbeste Leben, sondern wie das beste. Das Leben an sehr unterschiedlichen Orten kannte er gut genug, um den stabilen Grund zu schätzen. Die Formulierung, er hätte seinen Frieden mit dem Kapitalismus gemacht, trifft es nicht ganz. Wolfram Ackner gehört heute sogar zu den Verteidigern des Kapitalismus – nicht unbedingt dem der großen Technologieplattformen, sondern dem der kleinen und mittleren Betriebe, wie er für Deutschland so typisch ist oder war – weil er weiß, dass die wahrscheinlichen Alternativen schlechter für ihn und seine Familie wären. Ihm fällt die Feststellung heute nicht schwer, dass diejenigen, die damals für die schnelle Vereinigung und das Westgeld auf die Straße gegangen waren, richtig lagen.

Mit einem seiner Texte erreichte er sehr viel mehr Leser, als er erwartet hatte, und zwar mit einem Leserbrief an die Zeitung *Die Welt*. Dort hatte eine Redakteurin gefragt, in welcher Zeit diejenigen, die mit der Gegenwart in Deutschland unzufrieden wären, denn lieber leben wollten. Die gar nicht so subtile unterschwellige Botschaft ihres Artikels lautete: Für euch Eskapisten gibt es gar keine Zuflucht, noch nicht einmal in Gedanken. Ackner schilderte kurz sein Leben als Schweißer und antwortete, wenn er könnte, würde er gern in den westdeutschen Wirtschaftswunderjahren der Fünfziger und Sechziger leben. Sie seien vielleicht kulturell etwas beschränkt gewesen. Unter dem Begriff »spießig« ließe sich sicherlich vieles abhandeln. Aber damals sei der Lebensstandard für fast alle nach oben gegangen. Objektiv sei es die beste Zeit für Facharbeiter wie ihn gewesen. Ihm ging es in diesem Text nicht nur um den Wohlstand, sondern auch darum, dass sich Arbeiter mit Familie, Haus und zwei Autos damals nicht von großen Teilen der Politik und Medien vorhalten lassen mussten, in praktisch allen Belangen das falsche Leben zu führen. Leute wie ich, so ungefähr lautete seine Antwort zusammengefasst, wurden damals respektiert.

Ein Mitarbeiter der *Welt* stellte seine Antwort damals als eigenständigen Beitrag auf die Online-Seite.

Obwohl es sich bei der Zeitung nicht gerade um ein Arbeiterblatt handelt – ein solches Medium gibt es heute gar nicht –, sammelten sich unter Ackners Antwort in kurzer Zeit Hunderte zustimmende Reaktionen, sehr viel mehr als unter dem Text der Redakteurin, auf den er reagiert hatte. Es sah so aus, als hätte er damit einen ohnehin schon sehr strapazierten Nerv getroffen.

Ackner stammt, so beschreibt er es selbst, aus dem proletarischen Familienzweig einer ansonsten überwiegend akademisch geprägten Familie. Seine Großmutter genoss als Schriftstellerin in der DDR eine gewisse Bekanntheit, sein Großvater war Pfarrer in Siebenbürgen, unter seinen Vorfahren finden sich Hochschullehrer, Theologen, Kommunalbeamte und ein bekannter Arabist des 19. Jahrhunderts. Der Nachfahre hätte auch eine akademische Karriere einschlagen können. Allerdings verstand er auch, dass kulturelles Kapital sich nicht immer in materielles verwandeln lässt. Oder, etwas weniger abstrakt, dass ein Politikwissenschaftler vielleicht zu denjenigen gehört, die erfolgreich an der Definition des Guten und Richtigen in einer Gesellschaft mitarbeiten, aber möglicherweise kein Einfamilienhaus zusammen mit dem Ehepartner für eine fünfköpfige Familie finanzieren können, jedenfalls nicht dann, wenn für ihn nur eine universitäre Teilzeitstelle abfällt. Außerdem hält er es für keine schlechte Sache, viele Dinge in seinem Haus und drumherum selbst bauen und reparieren zu können. Bei ihm spielt außerdem ein heute selten gewordener Standesstolz eine Rolle. Proletarisch betrachtet er nicht als Schimpfwort.

Es gibt noch eine andere Sache, gewissermaßen die Kehrseite der Verachtung, die Angehörige des inneren Gesellschaftskreises Leuten wie ihm zeigen. Im Gegenzug darf er auch ihre Regeln ignorieren. »Ich könnte in keinem Beruf arbeiten«, sagt er, »in dem ich mir jedes Wort dreimal überlegen muss und in dem ich mir Schaden zufüge, wenn ich zu offen bin.«

Es bleibt noch die Frage, ob jemand wie er sich politisch engagieren sollte. Jemand, der es bis vor Kurzem noch schaffte, Marathons zu laufen, und der immer noch abends schreibt, hätte ohne Zweifel auch dafür die Kraft. Ihm fällt selbst beim längeren Nachdenken kein Ort ein, keine politische Kraft, keine Plattform, zu der es ihn ziehen würde.

In manchen Gegenden Deutschlands entfällt noch ein Drittel der Wertschöpfung auf den industriellen Sektor. In Belgien, Frankreich und Großbritannien zwar deutlich weniger, aber auch dort existiert noch eine industrielle Kultur. Nur: Arbeiterpartei oder Arbeiterbewegung, beides klingt heute in sämtlichen Industrieländern nach Archiv und Museum.

Was das Politische angeht, sagt Wolfram Ackner, habe er resigniert. »Ich bin heute nur noch für mich und meine Familie verantwortlich.« Früher sei er ein Nachrichtenjunkie gewesen, der sich den *Spiegel* immer schon montags holte. Heute würde es ihm nicht einfallen, dieses Blatt oder ein ähnliches zu lesen. Und schon gar nicht, Geld dafür auszugeben. Er sagt: »Ich schaue auch kaum noch Nachrichten.«

In diesen Nachrichten spielen Leute wie er keine Rolle mehr.

Zu den Kernbegriffen der Identitätspolitik gehört die Formel der Sichtbarkeit, die ihre Anhänger für sogenannte marginalisierte beziehungsweise unterprivilegierte Gruppen fordern. Leute, die wie Ackner leben, gehören nicht zu den Armen, aber sie besitzen nicht das Privileg der Definitionsmacht. Nicht einmal für kleine Belange außerhalb ihrer eigenen Familie. Im rein statistischen Sinn sind sie mit ihren Schweißgeräten, Werkzeugkoffern und Transportern da, aber gesellschaftlich unsichtbar. Sie dürfen sich nach Meinung derjenigen, die gerade die Regeln prägen und kulturelles Kapital verteilen, trotzdem nicht marginalisiert nennen. Sie haben sich nicht zu beklagen. Im Gegenteil, als mittelalter weißer Arbeiter sollte Ackner seine Privilegien überprüfen. Schon die Frage, welche das denn sein sollten, bringt ihm den ersten Strafpunkt ein.

Warum sollte er sich also auf irgendeinen Dialog mit denjenigen einlassen, die sich ihrerseits das Privileg nehmen, sein Leben zu beurteilen? Diejenigen, deren Leben dem von Ackner ähnelt, und diejenigen, die ihnen erklären, dass sie eigentlich nicht mehr in die Gegenwart und erst recht nicht in die Zukunft passen, stehen einander nicht als gesellschaftliche Gruppen gegenüber, die miteinander streiten. Sondern als feindliche Stämme, die sich gar nicht erst auf gemeinsame Regeln für einen Streit einigen können.

Über Leute wie den Leipziger Schweißer schrieb Adam Soboszynski schon 2018 in der linksliberalen deutschen Wochenzeitung *Die Zeit* nicht ohne Empathie: »Es gibt sie natürlich nach wie vor, aber sie sind unsichtbar. Keine satisfaktionsfähige Serie zeigt ihren Alltag (eher kommt eine krasse 4-Blocks-Unterschicht ins Bild), kein Werbespot würde sie zum Handlungsträger machen, niemand in meiner Akademikerschicht sind sie noch ein über die Dienstleistung hinausgehender Bezugspunkt oder gar ein Vorbild, nach dem man sein Leben ausrichtet. Sie sind nicht arm, sie sind nur unbedeutend und out.«

Nichtakademikern wie Ackner fehlt es nicht an Lebenserfahrung. Auch nicht in dem Maß an Geld, dass ihre materielle Existenz auf dem Spiel stehen würde. Auch die protestierenden Bauern in den Niederlanden und Deutschland gehören nicht zu den Armen, was Einkommen und Vermögen betrifft. Aber sie befinden sich unten nach den Maßstäben des kulturellen Kapitals. Sie haben in der Sinnproduktion nichts zu sagen. Ihnen fehlt die Macht, Begriffe zu prägen. Die Begriffspräger wiederum erklären ihnen, ihre Forderungen seien unbeachtlich, ja geradezu unverschämt. Sie sollen gefälligst ihre Arbeit verrichten, sich aber nicht mit eigenen Themen in die gesellschaftliche Debatte einmischen. Diese Lage teilen sie mit prekären Arbeitern und Angestellten, die deutlich weniger verdienen als er und bei denen es nicht für ein Haus reicht. Er teilt sie mit vielen legalen und illegalen Einwanderern, die sich durchzuschlagen versuchen und auf ihr Stück festen Boden spekulieren. Für sie gibt es keinen Themenpark, weil sie sich keinen schaffen. Sie schaffen sich keinen, weil sie zu den Verspäteten und in gewisser Weise Abgehängten gehören: Sie haben noch nicht verstanden, dass kulturelles Kapital heute das Materielle sticht. Was sie durchaus spüren, ist die Verachtung ihrer Lebensweise, die sie trifft. Was ihnen fehlt, sind die Methoden und vor allem eine Sprache, um sich dagegen zu wehren.

In dieser Frage stehen Menschen wie die Ackners, französische Arbeitspendler und die pessimistischen Arbeiter außerhalb der Metropolen, von denen J. D. Vance in *Hillbilly-Elegie* erzählt, an einem ähnlichen Punkt wie die Arbeiter des 19. Jahrhunderts, als es weder Gewerkschaften noch Tarifverträge gab.

In seinem Buch schreibt Vance, welchem Umstand er es verdankt, dass er als Erster aus seiner Hillbilly-Familie studieren konnte, und zwar in Yale, an einer der drei Spitzenklasseuniversitäten des Landes. Er wuchs überwiegend in einer relativ stabilen Umgebung bei seinen Großeltern auf, jedenfalls nicht durchgehend bei seiner drogensüchtigen Mutter und den wechselnden Ersatzvätern. Ärzte, Psychologen und Ökonomen stimmen weitgehend darin überein, dass Stabilität noch nicht die hinreichende, aber die nötige Voraussetzung für die gedeihliche Persönlichkeitsentwicklung, aber auch für ganze Länder bildet, gerade dann, wenn sie nur über wenig Ressourcen verfügen. In der Machthierarchie, die sich in den westlichen Ländern herausbildet, arbeitet eine neue Kaste von Sinnverwaltern daran, anderen genau diese Grundsicherheit unter den Füßen wegzuziehen (während sie für sich selbst, darin liegt die Pointe, natürlich sehr stabile Versorgungsverhältnisse bevorzugen). Verlieren große Gruppen ihre Sicherheit und auch ihre Sichtbarkeit, dann wirkt das schädlicher für sie als die klassische Ausbeutung alter Zeiten. Wenn es einen Gegenbegriff zu Strukturaufsprengen und der ewigen Transformation gibt, dann am ehesten den des gelingenden Lebens. Das gibt es nicht in der ständigen Umwälzung.

Für ein gelingendes Leben kann es manchmal nötig werden, Strukturen aufzuknacken. Aber sehr viel öfter brauchen Menschen mit Normalexistenz genau diesen Schutzpanzer des Vertrauten.

Verteidigen kann sich allerdings nur, wer überhaupt eine Vorstellung davon besitzt, wie sein gelingendes Leben aussehen soll. Die Vorstellung allein nützt noch nichts. Aus der Vorstellung müssen Begriffe entstehen, die dort einen Wert besitzen, wo die Sinnschöpfung einer Gesellschaft stattfindet. Dort, wo die Diskursmächtigen über die intellektuellen Produktionsmittel verfügen. Um die nötigen Begriffe überhaupt dorthin zu bringen und zu verteidigen, braucht es politische Organisation. Davon, wer diese Arbeit leisten könnte und von welchen Kräften weder Wolfram Ackner noch Saaman in dieser Hinsicht etwas erwarten dürfen, handeln die nächsten Kapitel.

ZWEI
Das neue Kapital

»Ich spiele es erst, und sage dir später, was es ist.« *Miles Davis*

Wohlgesinnte und Verlorene

Wer die unterschiedlichen Gesellschaftszonen durchquert, die sich grob in das Zentrum und den Rest gliedern, stellt sich früher oder später die Frage, wie diese Aufteilung eigentlich zu den vertrauten Wegweisern mit der Aufschrift »rechts« beziehungsweise »links« passt, die seit der Französischen Revolution alle westlichen Gesellschaften ordnen. In diesen Gesellschaften gibt es noch genügend Intellektuelle – soweit der Begriff einfach »öffentlich wirksame Person« bedeutet –, die sich selbst zu den Linken der alten Schule rechnen. Sie bestehen darauf, dass ihr altes Schema immer noch gilt. Sie meinen, die klassischen Themen der Linken stünden immer noch auf der Tagesordnung, heute vielleicht sogar mehr als vor Jahrzehnten. Sie halten die Gegenwart längst nicht für so postmateriell wie andere, die in der Gegenwart nur einen kurzen Korridor zwischen der schon erledigten Industriegesellschaft und einer ganz neuen Ordnung sehen, in der sowieso nichts mehr von dem gilt und gelten soll, was den Westen bis jetzt ausmachte.

Der Berliner Dramaturg Bernd Stegemann gehörte im Sommer 2018 zu einer Gruppe, die ein Projekt in Angriff nahm, von dem alle Beteiligten wussten, dass es sie wahrscheinlich an die Grenzen ihrer Kraft bringen würde, das sie aber für halbwegs realistisch hielten. Sie wollten nach ihrem

Verständnis versuchen, die Linke vom Kopf wieder auf die Füße zu stellen. So ähnlich hieß auch die Bewegung, die sie zu diesem Zweck gründeten: »Aufstehen«. Zum einen sollte das Bündnis mit der bisherigen Parteienstruktur brechen, die in Deutschland herrscht. In einer Sammlungsbewegung nach dem Vorbild von Emmanuel Macrons »En Marche«, so stellten es sich die Leute um Stegemann vor, könnten Mitglieder von sehr linken bis gemäßigten Parteien und Organisationen zusammenfinden, außerdem frei flottierende Intellektuelle und bisher politisch Heimatlose, beispielsweise enttäuschte Traditionssozialdemokraten.

Mit dieser Organisation neuen Typs wollte ein gutes Dutzend einflussreicher öffentlicher Figuren ein Gebiet im Handstreich besetzen, das ihrer Meinung nach brachlag, nämlich die traditionelle Vertretung von Klasseninteressen im immer noch größten Industrieland Europas. Die »Aufstehen«-Gründer nahmen sich vor, wieder über das gesellschaftliche Oben und Unten zu sprechen, über Lohn, Preis und Profit, über Einkommensunterschiede und Aufstiegsmöglichkeiten.

Stegemann, Dramaturg, Autor und Professor an der Theaterhochschule Potsdam, gehört zu den debattenerfahrenen Intellektuellen der Republik. Er beherrscht das linke Vokabular, kann präzise analysieren, in öffentlichen Diskussionen landet er seine rhetorischen Schläge an den empfindlichen Stellen. Zur Gründungstruppe gehörte die Bundestagsabgeordnete Sahra Wagenknecht, eine Linke, die mit ihren Auftritten und in ihren Büchern ein Publikum weit über die eigene Wählerschaft hinaus erreicht, außerdem der Soziologe Wolfgang Streeck, dessen Texte auch stilistisch zum Besten gehören, was das linke Lager in Deutschland heute bietet. Um diesen Kern versammelte sich noch eine ganze Reihe anderer Personen mit öffentlicher Reichweite, etwa Eugen Ruge, ein Mathematiker und Schriftsteller, der für sein Romandebüt *In Zeiten des abnehmenden Lichts* den Deutschen Buchpreis bekam.

Die Gruppe argumentierte ähnlich wie der amerikanische Autor und Politikwissenschaftler Mark Lilla und der französische Philosoph Alain Finkielkraut, die dafür werben, wieder über soziale Probleme zu sprechen, über die Probleme von Arbeitern und prekär bezahlen Angestellten außerhalb der großen Zentren, über die Unsichtbaren, die Peripheren.

»Aufstehen« scheiterte als Sammlungsbewegung schon nach wenigen Monaten. An ihrer Geschichte über Versuch und Irrtum lässt sich einiges lernen, und zwar unabhängig davon, ob man ihre Lagebeschreibung und Lösungsvorschläge für vernünftig hält oder nicht (im Fall des Autors lautet die Antwort: teils teils).

Die Bewegung erlebte ihr schnelles Ende vor allem deshalb, weil sie mit immer noch akuten Fragen und alten Begriffen auf neue Verhältnisse traf. Ihren Protagonisten ging es um materielle Fragen. Als Materialisten stürzten sie sich in eine Schlacht, um dann zu erleben, dass sie ihre Niederlage noch nicht einmal im offenen Kampf einstecken mussten. Sie schafften es erst gar nicht in die Arena der Auseinandersetzung. In den neuen Verhältnissen, die sie trotz ihrer zweifellosen Klugheit unterschätzten, entscheidet kulturelles Kapital darüber, ob eine neue Organisation aufsteigt, Verbündete findet, mit ihren Themen in die politischen Debatten vordringt. Oder eben nicht. Und dieses Kapital fehlte der Bewegung, die ausgezogen war, um den Begriff *links* zu okkupieren.

Als ich Stegemann 2020 in einem Berliner Café Unter den Linden traf, ging er mit seiner Niederlage schon gelassen um. Auch deshalb, weil sich in diesen zwei Jahren alle Resthoffnung erledigt hat. »Aufstehen«, sagte er gleich am Anfang des Gesprächs, »ist als politische Kraft tot.« Kam das überraschend?

»Ja. Ich hätte nicht geglaubt, dass es so schnell gehen würde.«

Sahra Wagenknecht, die ich ein paar Monate vorher in ihrem Abgeordnetenbüro besucht hatte, bilanzierte die kurze Geschichte der Sammlungsbewegung etwas anders, professionell-politischer, also milder.

Immerhin, meinte sie, hätten sich auf der »Aufstehen«-Webseite gut 160 000 Menschen registriert. Es gebe Gruppen im ganzen Land, auch öffentliche Veranstaltungen.

Die Seite existiert immer noch, sie kündigt Termine von Aktionstagen an. Sie bittet um Spenden zur Unterstützung der Organisation. Aber gleichzeitig wirkt der rötlich unterlegte Internetauftritt auch wie ein digitales Denkmal. Viel mehr als die Webseite blieb von »Aufstehen« nicht übrig.

Bei ihrer Bündnis- und späteren Parteigründung Anfang 2024 zog Sahra Wagenknecht daraus offenbar Schlussfolgerungen; ihr neues Projekt siedelt sie nicht mehr ganz traditionell links an, sondern eher in schräger Schlachtordnung zum bisherigen Parteiensystem.

Stegemann, Jahrgang 1967, sieht so aus, dass er in einem Fernsehfilm aus dem Stand die Rolle eines Berliner Kulturbetriebsmitglieds übernehmen könnte: längere dunkle Haare, weiche Gesichtszüge, braunes Jackett. Er spricht mit sanfter, öffentlichkeitsgewohnter, gelegentlich etwas hoher Stimme, die ab und zu in die Tonlage einer gespielten oder echten Verwunderung kippt. Zu den Bühnen, an denen er als Dramaturg arbeitet, gehört auch das Berliner Ensemble, das Theater, in dem Bertolt Brecht einmal das Transparent mit der Aufforderung »Glotzt nicht so romantisch« aufhängen ließ. In dieser Denkschule fühlt er sich wohl. Sein Programm lautet: Ernüchterung. Rührung ist ihm genauso fremd wie ein gerührter Blick auf sich selbst.

»Aufstehen« gründete sich damals mit dem Anspruch, das politische Klima in Deutschland zu ändern. Wer verstehen will, warum das Unternehmen von einem guten Dutzend Intellektueller, die Linke wieder auf die Füße zu stellen, im Nirgendwo endete und weshalb links heute mindestens zweierlei umfasst, die klassische linke Begriffswelt, aber auch ein parareligiöses System mit linkem Dekor, der muss den Blick noch einmal zum Sommer 2018 zurückwenden, dem Gründungsjahr der Bewegung, die Stegemann mitorganisierte. Welches Klima herrschte damals und in den Jahren vorher?

Einerseits besaß »Aufstehen« eigentlich alles, um sein Ziel zu erreichen. Praktisch hinterließ die Neugründung kaum Spuren. Um mit der Habenseite zu beginnen: Die neue Bewegung verfügte nicht nur über anerkannte Fürsprecher mit öffentlichem Kredit, sondern auch, so dachten die Gründer, über die richtigen Methoden. Vor allem aber über ein Momentum. Aus ihrer Sicht hatte die Migration von mehr als einer Million Menschen aus arabischen und afrikanischen Ländern nach Deutschland seit 2015 als Verstärker von Konflikten und Interessengegensätzen gewirkt, die schon vorher existierten. Vor allem in Bezug auf den Gegensatz zwischen den gut abgesicherten Bewohnern der zentralen Stadtviertel, die von der großen Wanderung kaum etwas mitbekamen – außer vielleicht, dass sich das Angebot schwarz arbeitender Putzkräfte erhöhte –, und denjenigen, die an der räumlichen und sozialen Peripherie lebten. In deren Nachbarschaft wurden die Flüchtlingsheime errichtet, sie brauchten für den Wettlauf um günstige Wohnungen in Zukunft noch etwas mehr Geschick, sie merkten, wie ihre Chancen, mit einfachen Jobs halbwegs gut zu verdienen, noch einmal zusammenschrumpften. Sie sahen, dass die staatlichen Stadtrandschulen, die von heute auf morgen Tausende Kinder ohne Deutschkenntnisse aufzunehmen hatten, sich noch ein bisschen weiter verschlechterten. Sie fragten sich, wie die Sozialsysteme – ihre Sozialsysteme – mit der Aufnahme von derart viel schlechter qualifizierten Menschen zurechtkommen sollten.

Von den Bewohnern der inneren Viertel und den Medien, die von Bewohnern der inneren Viertel produziert wurden, mussten sich die Peripheren sagen lassen, sie seien engstirnig, hartherzig, fremdenfeindlich, festgefahren in ihrem Denken. Berufspolitiker, Kirchenvertreter und Mitarbeiter öffentlich-rechtlicher Sender, Leute also, die ausnahmslos nicht in die staatliche Rentenversicherung einzahlen, sondern in besser ausgestattete Systeme, belehrten die anderen, die Migranten seien gute Facharbeiter oder könnten es demnächst ohne große Mühe werden, jedenfalls würden sie schon schnell helfen, die Rentenkasse zu füllen.

Bewohner der guten Viertel, die in Großstädten erstaunliche Anstrengungen unternehmen, um ihre Kinder an privaten Schulen unterzubringen, erklärten den Zustrom von sprachunkundigen Kindern an ohnehin schon überlastete Schulen für einen Segen, für unproblematisch, jedenfalls für ein maßlos übertrieben dargestelltes Problem.

Bürger, die diskret und oft sogar erfolgreich Anwälte bemühten, falls doch einmal aus Versehen ein Asylbewerberheim in ihrer Nachbarschaft entstand, zeigten sich angeekelt von dem grobschlächtigen und zuweilen wutverzerrten Protest gegen die Migranten, zu dem sich hier und da die Leute aus den schlechteren Vierteln versammelten. Stegemann, Wagenknecht und andere wollten über die Lastenverteilung angesichts der Einwanderung von Hunderttausenden aus den Armutsregionen der Welt reden. Die Wohlgesinnten empfanden es schon als empörend, im Zusammenhang mit der Migration überhaupt von Lasten zu reden. »Ein bisschen Kirchentag, ein bisschen Mutbürger, ein bisschen Antifa – die Freiwilligen um mich herum treibt der Wille, es sich, rechten Hasspredigern und der Welt zu zeigen«, so beschrieb der *Spiegel*-Journalist Cordt Schnibben 2015 seine eigene Stimmung und die in seinem Milieu. Den Rest der Gesellschaft, der sein Hochgefühl nicht teilen wollte, fasste er mit der Beschreibung »Ängstliche, Zyniker, trübe Tassen« zusammen. Ähnliche Sätze anderer Journalisten teilten die Gesellschaft nach dem gleichen Muster auf. Ein Redakteur der *Süddeutschen Zeitung* beschrieb diejenigen, die sich von der massenhaften Zuwanderung nicht so begeistert zeigten wie er, als »wunderliche Nichtneger«, die jetzt »aus ihren Löchern« gekrochen kämen.

Falls jemand, und sei es umständehalber, die Migration nicht ausschließlich als Fest empfand, dann galt: umso schlimmer für ihn und seine Wahrnehmung.

Das Gründungsmanifest für die neue linke Bewegung, so sieht es Stegemann, sei eigentlich schon ein Text in der *Zeit* von ihm aus dem Jahr 2016 unter dem Titel »Die andere Hälfte der Wahrheit« gewesen. Darin schrieb er Sätze, die auf viele Leser des Blattes ähnlich gewirkt haben müssen wie ein Zahnarztbesteck auf einen unzureichend betäubten Nerv. »Wenn man als Akademiker in einer Eigentumswohnung lebt«, meinte der Dramaturg, »dann ist es sehr gratismutig, eine Willkommenskultur zu fordern und die Nase über diejenigen zu rümpfen, die gegen ein Flüchtlingsheim protestieren, das in ihrem Wohngetto gebaut wird.« In einem weiteren Text in der *Zeit* hielt er der »wohlmeinenden bürgerlichen Klasse« vor, mit Rührung auf das Elend der Welt zu blicken und die soziale Realität dabei auszufiltern. An die Stelle von altlinken sozialen Themen sei bei den Wohlmeinenden »die biopolitische Perfektionierung des Alltags und die Sprachregelung der Political Correctness getreten«.

In seinem Buch *Die Moralfalle*, ebenfalls von 2016, hielt Stegemann dem Zentrum der Gesellschaft »eine moralisierende Kommunikation« vor, »die politische Positionen nach der moralischen Gesinnung und nicht nach Interessen und Konflikten beurteilt«.

Was und wen er damit meinte, illustrierte kaum etwas so genau wie ein anderer Text, der im gleichen Jahr erschien, das Gründungspapier von »Aufstehen«: ein Aufsatz von Robert Habeck, der sich damals mit einer programmatisch gemeinten Schrift für den Vorsitz der Grünen bewarb. »Es ist schäbig«, meinte der Politiker dort, »die Benachteiligten der Gesellschaft – Arme versus Flüchtlinge – gegeneinander aus[zu] spielen. Und umgekehrt betrifft Integration nicht nur die Geflüchteten, sondern auch die hier Geborenen, die sich trotzdem abwenden.« Schon die Beschreibung des Konflikts hielt Habeck als Vertreter der gewandelten Linken also für einen Regelverstoß, ein Ausspielen, das tunlichst unterlassen werden sollte. Wenden sich Bürger von dem ab, was der Grünenpolitiker für richtig hält, dann empfiehlt er ihnen einen Kurs, der sie wieder in seine Begriffswelt integriert. Lehnen sie das Angebot ab, demaskieren sie sich selbst als hoffnungslose Fälle.

Besser lässt sich kaum erklären, was Stegemann mit moralischer Gesinnung meint, die Konflikte kurzerhand aus dem eigenen Blickfeld schiebt.

Im gleichen Text notierte Habeck übrigens, Links sei »heute ein leerer Ort«.

Der Versuch von Stegemann, Wagenknecht, Streeck und anderen, diesen leeren oder jedenfalls von anderen geräumten Ort zu besetzen, traf also den richtigen Augenblick. Und er richtete sich auf Probleme, die sich zwar verdecken, aber nicht fortschaffen ließen, nicht nur in der Migrationsfrage. In Deutschland existiert ein deutlich größerer Geringverdienersektor als in anderen europäischen Ländern. Etwa zweieinhalb Millionen Beschäftigten bleibt auch bei Vollzeitarbeit weniger als 2000 Euro brutto im Monat. »Aufstehen« wollte allerdings nicht nur die eindeutig Prekären ansprechen, sondern auch diejenigen, die zwar etwas besser als schlecht leben, aber spüren, wie ihr Leben an Stabilität verliert. Diejenigen, die aus ihrer materialistischen und eigennützigen Wahrnehmung pessimistisch in die Zukunft schauen. Im weitesten Sinn alle, die zu den Unsichtbaren gehören, deren Interessen wenig zählen, denen es nicht unbedingt am nötigsten Geld fehlt, aber an Wahrnehmung.

Abgesehen davon fanden in Deutschland linke Sammlungsbewegungen immer mühelos eine Öffentlichkeit, jedenfalls leichter als etwa in angelsächsischen Ländern. Nach all den eigentlich unschlagbar günstigen Bedingungen folgte das große Aber.

Wieso endete »Aufstehen« trotzdem nach wenigen Monaten in völliger Bedeutungslosigkeit?

Viele Medien, sagte Stegemann bei dem Treffen in dem Berliner Café 2020, hätten über die neue Bewegung berichtet, die allermeisten davon mit einem besorgten und warnenden Grundton. Sie versahen »Aufstehen« mit dem Rahmen einer populistischen, unverantwortlichen und sogar gefährlichen Kraft, vor allem weil sie gegen das Gebot verstoßen hatte, Migration als etwas ausschließlich Positives zu sehen. Die Ablehnung sei ihnen nicht nur von linken Medien entgegengeschlagen, sondern auch aus der journalistischen Mitte. »Wir sind«, sagt Stegemann, »von beiden in die Zange genommen worden.« Die *Süddeutsche* fand beispielsweise eine Formulierung, die an einen Zeugniseintrag erinnert: »Wagenknecht fehlte zu oft die nötige Debattenkultur, etwa im Streit über die Migration.«

Als ich den Dramaturgen in Berlin traf, hatte ich gerade ein etwa in der politischen Mitte angesiedeltes Magazin nach fast 25 Jahren verlassen. Auch dort, das erzählte ich ihm, schlug ein Kollege in der Konferenz schon kurz nach der »Aufstehen«-Gründung vor, die Bewegung für erledigt zu erklären, und zwar zu Recht erledigt. Ein anderer Kollege riet, mit der Todesmeldung für das linke Projekt wenigstens noch ein paar Anstandsmonate zu warten. In dieser Redaktion gab es genauso wie anderswo eine ganze Reihe von Journalisten, die in »Aufstehen« instinktiv etwas Unpassendes und Verkehrtes entdeckten, und sich erst im zweiten Schritt überhaupt darum bemühten, Gründe für ihr Unwohlsein zu finden. Die Reaktion, die Stegemann, Wagenknecht und die anderen in den Medien erlebten, ähnelte dem peinlich berührten Murmeln und Schweigen, das ein Tischgast bei einem gehobenen Abendessen erlebt, wenn er ein Thema anschneidet, von dem die anderen zwar wissen, dass es sich nicht gefällig auflösen wird, das sie aber trotzdem auf keinen Fall besprechen wollen.

Die distanzierte bis tadelnde Behandlung von »Aufstehen« in den meisten Medien nahm sich allerdings noch harmlos aus gegen das Trommelfeuer aus dem linken Parteienspektrum. Dessen Politiker sahen in dem Projekt, obwohl seine Gründer erst einmal nicht planten, bei Wahlen anzutreten, aus guten Gründen eine Konkurrenz, vor allem aber eine Bedrohung ihrer Begriffs- und Gefühlswelt, in der sie sich seit den Neunzigern häuslich eingerichtet hatten. Das Gespräch mit Stegemann kreiste deshalb hauptsächlich um diese neuen, von ihm unterschätzten Begriffe und Affekte, in der die materielle Zone im doppelten Sinn nur noch am Rand vorkommt.

Wer zeitgemäße Machtverhältnisse verstehen will, kommt am Studium dieser Gefühlswelt nicht vorbei. Auf der linken wie auf der mittig-bis-rechten Seite gab es, wie Stegemann festgestellt hatte, jeweils verschiedene Akzente der Ablehnung der neuen Sammlungsbewegung. Linke Parteien und Gewerkschaften fühlten sich daran erinnert, dass sie sich früher einmal hauptsächlich als Vertreter sozialer Interessen verstanden hatten. »Der Gründungsaufruf bietet keine Ideen, die sich links vom politischen Mainstream nicht heute schon unterstützen und organisieren ließen«, urteilte der damalige Juso-Vorsitzende und heutige SPD-Generalsekretär Kevin Kühnert. Er würde heute nichts anderes sagen. Und das, obwohl seine Partei damals weniger als 20 Prozent der Wählerstimmen holte und heute nach einem bescheidenen Zwischenhoch auch wieder unter dieser Marke steht. Vor noch nicht einmal einer Generation erreichten die Sozialdemokraten mit Gerhard Schröder mehr als 40 Prozent, davon auch viele Facharbeiter und prekär Beschäftigte, die sich von dieser Partei etwas erwarteten. Je stärker der Verlust an Reichweite bei einer etablierten Kraft, desto heftiger damals die Anstrengungen, die neue Bewegung sofort wieder zu ersticken. Diese Erfahrung machte vor allem Wagenknecht, deren Partei damals erst am Anfang eines langen Niedergangs stand. Die eigenen Genossen fielen über ihre bekannteste Politikerin mit dem Vorwurf her, sie sei eine Spalterin, vor allem aber mit der Unterstellung, sie besorge das Geschäft der Rechten. Nichts wirkt in diesem Milieu so giftig wie dieses Urteil. Im bürgerlichen Lager wiederum erschraken viele über die grundsätzliche Sympathie, die Wagenknecht und andere »Aufstehen«-Mitgründer den französischen Gelbwesten entgegenbrachten. Die Bilder von der Gewalt auf den Pariser Straßen verstörten sie zutiefst, erst recht die Berichte über Plünderungen und Verwüstungen, von denen niemand genau wusste, wie viele oder wenige der dafür Verantwortlichen wirklich zu der eigentlichen Gilets Jaunes-Bewegung gehörten.

Die wichtigsten Gründe für die Ablehnung von »Aufstehen« teilten sich gemäßigte Linke und Gutbürgerliche allerdings. Mit ihrer erfolglosen Mission führten die »Aufstehen«-Gründer ganz nebenbei vor, wie gründlich sich die Öffentlichkeit in den vergangenen zwei Jahrzehnten in Deutschland geändert hatte. Die gleichen oder zumindest sehr ähnlichen Verschiebungen zeigen sich auch in anderen westlichen Industrieländern. Damit beginnt die Antwort auf die oben gestellte Frage, warum eine klassische linke Bewegung trotz eigentlich bester Voraussetzungen innerhalb kürzester Zeit gegen die Wand prallte. Dafür verlassen wir für einen Moment das Gespräch mit Bernd Stegemann Unter den Linden (wir kommen zurück) für eine kleine Tour durch das gute Viertel der Gesellschaft.

Ob die Bewegung »Aufstehen« vor einigen Jahren, die Proteste der Gelbwesten in Frankreich, die Demonstrationen der Trucker in Kanada oder die Traktorenkolonnen wütender Bauern in den Niederlanden und Deutschland – all diese Bewegungen stießen auf eine im Großen und Ganzen sehr ähnliche Zurückweisung im Milieu der gewandelten, identitätspolitischen Linken wie bei den progressiven Bürgerlichen, die für sich selbst meist die Bezeichnung »links« ablehnen würden. Das führt zu der Frage führt, was beide Milieus eigentlich trennt. Mit vielen kleinen Codes und in ihrem Wahlverhalten unterscheiden sich Redakteure linker Medien von ihren Kollegen in neubürgerlichen Blättern und Plattformen, Mitarbeiter etablierter linker Organisationen von denen der Mitte und erst recht jüngere Parteifunktionäre der Linken von Kollegen der weniger linken Konkurrenz. Aber jenseits der Tagespolitik finden sich weder in ihrem Lebensstil noch in ihrer Wahrnehmungswelt große Differenzen. Erst recht keine harten Grenzen. Ihre Biografien ähneln einander. Sie stammen meist aus einem gutsituierten Angestelltenmilieu, jedenfalls kaum aus dem sozialen Unterbau der Gesellschaft. Sie absolvierten fast durchweg ähnliche geisteswissenschaftliche Studiengänge, leben in den gleichen zentralen Stadtvierteln, bringen ihre Kinder bevorzugt auf den gleichen privaten Schulen oder wenigstens in guten staatlichen Gymnasien unter und kaufen in den gleichen gehobenen Supermärkten. Sie benutzen die gleichen Debattenbegriffe, konsumieren die gleichen Leitmedien und treffen sich auf den gleichen Debattenpodien, zu deren Natur es in Deutschland, aber auch in anderen Ländern gehört, dass die Positionen der Teilnehmer nicht allzu weit auseinanderliegen. Sie leben im Zentrum der Städte und sie besetzen das imaginäre Zentrum der Sinnproduktion. Dieses Zentrum definiert sich nicht nur durch seine Bewohner, sondern auch durch eine unausgesprochene Übereinkunft, wer und was dort keinen Platz finden soll. Der Gegensatz zwischen innen und moralisch oben auf der einen und unten und draußen auf der anderen Seite gliedert heute fast alle westlichen Länder. In kaum einem Land funktioniert das Abdrängen sämtlicher Konflikte an die Peripherie allerdings so reibungsfrei wie in Deutschland (was möglicherweise an der generellen deutschen Tendenz liegt, Zeitströmungen zu perfektionieren). Nicht nur die meisten Asylbewerberheime befinden sich – wie schon erwähnt – in den Außenbezirken der Metropolen oder in Kleinstädten. Die vom wohlgesinnten

Milieu zur Fortbewegung empfohlenen Schienennetze, die ein Leben ohne Auto möglich machen, verbinden die Stadtteile der Metropolen und deren Zentren untereinander. Jenseits der Ballungsräume dünnen sie schnell aus. Windkraftanlagen mit ihren belastenden Auswirkungen auf Landschaft, Tierwelt und Anwohner finden sich nicht in den Städten, also dort, wo ihre entschiedensten Befürworter leben. Auf dem Berliner Stadtgebiet stehen einige wenige, und zwar dort, wo die Stadt ins Dörfliche übergeht, und selbst da weit weg von jeder Behausung. Dabei würde die Parole »Wir haben Platz« in Berlin auch für Windturbinen gelten. Durch die Entscheidung, alle innerstädtischen Flughäfen zugunsten des neuen am Stadtrand zu schließen, stand mit dem Tempelhofer Feld plötzlich eine große Fläche zur freien Verfügung. Berlins Grüne zogen unter anderem mit dem Versprechen in den Wahlkampf, dieses Areal von jeder Bebauung freizuhalten. Dort, versprachen sie, würde gar nichts entstehen, kein städtischer Windpark, noch nicht einmal Wohnungen. Das Tempelhofer Feld sollte als weites begrüntes Flaniergebiet nichts als ein halbländliches Idyll mitten in der Hauptstadt bieten.

Zu den wichtigsten naturromantischen Projekten in Deutschland gehört die Wiederansiedlung des Wolfs. Selbstverständlich nicht in Stadtparks oder auf dem Tempelhofer Grünfeld, sondern weit draußen, beispielsweise in der Lausitz, in Gebieten, von denen die Wolfsbefürworter in den Städten gern sagen und schreiben, sie wären menschenleer. Einige Menschen leben dort allerdings, trotz schlechter Schienenanbindung und obwohl es dort fast völlig an gut bezahlten Arbeitsplätzen fehlt. Immer wieder reißen die Wölfe Tierherden, denn tierleer sind die neuen Wolfsgebiete ebenfalls nicht. Die Wolfsverteidiger weisen dann darauf hin, dass es für jedes gerissene Tier eine Entschädigung aus der Staatskasse gebe, dass noch nie in Deutschland ein Wolf einen Menschen angefallen habe und überhaupt der Wolf nicht dämonisiert werden dürfe. Eigentlich wären das gute Argumente, um den *Canis lupus* auch im Volkspark Friedrichshain und im Englischen Garten Münchens heimisch zu machen.

Mit den Asylbewerberheimen verhält es sich so wie mit Windkraft- und überhaupt Produktionsanlagen, die nicht nur Güter, sondern auch Gerüche und Geräusche erzeugen. Die Bewohner des inneren Kreises wollen durchaus, dass es all diese Einrichtungen und die dazugehörigen Menschen gibt. Sie möchten nur diese Einrichtungen und Dinge in ihrem eigenen Lebensbereich so wenig sehen wie einen Wolf in ihrem Stadtpark.

Die Teilung zwischen dem sorgfältig kuratierten Innen und dem äußeren Rest beschränkt sich nicht auf das Land selbst. Bekanntlich gilt es im Kreis der Wohlgesinnten als ausgemacht, Stromerzeugung aus Atom und Kohle daheim zu überwinden und auch kein Gas aus dem deutschen Boden zu fördern, weil sie über die Förderungsmethode, das Fracking, noch nicht einmal diskutieren möchten. Selbstverständlich lädt man auch im inneren Kreis sein Notebook und sein Mobiltelefon zeitweise mit französischem Nuklear- und polnischem Kohlestrom und konsumiert Produkte, die ohne durch Fracking gefördertes und über den Atlantik verschifftes Flüssiggas nicht entstehen würden.

Deutschland käme in existenzielle Schwierigkeiten, wenn alle Staaten ringsum die deutsche Energiepolitik kopieren würden. Die Wohlgesinnten im inneren Kreis könnten ihr gewohntes Leben auch nicht mehr führen, wenn im Rest des Landes die gleiche Ablehnung von Windkraft- und überhaupt allen störenden Industrieanlagen herrschen würde wie in ihren urbanen Zentren. Sie müssten sich fragen, wohin sich die von ihnen gewünschten Migranten nach dem Überqueren der deutschen Grenze begeben sollten, wenn es auch in der Peripherie nur so viele beziehungsweise so wenige Aufnahmeeinrichtungen gäbe wie im Prenzlauer Berg.

Die unverzeihliche Schuld der Protestler aus der Peripherie besteht darin, dass sie versuchen, die Trennung zwischen den Themenparks im Inneren und den restlichen gesellschaftlichen Gebieten einzureißen. Damit bricht etwas von außen durch die ansonsten so gut geschlossene Membran. Zwar handelte es sich nur um einen Teil der ausgelagerten und verdrängten Themen, nur um einen schmalen Spalt und nur um eine kurze Zeit, in der es die »Aufstehen«-Leute, die Gelbwesten, die kanadischen Trucker, die Landwirte überhaupt in die mediale, also gewissermaßen offizielle Wahrnehmung schafften. Aber es reicht aus, um den Frieden im Zentrum zu stören. Es dringt eine Sprache, es dringen vor allem Gesellschaftsmitglieder in den Wahrnehmungsbereich der Sinnschöpfer vor, die dort nichts Milieufremdes dulden. Selbst verstockte Dörfler zeigen sich Zuzüglern aus Schwarzafrika gegenüber meist toleranter als Wohlgesinnte, wenn Unbefugte in ihren Herrschaftsbereich eindringen.

Hier liegt übrigens ein Begriffsproblem, das sich nicht ganz umgehen lässt. Handelt es sich um ein Milieu, eine neue Klasse, eine Kaste, eine Schicht, wenn wir von den Wohlgesinnten im Zentrum der Gesellschaft sprechen, die in Medien, Politik und Institutionen Begriffe prägen, Diskussionsregeln aufstellen und Sinn produzieren? Für jede einzelne Bezeichnung gäbe es gute Gründe. Nur der alte Klassenbegriff passt hier nicht. Die sozialen Grenzen um das Gesellschaftszentrum verlaufen unscharf; zu dem inneren Kreis können sehr Wohlhabende gehören, Normalverdiener, aber auch Personen in finanziell knappen Verhältnissen, die trotzdem über Definitionsmacht verfügen. Auch bei dem kostbaren Machtmittel dieser Gesellschaftsschicht, dem kulturellen Kapital, handelt es sich um etwas Fluides. Es lässt sich schwerer bilanzieren als materielles Kapital. Es kostet größere Mühe, zu beschreiben, wie es zustande kommt, bei wem es sich konzentriert und weshalb es bestimmten Gruppen daran fehlt. Deshalb spricht einiges dafür, erst bestimmte Vorgänge nachzuzeichnen und erst dann Begriffe zu suchen, mit denen sich die Beteiligten am ehesten beschreiben lassen. Eine einzige Bezeichnung genügt jedenfalls nicht für die Bewegung in nahezu allen westlichen Ländern, die darauf zielt, die Bürgergesellschaft durch etwas radikal anderes zu ersetzen. Sie verwendet Symbole und Theoriefetzen der alten Linken. Aber mit der klassischen Linken besitzt sie darüber hinaus kaum Gemeinsamkeiten. Die Bewegung, die wir hier zu fassen versuchen, ähnelt in vielerlei Hinsicht eher einer Religion als einer politischen Kraft. Allerdings mit dem Unterschied, dass ihre Priester sich nicht einer transzendenten Macht unterwerfen, sondern sich selbst als höchste Instanz sehen, die in Erleuchtete und Verlorene teilt, in Schuldige und Opfer. Aus der Ideengeschichte bieten sich mehrere Namen für diese innerweltlichen Priester an. Beispielsweise die »Sinn- und Heilsvermittler«, wie Helmut Schelsky in seinem Buch *Die Arbeit tun die anderen* von 1975 das Milieu der Intellektuellen nannte, das die Arbeit in den technischen Betriebssystemen der Gesellschaft – kurz: die Wertschöpfung – für trivial und minderwertig hielt, verglichen mit der Deutung von Verhältnissen, mit der Sinnschöpfung, der Festlegung eines Fernziels, des *Telos*, nach dem die ganze Gesellschaft nach ihren Vorgaben streben muss. Karl Heinz Bohrers Typus des »guten Hirten« schließt sich unmittelbar an die Sinn- und Heilsvermittler an: Der gute Hirte leitet die Herde zu ihrem Besten. Denn die Herdenmitglieder selbst vermögen mangels Einsicht nicht zu erkennen, worin ihr Bestes liegt.

Eine andere Wendung tauchte bisher in diesem Buch schon öfter auf und der Autor wird sie auch in den folgenden Kapiteln öfter benutzen: die *Wohlgesinnten*. Zum einen, weil dieser Begriff dem Selbstbild innerhalb der Bewegung entspricht, aus den eigenen guten Absichten ohne mühsame Umwege der Selbstreflexion einen Machtanspruch über die ganze Gesellschaft abzuleiten. Die Wendung bietet sich aber auch wegen ihrer doppelgesichtigen Geschichte an. Bekanntlich stammt der Begriff aus Aischylos' *Orestie*, uraufgeführt 458 vor Christus. Die Bezeichnung »Eumeniden« – also Wohlgesinnte – erhalten dort die drei Rachegöttinnen, die Erinnyen am Ende der Trilogie, als sie ihre Vergeltungsforderung zurücknehmen. Der versöhnliche neue Name ändert allerdings nichts an ihrer Vergangenheit; sie bleiben Figuren mit einem sinistren Anteil. Die neuzeitlichen Wohlgesinnten legitimieren sich durch ihre öffentlich demonstrierte Tugend. In den Methoden, mit denen sie ihren Wirkungsanspruch durchsetzen, zeigen sie allerdings in ihren Handlungen eine bemerkenswerte Ähnlichkeit mit den drei Erinnyen Alekto, der bei ihrer Verfolgungsjagd unaufhörlichen, Megaira, dem neidischen Zorn, und Tisiphone, der Vergeltenden.

Ein beschreibender Begriff für die Ausrichtung der Bewegung, der sich ebenfalls durch die kommenden Kapitel zieht, lautet »progressiv-regressiv«. Diejenigen, die sich fast überall im Westen gegen die Bürgergesellschaft auf den Weg machen, wollen fortschreiten – zu einer Gesellschaftsorganisation, die wir aus den Zeiten vor der Moderne, vor der Aufklärung, vor der bürgerlichen Emanzipation kennen. Verpackt in einer dünnen Hülle progressiver Symbolik kehren enge Identitätsraster zurück, aus denen es kein Entkommen gibt, kehren Tribalismus, Irrationalität und magisches Denken zurück, immer mit der Begründung, es gelte, den unterdrückerischen und schuldigen Westen zu *überwinden*. Auch das Wort »Erwachte« trifft es besser als das harmlos klingende englische *woke*, das nur so viel bedeutet wie »wachsam«, »sensibel für Ungerechtigkeiten«. Einem Erwachten genügt ein bisschen Wachsamkeit nicht. Er lebt in der Überzeugung, zu einem Bewusstsein erwacht zu sein, das es ihm und den Gleichgesinnten exklusiv erlaubt, die Welt richtig zu deuten, alle Unerwachten auf den richtigen Pfad zu führen, und das ihm nebenbei die Lizenz gibt, alle anderen, die nicht diese Vollkommenheit erreichen, mit Verachtung zu strafen. Schließlich dient auch die Wendung »Moralelite« öfter zur Kennzeichnung dieser Bewegung. Was, fragen sich Leser möglicherweise, soll an Moral falsch sein? Nichts, solange es sich um das klassische Begriffsverständnis handelt, auf die kürzeste Formel gebracht in dem kategorischen Imperativ Immanuel Kants von 1788: »Handle nur nach derjenigen Maxime, durch die du zugleich wollen kannst, dass sie ein allgemeines Gesetz werde.« Moral soll also zuallererst als verinnerlichter Maßstab für die Person selbst gelten, nicht als Machtinstrument zur Beschämung von anderen. Vor allem fordert Kant, niemand dürfe für andere Regeln aufstellen, die er für sich selbst als unzumutbar ablehnt. Darin liegt nicht nur ein Missbrauch der Moral, sondern sogar ihre Verkehrung. Exakt durch diese Verdrehung definiert sich die Moralelite, die dieses Buch meint. Sie hält es für selbstverständlich, selbst nach ganz anderen Regeln zu leben als der Rest. Moral bedeutet für sie, andere zu bewerten. Versucht jemand, die von ihr für die Allgemeinheit zugeschnittenen Maßstäbe an die Moralelite anzulegen, empfinden ihre Mitglieder das als grob ungehörig, ja empörend.

Alle verwendeten Begriffe, den der Sinnverwalter, die kulturelles Kapital anhäufen, der überlegenen, paternalistischen Hirten, der Besitzer des richtigen Bewusstseins, der rastlosen und hasserfüllten Verfolger ihrer Gegner, der ideologischen Trickbetrüger, die dem zivilisatorischen Rückschritt bunte Fähnchen aufstecken – alle zusammen stecken ein weltanschauliches Feld ab, das sich von Universitäten, Organisationen und Medien bis zu internationalen Großunternehmen erstreckt. Neben der Beschreibung will dieses Buch auch die Frage beantworten, was diese vielgliedrige und oft auch überraschende Allianz im Inneren zusammenhält.

In der Kaste der Wohlgesinnten, um das es hier gehen soll, herrscht von der verwandelten Linken bis zu den Neubürgerlichen neben der selbstverständlich akzeptierten Trennung in ein Zentrum und die Peripherie auch weitgehende Einigkeit darin, dass die wesentlichen Konflikte der Gesellschaft nicht mehr in der alten materiellen Sphäre stattfinden. Für sie gehört es zum Überzeugungsbestand, dass nicht mehr die schlechte Bezahlung und vor allem die schlechte Absicherung vieler Beschäftigter ein wirkliches Problem darstellt (die Milieuvertreter beeilen sich dann meistens zu sagen, diese Probleme gebe es *auch*), sondern die strukturelle, also tief in die Gesellschaft eingeprägte Diskriminierung beispielsweise von Menschen mit dunkler Hautfarbe, von Transsexuellen, von Muslimen, die als marginalisiert gelten und deshalb Aufmerksamkeit und mehr Sichtbarkeit verdienen. Ein weißer Lagerist, der weniger als 2000 Euro brutto bei Vollzeitarbeit verdient, gehört für sie durch seine Hautfarbe, aber auch durch die Geschichte seiner Vorfahren trotzdem zu den Privilegierten, eine Staatssekretärin mit Migrationshintergrund und dunklem Teint dagegen zu den ständig Diskriminierungsbedrohten, deren verletzte Gefühle mehr gesellschaftliche Zuwendung verdienen als die Lebensverhältnisse des schlecht bezahlten einheimischen Beschäftigten, der später kaum etwas aus der Rentenkasse erwarten darf. Nicht die generell schlechteren Aufstiegschancen von Angehörigen der unteren Milieus stellen in dieser neu kartierten politischen Landschaft eine Ungerechtigkeit dar, die dringend beseitigt werden müsste, sondern der unzureichende Anteil von Frauen an Aufsichtsrats- und Vorstandsposten, außerdem die ungenügende Teilhabe von Menschen mit sogenanntem Migrationshintergrund – also der entsprechenden Genealogie – an Posten in der öffentlichen Verwaltung und in den Medien. Diese Missstände lassen sich aus wohlmeinender Sicht einfach beheben, nämlich mit staatlich verordneten Quoten. Identitätsfragen, also Hautschattierung, Herkunft, eine selbst geschöpfte Sonderdefinition wie die nichtbinäre Existenz, drängen in dieser neu vermessenen Welt

Fragen von Lohn, Abgaben und Renten an den Rand. Dieses Abdrängen vollzieht sich vor allem in und durch die öffentliche Kommunikation. Am besten verdrängt man Menschen in Randzonen, indem man die Sprache verpönt, in der sie ihre Probleme beschreiben und Interessen vortragen könnten. Probleme rücken dadurch in den Blick, dass Personen mit gesellschaftlicher Wirkung etwas zum Problem erklären. Und verlieren Gewicht, wenn diese maßgeblichen Personen ihnen gewissermaßen die Sprache entziehen. Begriffe formen Problemstellungen. Nirgends lässt sich das besser studieren als in der Weise, wie Politiker, Medienmitarbeiter und Vertreter von Nichtregierungsorganisationen, die zu dem maßgeblichen inneren Kreis zählen, über Migration sprechen. Schon 2015 und in der Folge betrieben sie einen großen Aufwand für die Begründung, warum es Geflüchteter statt Flüchtling heißen müsse, weshalb das Wort »Flüchtlingsstrom« zu vermeiden sei (die Begründung lautete, es klinge nach Naturkatastrophe), warum es sich bei »Integration« um ein falsches Wort handle (Begründung: weil es die Normen des Gastlandes zu wichtig nimmt, es soll sowieso eine neue »Regenbogengesellschaft« entstehen, wie es der oben zitierte *Spiegel*-Autor damals sich wünschte). Nach den massenhaften Übergriffen in der Silvesternacht 2015/16 auf der Kölner Domplatte erklärte eine eigens in die Abend-Nachrichtensendung des ZDF geholte Aktivistin, wer darin ein kulturbedingtes Problem sehe, betreibe eine »rassistische Zuschreibung«. In einer Fernsehdiskussion 2022 rügte eine Journalistin einen Kollegen, der von einem »Einfallstor« für Migranten sprach. Dieses Wort, meinte sie, erzeuge die falschen Assoziationen. Ob er, der andere Journalist, denn nicht gelernt habe, wie wichtig Sprache gerade bei diesem Thema sei? Das öffentlich geformte Gespräch bewegt sich beim Thema Einwanderung derart im Kreisgang um die Frage der korrekten Benennung, der Zuschreibung, der Projektion, der Diskursetikette, vor allem also darum, welches Wort unter keinen Umständen fallen darf, dass diese Formdebatte allein schon durch ihren Umfang auf den wichtigsten Medienkanälen harte Fragen unterhalb der Metaebene weitgehend verdrängt. Beispielsweise die Frage danach, in welche Richtung sich eine Gesellschaft verändert, wenn sie in kurzer Zeit eine große Zahl junger, in der Regel schlecht qualifizierter Männer aus arabischen und afrikanischen Staaten aufnimmt, die Frage nach der Unterscheidung zwischen Asyl und Einwanderung oder nach den Folgen dieser Art Einwanderung für den Sozialstaat. Es kam also nicht ganz überraschend, dass die *Süddeutsche* an der »Aufstehen«-Mitgründerin Wagenknecht rügte, sie bemühe sich nicht ausreichend um die richtige Debattenkultur, also um die passende Wortwahl.

Ohne Begriffsstreit kommt keine Diskussion aus, wenn ihr Zweck in Erkenntnisgewinn besteht. Ohne das Konkrete allerdings auch nicht. Die Migrationsfrage und überhaupt Verteilungsfragen finden in dem guten und zentralen Gesellschaftskreis heute fast ausschließlich, um Heinrich Heine leicht abzuwandeln, im Luftreich der Abstraktion statt.

Dieser Abstraktion verweigerten sich die Traditionslinken wie Stegemann und andere. Was verbindet er überhaupt mit dem Begriff links? Links, sagte er in unserem Gespräch, das bedeute für ihn vor allem Chancengleichheit. Die Möglichkeit zum sozialen Aufstieg. Ein Kind aus einer ärmeren Familie, aus einem Haushalt, in dem keine Akademiker leben, in dessen Wohnzimmer keine Bücherwand steht, soll idealerweise die gleiche Möglichkeit auf Abitur, Studium und einen guten Beruf bekommen wie ein Kind aus einer gutbürgerlichen Familie. Und hier lag und liegt immer noch der etwas tiefere Grund für das Scheitern von »Aufstehen« und ähnlichen Rebellionsversuche in anderen Ländern. Chancengleichheit und Aufstiegsmöglichkeiten gehören zweifellos zu den wichtigen Themen gerade in westlichen Ländern, in denen sich ganz allmählich eine oligarchische und neofeudale Kruste bildet.

Eine Untersuchung in Großbritannien gelangte vor einiger Zeit beispielsweise zu dem Schluss, dass keine Gruppe mit derart düsteren Aufstiegs- und Zukunftsaussichten kämpfen muss wie die Jungen aus der weißen Unterschicht. Für dieses Gerechtigkeitsverständnis, für diese Klassikversion von Linkssein gibt es bei Angehörigen neulinken Milieus so gut wie keine Nachfrage. Sie brauchen kein Aufstiegsversprechen. Sie befinden sich meist schon verhältnismäßig weit oben. Selbst diejenigen, die sich mit prekären Jobs in den Sinnschöpfungsorganisationen wie den Medien und NGOs durchschlagen, hoffen darauf, demnächst den Aufstieg durch Konformismus zu meistern. Die meisten von ihnen stammen aus soliden Wohlstandsfamilien. Sie verfügen in aller Regel nicht nur über ein materielles Polster, sondern besetzen dazu auch noch die Anhöhe der Definitionsmacht. In einer Zeit, in der »links« und »oben« eine sehr große Schnittmenge bilden, jedenfalls dann, wenn es die Erwachten und mit linker Symbolik ausstaffierten Kreise betrifft, stößt der Dramaturg und gescheiterte Bewegungsgründer mit seinen Ideen dort noch nicht einmal ins Leere, sondern auf soliden Widerstand. Auf den Begriff »Chancengleichheit« beispielsweise reagieren die neuen Etablierten höchst misstrauisch, und das nicht ohne Grund. Denn am Ende läuft die Forderung nicht nur auf gleiche Bildungs- und Berufschancen hinaus, sondern auch auf den gleichen Zugang zur Öffentlichkeit, beispielsweise für einen identitätspolitisch engagierten Akademiker mit Migrationshintergrund wie für einen mäßig bezahlten und trotzdem hoch mit Steuern und Abgaben belasteten Berufspendler, wenn es darum geht, die jeweils eigenen Interessen vorzutragen.

Am meisten erschraken und erschrecken die Wohlgesinnten allerdings über den Versuch von Stegemann, Lilla, Finkielkraut und anderen, die auf die Wichtigkeit von sozialen Fragen bestehen, über den Versuch, die Peripheren wieder zurückzuholen in den gesellschaftlichen Kommunikationsbetrieb, ihnen dort zumindest ein repräsentatives Plätzchen freizuräumen. In kaum einem politischen Projekt sehen die Wohlgesinnten des Zentrums weniger Sinn. Für sie spielen die Randständigen längst eine wichtige Rolle, in der sie niemand ersetzen könnte, und zwar die der verachteten Anderen. Durch sie kann sich der innere Kreis erst selbst definieren. Die Verlorenen, die Abgedrifteten, die Randständigen verkörperten alles, was Redakteure eines linken oder zentristischen Mediums, was Angestellte im Staatsapparat und Mitarbeiter von Technologiefirmen ablehnen. Die Verachteten sind, was die Wähler Robert Habecks, Emmanuel Macrons und Hillary Clintons nicht sein wollten. Der Wunsch, möglichst einen großen Abstand zwischen sich und den anderen zu lassen, beschränkt sich nicht auf die Ansichten der Peripheren zu Migranten und zur politischen Elite. Er schließt auch die Art und Weise ein, wie die Verlorenen sprechen, essen, sich kleiden, ihre Wohnungen und Einfamilienhäuser einrichten. Er erstreckt sich auf ihren Mediengeschmack, überhaupt auf ihren Geschmack. Er betrifft ihre Lebensweise. Das falsche Leben der einen erlaubt den Bewohnern des inneren Gesellschaftskreises, die Rolle der Moralischeren, Klügeren, Empfindsameren und ästhetisch Gebildeteren einzunehmen, kurzum: die Rolle der zum besseren Leben Erwachten. In dieser Selbstwahrnehmung kehrt ganz nebenbei die alte calvinistische Idee der Gnadenwahl in weltlicher Form zurück, die eine höhere Begründung für den eigenen materiellen Wohlstand liefert: Wir verdienen ihn, weil wir zu den moralisch Besseren gehören. Um diesen Glauben aufrechtzuerhalten, muss die Membran zwischen den Inneren und Äußeren fest geschlossen und der Abstand gewahrt bleiben. Im wohligen Inneren gilt die strikte Umkehr von Marx. Dort bestimmt das Bewusstsein das Sein. Kämen ihnen die Peripheren mit ihren Problemen zu nahe, würden sie damit gar nicht in erster Linie das Sein der Wohlgesinnten erschüttern, sondern etwas viel Wichtigeres – ihr Selbstbild.

Für den Stil der zeitgemäßen urbanen Wohnungseinrichtung kam in den Neunzigern der Begriff des Cocooning auf, des behaglichen Einhüllens. Die Wendung oder vielmehr dieses Bedürfnis nahm der Autor Jonathan Haidt schon im Titel seines Buchs *The Coddling of the American Mind* auf: das Bedürfnis, sich mit seinen Ansichten selbst zu verwöhnen und sich in ein Weltbild zu kuscheln wie in eine tröstende Decke. In diesem Selbstverwöhnungsprogramm vor allem jüngerer westlicher Großstadtbewohner geht es in erster Linie um die moralische und ästhetische Selbstperfektionierung, erst danach um die Probleme von Marginalisierten, mit denen man sich solidarisch erklärt. Wenn es um ihren gerührten Blick auf die Welt geht, steht für sie die eigene Rührung an erster Stelle. Erst danach kommt ein dazu passender Ausschnitt der Welt. Diese Reihenfolge lässt sich am besten einhalten, wenn jemand Identitätsfragen für wichtiger hält als materielle. Die wiederum passen entschieden besser zur Abstraktions- und Metaebene, auf der es vor allem um das richtige und falsche Wort geht. Wenn die Angehörigen dieser Kreise Probleme betrachten wollen, dann im Ballonflug, nicht per Exkursion auf der gleichen Ebene.

Die »Aufstehen«-Gründer prallten also gar nicht an harten politischen Trennwänden im alten Links-rechts-Gefüge ab, sondern an einem bestimmten Stil, Probleme zu sehen beziehungsweise nicht zu sehen. Progressiv-Regressive und weltanschaulich ambitionierte neue Bürgerliche fügen sich gemeinsam in diesen Kokon ein, in einen überwiegend unpolitischen Stil voller politscher Zeichen und Symbole, die für die Art der Lebensführung nicht mehr viel bedeuten. Ihre Haltung der demonstrativen Tugend ähnelt einem standardisierten Grundriss, der sich mit linken oder gemäßigten Versatzstücken individuell weiter ausschmücken lässt, ohne an der grundsätzlichen Ähnlichkeit etwas zu ändern. Daran, dass Identitätsfragen wichtiger genommen werden müssen als alte Fragen vom Unten und Oben, dass die Wahl der richtigen Worte wichtiger ist als der Eingangssteuersatz, dass die Gesellschaft eher aus Kollektiven als aus Bürgern bestehen sollte, dass gleiche Chancen nicht genügen, sondern der Staat Gleichstellung mit Quoten notfalls erzwingen muss, dass es eine kollektive Schuld des Westens gibt, gegen die der Globale Süden Vorrechte besitzen sollte. An diese Liturgie glauben nicht nur Leute, die sich als links bezeichnen, sondern auch viele, die sich eher als Angehörige der Mitte beschreiben würden, als bürgerlich, jedenfalls als nicht links. Mit diesem Überzeugungssystem kann jemand in linken Organisationen arbeiten, aber auch als Redakteur einer Zeitung, die sich selbst als Stimme der Gemäßigten sieht, als Funktionär einer Partei, die sich als bürgerliche Kraft betrachtet, oder als leitender Angestellter eines börsennotierten Unternehmens. Diese Überzeugungen muss dort niemand mehr begründen. Umgekehrt kommt jemand auch in neubürgerlichen Kreisen schnell in die Lage, sich rechtfertigen zu müssen, wenn er einen dieser Glaubenssätze demonstrativ ablehnt.

In unserem Gespräch erzählte Stegemann eine Geschichte, die nicht direkt mit seiner Sammlungsbewegung in Verbindung steht, aber mit den Gründen, warum sie ohne jeden Erfolg im Kreis der Wohlmeinenden blieb. Ein befreundeter Wissenschaftler habe ihm von einer jungen Studentin erzählt, die als schüchterne junge Frau an die Universität gekommen sei, dann aber in Diskussionen sehr schnell zu einer selbstbewussten Debattenführerin geworden sei, und zwar dadurch, dass sie sich dort sehr schnell die Diskursschablonen aneignete, die innerhalb des Kokons zum guten und notwendigen Ton gehören: die Wichtigkeit des eigenen Gefühls. Die Sprecherposition. Der Einsatz für die Marginalisierten. Die Anklage gegen den weißen Westen, die Aufforderung an alle, die dazuzählen, die eigenen Privilegien zu überprüfen. Die Position der moralischen Anklägerin. »Eigentlich«, so Stegemann, »geht es nur um ein paar Dutzend Versatzstücke, die jeder im Handumdrehen lernen kann. Sie hatte die Erfahrung gemacht, welche Macht sie in Diskussionen mit Älteren hat, wenn sie ihre Identität als Frau und damit als Opfer des Patriarchats ausspielt. Da kann jemand jahrelang Soziologie und Philosophie studiert haben – als Teil einer Opfergruppe erledigt man den mit ein paar Schlagworten.« Notfalls würde, jedenfalls beim passenden Gegenüber, ein einziger Satz ausreichen: »Das sind Ansichten eines alten weißen Mannes.« In diesen Diskussionen, falls der Begriff noch passt, der eigentlich Austausch auf Gegenseitigkeit bedeutet, schlagen Gefühl, Moral und Gruppenzugehörigkeit jedes noch so sorgfältig aufgegliederte Argument, jede Zahl und jede Statistik aus dem Feld. So ähnlich scheiterte auch »Aufstehen«. So ähnlich würden auch andere Bewegungen der gleichen Art durch die Diskursmühle gedreht. Sie zerbrechen nicht an einer bestimmten Partei oder einer Ideologie, sondern an einem Wahrnehmungssystem. In der Sprache der Studentin könnte Stegemann seine politischen Anliegen nicht vortragen. Auf seine Sprache würde sie sich nicht einlassen.

In dem Etikettierungsbegriff »lost«, also verloren für die Menschen an der Peripherie, steckt schließlich auch der dringende Wunsch, sie nicht wiederzufinden.

Zumindest nicht in der eigenen Nähe.

Die Verlorenen in der Peripherie tun den Wohlgesinnten auch ganz überwiegend diesen Gefallen, aus ihrem Blickfeld zu verschwinden. Darin liegt der spiegelbildliche Grund, warum die deutsche Bewegung nie zu einer Massenbewegung aufstieg und auch die Gelbwesten in Frankreich wieder verschwanden. Viele an der Peripherie beteiligen sich nicht mehr am traditionellen politischen Betrieb. Noch nicht einmal an öffentlicher Kommunikation. Zum einen fehlt es Leuten, die viel Zeit zur Lebensorganisation und zur Absicherung der nächsten Monate aufbringen müssen, oft die Zeit und Kraft, noch zu abendlichen Versammlungen zu gehen und zu diskutieren. Aber in dem großen Bereich außerhalb des wohlgesinnten Zentrums gibt es auch eine wachsende Zahl von Menschen, die sich selbst dann nicht mehr zum politischen Mitmachen irgendeiner Art bereitfinden, wenn sie die Ressourcen dafür noch aufbringen könnten. Sie misstrauen den Institutionen. Sie fragen sich, wie sie ihre Interessen vertreten sollen, wenn sie keine oder nur eine verzerrte mediale Resonanz finden. Sie fühlen sich von den Maßgeblichen im Land verachtet. Diese Verachtung bleibt nicht wirkungslos. Auch die Außenseite der Membran verhärtet sich mit zunehmendem Druck.

Die meisten politischen Formeln dringen nur noch ab einer bestimmten Lautstärke zu den Randständigen durch. Das gilt auch in umgekehrter Richtung. Wenn sich die Peripheren zu sozialen Protesten aufmachen, dann oft laut, grob, wenig organisiert, kurz und eruptiv wie die Kundgebungen in Frankreich oder die Truckerblockade in Kanada. Zu ihrer Protestpraxis gehört es, auf das feine Diskursbesteck zu pfeifen. Hier setzen sich nicht Leute an die Tafel der Wohlgesinnten, um mitzureden. Sie versuchen in ihren kurzen Auftritten, die Tischdecke zu packen, um sie mit dem guten Geschirr und dem dekorativem Metaebenenschmuck herunterzureißen.

Zwischen den beiden Gesellschaftszonen finden kaum noch geordnete Begegnungen statt. Falls sie einander noch nahe kommen, dann im Zusammenprall.

In ihrem Buch *Twilight of Democracy. The Seductive Lure of Authoritarism* von 2020, in Deutschland erschienen unter dem Titel *Die Verlockung des Autoritären. Warum antidemokratische Herrschaft so populär geworden ist* beschreibt die Autorin Anne Applebaum, Amerikanerin mit langem Aufenthalt in Großbritannien und Zweitwohnsitz in Polen (ihr Ehemann ist der polnische Politiker Radek Sikorski) auf den ersten Seiten, wie das, was sie als demokratisch-rechtes Lager bezeichnet, seit ungefähr dem Jahr 2000 in zwei Teile zerbrochen sei. Dem einen Teil rechnet sie sich selbst zu, sie skizziert ihn als mitte-rechts, liberal, außerdem durch Positionsmarkierungen wie das Vertrauen in eine unabhängige Justiz, in offene Märkte und in die Zusammenarbeit in staatsübergreifenden Institutionen wie der EU. Der andere Part, schreibt sie, habe eine Wende zum Neoautoritären genommen, zum Nationalismus, zu neuen Feindbildern. Diesen neuen Autoritarismus der anderen Rechten macht sie vor allem bei Donald Trumps Republikanern aus, in der polnischen Regierungspartei »Recht und Gerechtigkeit«, der ungarischen Fidesz-Partei des Premierministers Viktor Orbán, teils auch in den Brexit-Befürwortern unter den britischen Tories. In der Silvesternacht 1999, damit setzt ihr Buch ein, feierte sie mit ihrem Mann in ihrem polnischen Landhaus noch mit Freunden, Bekannten und Kollegen aus Polen, dem Vereinigten Königreich und den USA, die sich alle im weitesten Sinn in dieser alten, noch ungeteilten Rechten zu Hause fühlten. »Fast zwei Jahrzehnte später«, heißt es bei ihr, »würde ich auf die andere Straßenseite wechseln, um manchen Leuten nicht begegnen zu müssen, die bei meiner Silvesterparty waren. Und sie würden es ihrerseits nicht nur ablehnen, in mein Haus zu kommen, es wäre ihnen peinlich, zuzugeben, dass sie jemals dort waren.« Über das ehemals gemeinsame Lager schreibt sie: »Wir haben uns auf entgegengesetzten Seiten einer tiefen Teilung wiedergefunden, die nicht durch das läuft, was einmal die polnische Rechte war, sondern auch die alte ungarische Rechte, die spanische Rechte, die französische Rechte, die italienische Rechte und, mit einigen Unterschieden, die britische und amerikanische Rechte auch.« Applebaum beschreibt die Entwicklung nicht generell falsch. Aber unvollständig. Eine sehr ähnliche Teilungslinie durchschneidet auch das linke Spektrum der meisten Länder.

Auf der einen Seite finden sich, manchmal mehr, oft weniger erfolgreich, die klassischen Linken mit den alten Sozialthemen und den alten Begriffen, die sich als Interessenvertreter der Peripheren verstehen. Den anderen Teil bilden die Linken, die sich fast nahtlos in den ersten Kreis der Gesellschaft eingliedern, in dem Identitätsfragen und Begriffspolitik das Raster für alle anderen bilden. Auch dieses Denken bringt einen Autoritarismus hervor, der sich zwar von dem in vielen Einzelheiten unterscheidet, den Applebaum diagnostiziert, ihm aber auch in seiner Grundform gleicht. Dass viele alte Kollegen und Weggefährten aus dem ehemals noch nicht so strikt geteilten Linksspektrum nicht mehr mit ihnen sprechen und die Nähe, die es einmal zwischen ihnen gab, sogar als peinlich empfinden, schildern Stegemann und Wagenknecht ganz ähnlich wie Applebaum. Die tiefe Teilung der politischen Lager markiert nicht die eigentliche gesellschaftliche Bruchzone. Sie zeichnet die große Trennung nur nach. Sie verläuft zwischen Innenraum und Peripherie, zwischen denen, die Aufmerksamkeit für sich erzeugen können, und denen, die gar nicht oder nur verzerrt zu Wort kommen, zwischen der abstrakten Ebene und der harten materiellen Wirklichkeit, zwischen den Erwachten und den Verlorenen. Zwischen Verachtern und den Verachteten.

Bei der Bundestagswahl 2021 stimmten 21 Prozent der Arbeiter für die als Paria behandelte AfD. In diesem Milieu schnitt sie fast so gut ab wie der Wahlsieger SPD, der damals 26 Prozent der Arbeiterstimmen holte. Mittlerweile könnte die AfD auf diesem Feld sogar vor den wieder geschrumpften Sozialdemokraten liegen. Für die Linkspartei entschieden sich bei der gleichen Wahl nur 5, für die Grünen 8 Prozent der Arbeiter. Die Abwendung von früheren Interessenvertretern findet nicht nur in der klassischen Arbeiterschaft statt. Am Tag mancher Landtagswahlen begibt sich nur etwas mehr als die Hälfte der Stimmbürger ins Wahllokal. Im Lager der

Nichtwähler sammeln sich wesentlich mehr Bürger als bei der Pariapartei. Nach einer Umfrage trauen mehr als 60 Prozent der Deutschen keiner politischen Kraft die Kompetenz zur Lösung der wesentlichen Probleme zu.

In den USA gewann Donald Trump 2016 und 2020 gut zwei Drittel der Weißen ohne Collegeabschluss (und auch einen guten Teil der Latinos und Schwarzen ohne akademische Ausbildung). Der linksliberale amerikanische Autor Michael Lind entdeckt darin einen »neuen Klassenkampf«, den er als offene Verachtung der erwachten urbanen Demokraten für alles beschreibt, was nicht in ihre Welt passt.

Über den erfolglosen Wahlkampf der urbanen polnischen Linken gegen den rechten Präsidenten Duda 2020 spottete der Schriftsteller Szcepan Twardoch: »Wie üblich waren die Intellektuellen, Fernsehstars, Schauspieler, Sänger, Schriftstellerinnen und Schriftsteller nicht in der Lage, ihre Verachtung für die, wie sie genüsslich betonten, nach Wodka und Wurst stinkenden, alten, ungebildeten Dorfbewohner zu zügeln, die auch noch die Frechheit besäßen zu wählen: Die Alten vom Land schreiben den Jungen mit ihren Wahlstimmen vor, wie Polen zu sein hat! Schrecklich! Deren Wahlstimmen wiegen genauso viel wie die Wahlstimmen der Klugen, Aufgeklärten, gut Gekleideten und sich regelmäßig die Zähne Putzenden! Oh Graus! (…) Doch welche Alternative boten die fellow travellers von der Bürgerkoalition (KO) den Wählern? Stimmt für unseren Kandidaten, auch wenn wir euch zutiefst verabscheuen und eine Welt wollen, in der nach Wodka und Wurst stinkende Menschen nichts mehr zu sagen haben. Schwer zu sagen, ob diejenigen, die sich öffentlich so äußern, einfach nur nicht wollen, dass die ihrer Ansicht nach unwürdigen Wähler für ihren Kandidaten stimmen – oder ob sie tatsächlich glauben, Menschen durch Beschimpfen und Erniedrigen überzeugen zu können.«

Marine Le Pen sammelte bei der Präsidentschaftswahl in Frankreich 2022 ihre Stimmen – insgesamt gut 42 Prozent –

vor allem in den ländlichen Gebieten bei denjenigen ein, die ihre Anliegen in den führenden Medien und bei den anderen Parteien schlecht oder gar nicht vertreten sehen. Vor allem Jüngere, die ihre eigenen wirtschaftlichen Aussichten und ihre Absicherung im Alter als düster einschätzen, wählten Rassemblement National. Unter den französischen Wählern zwischen 25 und 34 kreuzten 49 Prozent die Präsidentschaftskandidatin Le Pen an, von den eher gut abgesicherten Rentnern und Pensionären über siebzig nur 29 Prozent. »Wie können wir die Wähler aus der Arbeiterklasse davon abbringen, für Le Pen zu stimmen, wenn die Linke genau diese Wähler verärgert?«, fragte der Autor und Journalist Philippe Bernard im September 2022 in *Le Monde*.

Der Autor, Philosoph und Soziologe Didier Eribon brauchte in einem Gespräch mit der Seite »Mediapart« nur wenige Sätze, um den Zustand der französischen, aber auch deutschen, britischen und amerikanischen Gesellschaft und der neuen und alten Linken zu beschreiben. »Wenn man sich nur mit Feminismus, Umweltpolitik und der LGBT-Bewegung befasst (und ich muss nicht erklären, wie wichtig diese Bewegungen für mich sind), während man soziale Themen ausschließt, dann lassen sie ganze Teile der Gesellschaft in politischer Unordnung, ohne einen gedanklichen Rahmen, und am Ende stimmen diese Leute für FN« (also heute Rassemblement). In seinem Buch *Rückkehr nach Reims* erzählte Eribon 2009 die Geschichte seiner Eltern, beide ausgestattet mit starkem Arbeiterklassenbewusstsein, die lange Jahre ihres Lebens zu den treuen Anhängern der Kommunistischen Partei gehörten. Heute wählen sie genauso entschieden Le Pen. Anders als in Deutschland führen französische Autoren die Diskussion über die zentrale Elite und die Peripherie schon länger. Sie entdecken hier die neue gesellschaftliche Spannung, die neuen Machtverhältnisse, die erst im zweiten Schritt ihre politische Form finden. Den Begriff des »France periphere« machte der

Autor und Geograf Christophe Guilly schon 2014 populär; in dem späteren Band *Twilight of the Elites. Prosperity, the Periphery and the Future of France* entwickelte er seine Befunde zu einer kritischen Gesellschaftstheorie weiter, die eine deutlich größere Erklärungskraft besitzt als die fast gleichnamige Zustandsbeschreibung von Anne Applebaum.

Öffentliche Figuren wie Stegemann und Wagenknecht, Eribon, Guilly, Michael Lind und Mark Lilla begreifen die Gesellschaftsteilung zwischen Wohlgesinnten und Verlorenen als Verhängnis, zumindest als ein Problem, das sie gern mildern würden.

Ein großer und deutlich einflussreicherer Teil in der Welt der Parteien, Medien und lenkenden Institutionen sieht in der Abriegelung der äußeren Gesellschaftskreise dagegen nicht nur nicht das Problem. Sondern die Lösung.

Ihre Mustererzählung beginnt nicht bei der Teilung zwischen den Erwachten und dem Rest, zwischen innen und außen. Sondern erst bei den Folgen. In ihrem Narrativ heißen die Problemverursacher Trump, Le Pen, AfD, ganz generell eine Entität namens *die Populisten*, die mehr oder weniger voraussetzungslos als Teufel aus der Maschine springen, um eigentlich anständige Leute mit ihren Parolen zu verführen. Geht ihre Ursachenforschung noch etwas tiefer, was zumindest ab und zu geschieht, dann endet sie spätestens mit der Feststellung, das Internet mit seiner Verstärkungswirkung und seinem Echoeffekt sei ein Grund für die Spaltung, weil es den Populisten helfe, da im Unterschied zu den herkömmlichen Medien jeder senden darf. Die ideale Lösung aller von ihnen beschriebenen Probleme liegt darin, die politischen Plattformen Trumps, Le Pens und der AfD niederzukämpfen, sie zumindest mit einem Sicherheitskordon von der Machtausübung fernzuhalten, das Internet strenger zu kontrollieren und generell eine noch entschiedenere Begriffspolitik zu betreiben. Dass sich viele in der Peripherie ganz vom politischen Betrieb abwenden und sich auch von Bewegungen wie »Aufstehen« kaum erreichen lassen, gilt in den guten Vierteln hinter der Membran also als willkommene Nachricht. Wenn es irgendwann keine oder nur eine sehr eingeschränkte Repräsentation für die Peripheren gäbe, dann würden sie, um Eribons Worte zu bemühen, in einem wüsten Land ohne Ordnung, ohne Bezugsrahmen und ohne Begriffe bleiben, in einer Art schalltoten Raum der Gesellschaft. Das Schott würde endlich so dicht schließen, dass niemand im inneren Kreis mehr bei der Bewunderung seiner eigenen moralischen Vorzüge gestört wird. Dazu müssen die Verlorenen einfach nur noch etwas konsequenter nach draußen getrieben werden als bisher.

Das beste Mittel dazu lautet: Verachtung. Verachtung nach unten.

DREI
Techniken der Verachtung

»Ich danke dir, Gott, dass ich nicht bin wie die anderen Leute.«
Lukas 18.11

Kulturelle Verachtung gehört zur Menschheitsgeschichte. Sie richtet sich nicht gegen Einzelne, sondern immer gegen Gruppen und deren Art zu leben. Für die meisten Stammesgesellschaften, die sich immer durch Abgrenzung nach außen formieren, versteht sie sich von selbst. In seinem »Patagonien«-Buch schildert Bruce Chatwin, wie Leute aus einem indigenen Volk sich mit »Wir sind Menschen« beschreiben, und auf seine Frage, ob das auch für den Nachbarstamm gelten würde, ganz selbstverständlich antworten: »Nein, das sind keine Menschen.« In modernen Zivilisationen entwickelt sich das Prinzip der kulturellen Verachtung weiter – wie alles andere auch –, aber es ändert sich nichts an seinem Grundmuster. Sie soll die eigene Gruppe festigen, indem sie ihre eigene Überlegenheit begründet. Sicherlich gibt es auch eine Verachtung von Unterlegenen nach oben. Diese Form der Verachtung lässt sich allerdings nur außerordentlich begrenzt als Machtmittel benutzen.

Die Lehre von der Minderwertigkeit der anderen wurde schon früh mit dem Unterschied der Hautfarben begründet, und zwar, worauf Egon Flaig in seiner *Weltgeschichte der Sklaverei* hinweist, im arabischen Raum eher als in Europa. Das Gefühl der natürlichen Überlegenheit verband sich leicht mit der eigenen religiösen Überzeugung, verglichen mit der als minderwertig gestempelten Götterwelt der anderen. Oder mit einem höheren gesellschaftlichen Stand, der es zum Vergnügen macht, auf weniger Glückliche herabzuschauen.

Angehörige des Ersten Standes im vorrevolutionären Frankreich kannten überhaupt keinen Grund, *nicht* auf die unteren Stände bis zum vierten herabzublicken. Am Vorabend der Revolution bildeten gut 4000 Familien mit insgesamt 20 000 Angehörigen die vergoldete Spitze einer Bevölkerungspyramide von etwa 25 Millionen Franzosen. Und sie blickten dank ihrer gottgegebenen Position von einer ziemlichen Fallhöhe herab. Nach zeitgenössischen Quellen flossen dem Prinzen von Orleans im Jahr gut drei Millionen Livres zu, und das nicht für irgendeine unternehmerische Tätigkeit, sondern nur dank seines Titels. Eine Dienstmagd verdiente zwischen 24 und 33 Livres im Jahr. Der Preis für einen Adelstitel mit Amt, durch das der Käufer der Steuerpflicht entkam, bewegte sich zwischen 20 000 und 50 000 Livres. Wer im ersten Rang stand, hielt in aller Regel nicht nur seine Lebensumstände für verdient, sondern auch die aller Existenzen unter ihm. Selten genug nahm jemand das niedere Leben mit einer Spur Mitleid wahr wie der Gouverneur der Dauphine 1675 in einem Bericht an den Hof: »Ich versichere Ihnen, dass ich weiß, wovon ich spreche, wenn ich sage, dass die große Mehrheit in der Provinz in diesem Winter von Eicheln und Wurzeln lebte und dass man jetzt sehen kann, wie sie sich von Gras und Baumrinden ernähren.«

Bei dem Marie Antoinette (und vielen anderen) zugeschriebenen Rat, die Armen sollten doch zu Brioche greifen, falls es ihnen an Brot fehlt, handelte es sich zwar um eine Erfindung, allerdings eine, die wie jede gute Fiktion die Verhältnisse genau traf.

Im England des 19. Jahrhunderts verfeinerten die Vertreter der herrschenden Stände die traditionelle Herblassung zu einer Theorie, die sich vor allem in den sittenstrengen Kreisen erfolgreich verbreitete. Sie erklärten die Armut nicht mit geringen Löhnen, mangelnder Bildung und schlechten Wohnverhältnissen, sondern mit der moralischen Minderwertigkeit der niederen Klassenangehörigen, vor allem deren Neigung zu Müßiggang und Laster.

In seiner Betrachtung zum Armenrecht, der *Dissertation on the Poor Laws. By a Well-Wisher to Mankind,* erklärte der Mediziner und calvinistische Geistliche Joseph Townsend 1786: »Die Armen wissen wenig von den Motiven, die Höherrangige zum Handeln bewegen – Stolz, Ehre und Ehrgeiz. Es ist im Allgemeinen nur der Hunger, der sie zur Arbeit anspornen und anstacheln kann.«

Der Sozialreformer Edwin Chadwick machte 1839 in einem Bericht für die Royal Commission zur ausufernden Kriminalität in England den Hauptgrund für Verbrechen in der »Meidung von stetiger Arbeit« aus.

Die Thesen von Townsend und anderen über die Armen und die Armut lieferten nebenbei auch eine praktische Begründung, warum nur die moralischen, nicht aber die sozialen Verhältnisse der unteren Klassen verbessert werden sollten. Denn dann, so lautete das Argument der oberen, würde für die Elenden letzter Antrieb wegfallen, sich überhaupt nutzbringend zu betätigen.

Auch in der Geschichte der kollektiven Verachtung lässt sich eine gewisse Evolution erkennen. Während ein französischer Adliger ganz selbstverständlich indigniert nach unten schaute (falls er seinen Blick überhaupt dorthin richtete), suchten Apologeten der Ordnung eine Generation später schon nach einer systematischen Begründung für den Gesellschaftsaufbau.

Verachtung für eine Gruppe als Ganzes richtete sich in der Geschichte außerdem oft gegen eigentlich kulturell eng Verwandte, gewissermaßen gegen die verarmten Vettern, für die man sich schämte. Die Praxis sowohl in England als auch in den USA, die Iren für eine niedrigere Menschensorte zu halten, zum einen wegen ihres katholischen Glaubens, zum anderen wegen ihrer Armut, bildet in dieser Kategorie ein ganz eigenes Kapitel. In seinen Erinnerungen schreibt der schwarze Historiker W. E. B. Du Bois, der in den 1870er-Jahren in Massachusetts aufwuchs, dass »der ethnische Blickwinkel viel deutlicher gegen die Iren gerichtet war als gegen mich«.

Grundsätzlich galt und gilt, dass Verachtung umso heftiger gegen Gruppen durchschlägt, wenn sie von den Verächtern als fremd, fern, kollektiv und gesichtslos wahrgenommen werden. Nicht alle, aber viele Vertreter der Kolonialstaaten hielten es für ihr gutes Recht, die kolonisierten Völker generell auf eine niedrigere Menschheitsstufe zu stellen. Dabei handelte es sich nicht um eine westliche Spezialität; der osmanische Blick auf die Araber in ihrem Reich und die japanische Haltung gegenüber Koreanern und Chinesen unterschied sich nicht wesentlich von dem der alten Europäer auf ihre Unterworfenen.

In einem Berliner Antiquariat hatte ich vor einiger Zeit ein Fotoalbum gefunden, das Werk deutscher Teilnehmer an der Militärexpedition zur Niederschlagung des Boxeraufstands in China 1900. Eins der Bilder zeigt Soldaten, die um einen Tisch sitzen, auf dem ein dünner, etwa vierjähriger chinesischer Junge steht, nackt und mit hängenden Armen, über dessen Anblick sich die Uniformierten amüsieren. Sie sahen sich dazu offenbar mit jeder nur denkbaren Lizenz ausgestattet. Das Foto zeigt, worin der Kern der Verachtung besteht: Jemand anderem wegen dessen Gruppenzugehörigkeit bedenkenlos etwas zuzumuten, das jemand für sich selbst und seine Nächsten als empörend empfinden würde.

Aber nie und erst recht nicht in der Gegenwart galt der Blick nach unten als Ausweis einer großen charakterlichen Qualität, eines kritischen Bewusstseins, einer besonderen Sensibilität, einer Wohlgesinntheit. Nie galt kulturelle Verachtung als progressiv. Bis vor einigen Jahren jedenfalls. Erst als Teil der neolinken Theorie und Praxis erreichte das gesellschaftliche Herabschauen seine vorerst letzte Evolutionsstufe.

Dafür, wann die kollektive Verachtung von Niederen und Schwächeren zum offenen und mit Stolz benutzten Instrument progressiver Selbstdarstellung wurde, bieten sich mehrere historische Daten an, aber kein Moment mit solchem Nachdruck wie der Abend des 9. September 2016 in der Cipriani Wall Street, New York City. Es war der Abend, an dem Hillary Clinton das Wort von dem Korb der Jämmerlichen aussprach, frei übersetzt Haufen der Jämmerlichen, Schändlichen, Kläglichen. Im englischen Original: *the basket of deplorables.*

Zu dem Abend in New York, einer Spendengala für den demokratischen Wahlkampf, hatten die Präsidentschaftsbewerberin Clinton und Barbra Streisand die LGBT-Gemeinschaft der Stadt eingeladen. Die Kartenpreise für den Abend mit anschließendem Empfang durch die Kandidatin lagen zwischen 2500 und 250 000 Dollar. Ein kleines Kontingent von Billigtickets zum Sonderpreis von 1200 Dollar war schnell ausverkauft. Clinton trat vor Streisand mit einer kurzen Rede vor ihr Publikum. Die Passage, die dann dem Wahlkampf den entscheidenden Schwung geben sollte – allerdings der Kampagne ihres Konkurrenten –, lautete: »Wir leben in einer volatilen politischen Umgebung. Ihr wisst, um einmal grob zu generalisieren, ihr könntet die Hälfte der Trump-Unterstützer in das stecken, was ich den Korb der Jämmerlichen nenne. Richtig? (Lachen, Applaus.)

Die Rassisten, Homophoben, Fremdenfeindlichen, die Islamophoben – ihr wisst schon. Und leider gibt es Leute, die so sind. Und er hat sie nach oben gebracht. Er hat ihren Websites eine Stimme gegeben, die vorher nur von 11 000 genutzt wurden – und jetzt von etwa 11 Millionen. Er tweetet und retweetet ihre beleidigende, hassvolle, von Gemeinheit geleitete Rhetorik. Nun, einige dieser Leute sind unverbesserlich – aber zum Glück sind sie nicht Amerika.

Aber der andere Korb – und ich weiß das, weil ich Freunde aus ganz Amerika hier sehe, ich sehe Freunde aus Florida und Georgia und South Carolina und Texas, genauso wie, ihr wisst es, New York und Kalifornien –, aber der andere Korb von Leuten, die das Gefühl haben, die Regierung lässt sie allein, die Wirtschaft lässt sie allein, niemand kümmert sich um sie, niemand sorgt sich darum, was mit ihrem Leben und ihrer Zukunft ist, und sie wollen verzweifelt einen Wandel. Es spielt nicht einmal eine Rolle, woher er kommt. Sie kaufen ihm (Trump) nicht alles ab, was er sagt, aber es scheint, dass er eine Hoffnung anbietet, dass ihr Leben anders sein wird. Sie werden nicht aufwachen und ihre Jobs verschwinden sehen, ihre Kinder an Heroin verlieren, sich so fühlen, als würden sie in einer Sackgasse stecken. Die Leute müssen wir auch verstehen und Empathie mit ihnen zeigen.«

Clintons *basket of deplorables* brannte sich auch deshalb so ein, weil vor ihr praktisch niemand diese Einordnung von Menschengruppen in Körbe vornahm. Die Wendung klingt im Englischen genauso schief wie in ihrer deutschen Übersetzung. Auch nach ihrer Rede benutzte fast jeder diese Formel nur als Zitat. »Basket of deplorables«, schrieb die *Washington Post* in einem Beitrag, den sie 2021 dem fünften Jahrestag der Rede widmete, »ist ein seltsamer Phrasenausdruck. Es gibt Körbe und es gibt jämmerliche Leute, aber die beiden Begriffe zu kombinieren ist die merkwürdigste aller merkwürdigen linguistischen Paare.« Möglicherweise ging der ehemaligen Außenministerin eine in der Diplomatie übliche Formel durch den Kopf; bei internationalen Verhandlungen gehört es zur Praxis, unterschiedliche Themen in Körbe aufzuteilen.

Ihre Aufzählung der »Rassisten, Homophoben, Fremdenfeindlichen, Islamophoben« wirkte in ihrer Rede so, als würde sie taxonomische Begriffe aneinanderreihen, statt eine politische Beschreibung vorzunehmen. Auf dem Video ihres Auftritts ist zu hören und zu sehen, wie sie hier einen leiernden

Tonfall anschlägt und dazu mit dem Arm rudert. Sie zeichnete nur ein Bild nach, von dem sie annimmt, dass ihr Publikum es schon in- und auswendig kennt: »Ihr wisst schon.« Bei jeder der vier Wendungen handelte es sich schon damals um Begriffe mit stark ausgeweiteten und immer noch wandernden Grenzen. Nach der schon damals verbreiteten »Kritischen Rassentheorie« macht sich jemand schon des Rassismus schuldig, wer keinen »strukturellen«, also tief in der Gesellschaft eingewurzelten Rassismus erkennen kann, wer als Weißer meint, keine rassistischen Vorurteile zu pflegen, oder der darauf hinweist, dass Amerikaner (und auch Europäer) asiatischer Herkunft wirtschaftlich erfolgreicher dastehen als Schwarze, in der Regel auch als autochthone Weiße, kurz, alle, die meinen, dass sich mit dem Konzept des Rassismus nicht alle sozialen Unterschiede erklären lassen. Im Stil dieser Begriffsausweitung gilt auch ein Konditor als homophob – wörtlich übersetzt also als »schwulenängstlich« –, der sich aus welchen persönlichen Gründen auch immer weigert, eine Torte für die Hochzeit von zwei Männern zu liefern (was tausend andere Konditoren natürlich problemlos tun; kein Paar bleibt gegen seinen Willen tortenlos). In die Kategorie »fremdenfeindlich« fällt für die Begriffsdehner schon jeder, der die illegale Grenzüberschreitung von Migranten für ein Problem hält. Das tun allerdings auch viele Wähler der Demokraten. Genau aus diesem Grund nähert sich die Regierung unter Präsident Joseph Biden der Migrationsabwehrpolitik von Donald Trump zumindest an.

Bei »Islamophobie« wiederum handelt es sich um ein Schlagwort, das der frühere geistliche Führer des Iran Ayatollah Khomeini populär machte und strategisch einsetzte, um damit jede Kritik an dem von ihm errichteten Regime und an dem politischen Islam überhaupt abzuwehren. Migranten, Schwarze und Muslime können außerdem durchaus homophobe und rassistische Ansichten hegen. Die ausschließlich von Muslimen besetzte Stadtregierung von Hamtramck in Michigan etwa verbot 2023 das Hissen von Regenbogenfahnen an öffentlichen Flaggenmasten. Viele Schwule wünschen sich aus Eigeninteresse, den gesellschaftlichen Einfluss des Islam und die Einwanderung von Muslimen zu begrenzen. Nach der weiten Begriffsfassung wären sie dann sowohl rassistisch, xenophob als auch islamophob. Die Politikerin unternahm nicht einmal einen Pro-Forma-Versuch, die von ihr bemühten Kategorien zu definieren, also einzugrenzen. Schon gar nicht deutete sie an, dass die eine mit der anderen ins Gehege kommen könnte. Und sie fragte an keiner Stelle, aus welchen Gründen die Jämmerlichen zu ihren Ansichten kommen. Sie behandelt diesen Korb wie eine Naturkonstante: Diese Leute sind nun einmal da. Sie denken und sprechen niedrig. Sie sind meist unverbesserlich. Es lohnt nicht, sich mit ihnen zu befassen. Und Trump hebt sie nach oben.

Am 8. November 2016 wählten immerhin gut 63 Millionen Amerikaner den republikanischen Kandidaten. Clinton sortierte an diesem Abend also gut 30 Millionen von ihnen in den einen Korb, an den ihrer Meinung nach keine Mühe mehr verschwendet werden dürfte. Ihr Konzept bestand darin, diese Verlorenen von jedem politischen Einfluss fernzuhalten und jeden zu bekämpfen, der um ihre Stimmen werben sollte. Den 30 Millionen, die bei ihr in Korb zwei landeten, gestand sie immerhin soziale Probleme zu. Sie kennzeichnete in ihrer Ansprache diese Sorte gleichzeitig als Unterprivilegierte mit niedrigem Bildungsabschluss außerhalb der Großstädte, also als Periphere. Allerdings forschte sie auch hier nicht nach den Ursachen, obwohl die Frage eigentlich nahegelegen hätte nach einer achtjährigen demokratischen Präsidentschaft und angesichts der Tatsache, dass in den meisten Städten, in denen sich Armuts-, Kriminalitäts- und Wirtschaftsprobleme besonders konzentrierten, damals Politiker der Demokraten regierten (wie übrigens auch heute). Jedenfalls bot sie den Leuten in diesem Korb Verständnis und Empathie an. Die Korb-zwei-Insassen, jedenfalls viele von ihnen, erwarteten sich damals offenbar mehr von einer demokratischen Kandidatin. Ein großer Teil von ihnen hatte in früheren Zeiten für Bewerber ihrer Partei gestimmt. Jedenfalls gehörten sie einmal zur klassischen demokratischen Klientel.

An diesem 9. September fügten sich die Einzelheiten zu einem Gesamtbild, als hätte jemand aus dem anderen politischen Lager Regie geführt. Es kam einfach alles zusammen, der gehobene Ort in New York City, die Veranstaltung mit Karten für bis zu einer Viertelmillion Dollar, ein Publikum blendend verdienender Großstädter in guter Abendgarderobe. Vor dieser Kulisse nahm Clinton die Teilung in die völlig Hoffnungslosen und Unberührbaren und diejenigen vor, denen sie noch ein bestimmtes Maß an Verständnis zubilligte. Sie nahm Gelächter, Applaus und Spenden entgegen. Und merkte möglicherweise noch am gleichen Tag, vielleicht aber auch erst acht Wochen später, dass sie gerade einen der größten Fehler ihrer Karriere begangen hatte. An verschiedenen Stellen findet sich die Behauptung, sie hätte sich für ihre Formulierung entschuldigt. Das trifft nicht zu. Am nächsten Tag sagte sie der Presse nur: »Ich bedaure, dass ich gesagt habe: die Hälfte. Das war falsch.« Womit sie offenließ, ob sie mit den Jämmerlichen nicht eigentlich noch viel mehr als nur jeden zweiten Trump-Unterstützer meinte.

Zu ihrem Auftritt gab es übrigens ein Vorspiel. Auf einer ganz ähnlichen Spendenveranstaltung in San Francisco hatte der damalige Präsidentschaftskandidat Barack Obama 2008 die Wähler aus der Arbeiterklasse beziehungsweise Nicht-mehr-Arbeiterklasse des Rust Belt als Leute beschrieben, »die an ihren Waffen und ihrer Religion hängen, um ihre Frustration auszudrücken«. Eine große lagerübergreifende Mehrheit in den USA, daran sollte hier noch einmal erinnert werden, halten weder private Waffen noch Religion für etwas Negatives. Clinton, in den Vorwahlen Obamas Konkurrentin, ließ damals umgehend erklären, sie sei »überrascht von den erniedrigenden Bemerkungen, die Senator Obama über Leute im Kleinstadt-Amerika machte. Seine Bemerkungen sind elitistisch und unangebracht.«

Sie wusste also 2016 sehr genau, wen sie mit ihrer Formulierung traf. Nach ihrer Rechnung sollte es ihr mehr Stimmen bringen, dem Überlegenheitsgefühl der urbanen progressiven Elite zu schmeicheln, als sie dadurch anderswo riskierte. Bekanntlich ging diese Kalkulation nicht auf. Es handelte sich um schlichte (und schlechte) Wahlarithmetik. Viele Wähler, auch manche Journalisten hielten Hillary Clinton vor, bei ihren Auftritten steril und unecht zu wirken. Ihr Hohn über den Korb der Jämmerlichen, die Reaktion des Publikums – beides erschien nun einem großen Publikum allerdings als ganz und gar authentische Botschaft. Sie sprach damit aus, wie wohlhabende liberale Eliten dachten. Sie bestätigte die Kampagne Trumps, der sich 2016 auch als politischer Vertreter der Unverbesserlichen und Abgeschriebenen angeboten hatte, besser und stärker, als Trump selbst es je gekonnt hätte. Sein berühmter Satz: »Sie sind nicht hinter mir her. Sie sind hinter euch her. Ich bin nur im Weg«, liest sich in der Rückschau wie das logische Gegenstück zu Clintons *basket of deplorables*.

In ihrer Ansprache behandelte sie ihren Gegner merkwürdigerweise so, als wäre er schon an der Macht. Das Entscheidende an der Affäre um ihre Rede und die Folgen liegt in der Kausalität. Es gab erst ihren Satz über den Korb der Jämmerlichen. Und dann einen Präsidenten Trump. Erst gab es die elitäre, menschenfreundlich und progressiv eingefärbte Verachtung nach unten. Und danach die organisierte politische Gegenreaktion, nicht nur in den Vereinigten Staaten, sondern auch in etlichen anderen Ländern.

Die Erfahrung des Wahlausgangs 2016 hätte nach dem Selbstverständnis der Linken nicht nur in den USA, sondern generell im Westen zu der Überlegung führen müssen, ob es tatsächlich eine kluge und erfolgreiche Strategie darstellt, größere Teile der Bevölkerung als unverbesserlich, verloren und niedrig abzutun, ganz abgesehen von der Frage, wie sich die Verachtung von oben nach unten eigentlich auf die alte Vorstellung von links reimt. Denn die Progressiven betonen ja, Präsident Donald Trump sei vier Jahre lang das bisher schlimmste aller politischen Phänomene gewesen, und schlimmer wäre nur ein Trump mit zweiter Amtszeit ab 2024.

Der Schrecken aller Progressiven in Europa heißt Giorgia Meloni. Nicht wenige Wohlgesinnte halten es immer noch für ausgemacht, dass mit ihr der Faschismus in Italien zurückkehrt. Und wenn es etwas gibt, das die Linke der klassischen und der neuen Sorte verbindet, dann die Furcht vor einer französischen Präsidentin Marine Le Pen. Aber wichtiger als das angeblich Allerwichtigste, nämlich die Verhinderung der politischen Dämonen, scheint ihnen immer noch die Behauptung der eigenen moralischen Höhe zu sein.

In der Rückschau zählt Hillary Clinton zu den frühen Trendsetzern in der neuen elitären Linken. Kulturelle Verachtung für ganze Gruppen gehört dort länderübergreifend zu den festen Verhaltensmustern, zusammen mit der strikten Unterscheidung zwischen Zentrum und Peripherie, der Ersetzung des Konkreten durch die Abstraktion und der Verdrängung materieller durch Identitätsfragen. Kulturelle Verachtung stärkt wie schon bei früheren Klassen, die gleichgültig oder mit moralischem Missfallen nach unten blickten, das eigene Überlegenheitsgefühl. Sie festigt die Reihen.

Diejenigen, die von den Wohlgesinnten heute nicht als gleichwertig angesehen werden, als unwürdig, gesellschaftliche Regeln mitzuprägen, als unverbesserlich oder nur mit größter Mühe verbesserbar, all diese Bürger in den Kreisen rings um das Bedeutungszentrum machen heute in den USA zusammen wahrscheinlich sogar mehr aus als die 30 Millionen, die Clinton seinerzeit als hoffnungslose Fälle abgeschrieben hatte.

Unter urbanen Linken in den Vereinigten Staaten gehört der Begriff »Karen« schon seit etwa 2018 zum festen Vokabular.

Karen als Sammelbegriff steht für eine mittelalte weiße Vorstadtfrau, der diejenigen, die ihn gebrauchen, Beschränktheit und rassistische Vorurteile vorhalten, aber eigentlich noch etwas mehr, nämlich, dass sie von der Erwachtenbewegung wenig bis nichts hält, also weder darüber nachdenkt, welchen Anteil sie an der weißen Schuld trägt, noch, mit welchem Pronomen sie angesprochen werden möchte. »Um einige Beispiele zu geben«, schrieb die BBC auf ihrer Website 2020 zur Erklärung: »›Karen‹ wird mit einer Sorte von Personen assoziiert, die verlangen, ›den Geschäftsführer zu sprechen‹, um einen Arbeiter in der Dienstleistungsbranche herunterzumachen, die gegen Impfungen sind und rassistische Mikroaggressionen ausüben, etwa indem sie darum bitten, die Haare von Schwarzen berühren zu dürfen.« Der amerikanisch-palästinensische Aktivist Sbeih, der über die Plattform TikTok mehrere hunderttausend Zuschauer mit seinen Videos erreicht und für sich in Anspruch nimmt, die Formel »Lautstärke-Rassismus« geprägt zu haben (für Weiße, die sich über zu laute Farbige in der Öffentlichkeit beklagen), meinte in einem seiner Kurzfilme: »Du hast es einfach zu akzeptieren (die Lautstärke), du kannst nicht erwarten, dass jeder in der gleichen Lautstärke wie du spricht, Kristen.«

Nun gibt es wahrscheinlich auch nichtweiße Frauen, die wegen irgendeiner Misshelligkeit den Geschäftsführer zu sprechen wünschen, wegen Kleinigkeiten einen Streit vom Zaun brechen oder Vorurteile gegen andere Gruppen hegen. In diesen Fällen gilt ihr Verhalten im Kanon der Wohlgesinnten entweder als Zeichen von Selbstbewusstsein beziehungsweise »Empowerment«, Ermächtigung, oder als individuelles

Verhalten, das keinesfalls verallgemeinert werden darf. Eine »Karen« dagegen meint einfach einen bestimmten Typus ohne individuelle Züge, nämlich die weiße Vorstadtfrau, die progressive Erwartungen enttäuscht. Der Kollektivname funktioniert als *persona* im antiken Wortsinn als Maske, als öffentliche Rolle, natürlich nicht selbstgewählt, sondern von den Wohlgesinnten auf das Gesicht gedrückt. Und diese Maske bedeutet: Es handelt sich um tendenziell lächerliche Figuren von minderem gesellschaftlichen Rang. Ansichten einer Karen können keine Allgemeingültigkeit beanspruchen, anders als die der urbanen Progressiven.

Neben den Karens hinter den Vorstadthecken zählen auch alle zu den Minderen, die in die Kategorie der Hillbillys fallen, der Rednecks, des »white trash« (wobei die akademischen Eliten sich meist bemühen, andere Begriffe für sie zu finden, was durch die Bedeutungsausdehnung von »Rassist« und »Fremdenfeind« auch ziemlich reibungslos gelingt). Die Gruppe der Verachteten umfasst mehr oder weniger alle, die mit dem Begriffsbesteck der Wohlgesinnten nicht umgehen können oder wollen. Als ein Exempel für viele steht die Geschichte von Scott Smith, einem älteren weißen Mann, der am 22. Juni 2021 als Gast während des School Board Meetings von Loudoun County, Virginia, um es landläufig zu sagen, einen Krawall anzettelte. In dem Treffen ging es um die Einführung der »Critical Race Theory« in den Schulunterricht, außerdem um das Recht von männlichen Transgender-Schülern, auch die Toiletten und Umkleideräume der Mädchen zu nutzen, alles in allem: Es ging um die Durchsetzung der gewünschten, von den Progressiven geförderten identitätspolitischen Agenda. Smith wandte sich insbesondere dagegen, dass Jungen, die sich als weiblich definieren, die Rückzugsräume der Mädchen betreten, und er tat es laut, wütend und ohne akademisches Vokabular. Das School Board unterbrach die Sitzung und rief die Polizei, die Smith abführte.

Das Video, auf dem Polizisten den tobenden Mann herausführen, der ruft: »Nein, es ist nicht vorbei!«, ging durch die sozialen Netzwerke. Und kaum ein progressiver Nutzer dort, kaum ein wohlgesinntes Medium ließ sich die Gelegenheit entgehen, den Mann einem großen Publikum als idealtypischen Trumpisten vorzuführen, als beschränkten, verhetzten Krakeeler, der Sturm gegen den gesellschaftlichen Fortschritt läuft und auch noch Fake News verbreitet – was denn sonst. Denn Smith' Behauptung, seine Tochter sei in der Stone Brigde High School von einem 15-jährigen Schüler mit selbst entworfener weiblicher Geschlechtsidentität in einem für Mädchen reservierten Raum sexuell bedrängt worden, wies der Direktor der betreffenden Schule umgehend zurück. Einen solchen Vorfall habe es nie gegeben. Demokratische Politiker begrüßten die Festnahme und die folgende Anklage gegen Smith, brachten sein Verhalten sogar mit »domestic terrorism« in Verbindung und forderten schärfere Gesetze.

Dann stellte sich nach und nach heraus, dass es diesen Vorfall in der Schule doch gegeben hatte, dass Smith' Tochter tatsächlich Opfer eines sexuellen Übergriffs geworden war. Dass der Schuldirektor sehr wohl davon wusste. Und dass die Schulleitung den betreffenden Jugendlichen an eine andere Schule abgeschoben hatte, um die Affäre zu vertuschen (wo er die Gelegenheit zu einem zweiten Übergriff nach gleichem Muster nutzte).

Der öffentliche Wutausbruch des Vaters im Juni 2021 fiel in den Wahlkampf von Virginia, einem Staat, der als sichere Bank der Demokraten galt. Der republikanische Kandidat Glenn Youngkin griff die Geschichte aus Loudoun County auf, in der sich so vieles bündelte: das hochfahrende Verhalten der Definitionsmächtigen gegen jemand, der nicht aus ihrem Milieu stammte, aber auch ihr grundsätzlicher Versuch, eine politische Agenda an den Schulen durchzusetzen, die viele Karens und deren Männer, viele außerhalb des erwachten

Zentrums, übrigens auch viele schwarze und Latino-Eltern offensichtlich so nicht wollten. Youngkin gewann die Gouverneurswahl in der Demokratenhochburg deutlich. In Virginia spielte sich noch einmal das Drama der Präsidentschaftswahl 2016 im Kleinen ab.

Die Anwältin von Scott Smith meinte später, die ganze Geschichte wäre möglicherweise anders gelaufen, wenn das School Board ihrem Mandanten nur 30 Sekunden lang zugehört hätte. Aber exakt hier liegt der Punkt. Jemand wie er verdient nach Ansicht der Wohlgesinnten auch keine zehn Sekunden Gehör. Leute wie er werden gedeutet. Über sie wird geschrieben und gesprochen. Aber nach Ansicht der Erwachten können und sollen sie sich nicht selbst deuten. Sie können und sollen nicht für sich selbst sprechen. Jedenfalls besitzt es keinen Wert, wenn sie es trotzdem tun, selbst dann, wenn es ihren unmittelbaren Lebensbereich betrifft.

»In einer idealen Welt«, schrieb die Journalistin Batya Ungar-Sargon in »Common Sense with Bari Weiss«, »würden die Demokraten einen schonungslosen Blick in den Spiegel werfen und sich fragen, ob sie ihre Position zur Critical Race Theory nicht überdenken sollten. Oder die ständige Verächtlichmachung von Eltern, die wünschen, dass ihre Kinder die Masken abnehmen und in die Schule zurückkehren können. Oder ihre Umarmung der radikalen Agenda, nach der sich ganz Amerika im Griff der weißen Überlegenheitsideologie befindet. Aber warum diese Überlegungen anstellen, wenn sie – auf derselben Spur wie Thomas Franks ›Was ist mit Kansas los?‹ – Millionen Wähler einfach als Trottel abschreiben können?« Genauso reagierten viele progressive Politiker und Journalisten auf den von ihnen unerwarteten und unerwünschten Wahlausgang in dem Bundesstaat. Eine unzureichend gebildete Wählermehrheit, so ihr Urteil, habe sich von Trumpisten Pseudothemen aufschwatzen lassen. Einige Kommentatoren behaupteten sogar, so etwas wie »Critical

Race Theory« existiere in Wirklichkeit gar nicht, es handele sich um ein von Rechten fabriziertes Phantom, jedenfalls gäbe es überhaupt keine Agenda, sie an die Schulen zu bringen (und falls doch, diese Fußnote wandert in derartigen Erklärungen imaginär mit, und falls doch, dann dürfte sich niemand darüber beklagen). Franks Buch *What is Wrong With Kansas* von 2004 über den Wechsel vieler ehemaliger Demokraten-Wähler jenseits der Städte ins andere Lager bietet eine Art politische Meistererzählung. Wann immer Wähler sich nicht so benehmen, wie es die Wohlgesinnten für sie vorsehen, handelt es sich um eine Störung des regulären Betriebs, die Kommentatoren dazu zwingen, nachzusehen, »was los ist«, »was schiefläuft« in Kansas und anderswo. In diesem Nachsehen und Diagnostizieren findet sich der grundsätzliche Blick, den die neuen Linken auf die Nichtlinken werfen, vor allem, wenn es sich um kulturell Fremde handelt, Bewohner ländlicher Gegenden und Arbeiter ohne College-Abschluss und Zugang zum progressistischen medial-akademischen Jargon. Entweder lassen sich diese problematischen Milieus am Ende doch von den richtigen Themen der Linken überzeugen, womit sie beweisen, dass bei ihnen das Herz doch an der richtigen Stelle sitzt. Oder sie fallen auf populistische Stimmenfänger und deren falsche Themen herein. Aber sie für politische Subjekte mit eigenständiger Urteilskraft zu halten, das kommt vielen Wohlgesinnten heute ähnlich absurd vor, wie es einem Bessergestellten im England des 19. Jahrhunderts absurd vorgekommen wäre, die moralische Unzulänglichkeit der niederen Klassen nicht für deren Armut verantwortlich zu machen.

An dieser Stelle kann und soll sogar jeder einwenden, dass diese nichturbanen Wähler ohne Universitätsdiplom und Abonnement einer Qualitätszeitung ja tatsächlich oft Vorurteilen folgen, Ansichten anderer aus Prinzip ablehnen und sich einseitig informieren. Alles davon trifft zu.

Auf die Wohlgesinnten allerdings auch.

Verglichen mit den früheren Formen kultureller Verachtung fallen an dem Blick der Wohlmeinenden nach unten feine Abstufungen auf. Er gestaltet sich sozusagen diverser, verglichen mit ähnlichen Phänomenen der Vergangenheit.

Und er besitzt, wie schon erwähnt, heute den glänzenden Überzug der menschenfreundlichen und besonders weit fortgeschrittenen Gesinnung. Andere gruppenweise zu verachten gilt in diesem Milieu als Ausweis einer besonderen Wachheit. Nicht nur in den Vereinigten Staaten, sondern in den meisten Ländern der westlichen Welt. Denn das unterscheidet die neue globale Tugendbewegung von der gescheiterten »Aufstehen«-Gründung in Deutschland und ähnlichen Versuchen: Sie operiert ähnlich wie große Technologieplattformen länderübergreifend mit den gleichen Standards, den gleichen Codes, den gleichen Mitteln. Sie zeigt von Land zu Land bestenfalls leichte Differenzen. Als die Gelbwesten-Proteste in Frankreich 2018 ausbrachen, ausgelöst durch eine Erhöhung der Dieselsteuer, mit der die Regierung Emmanuel Macrons die grüne Transformation vorantreiben wollte, womit er Zehntausende Berufspendler außerhalb der großen Städte traf, einigte sich die politisch-mediale Elite in Paris erst einmal auf die Sprachregelung, für die Wut im peripheren Frankreich gebe es überhaupt keinen Grund. Ein etwas teurerer Treibstoff, erklärten die Besserverdienenden mit Wohnungen und Büros in der Pariser Innenstadt, sei nun einmal die Begleiterscheinung des notwendigen Wandels. Noch weniger verstanden sie, dass es sich bei der Steuererhöhung nur um den Auslöser der Gelbwesten-Kundgebungen handelte, aber nicht um den singulären Grund. Frédéric Gonthier, Politikwissenschaftler am Pacte Research Centre, gehört zu den wenigen, die sich für die Zusammensetzung der Gilets jaunes interessierte. »Es gibt keinen Zweifel«, meinte Gonthier in einem Interview mit France 24 ein Jahr nach den Protesten,

»dass die Gelbwesten Frankreich in eine Zeit davor und danach teilen.« Sie seien zwar wieder verschwunden, ihr Erbe bestehe aber darin, »dass sie Frankreichs unsichtbare und unhörbare Arbeiterklasse wieder in das Herz der öffentlichen Debatte gebracht haben«. Gonthier machte sich die Mühe, Teilnehmer der Proteste zu kontaktieren, um etwas über ihren sozialen Status zu erfahren. Nach seiner Untersuchung verdienten zwei Drittel der Protestteilnehmer weniger als den französischen Durchschnittslohn. Die mediale Berichterstattung konzentrierte sich auf die Demonstrationen in Paris und dort wiederum auf die gewalttätigen Ausschreitungen. Die Mehrheit der Rebellen, so Gonthier, stammte allerdings aus Kleinstädten und ländlichen Gebieten, wobei gut die Hälfte der Teilnehmer Frauen gewesen seien, anders als bei Sozialprotesten früherer Jahre. Das Urteil des Wissenschaftlers, mit den Gelbwesten seien die Unsichtbaren wieder zurück ins Herz der politischen Debatte gekommen, klingt etwas übertrieben. Die Eruption – kurz, heftig, ohne bleibende Folgen für die politischen Verhältnisse – hatte den Wohlgesinnten vor Augen geführt, dass es die Wütenden da draußen gab und gibt (um übersehen zu werden, waren die Proteste wirklich zu groß). Die Art und Weise, wie die Elite ihnen am Ende zugestand, für die Demonstrationen könnte es tatsächlich ein paar soziale Gründe gegeben haben, den Gelbwesten aber gleichzeitig auch ihre lange Sündenliste vorhielt, dürfte den Unterschied zwischen den Wichtigen im Inneren und den bestenfalls vage Sichtbaren in der Peripherie eher noch vergrößert haben. In dem gleichen Beitrag, der auch Gonthier zitiert, beschäftigte sich France 24 ein Jahr nach den Protesten durchaus kritisch und selbstkritisch mit der medialen Behandlung der Gelbwesten. Der Sender ließ eine ehemalige Teilnehmerin namens Oriane zu Wort kommen.

»Die Medien haben versucht, uns zu kriminalisieren«, so Oriane, »sie haben versucht, uns Homophobe, Rassisten und

Antisemiten zu nennen.« Sie selbst habe als lesbische Frau von den anderen Demonstranten nie irgendeine Zurücksetzung erfahren, auch nicht ihre muslimische Freundin. »Viele Nachrichtenorganisationen, denen ich früher vertraut hatte«, meint sie, »haben uns mit Verachtung behandelt. Sie brauchten lange Zeit, bis sie uns verstanden haben, und mit der Art, wie sie die Nase über uns rümpften, haben sie die Kluft zwischen den Eliten und dem Volk vergrößert.«

In Deutschland brachte es die Moderatorin eines öffentlich-rechtlichen Gebührensenders, Sarah Bosetti, zu einer Bekanntheit über den Kreis ihrer Anhänger hinaus, als sie in einer Sendung 2021 diejenigen, die gegen die staatlichen Coronamaßnahmen protestierten, zum »Blinddarm der Gesellschaft« erklärte. Sie fügte noch an, warum sie auf den Vergleich mit dem Organ gekommen war, das nichts nützt und höchstens Ärger verursacht: Der Blinddarm säße eben »rechts und unten«. Ähnlich wie die Gelbwesten in Frankreich waren die Demonstranten gegen die deutsche Covid-Politik sehr heterogen, sie stammten aus verschiedenen Milieus und politischen Richtungen. Aber tatsächlich fanden sich keine progressiven urbanen Eliteangehörigen in den Demonstrationszügen, keine Erwachten. Folglich handelte es sich, egal wer dort auf die Straße ging, um Periphere.

Bosetti entschuldigte sich zwar später für die Wortwahl, nachdem mehrere Leute sie darauf hingewiesen hatten, dass sie mit der Bezeichnung ganzer Bevölkerungsgruppen als Blinddarm stilistische Anleihen beim nationalsozialistischen Jargon genommen hatte. Dabei kommt es eigentlich weniger auf die Erwähnung des Darmzipfelchens an. Ihre Bemerkung »rechts und unten«, mit der sie eine politische Zuschreibung mit einem moralischen und sozialen Unten kurzschloss, entspricht ziemlich genau der Art und Weise, wie Tausende andere Politiker und Medienfiguren des Bedeutungszentrums damals über die Protestler dachten, und wie sie noch immer denken. Als sich wütende Landwirte in Deutschland Anfang 2024 mit ihren Zugmaschinen nach Berlin aufmachten, um gegen neue Belastungen zu demonstrieren, schrieb der Chefreporter des Südwestrundfunks Rainald Becker, einer der Mandarine des öffentlich-rechtlichen Systems, auf Twitter: »Traktorfahren macht offenbar dumm.« Er unterschied noch nicht einmal zwischen den Protestbauern und denen, die zuhause blieben, sondern sprach aus, was viele in seinen Kreisen denken: Bauern gehören zu einem niederen Stand, sie besitzen nicht die nötige Qualifikation, um überhaupt mit irgendwelchen Anliegen öffentlich vorzusprechen.

Die wohlgesinnten neuen Linken erklären hin und wieder, dass sie sehr wohl einen Blick für das Soziale hätten. Das stimmt, nur eben etwas anders, als sie es in ihrer Selbstbeschreibung meinen. Im vorgeblich egalitären Deutschland, aber auch in anderen Ländern gehört es durchaus zum Verhaltenskodex der Besseren, auch ihren materiellen Konsum mit ihren tugendhaften Ansichten zu verbinden und beides demonstrativ jenen anderen vorzuhalten, die sie sozial und moralisch unter sich sehen. Das tut nicht nur eine gut bezahlte Fernsehmoderatorin mit »rechts und unten«. Die gar nicht so diskrete Verknüpfung von gut und oben einerseits und schlecht und unten auf der anderen bildet einen ganz eigenen Strang im bunten Gesamtbild der kulturellen Verachtung. Eine deutsche Journalistin beispielsweise, die auch für eine mit Steuergeld finanzierte Plattform schreibt, hielt Autofahrern, also auch vielen Berufspendlern, vor, welchen gesellschaftlichen Schaden sie durch das Autofahren anrichten, um ihnen als Alternative eine Bahncard 100 zu empfehlen. Bei der Bahncard handelt es sich um das Statussymbol der Besserverdienenden, die mit ihren Laptops von Stadtzentrum zu Stadtzentrum eilen. Sie kostet jährlich 4550 Euro in der 2. Klasse und würde den meisten Berufspendlern in der Tiefe des Raums überhaupt nichts nutzen, weil dort nur schlechte oder gar keine Bahnverbindungen existieren. Die Journalistin weiß natürlich auch, dass die Waren nicht per Zug in ihre Supermarktregale kommen, genauso wenig wie die Handwerker oder der Notarzt zu ihr nach Hause, sollte sie den einen oder anderen brauchen. Ihr geht es darum, vor der Nase der anderen mit ihrem Tugendsymbol, der Bahncard, herumzuwedeln, um ihnen die Schädlichkeit und moralische Unzulänglichkeit ihrer Lebensweise vorzuhalten. Vermutlich lehnt sie sich mit dem befriedigenden Gedanken zurück, sie habe den anderen ja einen guten Rat erteilt, er sei nur leider nicht angenommen worden. Zu diesem thematischen Strang neuen ersten Stand gehört auch der WDR-Journalist, der in seinem Tagesthemen-Kommentar vom Staat die Durchsetzung einer Art Konsum-Entziehungskur forderte: »Macht Fleisch, Autofahren und Fliegen so verdammt teuer, dass wir davon runterkommen. Bitte! Schnell!« Was aber nur Leute schmerzen würde, die nicht das Gehalt eines Redakteurs beziehen, das beim WDR bis zu 100 000 Euro jährlich betragen kann. Der Redakteur jedenfalls verschickte nach seinem Kommentar Bilder von seinem Tauchurlaub in Costa Rica samt Besuchen in gehobenen Restaurants (»Gourmetküche in San José – die Welt ist eins«). Es gehört eine deutsche Führungsfigur der Bewegung »Fridays for Future« dazu, Mitglied bei den Grünen, Sohn aus gutem Haus, der bei seinen Auftritten die Öffentlichkeit beschwört, den eigenen ökologischen Fußabdruck klein zu halten, möglichst auf Fleisch und erst recht auf Fliegen zu verzichten, um die Klimakatastrophe abzuwenden. Kurz bevor er mit 19 Jahren seine politische Karriere startete, stellte er Fotos von einem Trip nach Arizona ins Netz (eins davon zeigt ihn beim Verzehren von Schlangenragout). Natürlich liegt auch eine ganz allgemeine und grundlegende Verachtung nach unten darin, wenn – wie schon beschrieben – die moralischen Selbstoptimierer der guten Viertel anderen unentwegt die Disruption, den Um- und Aufbruch predigen und sich über die Angst der anderen vor Veränderungen amüsieren, während sie für sich selbst im Altbauviertel mit Privatschule für die Kinder und Wochenendhaus auf dem Land eine bemerkenswert traditionelle und statische Idylle organisieren.

Die Botschaft lässt sich eigentlich gar nicht missverstehen. Sie lautet: Wir sind nicht gleich. Wir haben, anders als die Leute, denen wir Unterweisungen erteilen, etwas zu sagen. Wir besitzen Relevanz und eine kritische Haltung. Mit unserer öffentlich ausgestellten Tugend erwerben wir das Recht, anders zu leben als der Rest.

Den Distinktionsgewinn gegenüber den Äußeren und Unteren streichen sie, um einmal den antiken linken Begriff zu gebrauchen, als Extraprofit ein.

Ein ganz spezielles Feld der Verachtung eröffnet sich für Angehörige des wohlgesinnten Zentrums in Deutschland, wenn sie über Ostdeutsche sprechen und schreiben. Von fern ähnelt ihr Blick der kulturellen Verachtung für irische Einwanderer im Amerika des 19. und frühen 20. Jahrhunderts. Es handelte sich um Bürger der gleichen Nation, sicherlich, sie sprachen sogar die gleiche Sprache. Die damals ausschlaggebenden angelsächsisch-protestantischen Kreise hielten den Gedanken trotzdem für völlig abwegig, sie als Gleichrangige anzusehen. Dass Ostdeutsche nicht ernsthaft dazugehören, dass sie unter dem (gar nicht einmal völlig unbegründeten) Verdacht stehen, die kanonischen Begriffe der westdeutschen Linken weniger zu teilen als die durchschnittlichen Westdeutschen, dass sie besonders mit dem identitätspolitischen Aufbruch der Linken mehrheitlich nichts anfangen können, dass die Parole der Transformation bei ihnen keine Begeisterung auslöst, dass ostdeutsche Mehrheiten als rückständiger und provinziell zu betrachten sind, als die Hillbillys der Bundesrepublik, jedenfalls bis zum Beweis des Gegenteils, den aber ein Ostdeutscher bitteschön selbst zu erbringen hat – das alles gehört zu den selbstverständlichen Annahmen im medial-politisch-institutionellen Komplex, in dem sich praktischerweise auch so gut wie keine ostdeutsch sozialisierten Führungsfiguren finden. Oft werden diese Ansichten höflich camoufliert, etwa mit dem Begriff »Modernisierungsrückstand«. Gelegentlich spricht auch jemand aus, wie er denkt. Beispielsweise ein langjähriger Mitarbeiter des *Spiegel*, der im September 2017 auf Twitter nach der Bundestagswahl schrieb: »Höre, ich soll Ostdeutsche ›ernst nehmen‹. Ihr kamt 1990 mit 'nem Trabi angeknattert und wählt heute AfD – wie soll ich euch ernst nehmen?« Der Chefredakteur der *Saarbrücker Zeitung* schrieb ebenfalls nach einem Wahlergebnis im Osten, das ihm missfiel: »Was bilden sich die Ossis eigentlich ein?«

In Ostdeutschland liegt aus Sicht dieser Wohlgesinnten eine Steigerung alles Ablehnungswürdigen, nämlich Sachsen, das Herz der Finsternis. Der Freistaat bietet überreichlich, was den Progressisten missfällt: hohe Wahlergebnisse für die AfD, saftige Mundarten und eine ausgeprägte Resistenz gegenüber Erziehungsversuchen. Ebenfalls nach der Bundestagswahl 2017, bei der die AfD in dem südöstlichen Bundesland 27 Prozent holte, twitterte der damalige Kommunikationsdirektor des Erzbistums Köln: »Tschechien, wie wär's: Wir nehmen Euren Atommüll, Ihr nehmt Sachsen?« Die *Hamburger Morgenpost* druckte im Jahr 2016 eine Deutschlandkarte auf ihr Titelblatt, färbte Sachsen komplett braun ein und titelte dazu: »Der Schandfleck«. Als 2022 die Wälder im Elbsandsteingebirge brannten, sinnierte ein Grünen-Politiker freudig erregt darüber, ob es nicht das Beste wäre, das Bundesland »kontrolliert abbrennen zu lassen«.

Ende 2022 kam ein freier Mitarbeiter des Rundfunks Berlin-Brandenburg in berufliche Schwierigkeiten, als Twitteraktivisten entdeckten, dass er auf dem Kurznachrichtendienst Somalia wegen der dort herrschenden Lebensbedingungen als »Shithole« bezeichnet hatte. Prompt warf ihm die progressive Twitteria »Rassismus« vor; der Sender stellte sich nicht etwa vor ihn, sondern erklärte eilfertig, er nehme den Fall sehr ernst. Hätte der Journalist (oder irgendein anderer) Sachsen als *shithole* genannt, wäre ihm der Applaus oder zumindest das stille Wohlwollen der gleichen Leute sicher gewesen, die ihn für seine Bemerkung zu Somalia am liebsten teeren und federn würden.

Eine weitere Verachtungsunterform durch das scharfrichterliche Milieu – etwas abgestuft im Vergleich zu den anderen – trifft Angehörige von Minderheiten, etwa Farbige oder Schwule, die es versäumen, die richtigen Begriffe zu gebrauchen, die sich weigern, alle gesellschaftlichen Phänomene in das Identitätsraster zu pressen, oder die einfach nur zu wenig Eifer bei der Unterstützung der Sache zeigen. Für sie ist der Begriff »token« reserviert, also Spielstein, Wertmarke, kurz, ein Gegenstand, mit dem andere hantieren. Die Verachtung gegenüber den *token* reicht zwar nicht so tief wie gegen die deplorables, also die Leute rechts und unten. Aber es gibt ein gemeinsames Merkmal: Die paternalistischen Guten, die auf sie herabschauen, sprechen ihnen ganz selbstverständlich eigene respektable Gründe ab. In seinem Buch *Weiß* erzählt Bret Easton Ellis unter anderem, wie die »Gay and Lesbian Alliance Against Defamation«, abgekürzt GLAAD, ihn, den liberalen und offen schwulen Autor, 2013 zu einer Preisverleihungsgala einlud. Dann stießen Mitarbeiter der Organisation auf frühere Tweets von Ellis, in denen er sich über die stereotype Darstellung von Schwulen in Hollywood-Filmen (meist als Leidens- und Opferfigur) lustig gemacht hatte. Die GLAAD-Verantwortlichen luden ihn wieder aus – und belehrten ihn obendrein, er solle über die Tatsache der Ausladung bloß nicht öffentlich sprechen. Sie kannten Ellis offenbar schlecht, er tat ihnen diesen Gefallen natürlich nicht.

Diese ganz spezielle Form der Verachtung, Farbige, Muslime, Schwule zu Verrätern an ihrem Kollektiv zu stempeln, sobald sie vom Überzeugungskanon der Wohlgesinnten abweichen und sie womöglich sogar kritisieren, soll im fünften Kapitel noch etwas breiter beschrieben werden – als notwendiges Instrument einer Bewegung, die ein Identitätsraster mit streng bewachten Grenzen über die gesamte Gesellschaft legt. Wenn die Praxis der Exklusion und symbolischen Bestrafung selbst einen liberalen Künstler und einen gemäßigten Muslim trifft, die aus Sicht der Benevolenten auch nur einen Schritt aus der Reihe tanzten – dann haben Trump-Anhänger, Hillbillys, ganz allgemein Periphere und speziell falsch denkende Ostdeutsche natürlich nicht die geringste Gnade zu erwarten.

Das Muster der Kollektivverachtung liegt darin, dass sie sich nicht an Einzelne richtet. Sondern gegen alle Trump-Wähler, gegen alle Vorstadt-Karens, gegen alle, die nichts mit Identitätspolitik anfangen können und wollen, gegen alle Ostdeutschen. Und das völlig unabhängig davon, was die Angehörigen der jeweiligen Gruppen im Einzelnen denken und tun, was sie bewegt und mit welcher sozialen Realität sie zurechtkommen müssen. Bestenfalls können die Verachteten einen etwas günstigeren Rang ergattern, indem sie sich nach Möglichkeit unter die Regeln und Erwartungen der Wohlgesinnten beugen. Der *deplorable* beispielsweise verbessert seine Stellung, wenn er reumütig aus dem Trump-Lager zurückkehrt und wieder die Demokraten wählt. Was, ganz nebenbei, nichts daran ändern würde, dass die meisten aus Hillary Clintons Spendengala von 2016 sich immer noch über seinen Akzent und seine Essgewohnheiten amüsieren.

Diejenigen, die ansonsten ständig den Begriff Diversität im Mund führen, wollen hier ausdrücklich nicht unterscheiden. Sie wollen verurteilen. Sie möchten sich dabei nicht nur grundsätzlich oben fühlen, sondern auch gut, sensibel und vorbildlich. Sie sehen sich dafür mit jeder denkbaren Lizenz ausgestattet. Das Verfahren dazu geht sehr leicht; schließlich stellen die Wohlgesinnten praktischerweise auch sämtliche Lizenzen zum öffentlichen Meinen und Urteilen aus.

Wer alle Spielarten der kollektiven Verachtung durchmustert, erweitert durch die Spezialverachtung gegen Angehörige von Minderheiten, die gegen Sprachregelungen verstoßen, der kommt unvermeidlich zu der Frage: Wer gehört eigentlich *nicht* zu den Minderen? Darauf gibt es eine einfache Antwort. Die Wohlgesinnten verachten in abgestufter Weise alles außerhalb ihres eigenen Zirkels. Zumindest nehmen sie andere, die sich von ihrer Wahrnehmungs- und Begriffswelt unterscheiden – und sei es, wie bei den token, nur im Detail –, nicht als gleichrangige Gesellschaftsmitglieder wahr. Sie bilden eine eigene Klasse, die neuen vergoldete Spitze der moralischen Gesellschaftspyramide. Denn dort, in der Sphäre der unangreifbaren symbolischen Überlegenheit, konzentriert sich das kulturelle Kapital, das wundersame Mittel, ohne das in der Aufmerksamkeitsökonomie auch ein materiell Gutgestellter arm bleibt.

Umarmungsversuch nach unten

Im Jahr 1832 malte Jean-Dominique Ingres einen berühmten Pariser Bürger und zugleich einen Typus, Louis-François Bertin, Unternehmer und Gründer der Zeitschrift *Journal des débats*, eine öffentliche Figur in der Ära unter Bürgerkönig Louis-Philippe. Monsieur Bertin blickt den Betrachter mit dem Stolz eines Menschen an, der völlig in sich ruht und nicht den geringsten Grund sieht, irgendetwas von dem, was er darstellt und tut, zu bezweifeln. Seine Seidenweste spannt sich über den Embonpoint, seine Arme stützt er auf die Oberschenkel, eine Geste, mit der er sich selbst und den anderen versichert: Ich sitze hier mit jedem Recht der Welt. Beim Anblick des Bildes, schrieb Ingres' Malerkollege Édouard Manet, sei sein Gedanke gewesen: »Der Buddha der satten Bourgeoisie, begütert, triumphierend« (»Le bouddha de la bourgeoisie repue, cossue, triomphante«). Die Besitzer des kulturellen Kapitals in der Gegenwart ähneln Monsieur Bertin natürlich nicht in ihrem Äußeren. Die allermeisten erkennen in ihm mühelos eine Idealerscheinung des alten kapitalistisch-patriarchalischen westlichen Mannes aus dem Jahrhundert, in dem die großen Kolonialreiche entstanden. In ihrer inneren Haltung ähneln sie dem französischen Musterbürger der »Bereichert euch«-Epoche mehr, als ihnen lieb sein kann. Sie verfügen genauso wie er über das pralle, unerschütterliche Selbstwertgefühl von Leuten, die fast ausschließlich in ihrem eigenen Milieu verkehren, in den von ihnen konsumierten Medien nahezu lückenlos ihre eigenen Ansichten wiederfinden, und die generell in dem Bewusstsein leben, über eine sehr solide Schutzschicht zu verfügen. Wer zum Kreis der Wohlgesinnten in den westlichen Metropolen zählt, ist davon überzeugt, sein kulturelles Kapital völlig legitim zu besitzen und zu mehren, genauso wie Monsieur Bertin seine Goldstücke, und mit den besten Gründen auf Leute unterhalb des eigenen Milieus herabzuschauen. Kritik an sich nehmen sie durchaus wahr. Nur existiert in ihren Augen nicht der geringste vernünftige Grund, sie in ihrer Position zu kritisieren. Anderen begegnen sie exakt so wie der für alle Zeiten festgehaltene Citoyen aus dem neunzehnten Jahrhundert: Thronend, völlig sicher in ihrer Position als Buddhas der Moralbourgeoisie.

Jede gesellschaftliche Rolle, auch die selbst gewählte, nimmt denjenigen, der sie ausübt, in gewisser Weise gefangen. So einfach entkommt ihr niemand, selbst dann, wenn er irgendwann anfangen sollte, sich mit einer gewissen Distanz zu betrachten.

Trotzdem beginnt eine zarte Selbstinfragestellung bei den ersten Vertretern der progressiv-moralischen Klasse. Und sei es nur, weil zumindest einigen von ihnen aufgeht, dass die demonstrative Verachtung aller anderen zwar die eigenen Reihen stärkt, die eigene politische Position allerdings auf lange Sicht untergräbt. Vor allem dann, wenn die extreme Dehnung von Begriffen wie rassistisch, fremdenfeindlich, homophob und islamophob ab einem bestimmten Punkt mindestens zwei Drittel der Restbevölkerung auf die Anklagebank setzt.

»In einer Folge der Zeichentrickserie ›Die Simpsons‹ will Lisa feststellen, ob ihr Bruder Bart dümmer ist als ein Hamster«, schreibt der oben zitierte polnische Autor Szczepan Twardoch über die links-urbane Klasse seines Landes, die sich kaum von den Milieus anderer westlicher Länder unterscheidet: »Zu diesem Zweck setzt sie das Essen unter Strom. Der Hamster hat nach dem ersten Stromschlag genug, Bart dagegen macht sich immer wieder an den unter Strom stehenden Kuchen heran: ›Aua. Aua. Aua. Aua. Aua.‹ Die liberale polnische Intelligenz benimmt sich seit Jahren so wie Bart. Sie agiert immer auf die gleiche Weise und wundert sich, dass sie immer zu den gleichen Ergebnissen kommt.«

Die Tatsache, dass Donald Trump die Wahl 2020 zwar verlor, aber mehr Stimmen einsammeln konnte als 2016, dass die Linke bei der Gouverneurswahl in Virginia wegen ihres Dünkels unterlag, dass die linke Opposition in Polen mehreren Anläufe benötigte, um eine durchaus angreifbare rechte Regierung durch eine äußerst wackelige Koalition zu ersetzen, dass Italiens Linke gegen Meloni ruhmlos untergingen, Marine Le Pen die nächste Präsidentschaftswahl gewinnen könnte und die AfD in den Ländern Ostdeutschlands den zweiten oder ersten Platz behauptet, die Tatsache, dass vor allem Unterprivilegierte entweder rechts wählen oder sich zumindest weigern, ihre Stimme linken Parteien zu geben, bleibt zumindest unter manchen Intellektuellen des linken und sogar des progressiv-regressiven Lagers nicht ohne Wirkung. Zu den wenigen Pionieren unter den Linken, die sich die Frage stellen, ob ihre Taktik nicht grundsätzlich in die Irre geht, gehört der amerikanische Autor, Journalist und frühere McKinsey-Berater Anand Giriharadas. Er zählt zu den bekanntesten linken Publizisten und zu den erbitterten Trump-Gegnern. Die *New York Times* verließ er, weil ihm ihr Ton gegenüber dem damaligen Präsidenten noch zu mild erschien. Im Jahr 2022 brachte er ein Buch heraus, in dem er sich von der früheren Schärfe im Ton abwendet: *The Persuaders,* zu Deutsch: die Überzeuger. Giriharadas plädiert dafür, den Angehörigen von anderen Milieus, um es einmal salopp zu sagen, nicht mehr mit dem nackten Hintern ins Gesicht zu springen, sondern ihnen mit Achtung zu begegnen und zu versuchen, sie freundlich zu überreden. »Das ist kein Buch, das auf Biden und die Gemäßigten zielt«, erzählte Giriharadas der *Financial Times*: »Meine Botschaft ist für Leute, die stringent sind und einen fundamentalen Wandel wollen. Ich bitte diese Leute, über Folgendes nachzudenken: ›Erreichen sie andere Leute über ihre Community hinaus, oder reden sie nur miteinander?‹« Im gleichen Gespräch sagt er auch: »Wir (auf der Linken) tendieren dazu, den emotionalen und psychologischen reptilian brain approach in der Politik vermissen zu lassen.« Die Formulierung »reptilian brain approach« stammt aus der Psychologie, sie spielt auch für Juristen eine Rolle, vor allem bei der Frage, wie ein Anwalt am besten plädieren sollte, um eine Jury zu überzeugen. Als »reptlian brain«, das Reptiliengehirn, gelten die ältesten Gehirnregionen, die instinktive, überlebenswichtige Handlungen regeln, also Nahrungsbeschaffung oder die Entscheidung, zu flüchten oder zu kämpfen.

Übertragen auf die moderne Gesellschaft meint diese Strategie, an Urinstinkte zu appellieren, etwa an das Sicherheitsbedürfnis. Das überzeugt tatsächlich oft besser als eine in Zahlen gekleidete Argumentation. Und mit großer Sicherheit eher als eine demonstrative Verachtung beziehungsweise die Drohung, jemand für minderwertig zu erklären, falls er nicht in einer bestimmten Weise wählt und bestimmte Glaubenssätze nachspricht. Mit seinem Gesprächspartner, der *Finan-*

cial Times, wirft er auch einen Blick auf Amerikas Medien. Der linke Sender MSNBC, für den er selbst arbeite, meint Giriharadas, befasse sich zu sehr mit nationaler und folglich abstrakter Politik. Der eher rechte Kanal Fox sei besser darin, »Bedeutung zu schaffen«, also eingängige Geschichten über Menschen zu erzählen, in denen sich die Einzelnen vor dem Bildschirm wiederfänden: »MSNBC spricht über Politik, nicht über gewöhnliche Leute. Es gibt ein Defizit auf der prodemokratischen Seite darin, Bedeutungen zu schaffen.«

Anand Giriharadas geht es allerdings nur um eine bessere Vermittlung bestimmter Inhalte. Auf welche Versatzstücke er bereit wäre zu verzichten, um Angehörige anderer Milieus zu überzeugen, bleibt bei ihm offen. Auch, zu welchem Rezept er greifen würde, wenn sich herausstellen sollte, dass ein Arbeiter in den Appalachen oder in Sachsen sich auch dann nicht dazu durchringen kann, sich wegen seiner weißen Haut für privilegiert zu halten, wenn es ihm jemand sanft und freundlich nahelegt. Was passiert, wenn sich die Vorstadt-Karen selbst nach eingehender rhetorischer Umarmung weigert, ihre Kolonialschuld zu akzeptieren? Wenn Pendler in der französischen Provinz oder in Niedersachsen sich nicht dazu überreden lassen, ihr Auto und ihr Einfamilienhaus um des Klimas willen aufzugeben? Was also, wenn eher die Inhalte der wohlmeinenden Gesellschaftslenkungs-Ideologie das Haupt- und ihre Darreichungsform erst das Nebenproblem darstellen?

Es gibt noch eine zweite Frage, die Anand Giriharadas unbeantwortet lässt. Räumt er die Möglichkeit ein, dass ihn auch die andere Seite von etwas überzeugen könnte? Oder findet auch bei ihm das Gespräch, zwar ab sofort schonend und mit Umarmung, nur von der einen in die andere Richtung und immer nur zum gleichen Zweck statt?

Zwischen den Begriffen Respekt und Anerkennung existiert eine feine Trennung, notwendigerweise fein, denn beides liegt eng beisammen, beschreibt aber jeweils etwas Verschiedenes.

Bei Respekt handelt es sich um eine immaterielle Belohnung, die sich in einer meritokratischen Gesellschaft jemand durch eine Leistung verdienen muss, durch eine besondere Qualität, durch eine selbst geschaffene Position, die positiv auf andere abstrahlt, wodurch auch immer. Respekt hängt eng mit Reputation zusammen. In älteren Zeiten verhielt sich das anders. Dort verlangte schon ein Träger eines Titels und Herr über die Lebensumstände anderer Leute Respekt, ganz unabhängig von seinen Qualitäten. Die Forderung nach kollektivem Respekt für bestimmte Gruppen gehört zum Einmaleins der Identitätspolitik. Aber sie ist im buchstäblichen Sinn bodenlos. Respekt kann niemand für sich ohne Gründe fordern. Mit der Anerkennung verhält es sich anders. Sie darf erst einmal jeder in der Gesellschaft für sich verlangen. Und es gehört viel dazu, sie zu verspielen.

Anerkennung bedeutet, den anderen als rechtlich und moralisch Gleichen zu akzeptieren und ihn gleichzeitig mit seinen Eigenheiten wahrzunehmen, also auch als Gesellschaftsmitglied zu akzeptieren, das anderen Traditionen und anderen Überzeugungen folgt als man selbst. Es gibt dafür nur eine Voraussetzung: die Wechselseitigkeit. Anerkennung beruht auf Konvention, ähnlich wie eine Währung, die nur dann einen Wert besitzt, wenn sehr viele verschiedene Personen sie akzeptieren. In diesem Sinn des Austauschs muss ich niemanden anerkennen, der mir schon diesen einfachen sozialen Akt verweigert – aber ansonsten jeden, der umgekehrt mich gelten lässt. Das, was die Gründer von »Aufstehen«, was Autoren wie Lilla von den Besetzern der Definitionshöhen für die Peripheren fordern, lässt sich mit Anerkennung sehr viel besser beschreiben als mit Respekt. Anerkennung bedeutet, zu akzeptieren, dass die Interessen eines Arbeiters in Detroit oder im mitteldeutschen Chemiedreieck die gleiche Legitimität besitzen wie die eines identitätspolitisch ausgerichteten Medienmitarbeiters in Manhattan oder Berlin-Friedrichshain. Zur Anerkennung gehört auch, die Konsequenz aus dem parlamentarischen System zu ziehen, dass die Stimme eines Trump- oder Meloni-Wählers genauso viel zählt – in der Wahlurne, aber auch sonst – wie jede beliebige andere. Wechselseitige Anerkennung bildet in der Gesellschaft also ein allgemeines Fundament, auf dem idealerweise alle stehen sollten. Respekt bleibt das Besondere, das Individuelle, das im Vergleich zur Anerkennung knappe Gut. Jeder kann ihn einem anderen zollen. Es besteht aber keine moralische Pflicht dazu. Die These, dass Anerkennung für die Funktionsfähigkeit einer Gesellschaft möglicherweise eine größere Rolle spielt als die Verteilung von materiellen Gütern, und verweigerte Anerkennung ein Gemeinwesen stärker untergräbt als ungleiche Einkommen, vertrat der amerikanische Soziologe und Autor Richard Sennett schon um die Jahrtausendwende. Sein Buch *Respect in a World of Inequality* (Respekt im Zeitalter der Ungleichheit), erschienen 2003, benutzt zwar den eingängigen Begriff Respekt, meint aber eher wechselseitige Anerkennung. »Andere mit Respekt zu behandeln«, schreibt er, »wird nicht einfach durch die Anordnung bewirkt, dass es zu geschehen habe. Wechselseitige Anerkennung muss ausgehandelt werden; diese Aushandlung umfasst sowohl die Komplexitäten des persönlichen Charakters als auch der sozialen Struktur.« Zu dieser Anerkennung gehört für ihn, Unterschiede bestehen zu lassen, den anderen eben nicht nach bestimmten Vorstellungen zu formen, und ihm überhaupt eine Autonomie zuzugestehen. In Sennetts Worten: »In anderen akzeptieren, was man nicht versteht.« Sennett plädiert dafür, materielle Umverteilung – also das, was im europäischen Verständnis oft »soziale Gleichheit« heißt – begrifflich von dieser wechselseitigen Anerkennung zu trennen. Anerkennung lässt sich nicht durch staatliche Transferleistungen herstellen.

Bei Anerkennung handelt es sich um den Gegenbegriff zu Verachtung. Verachtung ist die willentlich verweigerte Anerkennung des anderen. Das heißt: fast immer die verweigerte Anerkennung eines anderen Kollektivs, eines fremden Milieus.

Entindividualisierung gehört notwendigerweise zu dieser Verweigerung. Wer verachtet, gesteht bestimmten Gesellschaftsmitgliedern gerade keinerlei Autonomie zu.

In den vergangenen zwei Jahrzehnten schlich sich die Erkenntnis oder vielmehr die Ahnung in politische Gremien und staatliche Planungsstäbe, dass eine Gesellschaft so etwas wie einen festen Boden benötigt, um sich entwickeln zu können, einen minimalen Vorrat an Gemeinsamkeiten, gerade dann, wenn sie sich in sehr viele unterschiedliche Milieus und Gruppen gliedert. Ohne wechselseitige Anerkennung schwankt der Boden, Gemeinsamkeiten lösen sich auf – und damit die tragende Struktur eines Gemeinwesens. Denn das, was in vormodernen Zeiten das Ganze zusammenhielt, vertikale und oft ungehemmte Gewalt der Obrigkeit, Furcht vor Gott, Hoffnung auf Belohnung im Jenseits und Furcht vor Verdammnis – keine dieser alten Schraubzwingen steht heute noch zur Verfügung.

Im Politikbetrieb ging den Zuständigen auch schnell auf, wie schlecht das Konzept der Anerkennung zu ihren konventionellen etatistisch-technokratischen Vorstellungen passt. Anerkennung lässt sich, wie Sennett feststellte, nicht in Gesetze gießen, sie lässt sich nicht erkaufen und überhaupt nicht von einem zentralen Punkt aus herstellen. Politiker leben aber auch gefährlich, wenn sie ihre Bedeutung ganz ignorieren.

Denn niemand, dem die Definitionsmächtigen Anerkennung verweigern, lässt sich einreden, er bilde sich das nur ein. Verachtung spürt jeder, wenn sie ihn trifft. Sie schneidet tiefer ein als materielle Armut. Sie reißt heftiger am sozialen Gewebe als Ungleichheit bei Einkommen und Vermögen.

Auf wechselseitige Anerkennung kann also eine Gesellschaft nur dann verzichten, wenn sich die Wohlmeinenden und Wohlbegüterten bereitfinden, hinter kamerabestückten Zäunen und umgeben von Sicherheitspersonal zu leben, falls irgendwann der moralische Krieg des Zentrums gegen die Peripherie zurückschlägt, und das nicht nur in heftigen, aber kurzen Eruptionen. Bei der Anerkennung des anderen handelt es sich um einen Transfer von kulturellem Kapital. Aber der lässt sich, siehe oben, nicht administrativ bewerkstelligen. Irgendwann fand die Grundidee Sennetts, massenhafte Verweigerung der Anerkennung könnte die Stabilität einer Gesellschaft stärker gefährden als materielle Ungleichheit, auch in den Wahlkampf einer traditionell linken Partei in Deutschland. Einige ihrer Spitzenpolitiker und Kampagnenplaner erkannten immerhin die riesige Leerstelle. In der praktischen Ausführung endete der Versuch in einem grandiosen Missverständnis.

Im März 2018 gehörte ich zu einer Gruppe von Journalisten, die mit Olaf Scholz zum G20-Treffen der Finanzmister nach Buenos Aires flog. Am Abend des zweiten Tages gab er einen Empfang in dem Hotel, das er und seine Mitarbeiter bezogen hatten. Es lag in der Innenstadt, ein hübscher neoklassizistischer Bau mit einem Saal in der obersten Etage, dem ein gläsernes Dach eine elegante Atmosphäre gab. Wer hier stand, sah ein Stück südlichen Nachthimmel.

Scholz bevorzugte Bier, die meisten anderen argentinischen Weißwein. Seine Gespräche mit Amtskollegen schienen gut verlaufen zu sein. Der Vizekanzler, krawattenlos und entspannt, war dazu aufgelegt, über etwas anderes als Verhandlungsdetails zu reden. Um ihn herum stand nur ein kleiner Kreis von Journalisten. Ich fragte Scholz, was er gerade lese. Er nannte einige Bücher, darunter Andreas Reckwitz' *Die Gesellschaft der Singularitäten*. Über seine Lektüre kam er zu grundsätzlichen politischen Vorstellungen. Es ging um die Zukunft seiner Partei und gleichzeitig um seine eigene. Ihn hätten immer die vier Punkte oder vielmehr Fragen beeindruckt, die Bill Clinton einmal als die wahlentscheidenden bezeichnet hatte, sagte Scholz. Die Wähler wollten demnach von jedem Spitzenkandidaten Folgendes wissen: »Erstens: Wer bist du?« Das Publikum möchte also eine Vorstellung davon bekommen, welche Person sich bewirbt. »Zweitens: Was willst du?« Die Wähler wollen das Programm erfahren, die unmittelbaren politischen Ziele. »Drittens: Was ist, wenn eine Krise ausbricht?« Also: Fühlen wir uns mit der Person im Kanzleramt gut aufgehoben, wenn, sagen wir, Terroristen auf dem Potsdamer Platz ein Massaker im Bataclan-Stil anrichten? Und viertens: »Was willst du wirklich?« Das heißt: Worin bestehen die politischen Ziele über das Tagesgeschäft hinaus? Diese letzte Frage zielt auf etwas, das sich am ehesten mit »Gesellschaftsbild« umschreiben lässt.

Zu diesem Zeitpunkt lag der Wahlkampf noch drei Jahre in der Zukunft. In der SPD gab es noch längst keine Entscheidung, ihn zum Spitzenkandidaten zu befördern. Trotzdem plante Scholz damals – und sagte das an diesem Abend für seine Verhältnisse sehr offen –, ins Kanzleramt einzuziehen. In seinem Kopf schien es auch eine Vorstellung von der kommenden Kampagne zu geben.

Ich sagte, ich hielte es für gut möglich, dass seine Sozialdemokraten als stärkste Partei abschneiden könnten (wir gingen beide von einem Ende der Ära Merkel aus), meinte aber, das Ergebnis könnte relativ schwach ausfallen. Die SPD, jedenfalls die des Apparats, habe sich in den vergangenen 15 Jahren sehr stark von den Facharbeitern abgewandt, von den Handwerkern, den Leuten in Dienstleistungsberufen, also von denen, die früher einmal ihre Kernwählerschaft gestellt hätten. Natürlich nehme die SPD ihre Stimme gern, sagte ich. Aber sie spreche nicht mehr über die Lebenswirklichkeit dieser Leute. Die Parteifunktionäre blickten auf sie wie auf etwas zurückgebliebene Verwandte, mit denen man sich lieber nicht öffentlich zeigt. Ich weiß nicht mehr genau, ob ich bei dieser Gelegenheit auch den Büroleiter eines SPD-Ministers zitierte, der einmal gesagt hatte: »Kein Parteiapparat verachtet die eigenen Wähler so sehr wie der Apparat der SPD.« So ganz grundlos meinten das weder der altgediente Sozialdemokrat im Ministerbüro noch ich (damals besaß ich übrigens noch das SPD-Parteibuch, warum, das gehört zu einer anderen Geschichte). Nur ein paar Wochen vor unserem Abend in Buenos Aires hatte der stellvertretende Vorsitzende der SPD von Berlin Mitte, Yannick Haan, in der *Welt* einen programmatischen Meinungsbeitrag veröffentlicht mit dem Titel »Vergesst endlich die Arbeiter«, der exakt diese Verachtungssicht authentisch zusammenfasste. »War vor 30 Jahren die Arbeiterschaft männlich, weiß und heterosexuell«, hieß es dort, »so ist sie heute extrem divers geworden. Zudem nimmt die Arbeiterschaft in der Gesellschaft immer weiter ab. Laut DIW beträgt diese im Jahr 2019 nur noch 16 Prozent der Bevölkerung.« Mit anderen Worten: Die materiellen Wertschöpfer spielen so gut wie keine Rolle mehr. Und ihre Reste lassen sich spielend mit Identitätspolitik aufsammeln. An einer Stelle notierte Haan noch die gar nicht unberechtigte Beobachtung, wie der Stamm der gut bezahlten Facharbeiter tatsächlich schwindet, während das Heer der schlecht entlohnten Dienstleistungskulis wächst. »Das heutige Proletariat«, meinte der Marx vom Alexanderplatz, »fährt nicht mehr ins Bergwerk hinunter, sondern fährt per App gesteuert mit unserem Essen auf Fahrrädern durch die Städte.«

Das sollte offenbar heißen: Die armen Teufel können von Glück reden, wenn sie überhaupt noch jemand ein bisschen vertritt.

Scholz sagte – wir standen mittlerweile fast allein unter dem Glasdach –, meine Bemerkung sei ja nun riesengroßer Unsinn. Aber nun wirklich. Unter den Mitgliedern der Partei gebe es immer noch viele Arbeiter, viele einfache Angestellte.

Sie sei immer noch eng mit den Gewerkschaften verbunden. Und dann kam das Entscheidende: »Wenn wir öffentlich auftreten« (er meinte sich und andere Spitzenkräfte), »dann sprechen wir nicht über andere. Sondern wir sagen: Wir, die Verkäuferinnen. Wir, die Krankenschwestern. Wir, die Facharbeiter.« Ich hatte von dieser Redeweise noch nie gehört. Und selbst wenn jemand so sprach: Diese Textbausteine klapperten leer und unecht. Welches »Wir« sollte einen gut abgesicherten Berufspolitiker, mit einer Krankenschwester oder einem Arbeiter in der Automobilindustrie verbinden? Was haben der VW-Arbeiter und die Krankenschwester von diesem Wir? Anerkennung soll gerade den Unterschieden gelten, statt sie mit bestimmten Formeln zu überkleistern. Scholz' Rhetorik entsprach ziemlich genau den Aufmunterungssprüchen, die Sennett als »social jazz« verspottete. Also einer Formelsprache, die sich seiner Ansicht nach gerade nicht dazu eignet, wechselseitige Anerkennung herzustellen.

Das Schlüsselwort für die Wahlkampagne, die Scholz 2021 ins Kanzleramt bringen sollte, stand jedenfalls schon damals fest: Respekt. Der Begriff stand später in großen Lettern auf Tausenden Plakaten über oder unter dem Kopf des Kandidaten. *Respekt für dich.* Abgesehen davon, dass der Begriff »Respekt« es nicht trifft: Wechselseitige und gesellschaftsfestigende Anerkennung entsteht garantiert nicht dadurch, dass jemand das Wort auf Plakate druckt. Und bei der Gelegenheit auch noch unterschiedslos allen und jedem Respekt verheißt. In der Praxis versuchte die SPD, den versprochenen Respekt umzumünzen: als höheren Mindestlohn, als gesteigerte Transferbezüge. Anerkennung schaffen durch staatliche Geldzahlungen – so entstehen weder Respekt noch Anerkennung. So lässt sich Anerkennung noch nicht einmal simulieren. Im Gegenteil, ein Bewohner der Peripherie, dem die Wohlmeinenden unter Beteiligung von Regierungsfunktionären und regierungsfinanzierten Organisationen vorhalten, wie falsch er wohnt, nämlich im Eigenheim, wie verkehrt er sich ernährt, wie erratisch er sein Leben als Arbeitspendler organisiert, wie unverantwortlich er konsumiert, wie unsensibel er spricht, ein solches Erziehungsobjekt fühlt sich nicht dadurch anerkannt, dass es im Fall seines möglicherweise auch noch politisch beschleunigten Arbeitsplatzverlustes ein paar Euro mehr an staatlichen Leistungen kassiert.

Der oben zitierte Anand Giriharadas missversteht das Prinzip der Anerkennung immerhin nicht als traditionelle sozialdemokratische Umverteilung, garniert mit merkwürdigen Wir-Wortgirlanden. Aber neben der schon erwähnten offenen Frage, ob er die umarmende Überzeugung oder überzeugende Umarmung nur in eine Richtung, also nur als taktische Übung wünscht, bleibt ein noch ganz anderes Problem: Ein Umarmungsversuch von oben führt zwangsläufig zu einer grotesken Verrenkung. Eine Umarmung kann nur auf gleicher Ebene stattfinden. Gleiche Ebene wiederum bedeutet keine Homogenität. Personen, die ohnehin schon Lebenswelten, Sprache und Ansichten teilen, müssen einander ja gerade nicht überzeugen und zu diesem Zweck umarmen. (Auch wenn genau das, die Predigt für die schon Überzeugten, einen guten Teil der politisch-medialen Kommunikation in vielen Ländern ausmacht. Es handelt sich aber um eine sterile und damit im Wortsinn fruchtlose Angelegenheit.) Anerkennung ergibt nur einen Sinn, wenn sie Unterschiede auf gleicher Ebene anerkennt. Also nicht nur die Existenz der Unterschiede, an denen ohnehin niemand vorbeisehen kann. Sondern die ausdrückliche Legitimität der Verschiedenheit, solange niemand mit seinem Lebensstil die Rechte anderer verletzt. Wohlgemerkt, ausdrücklich die Rechte. Nicht die Gefühle. Diese Art der Anerkennung, das hieße beispielsweise: Ein fleischessender, autofahrender Pendler in der Peripherie, der sich nicht für die Wahl des Pronomens interessiert und sich nicht wegen seiner Hautfarbe privilegiert fühlt, darf die gleiche Bedeutung in der Gesellschaft und die gleiche Stabilität für sein Leben beanspruchen wie ein Politikwissenschaftler aus dem Zentrum der Metropole, der gerade die vorerst letzte Kurve der Postcolonial-Theorie nimmt. Keiner von beiden muss in eine Zukunft aufbrechen, die andere für ihn entwerfen. Jeder darf so bleiben, wie er ist, und zwar mit jedem Recht der Welt. Jeder darf versuchen, den anderen von einer anderen Lebensweise zu überzeugen – in Grenzen. Auch hier gilt: Nein heißt nein.

Oder um es in den Worten des liberalen amerikanischen Verfassungsrichters Louis Brandeis zu sagen: Privatheit ist das Recht, in Ruhe gelassen zu werden. Die Unterschiede zwischen Zentrum und Peripherie, zwischen begütert und prekär, zwischen relativ einflussreich und -arm würden auch dann noch bleiben. Aber nicht mehr das steile Moralgefälle. Die Wohlgesinnten müssten nur auf ihr Überlegenheitsgefühl verzichten.

Aber was heißt: nur?

Es gibt nichts, was die Überlegenheit derart festigt, nichts, was das kulturelle Kapital so effizient verzinst wie die moralische Anklage.

VIER
Ankläger

Adson von Melk: »Was schreckt Euch am meisten an der Reinheit?«
William von Baskerville: »Die Eile.«

Umberto Eco in *Der Name der Rose*

Wäre es vor zehn Jahren vorstellbar gewesen, dass jemand wegen eines harmlosen Satzes, fallen gelassen in einem belauschten Privatgespräch, seine berufliche Stellung verliert? Und zwar nicht in einem autokratischen Staat, sondern in den Vereinigten Staaten? Selbst heute wirkt der Gedanke, so etwas könnte nicht nur passieren, sondern noch nicht einmal zu einem größeren Protest führen, einigermaßen dystopisch. Sogar heute heißt: im Rückblick. Denn diesen Fall und viele andere ähnlich gelagerte Fälle gab es längst. In Zukunft ereignen sie sich möglicherweise noch sehr viel öfter.

Historisch gebildete Pessimisten wenden möglicherweise zu Recht ein, dass jeder beliebige Satz automatisch seine Harmlosigkeit verliert, sobald ihn jemand heimlich erlauscht, meldet und damit einer Bürokratie übergibt, die ihn weiterverarbeitet. Auf die Existenz dieses Apparates kommt es an. Der Inhalt irgendwelcher Sätze spielt keine Rolle.

Anklagen und öffentliche Bestrafung von Personen, die sich den Vorgaben der neuen moralischen Kaste nicht anpassen, bestimmen das öffentliche Klima nicht nur in den USA, sondern auch in den meisten Ländern Westeuropas. Dieses Kapitel beginnt trotzdem jenseits des Atlantiks, und das aus einem einfachen Grund: Dort lässt sich eine antiaufklärerische Bewegung schon in voller Macht und Größe studieren, die in Großbritannien, Deutschland, Frankreich und anderswo auf dem alten Kontinent noch in ihren Anfängen steckt. Behandelten die vorausgegangenen Kapitel die Herstellung der Überlegenheit gegenüber den verachteten Peripheren, soll es hier um das notwendige Gegenstück gehen: das Ideal der Reinheit, das die Wohlmeinenden zuerst in ihren eigenen Reihen anstreben. Noch wichtiger als die Reinheit selbst erweist sich der permanente Reinigungsprozess. Er kommt nie zu einem Ende.

Hier wie dort, beim Ausschluss von verachteten Kollektiven aus der gesellschaftlichen Kommunikation wie der Disziplinierung des eigenen Milieus, geht es um Machtfragen, ausgefochten mit den Mitteln der Moral. Beides gehört notwendigerweise zusammen. Das eine wie das andere entspringt dem gleichen System an Überzeugungen. Zum einen dem von der Ungleichheit der Beteiligten: Die wohlmeinenden, überlegenen Ankläger bewegen sich nie auf der gleichen Ebene mit den Angeklagten, deren Minderwertigkeit außer Frage steht. Zweitens spielt kulturelles Kapital auch hier eine Schlüsselrolle: Anklagen kann nur, wer schon ausreichend davon besitzt. Jede erfolgreich durchgeführte Bestrafung vermehrt wiederum dieses immaterielle Kapital.

In der Beschuldigungs- und Strafpraxis gegen einzelne Hochschullehrer, Autoren, Künstler und Unternehmensangestellte, aufgefächert auf den folgenden Seiten, spielen die klassischen Gegensätze von rechts und links keine Rolle mehr.

Mit der großen Anklage- und Reinigungswelle an westlichen Universitäten, in Medien und selbst privaten Unternehmen muss sich wohl oder übel jeder beschäftigen, der eine Antwort auf die Frage sucht, wie sich das Denksystem der Erleuchteten, die keinen Widerspruch dulden, so schnell und fast gleichzeitig im Westen ausbreiten konnte.

Wie kam es nun zu dem oben erwähnten harmlosen, aber ziemlich folgenreichen Satz zwischen zwei Freunden, einer dunkelhäutig, einer weiß? Die folgende Geschichte erzählt stellvertretend für Tausende andere von Anklage und Bestrafung, die keinen Gerichtsstand kennt, kein Gesetzbuch, vor allem keine Chance auf Freispruch.

Im August 2017 unterhielten sich zwei langjährige Freunde ganz privat und, wie sie meinten, ohne Mithörer auf einem Empfang des Oregon Bach Festival in Eugene: der britische Dirigent Matthew Halls, künstlerischer Direktor der Veranstaltung, und der amerikanische Countertenor Reginald Mobley. Der Sänger erzählte Halls, er hätte sich kürzlich bei einer Gala in London, an der er teilnahm, etwas unbehaglich gefühlt, es sei eine Veranstaltung wie im alten amerikanischen Süden vor dem Bürgerkrieg gewesen, »sehr antebellum, Vom Winde verweht-Stil«. Worauf Halls in einem gespielt feierlichem Ton sagte: »Ich entschuldige mich im Namen von England.« Und dann, mit tiefstem Südstaatenakzent: »Möchtest du ein bisschen Grits?« (»Do you want some grits?«). Bei Grits handelt es sich um eine Grütze aus gemahlenem Mais, ungefähr so typisch für den amerikanischen Süden, den *Grits Belt*, wie die Weißwurst für München oder Labskaus für Hamburg. Er und Halls, sagte Mobley später der *Eugene Weekly*, machten sich schon seit Langem einen Spaß daraus, den Akzent des anderen zu imitieren. Der Countertenor aus Florida hätte an diesem Abend seinen Freund also genauso gut mit einem britischen Klischeesatz aufziehen können. Möglicherweise wäre dann fast allen Beteiligten und dem Oregon Bach Festival eine Menge erspart geblieben. Noch auf der Veranstaltung sprach eine weiße Frau Mobley an. Sie meinte, durch Halls Grits-Satz müsste er sich doch beleidigt fühlen.

»Nein«, sagte Mobley.

Immerhin wussten die beiden, dass jemand ihr privates Gespräch belauscht und sich dazu schon ein Urteil gebildet hatte.

Anschließend vergaßen sie die seltsame Frage wieder. Jedenfalls für ein paar Tage – bis ihn die Direktorin des Festivals Janelle McCoy Mobley per Mail kontaktierte und zu seinem Zwiegespräch mit Halls befragte. Erst in diesem Moment verstand Mobley, worum es überhaupt ging. Der Fünf-Worte-Satz des Dirigenten »Do you want some grits?« im Südstaatenton galt bei der Festivalleitung als unentschuldbare rassistische Entgleisung des Briten. Denn damit, so der Vorwurf, hätte er einen *schwarzen Akzent* gegenüber einem Schwarzen benutzt. Mobley erklärte McCoy, was er schon vorher der weißen Lauscherin erklärt hatte: dass er sich nicht im Geringsten beleidigt fühle, ferner, dass es so etwas wie einen *schwarzen Akzent* gar nicht gebe, sondern einen Südstaatenakzent, den allerdings Schwarze wie Weiße gleichermaßen verwenden. Die Festivaldirektorin schien sich für Mobleys Ausführungen nicht sonderlich zu interessieren. »Derartige Unsensibilitäten sollten nicht toleriert werden« (»These insensitivities should not be tolerated«), schrieb sie in einer Mail.

Am 24. August 2017 rief jemand aus dem Führungszirkel des Festivals Matthew Halls in dessen Wohnung in Toronto an, um ihm die fristlose Kündigung seines Vertrags mitzuteilen, den er gerade erst vor drei Monaten für die nächsten vier Jahre unterzeichnet hatte. Kurz danach berichteten erste Medien über die Beschuldigung gegen den Dirigenten oder vielmehr über die Kombination aus Anklage und letztinstanzlichem Urteil. Halls fand sich in der Rolle des überführten Rassisten wieder. Er versicherte später mehrfach, dass die Festivalleitung ihm nie die Gelegenheit einräumte, zu dem Vorwurf Stellung zu nehmen. Oder besser: zu den Vorwürfen, denn es kamen noch Anschuldigungen von zwei anonym bleibenden Orchestermusikerinnen dazu, der Dirigent hätte ihnen und ihrem Spiel bei Proben *zu wenig* Beachtung geschenkt, und damit habe er »alte patriarchalische Systeme perpetuiert«. Vor allem half es Halls nicht das Geringste, dass sein Freund Mobley sich ausdrücklich für nicht beleidigt erklärte, also die einzige Person, die theoretisch überhaupt das Recht besessen hätte, sich über Halls zu beschweren. Die Verantwortlichen des Oregon Bach Festival lehnten es ab, den Sänger offiziell als Zeugen zu hören.

Matthew Halls dirigiert heute das Philharmonische Orchester im finnischen Tampere. Auf Anfrage lässt er mitteilen, er habe die Affäre in Oregon hinter sich gelassen und wolle sich heute nicht mehr dazu äußern. Dafür gibt es einen naheliegenden Grund; nach seinem Hinauswurf erhielt er noch 90 000 Dollar und verpflichtete im Gegenzug in einer Non-Disparagement-Vereinbarung, sich nicht abträglich über die Festivalleitung zu äußern. Mobley sagte später: »Matt ist der einzige Brite, den ich kenne, der sehr sensibel mit dem Thema Rassismus und Mikroaggressionen umgeht.« Es sei gut, dass die Verantwortlichen in Eugene Rassismus bekämpfen wollten. Aber hier habe es einfach nichts Bekämpfenswertes gegeben. »Es ist gut gemeint – aber der Weg zur Hölle ist mit guten Absichten gepflastert.« Der Countertenor kündigte an, nie wieder auf dem Oregon Bach Festival aufzutreten. Nach dem erzwungenen Abschied von Halls fand die Veranstaltung keinen künstlerischen Leiter aus der ersten Liga mehr. Ein neuer Kandidat sollte 2022 vorgestellt werden, es kam aber zu keiner Berufung. Das jährliche Musikereignis, ehemals international hoch gelobt, geriet in finanzielle Probleme – wegen des Covid-Lockdowns, aber auch wegen seines, wie ein Kritiker schrieb, langsamen Suizids. Weil die Universität von Oregon der kränkelnden Veranstaltung die Zuschüsse kürzte, verlor etwas später auch die Direktorin Janelle McCoy ihren Posten, die das Verfahren gegen Halls in Gang gebracht hatte. Der Inquisitionsprozess ohne Verteidigung und Öffentlichkeit hinterließ einen rauchenden Trümmerhaufen und fast nur Verlierer. Bis auf die Frau, die damals beide Musiker belauschte und Meldung erstattete.

Sie kann sich sagen, dass sie damit wirklich Großes bewirkte.

Der Fall von Oregon eignet sich deshalb so gut für eine ausführlichere Erzählung, weil in ihm zum einen Grundmuster zusammenkommen, die sich in vielen ähnlichen Verfahren wiederholen. Aber auch deshalb, weil er gleich mehrere Argumente, die Anhänger dieser Beschuldigungspraxis immer wieder vorbringen, besonders gründlich widerlegt. Zum einen erschüttert der Fall das ideologische Fundament, auf dem das Gedankengebäude der moralischen Aburteilung ruht, nämlich die Lehre vom Gegensatz der Marginalisierten und Privilegierten, von Verletzung und Schuld. Das Dogma dieser Lehre lautet, um eine Ungerechtigkeit zu erkennen, dürfe nur der Blickwinkel des Betroffenen zählen. Ausschließlich dessen Perspektive sei wahr und gültig. Auf diese in den Siebzigerjahren entstandene *Standpoint Epistemology* geht die zentrale Forderung zurück: »Lasst die Betroffenen sprechen.« Bei dem Verfahren in Oregon kam es, wie oben beschrieben, für den Rassismusvorwurf auf den Standpunkt der einzigen Person, die überhaupt hätte betroffen sein können, überhaupt nicht an. Auch in einer ganzen Serie von anderen Fällen fehlt die Stimme der angeblich Angegriffenen und Beleidigten entweder ganz oder sie stammt ersatzweise von Vertretern wohlorganisierter und mittlerweile sehr einflussreicher Gruppen, die deshalb aber nicht mehr geltend machen können, sie sprächen als unterdrückte Stimmen von unten.

Zweitens argumentieren die Anhänger der großen Anklage- und Reinigungsbewegung regelmäßig, es ginge eben nicht nur um bloße Gefühle, sondern um Rechtsgüter, wenn auch in aller Regel keine der klassischen Sorte, sondern um neue, aber nichtsdestotrotz zu schützende Werte. Auch jede moralische Anklage, so lautet ihr Argument, besitze einen materiellen Kern, so, wie eine Lawine eine noch so geringfügige Schneemasse ganz am Anfang braucht, um eine große Masse in Bewegung zu setzen. Die Begriffsgrenzen dehnen sich schon gewaltig durch die radikale Subjektivität, nach der alles, was eine betroffene Person als Verletzung empfindet, auch objektiv als Verletzung zu gelten hat. Und es verzerrte sich mit dem von dem Psychologen Derald Wing Sue geprägten Begriff der *Mikroaggression* auch der Maßstab dafür, ab wann eine Verletzung beginnt – wobei schon die universelle Verwendung des Begriffs Verletzung, aber auch verbale Gewalt und Trauma systematisch den Unterschied zwischen körperlicher Gewalt und Beleidigung planierte. Nach Derald Wing Sue kann und darf nur die verletzte Person selbst beurteilen, ob sie Opfer einer Mikroaggression wurde oder nicht. Zum Konzept der Mikroaggression gehört auch, dass sie überhaupt nicht ins Bewusstsein des Aggressors dringen, geschweige denn, dass eine böse Absicht dahinterstecken muss. Aber selbst unter Beachtung all dieser Maßstäbe, die für sich schon ausreichen, um die gesamte Gesellschaft in ein Kampffeld zu verwandeln, selbst in diesem Licht also gab es in der Geschichte von Halls und dem Oregon Bach Festival keine Verletzung, keinen Verletzten, keinen auch noch so winzigen realen Kern. Die Lawine setzte sich trotzdem in Bewegung.

Darin liegt das Muster für Anklagen dieser Art: Sie können erstens jederzeit jeden treffen, am wahrscheinlichsten jemanden in einer gesellschaftlich herausgehobenen Position mit der entsprechenden Fallhöhe. In diesen vormodernen Prozessen nach vormodernem Prinzip existiert keine Rationalität. Folglich gibt es so gut wie keine Aussicht, sich gegen Anschuldigungen dieser Art zu wehren. Bestenfalls kann derjenige, den es trifft, durch Bußfertigkeit auf Gnade hoffen. Vor allem aber reißt diese Beschuldigungspraxis die Trennung von Recht und Moral ein. Die Unterscheidung zwischen beidem existiert noch nicht allzu lange. Sie gehört zu den wertvollsten Früchten der bürgerlichen Emanzipation. Möglicherweise muss es schon heißen: Sie gehörte. Denn das Rechtsdenken der Aufklärung befindet sich auf dem Rückzug. »Die Gerichtshöfe der Moral«, schrieb der Philosoph Hermann Lübbe, »kennen keine Prozessordnung.« Wenn es sein muss, ändern die wohlmeinenden Ankläger so wie die Herzkönigin in »Alice im Wunderland« jede Regel, die sie eben noch selbst aufgestellt hatten, zu ihrem Vorteil. Nur das Prinzip der Anklage selbst bleibt immer und überall konstant. Zum Reinigungseifer gehört als notwendige Bedingung die Behauptung eines moralischen Notstandes. Jede Anklage, jeder Urteilsspruch festigt wiederum diese Notlage, in der kein förmliches Gebot mehr gilt. »Der Ausnahmezustand«, schrieb Georgio Agamben, »ist ein Feld rechtlicher Spannungen, in dem ein Minimum an formaler Geltung einem Maximum an formaler Anwendung entspricht.«

Existiert erst einmal ein System der Beschuldigung, das keinen allgemeinen Kriterien folgt und prinzipiell jeden treffen kann, dann entsteht zwangsläufig ein Apparat, der immer neue Fälle braucht, so wie eine Mühle neues Mahlgut. Wie bei den spanischen Inquisitionsverfahren, der jakobinischen Verfolgung während der Französischen Revolution und der stalinistischen Säuberung gehört auch hier die ständige Ausweitung des Beschuldigtenkreis zur inneren Logik. Und wie die Exzesse der Vergangenheit fordert auch die neuzeitliche Anklage- und Strafpraxis immer wieder Opfer unter Leuten, die noch nicht einmal zu den Gegnern der Ankläger gehören, sondern durch Zufall oder Unvorsichtigkeit in ihr Räderwerk geraten. Es existiert bei allen Unterschieden noch eine zweite Ähnlichkeit zwischen den alten Verfolgungssystemen und dem neuen: Hier wie da lautet das Schlüsselwort *Reinheit*. Auf dieses Endziel läuft jede Verfolgung hinaus, die keiner Prozessordnung folgt. Sie will nicht nur den Sünder aus der Welt schaffen, sondern die Sünde selbst. Sie will diese so lange ausmerzen, bis nur noch die Tugend übrig bleibt. Bei einer Gesellschaft von ausschließlich Tugendhaften handelt es sich notwendigerweise um ein homogenes Gebilde, eher Gemeinschaft als Gesellschaft. Kaum etwas widerspricht dem immer wieder rhetorisch bemühten Diversitätsideal so deutlich wie der Reinigungsfuror der Wohlgesinnten.

Natürlich unterscheiden sich Inquisition, revolutionärer Terror und sowjetische Massenverfolgung in ihrem Ausmaß und vor allem in ihrer Wirkung von den Anklagen gegen Personen, die sich angeblich rassistisch oder transfeindlich verhalten, einen falschen Begriff benutzen oder auch nur eine bestrafte Person verteidigen. Niemand renkt dem Opfer die Glieder aus, niemand legt ihren Kopf in die Lünette einer Fallbeilmaschine. Keiner führt sie vor ein Erschießungskommando. Es findet in aller Regel kein Angriff auf den Körper statt, sondern nur auf die Reputation. Im schlimmsten Fall verlieren die Bestraften Position und Einkommen, den bisherigen Freundes- und Kollegenkreis. Sie erleben also den sozialen Tod. Wer diesen Unterschied herausstellt, muss aber auch gleichzeitig auf den Unterschied zwischen dem System der Großinquisitoren, dem *Terreur* Robespierres, dem stalinistischen Reich und den westlichen Verfassungsstaaten hinweisen, damit die Proportionen stimmen. In aufgeklärten Gesellschaften galt jedenfalls noch vor einigen Jahren der Grundsatz, dass niemand ohne formales Gesetz bestraft werden darf, und dass sich nur Handlungen bestrafen lassen, die ein objektiv existierendes Rechtsgut verletzen, nicht nur ein subjektives Empfinden. Ein Angeklagter war bis zu seiner Verurteilung als unschuldig zu betrachten. Jedem Beschuldigten stand das Recht zur Verteidigung zu. Im Prozess lautete die wichtigste Regel: Im Zweifel für den Angeklagten. Nach verbüßter Strafe sollte jedem die Resozialisierung offenstehen. Unter diesen Maßgaben arbeitet mehr oder weniger noch das formale Rechtssystem. An Moralgerichtshöfen gilt noch nicht einmal der wirklich schon sehr alte Grundsatz, nach dem es sich bei Ankläger und Richter um zwei verschiedene Personen handeln sollte. Neben der klassischen Justiz existiert in westlichen Ländern mittlerweile ein sinistres Parallelstrafsystem, das zwar niemanden foltert und hinrichtet, aber Menschen schädigt und erniedrigt, als hätte es die Aufklärung nie gegeben. Dieser Apparat bildet das notwendige Ergänzungsstück zur kulturellen Verachtung gegen Kollektive, denen die wohlmeinende Kaste geringere Rechte zugesteht als sich selbst. Er richtet sich als Disziplinierungsapparat gegen Einzelne, sichert die Macht der Kaste gegen Kritik ab und trägt einen wesentlichen Teil dazu bei, die Bürgergesellschaft zu demontieren.

Dass die Absicht eines Angeklagten keine Rolle für das Verfahren spielt, zeigt nicht nur das Exempel des Oregon Bach Festival. Das Muster wiederholt sich hundert- und tausendfach. Im Januar 2022 feuerte die Leitung der Mother McAuley Liberal Arts High School in Chicago die Lehrerin Mary DeVoto fristlos wegen einer »rassistischen Beleidigung«. In ihrem Geschichtsunterricht behandelte sie die Native Americans, für die es früher die mittlerweile verbannte Bezeichnung Indianer gab. Dabei streifte sie auch die Umbenennung der Washington Redskins. Die Footballmannschaft, der Aktivisten wegen dieser Bezeichnung schon über lange Zeit Rassismus vorgeworfen hatten, änderte nach dem gewaltsamen Tod von George Floyd ihren traditionellen Namen im Juli 2020 in »Washington Commanders«. Ein Schüler fragte deVoto, was denn an »Redskins« so anstößig gewesen sei. Sie erklärte, Native Americans würden dieses Wort ganz ähnlich beleidigend empfinden wie Schwarze das bekannte abfällige, auf sie gemünzte Wort. Offen bleibt, ob sie *negro* sagte oder den anderen, sehr viel stärker stigmatisierenden und stigmatisierten Begriff verwendete, da sich kein Bericht explizit darüber auslässt. Jedenfalls sagte sie nicht »N-Wort«, sondern sprach es aus. Das genügte der Schulleitung, um sie drei Tage später nach 42 Jahren tadelloser Arbeit zu entlassen. Die Verantwortlichen der High School unterstellten der Lehrerin auch gar keine Bösartigkeit. »Mit der Absicht, die Abscheulichkeit von beleidigenden Worten zu betonen«, heißt es in der Stellungnahme der Schule, »hatte die Lehrerin in falscher Weise zwei rassistische Beleidigungen miteinander verglichen und ungeheuerlich fehlkommuniziert, wobei sie das N-Wort in seiner Vollständigkeit verwendete.« Selbstverständlich bat deVoto um Verzeihung. Es nutzte ihr nichts.

Der Rechtsprofessor Jason Kilborn an der Universität Illinois kam vergleichsweise billig davon. Schließlich wog sein Vergehen auch leichter als das der Lehrerin aus Chicago. Er stellte seinen Jurastudenten des Kurses »Civil Procedures II« im Dezember 2020 die Examensaufgabe, eine Rechtsstrategie für den fiktiven Fall zu entwerfen, in dem ein weißer Vorgesetzter eine farbige Angestellte mit dem N-Wort und dem Wort *bitch* beschimpfte, wobei er vorsichtigerweise nur die Anfangsbuchstaben der beiden aufgeladenen Begriffe schrieb. Aber selbst davon fühlten sich einige Studenten so schwer traumatisiert, dass sie einen Protest gegen Kilborn organisierten. Die Empörung kam zwar nur langsam in Gang, beschleunigte sich aber erheblich, als der demokratische Politiker Jesse Jackson den Fall aufgriff und ihm Prominenz verschaffte. Das »Office for Access and Equity« der Universität kam zu dem Schluss, Kilborn habe sich des »harassing based on race«, der »Schikanierung auf Basis der Rasse« schuldig gemacht. Um das Verfahren gegen den Professor überhaupt zu betreiben und zu begründen, mussten die universitätseigenen Gerechtigkeitsaufseher natürlich das Gleiche tun wie der Delinquent, nämlich das Wort »N-Wort« benutzen, um das Delikt überhaupt beschreiben zu können. Als Strafe setzten sie ein Campus-Verbot für Kilborn bis zum Ende des Semesters fest, außerdem verpflichteten sie ihn zu einem achtwöchigen Diversitätstraining und wöchentlichen 90-Minuten-Sitzungen mit einem »Diversitätstrainer«, um den Hochschullehrer, wie es hieß, zu »sensibilisieren«. Der Autor und Komiker Bill Maher, Gastgeber der HBO-Show *Real Time With Bill Maher*, meinte in seiner Sendung, eigentlich hätte es nur noch gefehlt, den Professor zum öffentlichen Tragen einer Strafmütze zu zwingen, wie es für abweichlerische Intellektuelle in der chinesischen Kulturrevolution üblich gewesen sei.

So wenig, wie es den Dirigenten Matthew Halls entlastete, dass sich das vermeintliche Opfer nicht beleidigt fühlte, und deVoto ihre aufrichtige Bitte um Entschuldigung nichts half, trug nichts zugunsten von Kilborn bei, dass er nachweislich seine Studenten dafür trainieren wollte, als künftige Anwälte Opfern von echtem Rassismus beizustehen. Diejenigen, die ihn bestraften, erklärten auch nicht, wie sich Rechtsstudenten überhaupt auf Verfahren dieser Art vorbereiten sollten, ohne sich dafür mit realen oder fiktiven Fällen rassistischer Beleidigung zu befassen.

Eine ganz ähnliche Frage stellte sich in der Anklage und Aburteilung der Kunstgeschichtsprofessorin Erika López Prater im Januar 2023 an der Hamline University in St. Paul, Minnesota. Sie tat genau das, was zwingend in einen akademischen Unterricht über islamische Kunst gehört: Sie zeigte ihren Studenten neben vielen anderen Kunstwerken auch eine Abbildung Mohammeds aus dem 14. Jahrhundert, wie sie lange Zeit in der persischen Kunst üblich war. Sicherheitshalber kündigte sie vor Kursbeginn an, dieses Bild zu präsentieren, außerdem forderte sie Studenten auf, die damit ein Problem haben sollten, sich bei ihr zu melden. Um ganz sicherzugehen, wiederholte sie den expliziten Hinweis auf dieses möglicherweise sensible Detail ihres Vortrags fünf Minuten, bevor dann die kleine Zeichnung erschien. Keiner der Studenten meldete vor Beginn des Unterrichts Bedenken an, auch nicht nach der zweiten Warnung. Erst anschließend beschwerte sich ein Einzelner bei der Universitätsleitung und trommelte Unterstützer bei der Muslim Students Association zusammen. Das genügte der Hochschulführung, um López Prater zu feuern, genauer, ihren Vertrag mit der Begründung nicht zu verlängern, sie habe sich der »unleugbaren Islamophobie« schuldig gemacht. In einem Brief an alle Studenten verkündete Universitätspräsidentin Fayneese Miller ganz grundsätzlich, hier hätte religiöse Empfindlichkeit von Studenten »die akademische Freiheit verdrängen müssen« (»should have superseded academic freedom«). Damit stellte sie gleichzeitig der westlich geprägten Wissenschaft den Totenschein aus, zumindest für den Bereich der Hamline University.

Sehr viele der moralischen Anklagen und Aburteilungen trafen und treffen Personen im zentralen Bereich der Sinnproduktion, also Hochschulpersonal und Medienbeschäftigte. Aber von dort aus weitet sich der Kreis von Betroffenen, die von heute auf morgen berufliche Stellung und Ruf verlieren können, auch auf die Privatwirtschaft aus. Zu einer sprunghaften Zunahme von Rufzerstörungen kam es im Black Lives Matter-Sommer 2020. Damals warf der deutsche Sportbekleidungshersteller Adidas seine Personalchefin Karen Parkin hinaus, eine Britin, die bei einer internen Besprechung von Führungskräften in den USA die Frage, wie Adidas nach dem Tod von George Floyd mit Rassismusproblemen umgehen wolle, nicht zufriedenstellend beantwortete. »Das ist ein Lärm, den wir nur in Nordamerika hören«, meinte Parkin. »Ich glaube nicht, dass das ein Thema (in unserem Unternehmen) ist.« Konkrete rassistische Vorfälle deckte damals niemand in dem Konzern auf. Trotzdem reichte es für ihr Karriereende, dass sie die Möglichkeit in den Raum stellte, es gäbe keine.

Der Gründer und Chef der Sportstudiokette CrossFit, Greg Glassman, musste seinen Posten räumen, nachdem er im Juni 2020 in einer Videobesprechung die Frage stellte, ob das Unternehmen tatsächlich kollektiv um George Floyd trauern sollte. Die Studios der Kette, 6000 in den USA und 14 000 weltweit, liegen in der Hand von selbstständigen Unternehmern; der Mutterkonzern hält nur eine Minderheitsbeteiligung. Als die öffentliche Empörungswelle Glassman traf, drohten 1200 Studiochefs damit, sich von CrossFit zu lösen.

Garry Garrels, langjähriger Kurator am San Francisco Museum of Modern Art, verabschiedete sich im Juli 2020 zwangsweise, nachdem 180 Museumsmitarbeiter und Leute aus der Kunstszene seine Absetzung gefordert hatten. Sein Vergehen bestand in der Versicherung, das Museum werde auch in Zukunft Werke von weißen Künstlern kaufen. (»Don't worry, we will definitely still continue to collect white artists.«) Sie von der Sammlung auszuschließen, wäre »umgekehrte Diskriminierung«.

Im Mai 2020 erwischte es den Datenanalysten David Shor, der 2012 zum Wahlkampfteam Barack Obamas gehörte. Als leitender Mitarbeiter des Analyseunternehmens Civis tweetete er in dem BLM-Sommer die Zusammenfassung eines Textes, in dem der (schwarze) Politikwissenschaftler Omar Wasow warnte, gewalttätige Proteste vor Präsidentschaftswahlen hätten in der Vergangenheit meist dem republikanischen Kandidaten genutzt und den Demokraten geschadet. Obwohl niemand an der Richtigkeit von Wasows historischem Rückblick zweifelte, setzte sich eine orchestrierte Empörungswelle gegen Shor in Bewegung. Er als Weißer, lautete das Argument, hätte kein Recht, die Ausschreitungen auf den Black Lives Matter-Demonstrationen zu kritisieren. Mitarbeiter von Civis behaupteten, nach Shors Tweet fühlten sie sich »nicht mehr sicher«. Obwohl er sich umgehend entschuldigte, warf ihn das Unternehmen hinaus.

Fast durchweg gehören die Ausgestoßenen zur gehobenen Gesellschaftsschicht. Eigentlich lohnt sich soziale Vernichtung erst dann, wenn es vorher genügend Reputation gab. Aber selbst das gilt nicht immer. Als Emmanuel Cafferty, Mitarbeiter der San Diego Gas & Electric Company, im Sommer 2020 nach Schichtende mit einem Pickup des Unternehmens nach Hause fuhr, merkte er, dass ein anderer Autofahrer ihn bei einem Stopp an der Ampel beschimpfte und ihn mit dem Mobiltelefon fotografierte. Warum, das erfuhr er am nächsten Tag, als das Foto sich in den sozialen Netzen verbreitete. Es zeigt, wie Cafferty seinen linken Arm aus dem offenen Fenster hängen ließ und mit Daumen und Zeigefinger einen Kreis formte, indem er die Fingerspitzen aneinanderlegte. Das gilt einerseits international als harmlose Okay-Geste. Andererseits auch als Zeichen von Anhängern der White-Supremacy-Bewegung, also Gruppen und Milizen in den USA, die Nichtweiße als minderwertig betrachten. Cafferty sagte, er habe überhaupt kein Symbol für irgendetwas gezeigt, sondern einfach seine Fingerknöchel nach der Arbeit entspannt. Nach einem kurzen heftigen Empörungssturm bei Twitter und auf anderen Kanälen feuerte ihn sein Arbeitgeber.

Zur Verteidigung dieses Reinigungsfeldzugs existieren zwei Argumentationsmuster, die einander ausschließen. Eines besteht darin, das Systematische dieses Feldzugs rundweg abzustreiten. Zu den wichtigsten Verbreitern dieser Variante zählt Adrian Daub, ein Literaturwissenschaftler, der in Stanford seit 2016 ein Programm für Feminismus, Gender und Sexualität leitet. In seinem nur auf Deutsch erschienenen Buch *Cancel Culture Transfer* verspottet schon sein Untertitel die Kritik an der moralischen Aburteilung als »moralische Panik« (*Wie eine moralische Panik die Welt erfasste*). Die Masse von Berichten über gefeuerte Lehrer, Professoren und geächtete Personen aus allen anderen Bereichen nennt Daub in einem Interview »eine wirkliche Flut von Artikeln, die genau von diesen winzigen Anekdoten auf das große Ganze springen«. Der Stanford-Wissenschaftler verhält sich damit wie ein Spaziergänger, der im Wald von jeder Buche und Kiefer feststellt, es handle sich um einen Einzelbaum, folglich gebe es so etwas wie einen Wald überhaupt nicht. Ganz ähnlich wie diejenigen, die ihre kulturelle Verachtung nach unten als Kampf gegen moralische

Minderwertigkeit sehen, deutet er die Kritik am Reinigungsfuror als »rechte«, also ohnehin nicht satisfaktionsfähige Ansicht von dunklen Kräften, die nicht etwa auf ein Phänomen reagieren, sondern voraussetzungslos existieren: »Das sind Identitätskrisen der Rechten, die projiziert werden auf ein Hassobjekt – Hassobjekt ist vielleicht zu viel gesagt –, aber auf ein Abarbeitungs-Subjekt namens ›junge woke cancler‹.«

Die zweite Argumentationslinie lautet, mit der Reinigungsbewegung würden sich die Stimmen bisher ignorierter und an den Rand gedrängter Minderheiten endlich Gehör verschaffen. Wer sich ihnen entgegenstelle, wolle nichts anderes, als seine Vorrechte zu verteidigen und Fragen nach deren Berechtigung zu verhindern. Würde Altes weggehobelt, dann müssten eben Späne fallen, vielleicht auch der ein oder andere zu viel. Aber die Gesellschaft gewinne dadurch insgesamt mehr Gerechtigkeit und schließlich Frieden. Diejenigen, die das nicht so sähen, meint beispielsweise Martina Thiele, Professorin für Medienwissenschaften in Tübingen, wollten eben nicht »von Macht und Privilegien« lassen. Eine Synthese der beiden Argumentationen, die manchmal sogar in ein und demselben Text vorkommen, lautet also: Die systematische moralische Aburteilungspraxis bis zur Persönlichkeitsvernichtung existiert als Phänomen gar nicht. Falls aber doch, dann voll und ganz zu Recht.

Bei beiden Verteidigungsversuchen handelt es sich um apologetischen Unsinn. Die Menge und Systematik der Fälle lässt sich vielleicht rabulistisch abstreiten, aber nicht übersehen. Genauso wie die Ausbreitung der Säuberungspraxis: Sie findet längst nicht mehr nur in Universitäten und Kulturinstitutionen statt, sondern auch in Unternehmen. Sie beschränkt sich auch nicht mehr auf die USA, sie prägt auch längst die Öffentlichkeit in Westeuropa. Und sie spielt sich eben nicht als Aufstand der Marginalisierten gegen die alten Mächtigen ab. Welche Macht sollte die entlassene Lehrerin deVoto repräsentiert haben? Bei Erika López Prater handelte es sich um eine farbige Frau. Außerdem um alles andere als eine Privilegierte; als Adjunct Professor, also außerordentliche Professorin ohne dauerhafte Anstellung, gehört sie zu den Schwächeren innerhalb des akademischen Betriebs. Die Adidas-Managerin Karin Parkin saß damals als einzige Frau im Vorstand des Unternehmens. Rechtsprofessor Ronald S. Sullivan, der auf aggressiven Druck von Studenten 2019 seine Position als Dekan der juristischen Fakultät von Harvard verlor, weil er als Strafverteidiger ein Verteidigungsmandat für Harvey Weinstein übernahm, übte den Dekanposten dieser Fakultät als erster Schwarzer in der Universitätshistorie aus. Was die angeblich überlegene Position der übrigen Beschuldigten angeht: An welchen langen Hebeln sollten der Juraprofessor Jason Kilborn, der Datenanalyst David Shor und Dutzende andere Hochschulmitarbeiter und Angestellte von Unternehmen gesessen haben, die wegen eines Tweets oder eines verbannten Begriffs aus ihrer Stellung verstoßen oder zur Selbsterniedrigung gezwungen wurden? Augenscheinlich besaßen sie wesentlich weniger Mittel zur Verteidigung ihrer Interessen als eine Assoziation muslimischer Studenten, die mit einer Hochschullehrerin kurzen Prozess machen konnte. Zu einer wie auch immer gearteten Macht des gefeuerten Arbeiters Cafferty – zu dessen familiären Wurzeln auch mexikanische Vorfahren gehören – erübrigen sich alle Spekulationen von vornherein. Umgekehrt findet sich unter nimmermüden Verfolgern nirgends eine wirklich marginalisierte Person. Bei den Anklägern handelte es sich um Studenten, meist auch noch einflussreiche Organisationsvertreter, Hochschulkollegen, andere Führungskräfte wie im Fall der gefallenen Adidas-Managerin. Oder Leiter von Institutionen und Firmen wie bei Garrels und Shor. Denn sie, die Führungskräfte, brechen schließlich den Stab über einem Mitarbeiter, sie entscheiden über Strafmaßnahmen, auch wenn die Empörung von den unteren (aber längst nicht unterdrückten) Ebenen kommt.

Natürlich gab es unter den überführten Sündern auch keinen einzigen echten Rassisten oder Islamhasser. Politisch gehören die meisten der bisher Aufgezählten zum liberalen Spektrum, durchaus auch zum linksliberalen wie Shor. An amerikanischen Hochschulen und in Kulturinstitutionen kommen Anhänger der weißen Überlegenheitslehre generell ungefähr so häufig vor wie Intersektionalisten beim Ku-Klux-Klan.

Sämtliche bisher geschilderten Beispiele – und es handelt sich nur um eine kleine Auswahl – fallen in die Kategorie des Exzesses. Von keinem einzigen der Beschuldigten ging jemals eine Gefahr für die Macht der moralischen Kaste aus. Niemand von ihnen stellte deren fallbeilscharfe Urteile infrage, bevor es ihn selbst traf. Zu diesem Exzess kommt es allerdings nicht aus Versehen. In der Praxis, auch Harmlose anzuklagen, zeigt sich ein energetischer Überschuss beim Verfolgen und Reinigen, der in der Logik der Sache selbst liegt. Auch die Inquisitoren, die Jakobiner und die Kader des NKWD wussten sehr gut, dass viele, nach denen sie griffen, objektiv keine Bedrohung für ihre Ordnung darstellten. Es dürfte ihnen ziemlich genau bewusst gewesen sein, wie oft die Anklage auf einer haltlosen Denunziation beruhte. Sie nahmen es auch billigend in Kauf, selbst Anhänger der eigenen Ideologie zu vernichten. Der Exzess erfüllt eine Funktion. Erstens demonstriert er Macht. Mächtig ist, wer es sich leisten kann, ohne Regeln, also unvorhersehbar zu bestrafen. Zweitens etabliert und festigt er, wie schon erwähnt, einen dauerhaften Ausnahmezustand. Und drittens diszipliniert jede Aburteilung Tausende andere Wissenschaftler, Angestellte und Manager. Es treibt sie an, nicht nur zu schweigen, sondern öffentlich ihre Loyalität zu beteuern. Bekanntlich reichte es in der letzten Phase der Jakobinerherrschaft für eine Verhaftung schon aus, ihre Sache nicht *genügend* zu unterstützen. Die Reinigungspraxis der Gegenwart unterscheidet sich, wie schon erwähnt, nicht nur in ihren Mitteln, sondern auch in ihren Konsequenzen von den unterschiedlichen Verfolgungswellen der Vergangenheit. Aber sie ähnelt diesen fernen Vorbildern in ihrer Zwecklogik.

Wir geraten in einen noch ganz anderen Bereich, wenn es nicht mehr um die Maßregelung von harmlosen Pseudosündern geht, sondern um die Bekämpfung von Personen, die Mitglieder der moralischen Kaste für ernsthafte Feinde halten. Und das oft sogar mit Gründen. Gegen diesen Kreis fühlen die Reiniger sich legitimiert, zur Durchsetzung der Tugend fast alle nur denkbaren Mittel anzuwenden, von der Verleumdung bis zur Bedrohung, manchmal auch bis zum körperlichen Angriff. Besonders dann, wenn die Zielperson sich weigert, klein beizugeben. Hier kommt es meist nicht zu kurzen, sondern oft zu ausgedehnten Verfahren. Dabei gibt es nicht nur keine Prozessordnung. Sondern generell kaum Grenzen.

In der letzten Phase, in der Peter Boghossian noch an der Portland State University lehrte, schmierten radikalisierte Studenten Hakenkreuze an die Bürotür des Philosophieprofessors. Einmal legten sie auch einen Beutel mit Fäkalien dort ab. Jemand kritzelte »Peter Boghossian ist ein heimlicher Nazi« an die Wand einer Universitätstoilette. Während einer seiner Diskussionsveranstaltungen lösten Unbekannte einen falschen Feueralarm aus. Als er eine Podiumsdiskussion mit einem Kollegen führte, riss ein Student die Lautsprecherkabel heraus, um dem Wissenschaftler die Stimme abzuschneiden. Die Universitätsleitung stellte sich nicht etwa hinter den bedrängten Professor. Sie leitete ein Verfahren wegen wissenschaftlichen Fehlverhaltens gegen ihn ein. Womit hatte Boghossian diese Wut auf sich gezogen? Durch zweierlei. Seine unverzeihliche Ketzerei bestand nicht darin, dass er ein verfängliches Wort gebraucht oder zwei traumatisierende Buchstaben auf einen Aufgabenzettel geschrieben hätte. Bei ihm handelte es sich nicht um ein beiläufiges Opfer, sondern in der Logik seiner Verfolger um einen echten Feind. In diese Lage manövrierte sich der Hochschullehrer, weil er die zunehmende Ersetzung des kritischen Denkens in den Geisteswissenschaften durch eine Liturgie von immer wieder heruntergebeteten und jedem Zweifel entzogenen Begriffen für ein Problem hielt. Im Jahr 2017 unternahm er zusammen mit dem Wissenschaftler und Freund Jamie Lindsay eine erste Probe aufs Exempel: Beide reichten bei der Fachzeitschrift *Congest Social Sciences* einen abstrusen Aufsatz mit dem Titel »The Conceptual Penis as a Social Construct« als wissenschaftliches Papier ein. Dessen These lautete, bei dem männlichen Geschlechtsorgan handle es sich um ein soziales Konstrukt, das auf keinen Fall mit »männlicher Reproduktion« in Verbindung gebracht werden dürfte. Dieser eigentlich nur konstruierte Penis, hieß es im Text, diene wiederum einer ganz realen »toxischen Maskulinität«. Obendrein befördere diese »Hypermaskulinität« auch noch den Klimawandel. Die *Zeitschrift für Sozialwissenschaften* veröffentlichte diesen gequirlten Blödsinn, allerdings nicht in einer Spezialrubrik namens »gequirlter Blödsinn«, sondern ganz regulär. Mit seinem Streich knüpfte er an den berühmten Sokal Hoax von 1996 an: Damals reichte der Physiker Alan Sokal bei dem Fachjournal *Social Text* die Darlegung ein, dass es sich bei der Gravitation um ein soziales Konstrukt handelt. Das Fachjournal veröffentlichte den mit passenden Klingelwörtern gespickten Aufsatz damals als ernsthafte wissenschaftliche Betrachtung. Sokal verspottete damals die »French Theorie«, also die an US-Universitäten ausgebrütete Mutation des französischen Dekonstruktivismus, der in seiner Ursprungsvariante allerdings nicht derart simpel darauf hinauslief, die Dekonstruktion als Hammer zu benutzen, um jedes Wissen zu zertrümmern. Boghossian und seine Verbündeten zielten auf ein neueres Phänomen, das wahrscheinlich ohne die Irrationalität der French Theory in dieser Form nie entstanden wäre – die Lehre von der überragenden Bedeutung identitärer Merkmale wie Hautfarbe, Geschlecht und Religion. Beide Denkgebäude gründen auf der Überzeugung, dass es keine für alle zugängliche Erkenntnis und keine objektiven Maßstäbe gibt, sondern nur verschiedene Perspektiven und Narrative, und dass Begriffe nicht die Welt abbilden, sondern sie im Gegenteil überhaupt erst erschaffen. In dem, was heute die Weltanschauung der erleuchteten Sinnschöpferkaste bildet, verschärft sich die Abkehr der Dekonstruktivisten vom Objektivitätsstreben noch durch die Maßgabe, nur bestimmte Perspektiven überhaupt als wertvoll und zulässig anzusehen, und andere für grundsätzlich falsch und minderwertig zu erklären. Zu ihrem aus etlichen Ideologieelementen bemerkenswert schlampig zusammengestoppelten Überzeugungssystem gehört außerdem noch eine generelle Verachtung des weißen Westens, wofür Frantz Fanon und andere Theoretiker schon in den Sechzigerjahren das Fundament legten.

An diesem windschiefen Ideengebäude mit seinen Dutzenden Rissen und Hilfsstützen wollten Boghossian und Lindsay nach ihrem ersten Erfolg noch etwas gründlicher rütteln. Zu den beiden Verschwörern gesellte sich die britische Literaturwissenschaftlerin Helen Pluckrose. Bis zum Jahr 2018 fabrizierte das Trio insgesamt 20 Aufsätze in der Güteklasse des Penis-als-Konstrukt-Textes, um sie bei renommierten Fachzeitschriften einzureichen. In ihrem bunten Strauß fand sich beispielsweise eine pseudowissenschaftliche Darlegung über *rape culture* von Hunden im Park, die These, Männer könnten ihre Transphobie loswerden, wenn sie sich selbst mit Sexspielzeug penetrieren, außerdem ein fast originaler Auszug aus Hitlers *Mein Kampf*, bei dem die Witzbolde nur die Begriffe »Juden« und »weiße Männer« austauschten. Als das Unternehmen der drei endete, hatten die Redaktionen der Wissenschaftsjournale nur sechs der zwanzig Beiträge abgelehnt, sieben passierten das Peer Review-Verfahren problemlos, vier gingen in Druck, bei drei weiteren stand die Veröffentlichung bevor. Sieben Texte befanden sich noch im Prüfverfahren, sie schafften es also zumindest schon einmal über die erste Hürde. Der Vorgang ging als Grievance Studies Affair in die Wissenschaftsgeschichte ein, also Beschwerdenstudien-Affäre. Der Begriff verspottet die Praxis, Beschwerden über behauptete Diskriminierungen, Ungerechtigkeiten und Gefühlsverletzungen mit akademischem Jargon zu verbrämen und damit zur Wissenschaft zu erklären. Die drei definierten später die Grievance-Praxis als »Kultur, in der nur bestimmte Schlussfolgerungen erlaubt sind und die soziale Beschwerden über die objektive Wahrheit stellt«. Mit ihrem Großversuch lieferte das Trio den Beweis, dass sich im Schutz dieser Ideologie selbst der größte Stuss im akademischen Betrieb unterbringen lässt, wenn er nur die richtigen identitätspolitischen Signalwörter enthält. Damit platzierten sie gleich eine ganze Batterie von Bomben im Tempel der neuen Hohenpriester, wobei sie sich noch nicht einmal um deren Zündung kümmern mussten. Das erledigten die Verantwortlichen der übertölpelten Wissenschaftsjournale selbst. Als Alan Sokal 1996 den Dekonstruktivismus veralberte, traf ihn keine Rache, es gab keine ernsthaften Einschüchterungsversuche gegen ihn. Gegen Pluckrose, Lindsay und vor allem Boghossian setzten Eiferer dagegen eine Hasskampgane in Gang, die auf nichts weniger als ihre soziale Vernichtung zielte.

Was machte ihren Streich so anders?

Zum einen der Umstand, dass der Dekonstruktivismus und auch die French Theory nie auch nur annähernd eine solche Macht in Universitäten, Medien, politischen Organisationen und selbst Unternehmen eroberten wie die Lehre von der alles erklärenden Identität und der erleuchteten Kaste, die allein genügend moralische Einsichten besitzt, um die Gesellschaft zu lenken. Anders als Sokal legte sich das Grievance Studies-Trio mit einer echten Macht an. Es bedrohte sie ernsthaft. Ihre Kader wussten und wissen gut genug, wie wacklig und widersprüchlich ihre Lehre auch schon ohne gewitzte Angriffe dasteht. Die Affäre zeigte ganz nebenbei auch: Wenn es um die Machtposition der Erleuchteten selbst geht, endet der große Spaß von Dekonstruktion und Privilegieninfragestellung urplötzlich. Beides zählt nur, solange es der Zerschlagung des patriarchalischen Systems, des westlichen Rationalismus und anderer Übel dient. Gerade wegen ihres umfassenden Machtbewusstseins reagierten die Bloßgestellten so heftig. Wer sich per se für überlegen und weise hält, verträgt es besonders schlecht, wenn ihn andere erfolgreich lächerlich machen. Außerdem gab es praktisch nichts, was sie dem Trio als Argument hätten entgegensetzen können. Faktisch schlugen sie in ihrer Wut auf Boghossian und seine Verbündeten ein, im etwas erweiterten Sinn aber auf ihr ziemlich unvorteilhaftes Spiegelbild. Gegen den Philosophieprofessor setzte die Leitung der Portland State University ein Verfahren wegen wissenschaftlichen Fehlverhaltens mit der Begründung in Gang, er hätte die Aufsätze nicht unter seinem Namen eingereicht. Natürlich nicht – anderenfalls wäre das Experiment nicht durchführbar gewesen. Selbstverständlich wussten die Verantwortlichen sehr gut, dass sie einen wirklichen Verstoß gegen wissenschaftliche Regeln nicht bei Boghossian suchen mussten, sondern bei den Redaktionen der Journale, die den Unsinn in ihre Blätter hoben.

Der Hochschullehrer sah sich also in einem Zangengriff von Kollegen einerseits, die ihm einen Strick zu drehen gedachten, und von eifernden Studentenvertretern auf der anderen Seite, die den liberalen Wissenschaftler zum Faschisten erklärten. In dieser Lage beging er seine zweite Sünde: Er weigerte sich zu bereuen (wobei es ihm vermutlich angesichts der Schwere seines Vergehens auch nichts genutzt hätte). Statt kniefällig Abbitte zu leisten, bestand er weiter darauf, der Wissenschaft einen guten Dienst geleistet zu haben. Den Studenten, die ihn attackierten, bot er mehrmals an, mit ihnen zu reden. Was, fragte Boghossian, werft ihr mir eigentlich vor? Zu diesem Gespräch kam es nie. Im Netz findet sich ein Video, das den Professor mit einem Mikrofon in der Hand auf dem Campus zeigt, wie er versucht, sie zu einem zivilen Streit zu animieren. Die Aktivisten, zu denen er spricht, stehen auf dem Dach eines Universitätsbaus und schauen schweigend auf ihn herab. In der Szene wirkt der Professor wie ein Belagerer, seine Ankläger wie Soldaten auf den Zinnen ihrer Fluchtburg.

In diesem Fall wie in vielen ähnlichen Fällen an amerikanischen und europäischen Hochschulen meldeten sich auch die Beschwichtiger. Fäkalien vor der Tür und Sabotage von öffentlichen Veranstaltungen, so argumentierten sie, das sei natürlich ärgerlich. Aber gab es nicht auch publizistische Unterstützer von Boghossian und Studenten, die zu ihm hielten? Konnte er sich etwa nicht in Dutzenden Interviews und Videos verteidigen? Hatte ihn denn jemand körperlich angegriffen? Ihn in seiner Lehre beschränkt? Nein, niemand. Wir befinden uns aber auch in Portland, Oregon, nicht in Nordkorea. Dort, in Portland, wurde der ziemlich weit rechts stehende Journalist Andy Ngo, der kritisch über Black Lives Matter-Kundgebungen berichtete, von Demonstranten eingekreist, geschlagen und getreten. Aber selbst wenn das irgendwann auch dem Wissenschaftler widerfahren wäre: mehr als ein paar Prellungen hatte Ngo nicht davongetragen. Hätte Boghossian diese und andere Zumutungen nicht aushalten müssen?

Die Meinungsfreiheit endet nicht erst dann, wenn jemand tatsächlich nicht mehr öffentlich sprechen kann. Sie bröckelt schon, wenn ein Bürger – egal ob Arbeiter, Unternehmer oder Professor – einen Preis dafür bezahlen muss, weil er Ansichten äußert, die kein geschriebenes Gesetz verletzen, sondern nur den Herrschaftsanspruch eines bestimmten Milieus. In der Debatte über die Freiheit der Rede gerät außerdem ein wichtiger Punkt regelmäßig aus dem Blick, erstaunlich vielen dringt er auch gar nicht erst ins Bewusstsein: Zu der Freiheit, zu sprechen, gehört auch immer die Freiheit, zu hören, in dieser Affäre konkret die Freiheit von Studenten, ihren Philosophielehrer zu hören, und zwar nicht irgendwo, sondern an ihrer Universität, der Portland State. Und die gab es in größerer Zahl. Die Verfolger und Reiniger, die ihn vertreiben wollten, besaßen zwar die bessere Organisation und ein großes Maß an Aggressivität. Aber es handelte sich bei ihnen um eine Minderheit. Liberale und auch Linke wussten schon einmal besser über die zwei Seiten der Freiheit Bescheid. Das »Recht zu hören« ging 1969 als Votum eines Verfassungsrichters in die amerikanische Rechtsgeschichte ein, damals unter einem weltanschaulich anderen Vorzeichen. Als die US-Behörden damals dem belgischen Ökonomen und Marxisten Ernest Mandel das Einreisevisum für eine geplante Vortragstour an Universitäten verweigerten, zogen seine amerikanischen Unterstützer vor das Oberste Gericht. Dort konnten sie seine Einreise zwar nicht erzwingen. Dafür gewannen sie für sich ein Argument, das weit über den Prozess hinausreichte. In seinem Minderheitsvotum formulierte Richter Thurgood Marshall den Gedanken, dass Freiheit in zwei Richtungen wirken muss, wenn sie vollständig sein soll. »Die Freiheit zu sprechen und die Freiheit zu hören«, schrieb Marshall, »sind nicht voneinander zu trennen; sie sind zwei Seiten derselben Medaille.« Der vitale Austausch von Gedanken, in dem Sprecher zu Zuhörern und Zuhörer zu Sprechern würden, argumentierte er, sei »das unverzichtbare Mittel bei der Suche nach der politischen Wahrheit und ihrer Verbreitung«. Die Philosophin Hannah Arendt formulierte diesen Gedanken ganz ähnlich: »Wahrheit gibt es nur zu zweit.« Bei Friedrich Schlegel heißt es: »Wahrheit wird nicht gefunden, sondern produziert.« Die Erkenntnissuche findet also als offener Prozess statt, der immer mehrere Elemente braucht, um in Gang zu kommen.

Natürlich konnten und können sich alle im Namen der Reinheit gemaßregelten und vertriebenen Hochschullehrer woanders Gehör verschaffen. Boghossian gründete zusammen mit Bari Weiss und anderen sogar eine neue Universität. Aber das beantwortet die Frage nicht, was aus den alten und ehemals ehrwürdigen Hochschulen wird. Der Reinheitsfuror zerstört vormals blühende akademische Gärten, um sie bestenfalls durch Monokulturen zu ersetzen, die sich schlimmstenfalls in Wüsten verwandeln. Er untergräbt die Idee der Universität, die dort besonders gilt, aber auch in einer aufgeklärten Gesellschaft insgesamt: dass in ein und derselben Institution verschiedene Entwürfe, Ansichten und Denkschulen zusammenkommen, ihre Vertreter miteinander streiten und ihre Theorien wechselseitig mit Skepsis durchlöchern. Keine Organisation wird durch Homogenisierung und Debattenvermeidung klüger. Das gilt für Linke wie für Rechte, für eine einzelne Hochschule wie für ein ganzes Land. In den USA beginnen rechte Politiker, die Techniken der Progressiven unter dem gegenteiligen Vorzeichen zu kopieren. An mehreren Schulen in republikanisch regierten Staaten flogen Bücher aus den Bibliotheken, die im Verdacht stehen, *woke* zu sein. In Florida verlor eine Lehrerin ihren Job, weil sie ihren Schülern ein Bild der David-Statue von Michelangelo zeigte – also einen unbekleideten Mann, was ihr den Vorwurf der Sexualisierung von Kindern eintrug.

Nicht jeder Streit muss zum Konsens führen. Darin, dass verschiedene Ansichten gelassen nebeneinander existieren können, besteht ja gerade der große zivilisatorische Gewinn der Aufklärung. Diese früher weitgehend akzeptierte Sicht scheint zu verschwinden. Und das noch nicht einmal schleichend, sondern mit einer unheimlichen Eile.

Gelassene Koexistenz von Gegensätzen, so sieht jedenfalls das Idealbild aus. Und um mit Bertolt Brecht zu sprechen: Aber die Verhältnisse sind nicht so. Nicht in den Vereinigten

Staaten. Auch nicht mehr in vielen Ländern Westeuropas. In England (wir erreichen also Europa) ereignete sich 2019 eine Affäre, die sich zwar nicht in der Sphäre einer Universität abspielte, aber sonst in vielem der Kampagne gegen Boghossian glich. Auch hier richtete sich die zerstörerische Energie nicht auf eine Person, die per Zufall in den Anklageapparat geriet, sondern gegen einen echten Feind der neuen moralischen Gesellschaftsordnung. Und auch in diesem Exempel galt wie in den Fallbeispielen, die noch folgen sollen: Gegenüber einem einmal markierten Feind gibt es für einen Gerechten keinen Grund zur Zurückhaltung. Erlaubt ist alles, was dazu dient, den Ruf der Zielperson zu vernichten. Bei diesem Subjekt des Reinigungseifers handelte es sich um Roger Scruton, Philosoph, Autor, konservativer Denker und, was ihn besonders verhasst machte, ein Spötter, der die neuen Moralpriester nach Kräften lächerlich machte. Im April 2019 lud George Eaton, leitender Redakteur der Zeitschrift *New Statesman* Roger Scruton zum Interview. Der wusste, dass sich das Blatt anders als früher stark zu den Neolinken neigte, also den moralischen Anklägern, die den weißen Westen für die Wurzel aller Weltübel halten. Trotzdem sagte Scruton zu. Er empfand es generell nicht als problematisch, mit Leuten zu reden, die seine Sicht nicht teilten. Für den *New Statesman* hatte er längere Zeit als Weinkolumnist geschrieben. Was, sagte er sich, sollte er von einem Gespräch mit Eaton schon befürchten?

Als das Interview erschien, kannte er die Antwort.

Der *New Statesman* führte seinen Lesern einen Scruton vor, der über George Soros mit antisemitischen Bemerkungen herzog und Chinesen pauschal mit der Aussage herabwürdigte, einer sei »die Kopie des anderen«. Kurzum, der Liberalkonservative stand als ressentimenterfüllter Antisemit und Rassist vor der Öffentlichkeit, überführt durch seine eigenen Worte. Die Tory-Regierung feuerte Scruton darauf umgehend als Vorsitzenden der »Building Better, Building Beautiful«-Kommission, die sich um eine Verbesserung der britischen Architektur bemühen sollte. Der zuständige Minister nannte Scrutons Äußerungen »völlig unakzeptabel«; er hörte den Delinquenten noch nicht einmal an. Als er von dem Rauswurf erfuhr, öffnete Eaton in der Redaktion eine Flasche Sekt, ließ sich damit ablichten und stellte das Foto auf Instagram. Seine Bildunterschrift dazu lautete: »Das Gefühl, wenn du es geschafft hast, dass der rechtsradikale und homophobe Roger Scruton gefeuert wird.«

Die Geschichte endete dann doch nicht ganz im Sinn des *New Statesman*-Redakteurs. Scruton erklärte, seine Worte seien in dem Interview mutwillig verdreht worden. Er habe die skandalösen Sätze nie gesagt. Das allein bewirkte natürlich noch nichts. Würde ein überführter Menschenfeind denn nicht versuchen, sich irgendwie herauszuwinden? Die Angelegenheit nahm ihre Wendung, als der mit Scruton befreundete Autor Douglas Murray eine Tonbandaufnahme des Gesprächs präsentieren konnte. Sie zeigte, wie Eaton die ursprünglichen Interviewäußerungen an den entscheidenden Stellen so verdreht und entstellt hatte, dass die inkriminierten Sätze dabei herauskamen. Im Original äußerte Scruton durchaus konservative, aber völlig unskandalöse Ansichten. Die Regierung machte immerhin den Rauswurf des Philosophen rückgängig. Er durfte wieder in die Kommission zurückkehren. Praktisch bedeutete die Rehabilitierung nicht viel, der damals schon krebskranke Scruton starb einige Wochen später im Januar 2020. Aus dieser versuchten Rufvernichtung folgten gleich mehrere allgemeine Lehren. Zum einen machte der Philosoph die gleiche Erfahrung wie viele andere vor und nach ihm, dass für ihn keine altmodischen Fairnessregeln galten, keine Anhörung beider Seiten, sondern dass Anschuldigung und Urteil praktisch zusammenfielen. Zweitens hatte sich nicht der Verleumder zu rechtfertigen, sondern der Verleumdete, der hier gerade so davonkam, hauptsächlich wegen der Plumpheit der Attacke, aber auch, weil sich andere für ihn einsetzten. Die eigentliche Pointe lag allerdings darin, dass dem Täter nicht viel passierte, obwohl er als Journalist fälschte, und zwar nicht aus Eitelkeit wie ein Claas Relotius, sondern mit der Absicht, einen politischen Feind zur Strecke zu bringen. Eaton verlor zwar seine leitende Position, durfte aber weiter Redakteur des *New Statesman* bleiben. Die Essenz der Geschichte lautete also: Selbst jemand, der im Namen des Guten und Gerechten nachweislich täuscht und manipuliert, um anderen zu schaden, muss wenig bis nichts befürchten. Anders als ein Konservativer darf er auf ein sehr weit gehendes Verständnis in seinem eigenen Milieu zählen. Der Fall illustriert stellvertretend für viele andere, was »unten« und »oben« nach den Maßstäben des kulturellen Kapitals bedeutet. Natürlich gehören die verleumdeten Professoren nicht zu den materiell Armen, schon gar nicht Scruton. Sie leben nicht in der Peripherie. Aber für sie gilt das gleiche wie für die Peripheren: Sie dürfen jederzeit angegriffen werden, ihre Argumente zählen nicht, das Urteil über sie steht fest. Damit finden sie sich auch in dem neuen Unten wieder, zusammen mit den üblichen Verachteten, trotz Professorentitel und Einkommen. Das neue Oben definiert sich genauso wenig durch den Kontostand. Sondern durch das Privileg, andere sozial vernichten zu dürfen, ohne dabei selbst das kleinste Risiko einzugehen.

Bei der Anklage- und Reinigungsbewegung, die durch Universitäten, Redaktionen und andere Institutionen fegt, handelt es sich nicht um eine Auseinandersetzung zwischen zwei ideologischen Parteien, die über ungefähr gleiche Mittel verfügen, sondern um die wohlorganisierte und von wenigen Hemmungen belastete Machtentfaltung auf der einen Seite, denen die Attackierten, egal ob Zufallsopfer oder markierte Gegner, nur wenig entgegensetzen können. Ihnen fehlt es an Organisation, meist auch an Unterstützern. Vor allem besitzen sie nicht annähernd die Rücksichtslosigkeit von Missionaren, in denen der Glaube glüht, den richtigen Weg für die ganze Gesellschaft zu kennen.

Von einem Tag auf den anderen erlebten auch Klaus Kinzler und Vincent Tournier, beide Professoren an der Universität Grenoble, wie es sich anfühlt, von anderen zu Zielobjekten erklärt zu werden. Sie stellen für ihre Verfolger ähnlich wie Boghossian und Scruton keine Sünder der minderen Sorte dar, sondern Feinde, gegen die der Zweck jedes Mittel heiligt. Für den Germanistikprofessor Kinzler, einen 1983 nach Frankreich ausgewanderten Deutschen, kam die Markierung als Feind Anfang 2021 schnell, mit voller Wucht und ganz und gar ohne Vorgeschichte. Als Lehrkräfte in Grenoble eine Aktion an der Universität debattierten, die sich unter anderem gegen »Islamophobie« richten sollte, widersprach der Wissenschaftler einer Kollegin. Islamophobie, meinte Kinzler, sei kein wissenschaftlicher Begriff, sondern eine politische Kampfformel, die Ajatollah Chomeini nach der Errichtung des iranischen Gottesstaates popularisiert habe, um Kritik an seinem Regime und am politischen Islam insgesamt zu stigmatisieren. Die Universität sollte deshalb nicht zum Kampf gegen Islamophobie aufrufen. Sein Disput mit der Wissenschaftlerin fand nur auf Facebook statt. Kinzler nahm nicht an, dass diese Auseinandersetzung größere Folgen nach sich ziehen würde. Die Treibjagd, die linke Studentengruppen und Funktionäre dann auf ihn eröffneten, ähnelte bis ins Detail den systematischen Angriffen auf Boghossian in Portland. Der Eindruck lässt sich kaum beiseiteschieben, dass sich die Mitglieder der Stoßtrupps nicht nur länderübergreifend aus sehr ähnlichen Phänotypen rekrutieren, sondern sich auch aus dem gleichen Methodenhandbuch bedienen. Jemand schmierte »Faschisten in unseren Hörsälen« und »Islamophobie tötet« an den Eingang der Universität Grenoble. Die Kampagne galt mittlerweile nicht nur Kinzler, sondern auch dem Politikwissenschaftler Vincent Tournier, einem Universitätskollegen, der den bedrängten Professor öffentlich unterstützte. Also lautete eine Parole auch: »Kinzler und Tournier Rücktritt«. Ähnlich wie bei anderen Reinigungsaktionen gab es an der Universität sonst nur wenig Unterstützung für die beiden. Wie in den anderen Fällen handelte es sich bei Kinzler und Tournier natürlich weder um Faschisten, Rassisten oder Islamhasser, sondern liberal-bürgerliche Professoren, die sich völlig im Spektrum eines normalen Meinungsstreits bewegten, sich allerdings nach der Attacke nicht zu einer Unterwerfungsgeste bereitfanden, sondern ihre Position verteidigten. Spätestens das machte sie zu echten Feinden. Wie anderswo wendete sich keine Studentenmehrheit gegen sie, sondern eine kleine, von Hemmungen freie Angriffsformation. Seit dem Mord an dem Lehrer Samuel Paty kann bekanntlich die bloße Unterstellung der Islamophobie buchstäblich den Kopf kosten. Beide Wissenschaftler bekamen Polizeischutz. Das Institut Science Po Grenoble beurlaubte Kinzler. Nicht die Parolenschmierer und Verleumder mussten also die Hochschule verlassen – sondern der Angegriffene und Bedrohte.

Immerhin fanden Kinzler und Tournier etwas Rückhalt bei der Regierung von Emmanuel Macron, der die Bekämpfung des radikalen Islam zur Regierungspolitik machte. Dazu gehörte auch, dass er den *Islamogauchisme* – das sehr spezielle Amalgam aus Eroberungstheologie und neolinkem Religionsersatz – zur ernsthaften Bedrohung erklärte. Eine offizielle Untersuchung durch das Pariser Wissenschaftsministerium sprach Kinzler und Tournier von den Vorwürfen ihrer Ankläger frei. Trotzdem blieben Funktionäre der landesweiten Studentenbewegung Union Syndicale, die das Treiben gegen die Professoren von Grenoble unterstützten, bei ihrem Verdammungsurteil.

Erst in der Aufzählung der Verfolgungsszenen von Portland bis zu den französischen Alpen (und später in diesem Kapitel noch in Deutschland) zeigen sich die übergreifenden Muster: die Gleichartigkeit von Angreifern und Methoden, den Opportunismus von Institutionen, die den Angegriffenen entweder allein lassen oder nur halbherzig unterstützen – aber noch ein Drittes. Bei Boghossian, Kinzler und Tournier handelt es sich um Vertreter der liberalen Mitte, Scruton zählte sich zu den Konservativen. Der oben erwähnte Journalist Andy Ngo, den seine Feinde körperlich angingen, steht vermutlich rechts von allen Erwähnten. In den Augen der Ankläger verdampfen alle weltanschaulichen Unterschiede zwischen ihren Feinden. Egal, welchen Überzeugungen sie tatsächlich folgen – sie schmelzen zu einem abstrakten Gesamtfeind zusammen, zu einer Karikatur mit Aufschriften wie *Faschist* und *Rassist*. Intellektuelle Traditionalisten, die sich unter *Faschist* jemanden vorstellen, der die Weltanschauung der Nationalsozialisten beziehungsweise Mussolinis vertritt, und die eine Person *Rassist* nennen, wenn sie Menschen anderer Hautfarbe für minderwertig erklärt, bewohnen ein anderes geistiges Universum als die Wohlmeinenden, die Bezeichnungen dieser Art ohne jede Definitionsgrenze benutzen. Wenn es für sie überhaupt so etwas wie eine Definition gibt, dann durch seine praktische Anwendung: *Faschist* wird jemand dadurch, dass sie ihn mit dieser Bezeichnung belegen. Länderübergreifend gilt bei ihnen selbstverständlich die Parole: *Mit Faschisten diskutiert man nicht.* Eine wie auch immer geartete Argumentation erklären die Reiniger damit nicht nur für überflüssig, sondern ausdrücklich für schädlich. Die Ansicht, jedem stünde grundsätzlich eine Meinung zu und deren Artikulation offen, halten sie folglich für eine völlig verrückte Idee aus vergangenen Zeiten. Im Glaubenssystem der Wohlmeinenden findet sich ein Widerspruch neben dem anderen. Aber hier zeigt sich ausnahmsweise eine innere Konsistenz, wie sie jedes Denksystem braucht, das auf Freund-Feind-Unterscheidung beruht. Es kann deshalb keine gemeinsame Gesprächsebene mit anderen anerkennen. Wer dazu erst einmal *A* sagt, kommt zwangsläufig zum *B* der Mittel.

In der Geschichte gab es immer wieder Kollektive, die auf autoritäre Weise Macht beanspruchten. Das Beschwichtigungsargument zu Beginn lautete jedes Mal: Aber es handelt sich doch nur um eine sehr kleine Gruppe. Das traf historisch auch fast ausnahmslos zu. Aber gerade kleine, gut strukturierte und in ihren Methoden nicht wählerische Zusammenschlüsse setzen sich meist sehr viel leichter und schneller durch als die weniger gut organisierte Mehrheit. Sie kommen in der frühen Phase ihrer Machtetablierung gerade deshalb schnell voran, weil sie keine großen Mengen dirigieren müssen, die nicht nur zu Trägheit neigen, sondern auch dazu, sich in verschiedene Untergruppen aufzufächern. Einen größeren Anhang gewinnen missionarische Bewegungen in aller Regel erst dann, wenn sie schon Schlüsselpositionen besetzen. Erst das versetzt sie in die Lage, einem größeren Kreis Machtbeteiligung gegen Gefolgschaft anzubieten. Eine der bisher größten Umfragen unter amerikanischen Studenten zu Meinungsfreiheit und Einschüchterungsmethoden auf dem Campus zeigt, wie eine avantgardistische Speerspitze vordringt, der Sympathisanten in einem gewissen Abstand folgen. Je nach Universität befinden sich die radikalen Anführer noch in der Phase der absoluten Avantgarde, oder schon auf Stufe zwei, die es erlaubt, das Klima auf dem Campus mitzubestimmen. Im Jahr 2020 befragte die John S. and James C. Knight Foundation 20 000 Studenten an Hochschulen quer durch die Vereinigten Staaten, um herauszufinden, wem welche Mittel als legitim gelten, um bestimmte Meinungen zu verdrängen. An den sogenannten Ivy League Universities, also denen mit dem höchsten Prestige, und den später bei ihren Bewerbungen erfolgreichsten Absolventen erklärte nur ein Prozent der Studenten, Gewalt sei für sie »immer akzeptabel«, um Vorträge auf dem Campus zu verhindern, die sie als schädlich ansehen. Weitere drei Prozent meinten, Gewalt sei »manchmal akzeptabel«. Eine immerhin deutlich größere Gruppe von 21 Prozent sprach sich in der Umfrage für »ein gewisses Maß an Gewalt« aus, um Vorträge zu verhindern – also nicht jede gewaltsame Methode, die eine oder andere aber doch. Die Überzeugung existiert nicht nur auf einer weltanschaulichen Seite, es sei im Namen der guten Sache erlaubt, einen Redner am Vortrag zu hindern. Aber sie verteilen sich nicht gleichmäßig auf die verschiedenen Lager. Der Erhebung zufolge befürworten 13 Prozent der Studenten, die sich selbst als extrem links einordnen, immer oder manchmal den Einsatz von Gewalt – aber nur 6 Prozent ihrer Kommilitonen, die sich als extrem konservativ bezeichnen. 60 Prozent der weit Linken halten es für angemessen, missliebige Personen niederzuschreien, aber nur 15 Prozent der extrem Konservativen.

Ob kleine Truppen glühender Missionare sich durchsetzen, hängt hauptsächlich davon ab, ob sie dort, wo sie Macht beanspruchen, auf die Gegenwehr von Gremien stoßen, die über institutionelle Abwehrmittel verfügen. Im Fall der Universitäten wäre das die Hochschulleitung. Sie tat in Portland, Grenoble und anderswo wenig bis nichts, um die Attacken auf einzelne Professoren wenigstens zu erschweren. An etlichen Universitäten existieren Regeln, die verhindern sollen, dass radikale Gruppen jemanden niederbrüllen, der ihnen nicht passt. Aber nicht die Vorschrift auf Papier zählt. Sondern die Frage, ob die Zuständigen sie auch anwenden. In Stanford beispielsweise erlauben diese Regeln, dass auch Gegner einer Veranstaltung in einen Raum dürfen, in dem jemand, dessen Ansichten sie bekämpfen, einen Vortrag hält. Sie dürfen ihn befragen, durchaus auch polemisch, und Protestschilder mitbringen. Die universitätsinternen Vorschriften verbieten es allerdings, den Redner mit Sprechchören zu übertönen und anderen mit Protestschildern die Sicht auf ihn zu versperren. Genau das passierte aber, als der konservative Richter Kyle Duncan am 9. März 2023 auf Einladung der ebenfalls konservativen Rechtsstudentenorganisation Federalist Society nach Stanford kam, um einen Vortrag zu halten. Anschließend sollte eine Debatte mit angehenden Juristen stattfinden. Schon als FedSoc-Präsident Tim Rosenberger den Redner vorstellte, schrien linke Studenten dazwischen. Duncans Vortrag ging dann über längere Strecken im Gebrüll unter. Auf vielen Protestschildern stand keine Kritik an der Urteilspraxis des Berufungsrichters, wie man sie von Rechtsstudenten erwarten würde, sondern Sätze wie: »Jugde Duncan can't find the clit« (»Richter Duncan findet die Klitoris nicht«). In der Fragerunde verlangte jemand von Duncan zu wissen: »Wie oft haben Sie letzte Woche Ihre Frau geschlagen?« Tirien Steinbach, Dekanin der Stanford Law School for Equity and Inclusion, die als Autorität der Hochschule dabeisaß, unternahm nichts, um die eigentlich geltenden Hausregeln für kontroverse Veranstaltungen durchzusetzen. Am Ende trat Steinbach neben Duncan ans Pult, aber nicht, um sich bei ihm zu entschuldigen, sondern bei den Studenten, die sich schon durch die Anwesenheit des Richters provoziert fühlten. In dem Raum, so Steinbach, hätten viele gesessen, die sich von seinen Urteilen »entrechtet« fühlten; sein Vortrag würde »das Gewebe« der Studentenschaft in Stanford auseinanderreißen. »Is the juice worth the squeeze?«, fragte sie. Also sinngemäß: Lohnte sich die Veranstaltung für dieses Ergebnis? Es handelte sich eher um eine rhetorische Frage. Steinbach ließ wenig Zweifel an ihrer Überzeugung, der Auftritt des Richters hätte besser nicht stattgefunden, Regeln hin oder her. Ihre Ansicht ähnelte also dem Diktum der Universitätspräsidentin von Hamlin, religiöse Empfindlichkeit von Studenten müsse über der Wissenschaft stehen. Das Recht derjenigen, die zuhören wollen, kommt in ihren Ausführungen gar nicht mehr vor.

Verantwortliche an den Universitätsleitungen, aber auch Journalisten und andere Meinungsgestalter, die den Moralkriegern mit Wohlwollen begegnen oder zumindest deren Einfluss kleinreden, argumentieren oft, jeder könnte doch nach wie vor alles sagen. Und beweist Richter Duncans Auftritt in Stanford das nicht im weitesten Sinn? Gut, er konnte sich im Lärm kaum verständlich machen. Aber reden durfte er doch, nicht wahr?

Aus dem gefälligen Urteil, die Redefreiheit sei doch nicht wirklich bedroht, spricht vor allem die persönliche Erfahrung der Wohlmeinenden wie ihrer neolinken Alliierten. Sie können ihre Ansichten tatsächlich weitgehend ungestört verkünden. Mag sein, dass es auch bei ihren Vorträgen zu Zwischenrufen kommt und dass Störungen in Zukunft noch zunehmen (denn keine Kampfmethode trifft dauerhaft nur eine Konfliktseite). Aber welchem linken Professor wurde in letzter Zeit »Stalinist« an die Tür geschmiert, garniert mit einem Fäkalienbeutel? Wer von ihnen wurde niedergeschrien? Wie viele linke Dozenten und Professoren – von denen es ja nicht wenige gibt – stehen in Europa unter Polizeischutz? Dass diejenigen, die kaum Gegenwind zu befürchten haben, das Meinungsklima als allgemein mild und bekömmlich loben, erinnert an den alten sowjetischen Witz, in dem ein US-Bürger und ein KPdSU-Funktionär miteinander streiten. Der Amerikaner sagt: »Wann immer ich will, kann ich in meinem Land vor den Regierungssitz gehen und rufen: ›Der amerikanische Präsident ist ein Schurke‹.« Worauf der Mann aus Moskau sagt: »Das ist genauso wie bei mir. Ich kann auf den Roten Platz gehen, wann immer ich will, und rufen: ›Der amerikanische Präsident ist ein Schurke‹.«

Sowohl die exzessiven Aburteilungen als auch die ganz gezielten Anklagen und Bestrafungen treffen nur vordergründig einzelne Personen. Ihre eigentliche Wirkung weist weder eine Chronik noch eine Statistik aus – obwohl es sich um die Hauptwirkung handelt. Die Reinigungspraxis verändert das Klima. Erst in den Hochschulen, dann in anderen Institutionen, in Unternehmen und ab einem bestimmten Punkt in der Gesellschaft. Nicht jeder möchte den Preis dafür zahlen, der bei einem Verstoß gegen die ungeschriebenen Debattencodes fällig wird. Sehr viele bringen verständlicherweise die Energie nicht auf, sich gegen Verleumdungen zu wehren, sich niederbrüllen oder heuchlerische formale Strafaktionen über sich ergehen zu lassen. Sie fragen sich im Stillen so ähnlich, wie die Stanford-Dekanin öffentlich fragte: Ist es meine Meinungsäußerung wert, dafür dermaßen viel Druck auszuhalten? Falls ihre Antwort *nein* lautet, dann halten sie sich entweder ganz von selbst von Feldern wie politischer Islam und überhaupt Islam, von Gender, Hautfarbe, Kolonialismus und vielem anderen fern. Oder sie wandeln nur noch auf schmalen, vorgezeichneten Pfaden, indem sie überall dort, wo es heikel werden könnte, eine formelhafte, abgesicherte, also gewissermaßen zertifizierte Sprache benutzen. Dieser Jargon gehört zu den Soziolekten. Wer ihn spricht, möchte vor allem etwas über seine Zugehörigkeit zu einer Gruppe mitteilen, weniger zu einem Sachverhalt. Schon gar nicht möchte er ein Problem erörtern.

Es gibt ein besonderes Kapitel in der Geschichte des Niedergangs westlicher Universitäten, auf das viele erst nach dem 7. Oktober 2023 aufmerksam wurden, nach den Morden, Vergewaltigungen und Entführungen der Hamas in Israel. Lehrkräfte und Studenten an Eliteuniversitäten verteidigten die bestialischen Taten nicht nur. Sie feierten sie an vielen Orten in einem kalten Exzess. Am 15. Oktober stand Russell Rickford, Professor für Geschichte an der Cornell University, vor Demonstranten in Ithaca, New York, und rief, ihn habe die Nachricht von den Massakern »berauscht« (»exhilarated«) und »energetisiert«. In seiner Rede fehlte erwartungsgemäß nicht der Satz, er persönlich verabscheue Gewalt. Später erklärte Rickford schriftlich, er habe nicht die richtigen Worte gefunden, seine Begriffswahl entspreche »nicht meinen Werten«. Wer sich darüber ein Urteil bilden möchte, sollte die immer noch im Netz auffindbare Videoaufnahme seiner Rede sehen. Die entscheidenden Worte brechen geradezu aus ihm heraus. Sie wirken völlig anders als die gestanzten Formeln seiner Distanzierung. Bei Rickford handelt es sich um keinen singulären Fall. Noch nicht einmal um einen seltenen. Die im »Harvard Palestine Solidarity Committee« organisierten Studenten veröffentlichten unmittelbar nach den Hamas-Massakern ein von vielen Kommilitonen unterschriebenes Manifest, das dem »Apartheid-Regime« – gemeint war Israel – die alleinige Schuld an der Ermordung von 1200 Zivilisten gab. In Stanford forderte eine Lehrkraft jüdische Studenten auf, ihre Sachen zu packen, sich in eine Ecke zu stellen, und beschimpfte sie als »Kolonialisten«, die schlimmer als die Nazis seien. Ameil J. Joseph, außerordentlicher Professor für Sozialarbeit an der kanadischen McMaster University, twitterte als Reaktion auf die Morde und Entführungen: »Postkolonial und dekolonial sind nicht nur Worte, die ihr in eurem EDI-Workshop gehört habt.« Fast wortgleich schrieb Mahvish Ahmad, Assistenzprofessorin für Menschenrechte und Politik an der London School of Economics, ebenfalls auf Twitter: »Dekolonialisierung ist keine Metapher.« Beide folgen der Logik, dass derjenige, der einmal die Wendung von israelischen Siedlerkolonialisten für gerechtfertigt hält, sich auch zur Konsequenz bekennen muss, einschließlich Morden an Kleinkindern und Massenvergewaltigungen.

An der New York University rissen Studentinnen Plakate ab, die Gesichter der von Hamas-Terroristen entführten Geiseln zeigen. Die eifrigen jungen Frauen taten das nicht heimlich. Sie fanden offenkundig nichts dabei, sich bei ihrer Tätigkeit filmen zu lassen. Die offenen Bekenntnisse zur Grausamkeit beschränkten sich nicht auf amerikanische Universitäten. An der Hochschule für Bildende Künste Hamburg versahen die beiden Gastprofessoren Reza Afisina und Iswanto Hartono auf Twitter ein Video mit einem Like, das lachende Muslime auf der Sonnenallee in Berlin zeigt, die dort zur Feier der Massaker vom 7. Oktober Süßigkeiten verteilten. Bei dem Professorenduo handelte es sich um Kuratoren der Documenta 15, die zusammen mit anderen aus dem Kollektiv namens Ruangrupa die Verantwortung dafür trugen, dass bei der steuergeldfinanzierten Kunstschau in Kassel ein Propagandawandbild mit schweinemasken- und reißzahnbestückten Juden ausgestellt wurde, das »Stürmer«-Karikaturen ähnelte.

Nach diesen Solidaritätsbekundungen mit den Mördern einer islamistischen Terrororganisation fragten sich manche linksliberalen Wissenschaftler und Journalisten schockiert, wie sich diese Ideologie ausgerechnet an den Universitäten ausbreiten konnte, den Zentren der westlichen Rationalität. Die Kurzfassung der Antwort lautet: weil Hochschulen schon seit längerer Zeit keine Zentren der westlichen Rationalität mehr darstellen. Die auf den ersten Blick unmöglichste aller Allianzen, die zwischen neulinken westlichen Intellektuellen und Vertretern des radikalen Islam reicht Jahrzehnte zurück. Und sie entwickelte sich wie die ganze regressiv-progressive Lehre von einer kleinen, randständigen und unterschätzten Denkfigur zum campusbeherrschenden Dogma, das sich von dort aus in die Gesellschaft ausbreiten konnte. Als zwischen der Hisbollah und Israel 2006 Krieg herrschte, trat die Begründerin der Gendertheorie Judith Butler bei einer Diskussionsveranstaltung in der Universität Berkeley auf. Eine Studentin fragte nach Butlers Sicht auf die Hamas und die Kriegspartei gegen Israel, die Hisbollah, wörtlich übersetzt: Partei Gottes. Butlers Antwort lautete innerhalb einer längeren Ausführung: »Gleichermaßen denke ich: Ja, die Hamas, die Hisbollah als soziale Bewegungen zu verstehen, die progressiv sind, dass sie zur Linken gehören, zur globalen Linken, ist extrem wichtig.«

(»Similarly, I think: Yes, understanding Hamas, Hezbollah as social movements that are progressive, that are on the Left, that are part of a global Left, is extremely important.«) Damit setzte sie fort, was der französische Autor Julien Benda 1927 »trahison des clercs« nannte, den Verrat der Intellektuellen – die Aufgabe aller Ideen der Aufklärung zugunsten einer Erlösungsideologie. »Es ist tatsächlich wahr«, heißt es in seinem Buch *La Trahison des Clercs*, »dass diese neuen ›clercs‹ erklären, sie wüssten nicht, was Gerechtigkeit, Wahrheit und andere ›metaphysischen Nebel‹ bedeuten, und dass für sie das Wahre durch die Nützlichkeit bestimmt wird, und das Gerechte durch die Umstände.« Mit den *clercs* meinte er in der Zwischenkriegszeit des 20. Jahrhunderts öffentliche Figuren des Westens, die sich entweder autoritären Bewegungen rechts- oder linksaußen in die Arme warfen und dafür ihre Intellektualität opferten. Butler knüpfte nicht nur einfach an diese geistige Selbstaufgabe an, sie setzte sie auf einer anderen Ebene fort. Denn es bedarf schon einer völligen Abdichtung gegen jeden Einwand, einer buchstäblichen Verblendung, wenn eine aus einer jüdischen Familie stammende, offen lesbisch lebende kalifornische Professorin zwei ultrareligiösen Terrororganisationen ein Gütesiegel verleiht, die in ihrem Machtbereich auf eine Minderwertigkeit von Frauen bestehen, Homosexuelle hinrichten und das Ziel verfolgen, Juden auszulöschen. Wenn es für die Hisbollah ein historisches Vorbild gibt, dann am ehesten die Waffen-SS. Dass sie dort selbst ihren Bezugspunkt sieht, machen die schwarz uniformierten Kader dieser Armee bei ihren Aufmärschen durch den ausgestreckten rechten Grußarm für jeden deutlich, der es sehen will. Es gibt nur eine Erklärung dafür, dass Butler – und nicht nur sie – diese Truppen gegen jede Vernunft in das von ihr positiv gemeinte Phantasma einer »globalen Linken« einschließt: ihr Hass auf den Westen. Er durchtränkt bei ihr alle Bereiche des Denkens. Exakt das entspricht der Figur des modernen *clercs*, dessen Aufstieg Benda vorhersagte: Er benutzt seine geistigen Mittel dafür, Doktrine zu entwickeln, über deren innere Falschheit und intellektuelle Würdelosigkeit er selbst bestens Bescheid weiß.

Einen spezifisch linken Judenhass nach dem Zweiten Weltkrieg gab es auch schon vor Judith Butler. Zwei deutsche Namen sollen hier als Stichworte genügen, zum einen der von Dieter Kunzelmann, damals Mitglied der linksextremen »Tupamaros West-Berlin«, die am 9. November 1969 eine Bombe im jüdischen Gemeindehaus Westberlins platzierte (die zum Glück nicht explodierte). Den Anschlag plante er mit dem Ziel, die Deutschen, wie er damals meinte, von ihrem »Judenknax« zu kurieren. Die RAF-Mitgründerin Ulrike Meinhof begrüßte es ausdrücklich, als Terroristen des »Schwarzen September« israelische Sportler 1972 bei den Olympischen Spielen in München als Geiseln nahmen. Daran, so Meinhof, seien Israels Regierende schuld, die jetzt »Krokodilstränen« absondern würden, aber ihre Sportler »verheizt« hätten »wie die Nazis die Juden – Brennmaterial für die imperialistische Ausrottungspolitik«. Aber weder Kunzelmann noch die RAF erreichten jemals die von ihnen sehnsüchtig erhoffte Massen- oder auch nur Breitenwirksamkeit. Sie blieben selbst innerhalb der Linken relativ isoliert, an Universitäten erlangten sie nie einen nennenswerten Einfluss. Genau das unterscheidet sie im Rückblick von Butler und vielen anderen, die mit ihren Thesen in eine anschwellende Strömung eintauchten – die große Lehre vom allschuldigen Westen. Dieses autoaggressive Denken macht nicht nur jeden Feind des Westens, egal wie grausam, zum Alliierten. Es bestreitet diesem zutiefst rassistischen und kolonialistischen Westen auch jedes Recht, sich überhaupt zu verteidigen. Der heiße Kern dieser Ideologie, das unumstößliche Dogma von den weißen westlichen Tätern und den nichtweißen Opfern schmilzt alle anderen philosophischen und historischen Erkenntnisse ein, auch die Geschichte des europäischen Judenmordes. Dieser monströse Vernichtungsakt, in dem Täter wie Opfer aus dem Westen stammten, stört die säuberliche Aufteilung von Gut und Böse nach Hautfarben, die notwendigerweise ein Umschreiben und Umfälschen der Menschheitsgeschichte nötig macht. Folgerichtig bemühen sich beispielsweise der australische Historiker Dirk A. Moses und andere Postkolonialisten, die Shoa neu zu »kontextualisieren«, und zwar mit der Begründung, ihre bisherige Erzählung verdecke den Blick auf die kolonialen Verbrechen des Westens. Zu diesem Versuch, Geschichte zu einer Metaerzählung aus einem Guss zu transformieren, gehört auch die Deutung Israels als weißer westlicher Kolonialstaat, wie sie Butler vertritt, aber auch Tausende andere Professoren, Politiker, Aktivisten und Zehntausende Studenten. Aus der inneren Logik des Dogmas vom schuldigen Westen und von der globalen Aufteilung in Unterdrücker und Unterdrückte ergibt es sich für die Regressiv-Progressiven praktisch von selbst, den politischen Islam im Westen als Verbündeten zu begreifen. Muslime gehören demnach erstens per se zu den Opfern – was selbst die reaktionärsten und abstoßendsten Ansichten entschuldigt –, zweitens besitzen sie nach der Standpunkt-Lehre generell eine besondere Begabung, den inhärenten Rassismus des Westens zu kritisieren. Drittens, diesen Punkt erwähnen Progressiv-Regressive meist nur sehr diskret, sehen sie in der Zusammenarbeit mit jungen, rhetorisch und mitunter auch körperlich aggressiv auftretenden Aktivisten mit Migrationshintergrund eine willkommene Energiezufuhr. Und das umso mehr, da ihnen das Proletariat – anders als der klassischen Linken – nicht einmal mehr theoretisch als revolutionäres Subjekt zur Verfügung steht: Aus Sicht der Erwachten gelten zumindest traditionelle Arbeiter mit weißer Haut als hoch problematische Zeitgenossen. »Die Verschmelzung zwischen der atheistischen extremen Linken und dem religiösen Radikalismus« (Pascal Bruckner) besitzt seinen bisher größten politischen Einfluss in Frankreich; das Konzept des Islamo-Gauchisme bestimmt dort beispielsweise den Kurs der neolinken Partei La France insoumise, findet sich aber auch wieder in der Kooperation von regressiv-progressiven und islamischen Gruppen, die an Universitäten Druck ausüben. In Deutschland und Österreich kommt der Begriff »Migrantifa« aus der gewaltbereiten Szene selbst. Spätestens seit den Kundgebungen gegen Israel im Herbst 2023 zeigte sich diese Melange auch in der Öffentlichkeit vieler deutscher Städte. Die einzelnen Elemente der regressiv-progressiven Weltsicht wirken zwar für sich genommen völlig wahnwitzig. Sie widersprechen einander auch in bizarrer Weise. Welches größere Gegensatzpaar ließe sich denken als die Gendertheorie und das Lob einer islamistischen Terroreinheit wie der Hisbollah, beides vereint in der Person von Judith Butler (und nicht nur in ihr)? Aber was ihre rein destruktive Funktionen betrifft, wirken diese Ideologieelemente zielgerichtet zusammen wie Teile einer Höllenmaschine. Die Erzählung vom schuldigen Westen bindet aneinander, was eigentlich nicht zusammengehört, und ohne diese Klammer sofort auseinanderfallen würde. Eine Demonstrationslosung, gerufen von Altlinksextremisten, Erwachten und Migrantifakämpfern in Berlin zur Luxemburg-Liebknecht-Demonstration im Januar 2023, bringt die Gemeinsamkeit auf eine griffige Formel: »Macht den Westen endlich platt.«

Kurz nach den Morden der Hamas am 7. Oktober veröffentlichte das *London Review of Books* einen längeren Beitrag Judith Butlers, in dem sie auf der unmittelbaren Ebene des Textes versucht, die Ereignisse in Israel in ihr Weltbild einzufügen, aber gleichzeitig auch ihre Halbdistanz zu den radikalisierten Hamasverstehern aus Harvard zu erklären. In der tieferen Bedeutungsschicht ihres Essays blickt sie auf ihre eigene Äußerung von 2006. Sie kehrt gewissermaßen symbolisch an den Tatort zurück. Israel exklusiv die Verantwortung zuzuweisen, meint Butler, sei ein argumentativer Fehler der Harvard-Studenten. Außerdem verurteilt sie die Morde der Hamas als »schreckliches und abstoßendes Massaker« (»In fact, I do condemn without qualification the violence committed by Hamas. This was a terrifying and revolting massacre«) – um danach sofort wieder zu der israelischen »Okkupation« und dem übergreifenden postkolonialen Projekt überzugehen, den »Siedlerkolonialismus« zu beenden: »Trotzdem, wenn es uns verboten wird, uns auf ›die Besatzung‹ zu beziehen (was Teil des gegenwärtigen deutschen *Denkverbots* ist), wenn wir noch nicht einmal eine Debatte darüber führen können, ob die militärische Herrschaft Israels über die Region rassistische Apartheid oder Kolonialismus darstellt«, heißt es dort, »dann haben wir keine Hoffnung, die Vergangenheit, die Gegenwart und die Zukunft zu verstehen.« Mit jeder Zeile verbiegt und verdreht sie in diesem Text die Wirklichkeit. Natürlich verbietet weit und breit niemand, in diesem Themenkomplex von »Besatzung« zu reden, schon gar nicht an angelsächsischen und westeuropäischen Universitäten (wobei jeder weiß, dass im Gazastreifen seit 2005 keine Besatzung mehr herrscht, genauso, wie jeder versteht, dass in diesen Kreisen »Besatzung« als Chiffre für die pure Existenz Israels steht, egal in welchen Grenzen). Und selbstverständlich streitet unter den Wohlgesinnten an den Universitäten so gut wie niemand ernsthaft darüber, ob es sich bei Israels Selbstbehauptung nun um Apartheid *oder* Kolonialismus handelt. Die Antwort lautet von Berkeleys Kritischen Rassentheoretikern bis zu den Postcolonial-Scholastikern an der Humboldt-Universität längst: natürlich beides. Aber immerhin schimmert bei der späten Butler 2023 ein leichtes Grauen vor dem Massenmord an Zivilisten in Israel durch, auch ein gelindes Erschrecken darüber, dass ihre Erben in Harvard und anderswo offenbar noch nicht einmal diesen kurzen Reflex verspüren. Ihr geht es so wie vielen anderen Wegbereitern der Irrationalität in der Geschichte: Sie stellt fest, dass ihre Nachfolger sie in der Radikalität weit überbieten und damit auch in gewisser Weise aus dem Geschäft drängen. Damals gehörte sie zur intellektuellen Speerspitze einer Bewegung, heute zum abgehängten Tross.

In welchem Maß das Bündnis der angeblichen Progressivsten mit dem politischen Islam die Regressiv-Progressiven in ihrer ganzen Breite prägt, zeigt die Reaktion, die Massakerverteidiger von Harvard, die Gewaltberauschte wie Russell Rickford in ihrem eigenen Milieu erfahren. Anders als viele andere Lehrkräfte an Hochschulen, die in den Vereinigten Staaten – wie weiter oben beschrieben – aus den geringfügigsten Anlässen gefeuert wurden, behielt Rickford seine Professur. Er musste nur eine sechsmonatige »leave of absence« hinnehmen, eine vorübergehende Suspendierung. Eine der Studentinnen, die an der New York University Plakate abgerissen hatten, die von der Hamas genommene Geiseln zeigten, wurde zwar exmatrikuliert, sammelte nach eigenen Angaben aber Zehntausende Unterschriften für ihre Petition, die Maßnahme wieder zurückzunehmen. Auch die anderen Lehrkräfte, die kurz nach dem 7. Oktober den Opfern der Hamas sinngemäß nachgerufen hatten »geschieht ihnen recht«, durften bleiben. Sie können sich eingebettet fühlen in eine Stimmung, die deutlich über den akademischen Betrieb hinausreichte. Das Black Lives Matter-Chapter Chicago postete im Netz eine Grafik, die Bewaffnete an Gleitschirmen zeigte – so drangen Hamas-Terroristen am 7. Oktober nach Israel ein, um dort Besucher eines Musikfestivals zu massakrieren. In EU-Europa forderte eine Politikerin von Podemos, die zur linken Regierungskoalition Spaniens gehört, Israel und Benjamin Netanjahu wegen »Völkermord« vor ein internationales Gericht zu bringen. Über die Morde der Hamas verlor sie noch nicht einmal eine beiläufige Bemerkung. Danièle Obono, Abgeordnete der französischen Nationalversammlung für die linksradikale La France insoumise, bezeichnete die Hamas in einem Radiointerview ausdrücklich als »Widerstandsorganisation«, womit sie fast wortwörtlich die Eingemeindung der Hamas in die linke Welt wiederholt, wie Butler sie damals vorgenommen hatte. Mit länderübergreifender Wirkung ließ sich die Anführerin der Fridays for Future-Bewegung Greta Thunberg mit Gaza-Solidaritätslosungsschildern ablichten, auch hier ohne jeden wenigstens formalen Verweis auf die am 7. Oktober ermordeten Juden. In Berlin klatschten sich Studenten mit dem Sprechgesang »free palestine from german guilt« in Trance. Die Geschichte der Shoa soll also nicht der Solidarität mit der Hamas im Weg stehen, weil in ihrem verworrenen Weltbild das *siedlerkolonialistische* Israel in der Tradition des deutschen Nationalsozialismus steht, die Hamas dagegen in einer Linie mit dem unterdrückten *globalen Süden*. An die große übergreifende Erzählung vom Westen als Schuldzone docken sie auf diese Weise mit ihrem ganz spezifisch deutschen Entlastungsantisemitismus an.

Unter gemäßigten Linksliberalen kursiert lange die Formel, die Bewegung der Erwachten, der Woken sei vielleicht in dem einen oder anderen Ausläufer etwas radikal, so wie eben jede junge politische Kraft, aber in ihrem Kern darauf ausgerichtet, die Gesellschaft friedlicher, humaner, gerechter zu machen. Spätestens seit dem 7. Oktober 2023 und seinem Echo im Westen betrügt sich jeder, der so denkt. Das Narrativ vom Schuldwesten mit all seinen grauenerregenden, abstoßenden, irrationalen Konsequenzen ist keine Randerscheinung des regressiv-progressiven Blocks. Es steht in seinem Zentrum. Das sollte jeder wissen. Diese Ideologie verwandelt westliche Universitäten, ehemals helle Orte der Rationalität und des produktiven Zweifels, in Hochburgen der akademisch verbrämten Menschenfeindlichkeit. Sie schwemmt das Schlechteste aus der Geschichte wieder an die Oberfläche. Die Erwachten stehen gegen alle guten Traditionen des Westens.

Universitäten, Institutionen, Parteien, also Organisationen, die früher einmal für geregelten Streit standen, verwandeln sich auf diese Weise nicht über Nacht, aber Schritt für Schritt in Stätten der Anpassung, des Konformismus, der Orthodoxie. Und das ganz ohne eine in irgendeiner Weise herausragende Gestalt, die den Einzelnen ihr Verhalten diktieren würde. Das schon erwähnte Buch von Anne Applebaum *Die Verlockung des Autoritären* konzentriert sich genauso wie Dutzender ähnlicher Bücher, die vor der Demokratiebedrohung warnen, auf Viktor Orbán und Ungarn, auf die PiS-Partei und Polen und demnächst möglicherweise wieder auf Donald Trump und die USA. Ihr Konzept von Autoritarismus kennt nur die ganz traditionelle Form, in der eine charismatische Führerfigur ihren Willen durchsetzt, übrigens gestützt auf eine relative oder absolute Mehrheit. Die Machtausübung von wohlorganisierten, mit kulturellem Kapital ausgestatteten Minderheiten kommt bei Applebaum und verwandten Autoren nicht vor. Dabei besitzt diese Variante einen enormen Vorteil aus Sicht der Machtausübenden: Sie lassen sich nicht einfach abwählen. So, wie es nach Étienne Balibar durchaus einen »Etatismus ohne Staat« gibt, braucht eine autoritäre Gesellschaft nicht zwangsläufig einen autoritären Amtsinhaber an der Staatsspitze. Klassische Herrschaftskritik an den Handelnden und ihren Methoden fällt in diesem Modell sehr viel schwerer. Es gibt nicht das eine Gesicht der Macht, es existiert keine Zentrale mit Straße und Hausnummer. Darin ähneln die Bewegungen der Wohlmeinenden in bemerkenswerter Weise den zentrumslosen sozialen Netzwerken, ohne die es diese neuzeitlichen Machtkonglomerate nicht oder wenigstens nicht in dieser Form geben würde. Die relative Unsichtbarkeit, das Ungestaltete, bewusst Ungeregelte dieser avancierten Machttechnik erleichtert es denjenigen, die sie benutzen, schon den Versuch ihrer kritischen Darstellung als Phantasma oder, wie es oft heißt, *Verschwörungstheorie* abzutun. Unendlich weit reicht diese Abwehrtechnik allerdings nicht. Auch ein Sammelsurium des Unsystematischen folgt Regeln, sobald es der echten Machtausübung dient. Ungeschriebene Regeln lassen sich ausbuchstabieren, das Diffuse lässt sich festhalten. Die Bildschärfe hängt von den Betrachtungsmitteln ab, nicht von ihrem Gegenstand.

Das Ergebnis dieser Machtausübung, sagten wir, besteht in der Homogenisierung. Und diese Angleichung untereinander vollzieht sich am stärksten nicht in der Professorenschaft, nicht unter Mitgliedern einer Redaktion oder bei Führungskräften von Unternehmen. Sondern dort, wo die Einzelnen noch nicht über eine Dozentenstelle, eine Professur, eine Festanstellung bei einer Firma oder den Prominentenstatus im kulturellen Betrieb verfügen. Sie übt dort den tiefsten Einfluss aus, wo die Einzelnen erst noch eine Position ergattern müssen, die wenigstens relative Sicherheit verspricht. Die Jüngeren, die noch am Anfang ihrer Karriere stehen, verfügen noch über keinerlei Schutzpanzer. Für sie stellt sich gar nicht erst die Frage, ob sie den Preis für Verstöße gegen den Code zahlen *wollen*. Sie können es nicht. Hier, wo eine als progressiv verkleidete, in Wirklichkeit aber vormoderne Herrschaftspraxis auf eine postmoderne Selbstoptimierung trifft, entsteht die neue Gesellschaft. Die Jagd auf die Professoren und Autoren, denen eine Meute einen *Faschist*-Sticker anheftet, bildet nur die alleroberste, sofort sichtbare Kruste. Darunter findet die eigentliche Transformation statt. Akademiker, die unter diesen Verhältnissen zum Abschluss und anschließend in die Arbeitswelt kommen, müssen – von Ausnahmen abgesehen, die zur Renitenz neigen – nicht mehr durch äußeren Druck in der Spur gehalten werden. Ihre Kontrollinstanz wacht dort, wo sie sich am schwersten abschütteln lässt: in dem Einzelnen selbst.

Aber auch dieser informelle Prozess lässt sich beschreiben. Es gibt Akademiker, die ihn in ihrer eigenen Umgebung beobachten. Und sogar einige wenige, die darüber reden möchten.

Wie blühende Gärten zu Wüsten werden

Das Institut für Kommunikationswissenschaften und Medienforschung der Universität München liegt ein gutes Stück abseits des Hauptgebäudes, schon fast im Englischen Garten.

Ein lang gestreckter heller Bau am Ende einer Straße, in der es kaum Autoverkehr gibt. Wenn Ruhe und Distanz der Forschung tatsächlich nutzen, dann fänden Forscher kaum einen besseren Platz als hier. Das Büro von Michael Meyen liegt ganz am Ende des Trakts. Selbst von den Geräuschen der Eingangshalle dringt nichts mehr hierher. Der Professor, Jahrgang 1967, gehört zu den Wissenschaftlern, die nicht allzu viel Sorgfalt auf ihre äußere Erscheinung verwenden. Meyen trägt Jeans, eine grüngraue Kapuzenjacke, ein schwarzes T-Shirt, er verzichtet auch darauf, seinen kurzen graublonden Haaren eine bestimmte Richtung zu geben. Mit dieser Kleidung und seiner schmalen Figur wirkt er nicht wie ein Lehrstuhlinhaber im letzten Jahrzehnt seiner Karriere, sondern eher als Junior im akademischen Betrieb. Es fällt vor allem schwer, den Medienwissenschaftler für einen Hochschullehrer zu halten, um den sich nach Ansicht eines Autors der *Süddeutschen Zeitung* der Inlandsgeheimdienst vorsorglich kümmern sollte. »Professor Meyen wird ein Fall für den Verfassungsschutz«, überschrieb das Blatt im März 2023 einen Artikel; der Autor machte wenig Hehl daraus, dass er es für angemessen hielt, den Professor nachrichtendienstlich zu bearbeiten.

Wie kam es also, dass Journalisten und viele Institutskollegen den Münchner Lehrstuhlinhaber, der bis eben noch zu Mediennutzung, Medienpolitik und Journalismus forschte und außerdem ein Standardwerk zur Geschichte der Kommunikationswissenschaft verfasste, zu einem Fremdkörper erklären, den die Universität am besten ausstoßen sollte? Die Geschichte des Professor Meyen erzählt dreierlei. Zum einen, wie die Praxis, bestimmte Wissenschaftler zu markieren und anzuklagen, sich auch an deutschen Hochschulen ausbreitet. Zum zweiten zeigt sein Fall eine Transformation, die kein Gesetz vorschreibt, die kein Gremium anordnet, die aber trotzdem geschieht: In Universitäten, also dort, wo Meinungsstreit eigentlich geübt werden müsste wie nirgends sonst, gelten Konsens und Konformität inzwischen ausdrücklich als Tugend, und Meinungsstreit, wenn die Ansichten sich nicht in informellen Grenzen bewegen, als Skandal, der die Hochschulleitung alarmiert. Seine Außenseiterposition macht Meyen außerdem zu einem Beobachter der Selbstdisziplinierung und Selbstoptimierung von Nachwuchsakademikern und Studenten. Er bildet künftige Journalisten, Pressesprecher und PR-Spezialisten aus, also die Sinnproduzenten und Begriffsschöpfer der kommenden Jahre. Er blickt also möglicherweise weiter und genauer als andere in die mittlere Zukunft.

An Hochschulen in Deutschland erlebten Professoren schon direkte Attacken nach dem Muster von Kampagnen an amerikanischen und französischen Universitäten. Dem mittlerweile verstorbenen Soziologen Gunnar Heinsohn drückten radikale Studenten der Universität Kiel Klebstoff ins Schloss seiner Bürotür (der Professor wagte die These, die deutsche Migrationspolitik würde nicht die Talente anziehen, die ein Industrieland eigentlich bräuchte). Über den Osteuropa-Spezialisten Jörg Baberowski verbreiten linke Studenten, aber auch Journalisten und einige Kollegen verdrehte und entstellte Zitate, mit denen sie die Falschbehauptung unterfüttern, der Historiker sei »rechtsradikal«. Die Anklage gegen ihn lautet wie bei Heinsohn, er kritisiere die Migrationspolitik, vor allem die Grenzöffnung von 2015; außerdem macht ihn seine Forschung zur sowjetischen Diktatur aus Sicht ultralinker Studentengruppen zum natürlichen Feind. Wie bei der Kampagne gegen Boghossian platzierten anonyme Agitatoren mit einem Hakenkreuz versehene Fotos des Hochschullehrers. Ein Vortrag von ihm an der Universität Bremen konnte nur unter Polizeischutz stattfinden. Sein von ihm geplantes Zentrum für vergleichende Diktaturforschung verhinderten Studentenvertreter im akademischen Senat der Humboldt-Universität mit ihrem Votum. Die Universität Erlangen lud den Berliner Althistoriker Egon Flaig erst zu einem Symposium zum Thema

»Freiheit« ein – und im Juli 2023 ohne Begründung wieder aus. Irgendjemand musste den entsprechenden Druck erzeugt haben. An Flaigs Name klebt das Etikett »umstritten«, seit er in einer *Weltgeschichte der Sklaverei* auch den innerafrikanischen Sklavenhandel durch die muslimische Welt ausführlich beschrieben und damit das Dogma der ausschließlich weißen Schuld untergraben hatte. Auch auf Nachfrage erfuhr der emeritierte Professor weder, was ihm eigentlich genau vorgehalten wurde, noch wer die Streichung seines Namens von der Referentenliste bewirkte.

Zettel mit Hakenkreuz und Meyens Bild tauchten bisher nirgends auf. Er braucht auch keinen Polizeischutz. Im Hörsaal brüllte ihn bis jetzt niemand nieder. Einladen würde ihn sowieso keine andere Universität mehr. Das liegt möglicherweise an der Abgeschiedenheit des Instituts, aber auch daran, dass die gängigen Anklagebegriffe wie »Rassist« nicht auf die Person des Kommunikationsprofessors passen. Zum Problemfall machte er sich spätestens im Frühjahr 2020, als er auf dem von ihm betriebenen Blog die uniforme Berichterstattung der meisten deutschen Medien kritisierte. Das fand ein Redakteur der *Süddeutschen Zeitung* empörend. Seine Klageschrift stützte sich im Wesentlichen auf einen Text, den jemand anders auf Meyens Blog veröffentlichte. Darin ging es um Bill Gates und dessen Unterstützung der WHO, ein bekanntes Thema, mit dem sich früher auch größere deutsche Medien durchaus kritisch befassten, bis ihm in der Corona-Zeit von den meisten der Stempel *Verschwörungsnarrativ* verpasst wurde. Als Quelle führte der Blogartikel wiederum eine tatsächlich etwas bizarre Medienfigur namens Ken Jebsen an – was freilich nicht bedeutet, dass alle seine Aussagen zu Gates verkehrt sein müssten. Es verhielt sich also ein bisschen wie in den Radio-Eriwan-Witzen: Nicht der Professor hatte etwas Ungeheuerliches auf seinem Blog geschrieben, sondern jemand anders. Und das Unerhörte bestand in einer Namensnennung. An der Universität verfassten Mitarbeiter des Mittelbaus, also Assistenten und Dozenten, eine Resolution mit der Forderung, Meyen die Personalhoheit an seinem Lehrstuhl zu entziehen. Dafür fehlt in Bayern allerdings die rechtliche Grundlage. Im zweiten Anlauf forderten Kräfte aus dem Mittelbau, den Professor dann wenigsten von seiner Sprecher-Position im Forschungsverbund mit dem interessanten Titel »Zukunft der Demokratie« zu entfernen. Diesmal erfolgreich. Kollegen im Institut grüßten ihn von einem Tag auf den anderen nicht mehr. Es meldeten sich auch Universitätsmitarbeiter per Mail bei ihm, die den Umgang mit ihm für absurd hielten. »Zwanzig von insgesamt zehntausend Angestellten und Professoren«, sagt Meyen. Und auch die zogen es vor, sich nicht öffentlich zu äußern. Existiert erst einmal ein etablierter Vorwurf, kommen meist noch andere dazu. Eine Art erweiterte Anklageschrift verfasste ein junger Journalist für *Zeit Campus* im Februar 2022. Bei dem Artikel unter der Überschrift »Ein Prof driftet ab« handelt es sich um ein Dokument, das weit über den konkreten Fall hinausreicht. Er markiert aus Sicht eines Wohlmeinenden exakt den geistigen Mentalitätswandel, den dieses Kapitel für die USA, Frankreich, Deutschland und andere Länder des Westens nachzeichnet.

»Doch Meyen tritt dort nicht nur als Wissenschaftler auf«, heißt es in dem Text, »immer öfter äußert er sich politisch.« »Beim Nachlesen« heißt es weiter, »kann man das Gefühl bekommen, dass seine Thesen mit jedem Eintrag steiler werden.« Er mokiert sich über den ZDF-Journalisten Claus Kleber, vergleicht die Tagesschau mit russischem Staatsfernsehen, schreibt von »Regierungs-PR«. Über dem Artikel steht die Frage: »Warum darf er immer noch lehren?« Unter zivilen Verhältnissen würde die Antwort lauten: weil ein ordentlicher Professor dafür in Deutschland keine Extraerlaubnis braucht, genauso wenig wie *Zeit Campus* eine amtliche Bewilligung, publizieren zu dürfen. Aber so zivil geht es auch in einem stillen Institutsbau am Rand des Englischen Gartens nicht mehr zu. Der *Zeit-Campus*-Autor schickte Meyen eine Mail mit mehreren Fragen. Eine davon lautete: »Wie sind Sie eigentlich inmitten dieser Debatte gelandet – und wie kommen Sie da wieder raus?« Bemerkenswert wirkt der Text vor allem deshalb, weil der Journalist an keiner Stelle ausführt, was er daran für problematisch hält, wenn ein Kommunikationswissenschaftler sich über einen Fernsehmoderator spöttisch äußert, Nachrichtenformate miteinander vergleicht und zu der nicht besonders überraschenden Feststellung kommt, dass die Tagesschau in der Corona-Zeit vor allem die jeweilige Regierungsmeinung verbreitete. Das Ungehörige daran erklärt sich für ihn so sonnenklar, dass er sich gar nicht erst um Argumente bemüht. »Ein Prof driftet ab« kann nur schreiben, wer ganz selbstverständlich davon ausgeht, Wissenschaftler hätten sich bei ihren öffentlichen Äußerungen auf einem nicht näher definierten Feld mit eng gezogenen Grenzen aufzuhalten, deutlich enger jedenfalls, als die Verfassung es zulässt. Aus der besorgten Journalistenfrage, wie der Professor in die Debatte geraten sei und wie er gedenke, dort wieder herauszukommen, spricht außerdem die Überzeugung, es müsse ihm doch irgendwie selbst peinlich sein, am moralischen Pranger zu stehen, und spätestens jetzt solle er sich bemühen, schleunigst an den richtigen Platz zurückzudriften. »Seine Mail«, sagt Meyen über das Schreiben des Journalisten, »hat schon fast etwas Therapeutisches.«

Der Ort, von dem Meyen und andere, wie es heißt, abdriften, verfügt über keine Koordinaten. Jedenfalls keine festen. Sie unterliegen der täglichen Aushandlung. Aber merkwürdigerweise weiß jeder auch ohne nähere Angaben, wo dieser *Ort* liegt – und ab wann das Abdriften beginnt.

Als wir das Gespräch in seinem Universitätsbüro führen, im Frühjahr 2023, stellt sich die Frage erst recht, worin das Skandalöse an seiner Medienkritik gelegen haben soll. Mittlerweile gibt es sie hier und da auch in einigen größeren Magazinen und Wochenblättern. Der von Meyen mit ein paar Bemerkungen bedachte Claus Kleber meinte 2022 in einem Interview unmittelbar nach seiner Pensionierung: »Selbst die Kommentare bei den Öffentlich-Rechtlichen sind oft eher Besinnungsaufsätze.« In den Sendern, fand der Moderator, hätte »der journalistische Konsens die Oberhand gewonnen«. Darauf, worin eigentlich das Verfassungsfeindliche an seinen Äußerungen besteht, findet sich in den Anklagen kein Hinweis. In wohlgesinnten Kreisen scheint es ähnlich wie in dem Artikel über den abdriftenden Prof eine dermaßen ausgemachte Sache, dass sich jedes Detail dazu erübrigt.

Das Einzige, was den Professor zum Unikum macht, ist offenbar der Zeitpunkt, zu dem er seine Ansichten äußerte. Vielleicht aber noch etwas mehr. Meyen, geboren 1967 auf Rügen, wuchs in der DDR in einem staatstreuen Elternhaus auf. Mit 18 trat er selbst in die SED ein. Er studierte Journalismus an der einzigen Ausbildungsstätte, die es dafür gab, der Karl-Marx-Universität Leipzig. Dort erlebte der junge Kader, der eine Laufbahn als Sportreporter plante, den Zusammenbruch des sozialistischen Systems. Nach einem kurzen Ausflug in den Journalismus kehrte er an die Universität zurück, denn dort eröffnete sich eine Möglichkeit, mit der er selbst nicht gerechnet hätte. Der aus dem Westen stammende Gründungsdekan der neuen Journalistenausbildung setzte Meyen trotz dessen Parteivergangenheit – einer ziemlich kurzen, aber immerhin – als Dozent durch. Damals, erzählt er, habe er sich bei seiner Forschung über DDR-Medien auch immer wieder die Frage gestellt, wie er in einer Zeit, als die Ostblockregimes schon ihrem Ende zugingen, ein so gläubiger Anhänger einer Partei werden konnte, die für sich in Anspruch nahm, fraglos auf der richtigen Seite der Geschichte zu stehen. Seine wissenschaftliche Arbeit sei zwangsläufig auch eine Beschäftigung mit seiner Biografie gewesen: Es heiße ja nicht umsonst »research is me search«. Er gehört zu der kleinen, oft übersehenen zweiten skeptischen Generation in Deutschland, die aus dem Zusammenbruch eines Staates vor allem lernte, lebenslange Distanz zu Heilslehren und geschlossenen Weltbildern zu halten. Bei ihm verbindet sich diese Grundimmunisierung mit einem bestimmten Persönlichkeitszug. Meyen fürchtet sich offenbar weniger als die meisten anderen seiner Kollegen, mit dem, was er sagt und tut, auf Ablehnung zu stoßen. Vor einigen Jahren, 2016, beschäftigte er bei sich einen Assistenten, der zur DKP gehörte, außerdem noch zu zwei anderen linksextremen Organisationen. »Das meiste von seinen Ansichten«, sagt der Professor »habe ich nicht geteilt. Aber ich dachte, warum soll er nicht als Assistent hier arbeiten? Er hat seine Aufgaben sehr gut erledigt.« Schon mit dieser Personalentscheidung verstieß Meyen, um es vorsichtig zu sagen, gegen die unausgesprochenen Wünsche der Hochschulleitung.

Der Kommunikationswissenschaftler in seinem Eckbüro mit Blick aufs Grüne passt auf den ersten und auch auf den zweiten Blick nicht in ein übliches politisches Einordnungskästchen. So etwas wie ein in sich geschlossenes Michael-Meyen-Weltbild existiert erst recht nicht. In vielen seiner Texte bedient er sich eher aus dem Fundus der linken Gesellschaftskritik. Jemand gerät jedenfalls in eine bestimmte Rolle und merkt, dass sie ihm liegt. Wenn er während des Gesprächs auf seinem Bürostuhl sitzt, seine an den Innenflächen zusammenlegten Hände zwischen den leicht zusammengedrückten Beinen, und lächelnd sagt, er könnte sich gut vorstellen, auch in der Isolation weiter zu lehren, notfalls halte er dann eben Vorlesungen über die Kommunikation der Bienen, auch dann, wenn keine Studenten mehr zu ihm kämen, dann erinnert er ein wenig an Hermann Melvilles Verweigerungshelden Bartleby, der eines Tages feststellt: »Ich möchte lieber nicht.« In diesem Fall: Er möchte nicht mehr Teil des Institutsgetriebes und dessen Logik sein.

An der Ludwig-Maximilian-Universität unterrichten 807 Professorinnen und Professoren, zehn allein an dem kommunikationswissenschaftlichen Institut. Neun davon entsprechen den Erwartungen des Rektors und der berichtenden Medien. Wenn es in der Vergangenheit zwei Bereiche gab, in denen sich vielleicht etwas mehr Außenseiter, Solitäre und skeptische Naturen sammelten als in der Restgesellschaft, dann in Wissenschaft und Kunst. Wie kommt es, dass mittlerweile gerade dort ein einziger, der sich nicht mit allen anderen unterhaken möchte, eine Staatsaffäre heraufbeschwört, an der sich Wissenschaftlerkollegen, Journalisten und Inlandsgeheimdienstler abarbeiten?

Was versetzt sie eigentlich dermaßen in Angst?

Es schärft den Blick, nicht dazuzugehören. Meyen bildet, wie schon erwähnt, seit mehr als zwei Jahrzehnten künftige Journalisten aus. Er beobachtet, wie sich in den vergangenen Jahren das Denken bei denjenigen veränderte, die nach dem Studium auf einen Job in Redaktionen oder Pressestellen hoffen oder versuchen, sich als Freiberufler durchzuschlagen, und wie andere Absolventen, die das Hochschulsystem nicht verlassen möchten, dort nach der kostbaren Dauerfestanstellung suchen. Viele von denen, die das universitäre System durchlaufen, leben in der Überzeugung, dass sie der kommenden Gesellschaft ihren Stempel aufdrücken, vor allem dann, wenn sie in die Sinnproduktion streben. Mit der berühmten Prise Salz genossen trifft das auch zu, seit es eine organisierte Elitenausbildung gibt. Bevor sie selbst die Verhältnisse bestimmen, prägt das Ausbildungssystem die künftigen Sinnverwalter. Oder besser, weil zeitgemäßer: Es formatiert sie. Schon der Universitätsbetrieb folgt heute in Deutschland (und in den meisten westlichen Ländern) anderen Bewertungsmaßstäben als noch vor einer Generation. Am ehesten lässt sich das, was an Hochschulen geschieht, als *Disziplinierung durch Selbstoptimierung* beschreiben, ein Vorgang mit hoher Eigenlogik, die keine lenkende Instanz braucht, sondern nur eine einzige Bedingung, die allerdings alles durchdringt. Im gesamten Sinnschöpfungsbereich, von der Wissenschaft über die Medien bis zum Kulturbetrieb, herrscht, wie schon erwähnt, Knappheit. Das betrifft alle, die noch dazustoßen wollen. Geld- und Stellenbedarf der Aspiranten übersteigt das Angebot – obwohl es schon sehr üppig ausfällt – dauerhaft.

Die Bedeutung der die etablierten Lehrstuhlinhaber wie der Anwärter, sagt der Professor, bemesse sich inzwischen fast ausschließlich nach dem Hirsch-Ranking, auch Hirsch-Faktor oder H-Zahl genannt. Dabei handelt es sich um ein Zählschema, das der argentinische Physiker Jorge E. Hirsch für Zitate eines Wissenschaftlers bei Google Scholar und dem Fachzeitschriftenverbund »Web of Science« entwickelte, eine Schöpfung des US-Medienkonzerns Thomson Reuters. Es erfasst nicht nur die reine Zahl der Zitationen, sondern auch, wie oft ein einzelner Wissenschaftstext in anderen Publikationen vorkommt. Gewicht und Haltbarkeit der zitierten Thesen spielen dafür keine Rolle. Es handelt sich um ein rein statistisches Verfahren, das der Leistungspunktebewertung bei den Studenten ähnelt, den European Credit Transfer and Accumulation System-Punkten, ECTS. Für Universitäten wiederum zählt ihr Platz im sogenannten Shanghai Ranking, durchgeführt von der Jiaontong University Shanghai. Der offizielle Name dafür lautet Academic Ranking of Universities, kurz ARWU. Auch diese Zählung und Staffelung von weltweit 1000 Hochschulen beruht auf den von Thomson Reuters erfassten Zitaten, die eine Institution auf sich vereint. Von einem gewissen Abstand aus betrachtet wirkt die Konstruktion so, als hätten sich McKinsey und das deutsche Finanzamt zusammengetan, um zu definieren, unter welchen Bedingungen Wissenschaft weltweit stattfinden sollte. Die große Begründung über diesem Regelwerk lautet *Vergleichbarkeit*, wobei diejenigen, die sich zum Mitspielen entschlossen haben, gar nicht mehr die Frage stellen, welcher Sinn darin liegt, Ökonomen, Mathematiker, Botaniker und Mittelalterhistoriker in ein einheitliches Punkteraster zu drücken. Und vor allem, ob dieses System wissenschaftliche Erkenntnislust fördert oder eher behindert. Wer dieses Raster allerdings als alternativlos annimmt und nutzt, um darin vorwärtszukommen, der fragt stattdessen, was ihm als Student die nötigen ECTS-Punkte verschafft, und wenn er weiter im Hochschulbetrieb bleiben möchte, welche Art der Publikation seine H-Zahl verbessert, was ihrerseits Berufungskommissionen aufmerksam verfolgen, weil die H-Zahl des Einzelnen auch auf das Shanghai-Konto der Universität einzahlt. Diese Kennzahlen wiederum ordnen den Zufluss von Drittmitteln aus staatlichen Kassen und dem Vermögen privater Stiftungen. »Ich könnte aus Berufungskommissionen berichten«, so Meyen, »die keine Texte mehr lesen, weil ihnen der Hirsch-Index sagt, wer zu gewinnen hat.« Bestimmt die Kennzahl den Rang, richten Wissenschaftler – nicht alle, aber sehr viele – ihre Arbeit darauf aus. In vielen Fachbereichen entstehen 20-Seiten-Papiere mit zehn Autoren. Zitiert ein anderer daraus, profitieren alle, unabhängig davon, wie viel die Einzelnen dazu beigetragen haben. Natürlich nützt es dem eigenen Aufstieg, Zitierkartelle zu bilden. Viele Ausschreibungen zu Fördermitteln, erst recht auf EU-Ebene, erklärt der Kommunikationswissenschaftler, seien von vornherein so angelegt, dass sich fach- und am besten hochschulübergreifende Forschungsverbünde darauf bewerben könnten. Das klingt erst einmal gut. Hier und da dürfte eine fachübergreifende Zusammenarbeit auch sinnvoll sein (idealerweise dann, wenn mehrere Disziplinen mit einer offenen Fragestellung arbeiten). Diese Formatierung über Kennzahlen bedeutet aber vor allem, dass sich Wissenschaftler möglichst kollektiv organisieren müssen, um ihren Rang zu verbessern und Geld einzuwerben. Wer aus irgendwelchen Gründen diese Ordnung verlässt, sei es, dass er nicht mitmachen möchte, sei es, dass er mit einem politischen Bann belegt wird, fällt zwar nicht ganz aus dem Getriebe heraus, wenn er es einmal in die abgesicherte Oberklasse der Lehrstuhlinhaber geschafft hat. Aber er – oder sie – gerät in eine Isolation, aus der es keinen Weg zurück gibt.

Für alle, die erst in die sichere Klasse aufsteigen wollen, herrscht noch ein deutlich höherer Anpassungsdruck. Allein in seinem Bereich, erzählt Meyen, gebe es etwa 50 Beschäftigte des akademischen Mittelbaus, die hofften, sich zu habilitieren. Natürlich reichen die Professuren längst nicht für alle. Es gibt auch keine annähernde Gleichverteilung der Chancen. »Ideal für eine Berufung auf eine Professur«, so seine Beobachtung an der Universität München und anderen Hochschulen, »ist eine Frau mit Anfang dreißig. Soll ein Mann berufen werden, dann muss das begründet werden.« Bei Akademikern über vierzig sei es eine absolute Ausnahme, wenn sie noch eine Professur auf Lebenszeit bekämen, egal, welchem Geschlecht sie angehören. Zwischen 2002, als die Umstellung auf das Bachelor-Master-System und die Leistungspunkte begann, erhöhte sich die Zahl der Studenten in Deutschland um ziemlich genau eine Million, von 1,9 auf 2,9 Millionen. Die Stellen im Mittelbau nahmen dagegen nur im geringen Umfang zu, die Zahl der Professuren bewegte sich insgesamt kaum nach oben. Schon die Chancen auf eine in aller Regel unsichere Assistenten- und Dozentenstelle stehen aus diesen Gründen mittlerweile statistisch schlechter als vor 20 Jahren. Nach einer Promotion bleiben einem Akademiker nur sehr wenige Jahre, um sich in den sicheren Hafen der Professur zu retten. In dieser kritischen Zeit hilft den Aspiranten zweierlei. Zum einen, die gebotenen Möglichkeiten der Textproduktion nach Zahlen so weit wie möglich zu nutzen beziehungsweise, wie es heute heißt, zu *umarmen*. Und zweitens, sich keinen Fehltritt zu leisten, kein noch so kleines Abdriften, nichts, was auch nur den Verdacht erregen könnte, nichts, was die Etikettierung »umstritten« nach sich zieht, von anderen Zuschreibungen wie *Faschist, Rassist, islamophob* gar nicht zu reden. Wie schnell das passieren kann, zeigt das Beispiel der Biologie-Doktorandin Marie-Luise Vollbrecht, die bei der »langen Nacht der Wissenschaften« an der Berliner Humboldt-Universität einen Vortrag halten wollte, in dem sie am Beispiel von Zackenbarschen (und deren Geschlechtswechsel im Lauf ihres Lebens) erklären wollte, warum es in der Natur nur zwei Geschlechter gibt, und was biologisches Geschlecht von sozialen Geschlechterrollen bei Menschen unterscheidet. Erst verhinderten neolinke erwachte Studenten mit ihrem Protest Vollbrechts Auftritt. Nach ihrer Doktrin macht sich jeder, der darauf besteht, dass nur zwei biologische Geschlechter existieren, der *Transfeindlichkeit* schuldig. Später durfte die Biologin zwar doch an der Hochschule sprechen, die immerhin den Namen des wichtigsten deutschen Wissenschaftsmodernisierers trägt. Aber das stachelte den Willen der Wohlgesinnten nur an, an ihr ein Exempel zu statuieren. Der *Tagesspiegel* veröffentlichte einen gefälschten Screenshot, der Vollbrecht eine Verbindung mit dem Vorsitzenden der rechtsextremen NPD andichtete (ein Verfahren, das an den Umgang mit Roger Scruton erinnert). Auf Twitter meinte eine studentische Gremienvertreterin aus dem Bereich »Finanzen, Strukturen« der Universität Bochum, Vollbrecht und Leute wie sie würden es schwer haben, an irgendeiner deutschen Hochschule Karriere zu machen. Schließlich gebe es bei solchen Personalien eine Überprüfung des politischen Hintergrunds (»wir machen Background-Checks, wenn wir Professuren verteilen«). Auf eine Anfrage des Autors antwortete die Universität Bochum, es gebe dort keine Background-Checks. Natürlich nicht. Das wäre ja auch illegal, genauso wie eine Verteilung von Professuren.

Es gibt nicht nur eine Hermeneutik, sondern auch die Ökonomie des Verdachts. *Woke* sein bedeutet für sehr viele junge Akademiker, zunächst einmal höchste Wachsamkeit gegen sich selbst zu üben, auf ihre Worte zu achten, ihre Kontakte, aber auch schon auf ihre Gedanken. In ihnen etabliert sich ein innerer Wächter. Das bedeutet natürlich auch, wachsam die geringsten Verstöße gegen den Sprechcode in der eigenen Umgebung zu registrieren. Einen Mitstudenten und Mitbewerber um knappe Jobs öffentlich als Feind des gerechten Denkens anzuprangern stärkt erstens die eigene Reputation. Und erledigt ganz nebenbei einen Konkurrenten.

Selbst bei Wohlverhalten stehen die Chancen jedes einzelnen Absolventen, sich anschließend auf längere Zeit in der Hochschule einzurichten, unter den Bedingungen des großen Andrangs nicht gut. Frisch Promovierte müssen sich heute mit Begriffen wie Höchstbefristungsdauer und Beschäftigungsverbot herumschlagen. Kurzum, die allermeisten, die es nicht ganz nach oben schaffen, haben ihre Universität irgendwann zu verlassen. Dort entkommen sie aber weder der generellen Aufstiegsmühe noch der Ökonomie des Verdachts. Sie wechseln nur das Feld. Zumindest dann, wenn es sie in die Sinnproduktion zieht, also den expandierenden, aber eben nicht schnell genug wachsenden Bereich der Nichtregierungsorganisations-Mitarbeiter, Speaker, Projektantragssteller, Beauftragten, Politik- und sonstigen Berater. In dem damit eng verflochtenen Medienbereich schrumpfen die Stellenangebote sogar empfindlich.

Zu den öffentlich am wenigsten besprochenen gesellschaftsprägenden Phänomenen gehört die Tatsache, dass gerade in der Sinnproduktion eine feudale Klassengesellschaft herrscht. Ob Hochschulen, öffentlich-rechtliche Sendeanstalten oder große Medienhäuser allgemein, im Politikzuarbeiterbetrieb oder in den NGOs, überall bestimmt eine Dreiteilung die Struktur des Ganzen. Hoch oben, gewissermaßen auf dem Sonnendeck, befindet sich die Fürstenklasse, ob nun die Leitungsebene der Sender, die Chefredaktionen der Medien, die Professorenebene der Hochschulen, die Häupter der großen Kirchen oder die Spitzen großer, mit staatlichen und privaten Geldern durchfinanzierten Stiftungen. Wer zu diesem Kreis gehört, erfreut sich meist langfristiger, hoch bezahlter Verträge mit diversen Extras, genießt einen fast unbeschränkten Zugang zu öffentlichen Podien, im Fall von beamteten Professoren nahezu vollständigen Kündigungsschutz, in den anderen zumindest die Sicherheit, bei einem Sturz finanziell sehr weich zu fallen. Kein Beamter, kein Intendant und kein Bischof hängt außerdem – auch das gehört zu den strukturbildenden Bedingungen – in seinem Alterswohlstand von der staatlichen Rentenkasse ab. Für sie existieren ungleich besser ausgestattete Sondersysteme.

Unter dem Sonnendeck liegen die Kabinen der angestellten Dozenten, Verwaltungsmitarbeiter, Redakteure, Kirchenbedienstete, fest angestellte NGO-Mitarbeiter, gewissermaßen die Kleinadligen. Hier gibt es zwar keine üppige, aber meist einigermaßen auskömmliche Bezahlung und nicht immer, aber meist länger laufende Arbeitsverträge, die den materiellen Druck mildern.

Darunter beginnen die Abteile der dritten Klasse. Hier werkeln Mitarbeiter des akademischen Unterbaus streng befristet auf halben, manchmal sogar auf Viertelstellen, bieten freie Journalisten ihre Erzeugnisse zu demütigenden Preisen an, hangeln sich Speaker von einer schlecht bezahlten Einladung zu einer Konferenz zur nächsten. Bei vielen reicht es nur mit ergänzenden staatlichen Transferleistungen zu einem Leben, das ihnen – da es sich bei diesem Milieu möglichst in einer Großstadt abspielen muss – nicht die kleinste Freiheit lässt. Nicht finanziell, erst recht nicht im Verhalten.

Wer mit den einen oder anderen in Berlin spricht, wer Twitter und Instagram darauf durchsucht, der stößt schnell auf eine ganze Soziologie des progressiven Elends. Dazu gehört beispielsweise die promovierte Teilzeit-Mitarbeiterin in einem Bundestagsbüro der Grünen, die einen ergänzenden

Sozialtransfer in Anspruch nehmen muss, weil ihre Bezahlung allein nicht ausreichen würde. Dazu zählen freie Journalisten, die sich in Internetforen über die Honorare beklagen, die selbst bei großem Fleiß nicht zum Leben reichen. Etwa die Schreiberin, die berichtet, der oben erwähnte *Tagesspiegel* würde ihr für eine tagesfüllende Wahrnehmung eines Pressetermins und den Text insgesamt 90 Euro bieten. Es gibt freie Mitarbeiter bei den Öffentlich-Rechtlichen, deren Arbeitsverhältnis immer wieder von vorn dadurch zustande kommt, dass ein leitender Mitarbeiter den Unabgesicherten in den Dienstplan einträgt. Oder eben auch nicht.

Nach ihrem Auftritt auf der Konferenz »Republica«, einer Art Messe der jungen urban-irgendwiedigitalen antikapitalistischen Wohlgesinnten, erklärte eine Rednerin auf Twitter, sie habe für ihren Vortrag (es ging um das Thema Geld) nur 350 Euro Honorar erhalten; den Termin habe sie überhaupt nur wahrnehmen können, weil sie gleichzeitig Arbeitslosengeld beziehe. Die Höhe beziehungsweise Tiefe ihrer Bezahlung mutet tatsächlich bemerkenswert an angesichts des Eintrittspreises auf der Republica, 300 Euro pro Person. Bei der jungen schlecht bezahlten Frau handelt es sich um die Autorin eines Buchs über Reichtum und Umverteilung, außerdem arbeitet sie nach eigenen Angaben als Journalistin. Mit allem zusammen balanciert sie offenbar ständig an der Existenzgrenze entlang. Andere, sogar namhafte Aktivisten bitten ihre Anhänger auf Twitter oder Instagram, ihnen Geld für einen neuen Rechner oder ein Mobiltelefon zu überweisen. Unter dem Hashtag »IchBinHanna« sammeln sich Absolventen meist aus dem geisteswissenschaftlichen Bereich – oft Politologie, Gender, Ethnologie, Sozialwissenschaften –, die von Armutsgehältern auf befristeten Universitätsstellen berichten, mitunter auch von unbezahlter Arbeit. Jeder von ihnen versucht trotz der miserablen selbst gewählten Verhältnisse dabeizubleiben, um sich mit viel Glück irgendwann wenigstens in die mittlere Klasse vorzukämpfen. Dass es nicht alle von ihnen schaffen können, weiß jeder. Trotzdem hofft jeder darauf, zu denen zu gehören, die nach ein paar entbehrungsreichen Jahren in die einigermaßen sichere Zone entkommen.

Manche entschließen sich, sich gleich als freie Entrepreneure der guten Gesinnung durchzuschlagen, indem sie sich im Netz eine spendenbereite Anhängerschaft aufbauen. Die Dialektik von Selbstkontrolle und Strafe packt hier aber noch deutlich härter zu, wie sich im Fall von Katja Diehl zeigt, die sich selbst als Mobilitätsexpertin bezeichnet. Ihr Produkt besteht in den immer gleichen Textbausteinen gegen den Individualverkehr, gegen Arbeitspendler, gegen Eigenheime, also gegen das Leben außerhalb der Stadtzentren. Das trug ihr etliche Einladungen auf Podien und in Talkshows ein, auch einen Buchvertrag. Offenbar trug auch ein Newsletter zu ihrem Einkommen bei, den Anhänger von ihr abonnieren konnten. Als sie bei einem Vortrag bei Fridays for Future-Anhängern in Lübeck ihr übliches Programm abspulte (»wir nehmen den Deutschen ihren Traum vom eigenen Auto und vom Eigenheim«), gab es eine größere Medienaufmerksamkeit für sie als sonst – und sie beging den Fehler, auch kurz mit der *Bild*-Zeitung zu sprechen, die sie zu ihrem Aufritt befragte. Sofort nach dem Mini-Interview in der *Bild* ging im Netz eine Welle von Häme und Vorwürfen über Diehl hinweg. Gönner kündigten ihr reihenweise die Unterstützung. Nicht etwa wegen des Inhalts ihrer Antworten an *Bild*, in denen sie ihre Positionen rechtfertigte – sondern wegen des unverzeihlichen Fehltritts, überhaupt mit dem Feind gesprochen zu haben. Hier gelten in merkwürdiger Weise gleichzeitig Regeln der Orthodoxie, die an den Ostblocksozialismus erinnern – keiner darf vom Dogma abweichen –, und das Gebot eines Hyperkapitalismus – mach dich selbst zur Marke. Außerdem die Gesetze des Tribalismus: Wer abweicht, den bestraft das eigene Stammeskollektiv.

Der größte Druck herrscht folglich im Inneren der progressiven Prekariatsangehörigen selbst. Der äußere Druck findet ganz überwiegend auf horizontaler Ebene statt. Und nur das Allerwenigste spielt sich tatsächlich in vertikaler Machtausübung ab. Ausgerechnet dort, wo am häufigsten von Gleichheit, Gerechtigkeit und Privilegienbekämpfung die Rede ist, herrschen die krassesten Privilegien, die größte Ungleichheit und Ungerechtigkeit in der westlichen Arbeitswelt. Nirgends herrscht eine größere Konformität als dort, wo sich urbane Akademiker gewissermaßen per Standardeinstellung für *rebellisch* und *kritisch* halten. Folglich findet sich nirgendwo eine größere intellektuelle Homogenität als dort, wo alle das Wort Diversität als gesellschaftliches Endziel im Mund führen. Alles in allem findet sich deshalb paradoxerweise nirgendwo weniger innere Freiheit als im Kreis der wohlmeinenden Sinnproduzenten. Sie üben zwar reale Macht aus, allerdings um den Preis einer höchstmöglichen Zwanghaftigkeit, die ihnen weder irgendein Komitee noch ein Gesetz auferlegt, sondern eine Struktur, an der sie selbst mitwirken.

Mit der Bereitschaft, innerhalb von Institutionen unterschiedliche Ansichten und Streit auszuhalten, verflüchtigt sich nach und nach das Verständnis dafür, was Ambivalenz überhaupt bedeutet. Wer erst einmal akzeptiert, dass Sprachcodes mehr zählen sollen als Erkenntnis, der verlernt ab einem bestimmten Punkt das dialektische Denken, also die Technik, auf der die gesamte westliche Moderne beruht. Oder er lernt es gar nicht erst.

Diese Homogenisierung ohne zentrale Anweisungen, ohne sinistre Fädenzieher im Hintergrund und ohne eigentliche Erklärung vollzieht sich nicht nur in Deutschland. In den USA sehen sich neolinke Medienplattformen wie Buzzfeed und Vice zu Entlassungen gezwungen, weil ihre Reichweiten sich doch nicht so entwickeln, wie von den Investoren ursprünglich erhofft. Internetplattformen schickten Tausenden

Mitarbeitern außerhalb des Kerngeschäfts, die sich vorher um das Ausfiltern unerwünschter Meinungen in sozialen Netzwerken, um Diversität oder ein scheinbar familiäres Betriebsklima kümmerten wie die »Fungeneers« die Spaßbeauftragten, vulgo Animateure des Internet-Schuhhändlers »Zappo« –, die Kündigungsschreiben. Im akademischen Betrieb können Hochschullehrer mit Zeitverträgen bei Codeverstößen noch leichter gefeuert werden als in Deutschland oder Frankreich.

Der russisch-amerikanische Autor Peter Turchin, Analytiker historischer Daten, führt in seinem Buch *The Age of Discord* (»Das Zeitalter der Zwietracht«) viele Verwerfungen der Vergangenheit wie auch den Kulturkrieg zwischen Erwachten und Zurückgebliebenen der Gegenwart auf eine Überproduktion von Funktionseliten zurück. Je schlechter die Chancen auf den verheißenen Aufstieg, von dem die Aspiranten selbstverständlich annehmen, dass er ihnen zusteht, je kleiner die Zahl der privilegierten Posten, desto heftiger der Eifer, sich selbst als besonders wachsam, rein und zuverlässig zu beweisen. Und desto heftiger das Bestreben, Feinde ausfindig zu machen und niederzukämpfen. Auch wenn die meisten von ihnen Carl Schmitts Schriften nicht kennen, verinnerlichen sie aus Eigeninteresse einen seiner Sätze: »Sichert Euch rechtzeitig die Position des Anklägers!«

Am Ende des Kalten Krieges gab es kaum einen Theoretiker, der für den Westen voraussah, dass einmal so gegensätzliche und schwer mischbare Elemente wie ideologische Starrheit nach sozialistischem Muster, spätkapitalistische Selbstoptimierung und tribalistisches Denken zusammenfinden und eine Ordnung gebären könnten, die weder dem ehemals realen Sozialismus noch dem klassischen Kapitalismus ähnelt.

Aber genau das geschieht gerade.

FÜNF
Neue Stämme

»Ich habe in meinem Heimatland Somalia die Korruption und das Elend gesehen, die aus einer auf Stammesdenken basierten Kultur hervorgehen. Ich möchte nicht, dass sich das im Westen wiederholt.«
Ayaan Hirsi Ali

Im Jahr 1854 malte der spanische Künstler Pere Borell de Caso das berühmteste seiner Bilder, »Escapado de la critica«, zu Deutsch »Flucht vor der Kritik«. In diesem Titel schwingt auch etwas von »Flucht vor den Kritikern« mit. Das Gemälde zeigt einen sehr einfach gekleideten Jungen mit neugierig aufgerissenen Augen, der, so scheint es jedenfalls, aus dem Bilderrahmen steigt, den rechten Fuß aufgesetzt auf der unteren goldenen Leiste, die linke Hand schon außerhalb des eigentlichen Bildes. Von Borell de Casos Flüchtling gibt es zum einen deshalb so viele Reproduktionen, weil es zu den Meisterstücken des Trompe-l'oeil gehört, der raffinierten Augentäuschung in der bildenden Kunst. Das allein erklärt aber noch nicht seine enorme Popularität. Sein Bild handelt auch von einem großen Versprechen der Moderne: Wer es für sich wünscht, kann aus dem Rahmen seiner Herkunft steigen. Niemand muss so leben, wie andere es für ihn festlegen möchten. Niemand muss seine Vorfahren wiederholen. Was vielen im Westen selbstverständlich erscheint, gilt in anderen Weltteilen bis heute nicht als Recht, das sich jeder nehmen darf. Und auch im Westen brauchte es eine Bedingung, die sich historisch erst relativ spät durchsetzte. Die Freiheit, sich in Maßen (denn es geht ohnehin nur begrenzt) selbst zu erfinden, setzt das Prinzip des Individuums voraus, das über sich selbst bestimmen darf. Wer als Mitglied eines Kollektivs oder einer Stammesorganisation aufwächst, lernt von Anfang an, dass dessen Regeln über den Wünschen des Einzelnen stehen. Auch aus dem festesten Gefüge kann jemand ausbrechen. Nur bedeutet das oft, dann alle Verbindungen zur angestammten Gemeinschaft hinter sich zu lassen.

Seit Generationen steigen Menschen aus ihrem Herkunftsrahmen, indem sie den Ort wechseln. Das taten Leute vom Land überall in Europa, als sie in die Städte wanderten, deren Luft bekanntlich frei oder zumindest freier machte. In den meisten Schwellenländern hält der Strom in die Metropolen immer noch an, denn auch das ärmste Leben dort verspricht immer noch mehr als die Armut auf dem Dorf.

Wer das Land und die Kultur wechselt, kann, wenn er es darauf anlegt und die Umstände günstig sind, zu seiner eigenen speziellen Schöpfung werden, wie es in dem Song »I Am What I Am« heißt. Der amerikanische Diplomat und spätere sechste Präsident der USA, John Quincy Adams, antwortete einmal einem deutschen Adligen, der von ihm wissen wollte, wie er am schnellsten Bürger der Neuen Welt werden könnte: »Sie müssen Ihre europäische Haut abstreifen, um nie wieder in sie hineinzuschlüpfen, Sie müssen sich nach vorn orientieren, auf Ihre Nachkommenschaft, und nicht so sehr zurückschauen auf die Welt Ihrer Vorfahren.«

Von der Vergangenheit bis heute wanderte weltweit immer nur eine Minderheit. Und auch die allermeisten Wanderer möchten woanders für sich einen festen Ort mit stabilen Verhältnissen erreichen. Längst nicht jeder will aus dem Rahmen seiner Tradition steigen und seine alte Haut abstreifen, wie es Adams empfahl. Die große Verheißung der Moderne liegt darin, es tun zu können, wenn man es wünscht. Ein Mensch nach westlichen Vorstellungen unterscheidet sich von einem Mitglied autoritärer Gemeinschaften durch die Möglichkeit, über seine Stellung und sein öffentliches Bild mitzubestimmen. Er genießt die Freiheit, gewünschte Bindungen einzugehen und ungewollte zu meiden.

Auch zu den Zeiten, als das Prinzip des Schmelztiegels in den Vereinigten Staaten noch ein verbreitetes Ideal darstellte, schlüpften die wenigsten ganz aus ihrer alten Identität, die eben anders als die Haut nicht nur an der Oberfläche sitzt. Für den amerikanischen, aber in Deutschland geborenen Philosophen Horace Kallen standen *Melting Pot* und Demokratie sogar im direkten Gegensatz. Er schrieb 1915 in einem Aufsatz für die Zeitschrift *The Nation*: »Männer mögen ihre Kleidung, ihre Politik, ihre Frauen, Religionen, Philosophien mehr oder weniger oft wechseln; ihre Großväter können sie nicht auswechseln. Juden oder Polen oder Angelsachsen, die aufhören wollten, Juden oder Polen oder Angelsachsen zu sein, müssten aufhören, überhaupt zu sein.«

In der Wirklichkeit Amerikas und anderer Einwanderungsländer bewegten sich die meisten Neuankömmlinge irgendwo zwischen den Polen der völligen Neuerfindung und ihrer mitgebrachten Tradition. Und sie wählten ihren Platz auf dieser Skala mehr oder weniger selbst.

Entspricht die selbstgewählte Identität nicht ziemlich genau dem Gesellschaftsbild der Wohlmeinenden, in dem die Figur des Migranten eine wichtige, generell positiv besetzte Rolle spielt, genauso wie die Figur des Transgender, der seine Geschlechtsrolle wechselt und damit, wie es meist heißt, sein *wahres Selbst* findet? Und passen diese Vorstellungen nicht nahtlos zu dem großen Ziel, die Gesellschaft als Ganzes zu transformieren?

Wer etwas genauer hinsieht, entdeckt vor allem in der Identitätspolitik der vorgeblich Progressiven das genaue Gegenteil. Dort herrscht gerade nicht das Recht des Individuums auf freie Bindung. Überhaupt gilt ihnen der souveräne Einzelne als hoch verdächtige Figur. Denn die steht dem Prinzip der kulturellen Verachtung gegen ganze Kollektive genauso direkt entgegen wie der Anklagepraxis, in der es nicht mehr um konkrete Schuld geht. Das, was die neuen Progressiven als leuchtende Zukunft entwerfen, ähnelt in Wirklichkeit den vormodernen Kasten- und Stammesgesellschaften. Bis auf das Detail, dass sie die Wiederholung dieser Zustände für einen großartigen Gesellschaftsentwurf halten.

Als Bezugspunkt dient in diesem Gedankengebäude nicht der Bürger, sondern die identitäre Gruppe, also der nur leicht modernisierte Stamm. Um im Bild von Borell de Caso zu bleiben: Die Identitätspolitik erlaubt es zwar manchen, aus dem Rahmen zu steigen. Allerdings nur in einen neuen Rahmen, den die Wohlmeinenden schon fürsorglich bereithalten. Anderen verweigern sie die Wandlungsmöglichkeit überhaupt und damit auch die Anerkennung als Person mit eigenem Recht. Der *Weiße*, die Feindfigur des *alten weißen Mannes*, der fortschrittsverweigernde *deplorable*, die lächerlich-spießige Vorstadt-Karen – sie bleiben eingesperrt in ihrer zugeschriebenen Identität.

Die Festlegung auf eine schon vorgeprägte Rolle im Kollektiv gilt aber auch für bemerkenswert viele, die in der neoprogressiven Rangordnung eigentlich höher stehen. Auch Angehörige positiv besetzter Minderheiten sollen nicht einfach selbst über sich verfügen. Sondern den Platz einnehmen, den die Erleuchteten ihnen zuweisen.

Einer der Hauptvorwürfe gegen deren Identitätspolitik lautet, sie würden Menschen in Kategorien einteilen, die sie selbst entweder nicht ändern können oder ohne Zwang nicht ändern wollen, also nach Hautfarbe, Herkunft, Sexualität, Geschlecht, Religion. Sie würden damit die Figur des Bürgers abschaffen und die Gesellschaft hinter die Aufklärung zurückwerfen. Die identitätspolitische Lehre läuft tatsächlich auf die Zerstörung der Bürgergesellschaft und die Rückabwicklung der Aufklärung hinaus. Aber ihre Kategorien orientieren sich in Wahrheit noch nicht einmal wirklich an den oben aufgezählten Merkmalen. Sie schaffen ihre Einteilungen, mit denen sie Bürger wieder in Kollektivwesen verwandeln, in einem Akt der Willkür. Macht besitzt, wer über die Zuordnung anderer Leute bestimmt. Auch, indem er sie aus bestimmten Kategorien ausschließt.

Die folgende kleine Auflistung soll zeigen, nach welchem Schema Identitätspolitiker Menschen in ihre Taxonomie einsortieren. Schwarz beispielsweise, um das schon vorab zu verraten, gilt in dieser Orthodoxie nicht einfach als schwarz. Wäre es so einfach, kämen die neuen progressiven Zuordner gar nicht erst in ihre wertvolle Machtposition, über andere zu bestimmen.

In den USA etwa argumentieren viele Anhänger der »Critical Race Theory« – also der progressiven Rassentheorie – schon länger, bei Amerikanern (ost)asiatischer Abstammung würde es sich nicht wirklich um »people of color« handeln. Natürlich lässt sich das nicht mit der Hautschattierung belegen. Wer aus Südindien, Indonesien, Malaysia oder manchen Gegenden Chinas stammt – oder aus einer Familie, die von dort einwanderte –, unterscheidet sich in seiner Farbe manchmal kaum vom Teint der US-amerikanischen Vizepräsidentin Kamala Harris, die im System der Gruppenzuweisung fraglos als »of color« gilt. Um den argumentativen Bogen zu schlagen, verknüpfen Identitätsideologen deshalb Hautfarbe und Verhaltensmuster. Dass das ziemlich genau dem ganz traditionellen Rassismus entspricht, scheint sie nicht weiter zu stören. Ihre Begründung lautet, mit ihrer Strebsamkeit, ihrer Bildungsorientierung seien Asian Americans eigentlich eine »white adjacent minority«, also eine den Weißen »benachbarte« Gruppe. Mit genau diesem Argument versuchte beispielsweise die Führung des School Board in San Francisco, die Zugangskriterien für Colleges zu ändern. An die Stelle der Eignungstests sollten Quoten treten, um den Anteil der Asiatischstämmigen zu senken, und den der »eigentlichen« Farbigen zu erhöhen.

»Sie gehen so weit, zu sagen, dass (amerikanische) Asiaten nicht als ›people of color‹ zählen«, schreibt Kenny Xu, Autor des Buchs *An Inconvincient Minority* (»Eine unbequeme Minderheit«) über die Verfechter der linken Identitätspolitik, »und sie erfanden die Wendung ›BIPOC‹ (Black and Indigenious people of color) speziell dafür, Asiaten und andere ›den Weißen benachbarten‹ Minderheiten auszuschließen.« Xu stößt schnell zum Kern der »Critical Race Theory« vor, die nicht anders als die Rassenlehre der Vergangenheit Hautfarbe mit generalisierten Gruppenmerkmalen verknüpft:

»Das Problem besteht darin, dass die kritische Rassentheorie jedes gute gesellschaftliche Ergebnis als weiß definiert. Selbst wenn deine Familie aus China oder Indien stammt – Bildung und einen hohen Grad an persönlichem Erfolg zu erlangen gilt als ›weißes‹ Verhalten. Das ist auf vielfache Weise rassistisch. Es steckt Amerikaner asiatischer Herkunft in die Kiste der weißen Nachbarschaft, was völlig deren einzigartige Kulturen und Kämpfe ignoriert. Außerdem bedeutet es per Standard, dass andere Rassen weniger erfolgreich, talentiert und gebildet seien. Wenn es ›weiße‹ Charakteristiken sind, reich und erfolgreich zu sein, folgt daraus dann nicht logisch, arm und faul zu sein wären schwarze Charakteristika? Obwohl sie vorgibt, sich um Diversität und Inklusion zu sorgen, ist die kritische Rassentheorie in Wirklichkeit rassistisch in der Art, wie sie Menschen kategorisiert.«

Nicht nur Amerikaner mit ostasiatischen Wurzeln (und übrigens auch Bürger ostasiatischer Herkunft in europäischen Staaten) sortieren die linken Rassen- und Identitätstheoretiker mit ihrer Begriffspolitik aus, weil diese Gruppen den Glaubenssatz von der von Unterdrückung aller Farbigen durch Weiße schon durch ihren ökonomischen Erfolg praktisch widerlegen.

Das gleiche Ausschlussverfahren funktioniert auch gegen Schwarze, die der Lehre von der untilgbaren kollektiven »white guilt«, der »weißen Schuld«, widersprechen, die kritische Rassentheorie kritisieren, die Kampfmethoden von Black Lives Matter ablehnen oder generell den fraglos schlechteren sozialen Status vieler Schwarzer nicht ausschließlich dem Rassismus zuschreiben. Von diesen Stimmen gibt es etliche, beispielsweise den konservativen Ökonomen Thomas Sowell, die Yale-Rechtsprofessorin Carol M. Swain, den Linguisten John McWorther.

In diese Reihe gehört auch Erec Smith, Professor für Rhetorik am York College, Pennsylvania. Als er sich in mehreren Kommentaren gegen die kritische Rassentheorie und die Behauptung des allgegenwärtigen »systemischen« Rassismus wandte, stempelten ihn seine linken Gegner prompt zum Rassenverräter. In dem Magazin *Discourse* beschrieb Smith 2021 seine Erfahrungen mit den wohlmeinenden Platzanweisern so: »Da ich ein schwarzer Mann bin, könnte man annehmen, dass Leser eines Gastkommentars mich als jemand sehen, der versucht, schwarzes Leben zu schützen und zu verbessern. Stattdessen unterstellten mir viele, die meinen Beitrag gelesen hatten, darunter Leute, die ich seit Jahren kenne, nicht nur Naivität und Ignoranz, sie beschuldigten mich auch, als Lockvogel für weiße Rassisten zu dienen. Unglücklicherweise ist diese Reaktion auf etwas, das als unangemessen schwarz oder auf schändliche Weise nicht schwarz betrachtet wird, in den USA des 21. Jahrhunderts allzu üblich. Diejenigen von uns, die als ›die falsche Art von Schwarzen‹ betrachtet werden, werden schlechter behandelt als problematische Weiße; unsere Ablehnung, uns der woken Linie unterzuordnen, wird als Verrat betrachtet. Bestenfalls wirft man uns vor, ›multikulturelle Weiße‹ zu sein, also zwar schwarz, aber politisch weiß. Schlimmstenfalls werden wir als Verräter gesehen, die vor ihren Unterdrückern katzbuckeln. So oder so gelten wir damit als ganz und gar ›falsch‹ und damit als diejenigen, die sich dem Fortschritt der sozialen Gerechtigkeit diametral entgegengesetzt verhalten.«

Wer glaubt, Smith würde übertreiben, denn niemand könnte ernsthaft einen derart absurden Begriff wie »multikulturell weiß« für Farbige entwerfen, zumindest niemand in einer gesellschaftlich einflussreichen Position, der muss zur Kenntnis nehmen, was Christina Beltrán, Professorin für Soziale und Kulturelle Analyse an der New York University 2021 (und übrigens hellhäutig) in einem Interview mit dem Radiosender NPR verkündete: »Also es gibt eine Menge Leute und Gelehrte, die sich mit der Theorie der White Supremacy befassen. Und all diese Gelehrten teilen die Ansicht, die ich teile, dass Weißsein und weiße Leute nicht das Gleiche sind und dass Weißsein besser verstanden werden sollte als ein politisches Projekt, das sich historisch herausgebildet und immer gewandelt hat. Und damit ist Weißsein als Ideologie in Amerikas Geschichte der weißen Überlegenheit verwurzelt – richtig?«

Zu dem gleichen Set an Überzeugungen gehört auch die Definition, bei »schwarz« handele es sich nicht um ein Adjektiv, das die Hautfarbe beschreibt. In einer Erklärung der »Initiative Schwarze Menschen in Deutschland« heißt es beispielsweise: »Schwarze Menschen ist eine Selbstbezeichnung und beschreibt eine von Rassismus betroffene gesellschaftliche Position. »Schwarz wird großgeschrieben, um zu verdeutlichen, dass es sich um ein konstruiertes Zuordnungsmuster handelt und keine reelle ›Eigenschaft‹, die auf die Farbe der Haut zurückzuführen ist.«

In ähnlicher, aber eben nicht gleicher Weise handhaben die Kategorienschöpfer das Wort »weiß«. In dem oben schon einmal zitierten deutschen Glossar heißt es: »Mit *Weiß*sein ist die dominante und privilegierte Position innerhalb des Machtverhältnisses Rassismus gemeint, die sonst zumeist unausgesprochen und unbenannt bleibt.«

Der soziale Status spielt dabei keine Rolle; ein mäßig bezahlter weißer Arbeiter gehört nach diesem Schema zu den Privilegierten, anders als eine sehr viel besser entlohnte Staatssekretärin mit arabischen Wurzeln und bräunlichem Teint. Zwischen der Schwarz- und der Weiß-Definition besteht allerdings ein wesentlicher Unterschied. Die Formel »Schwarz« besitzt eine größere Elastizität, die es erlaubt, beispielsweise in den USA einen IT-Experten indischer Herkunft als beinahe weiß zu definieren, und dem nun wirklich ziemlich dunkelhäutigen Wissenschaftler Erec Smith wegen seiner Ansichten den Stempel »multikulturell weiß« zu verpassen.

Dem Rasterfeld »Weiß« entgeht dagegen kein Weißer. Denn zum Weißsein als politisches Projekt, wie es Beltrán entwirft, gehört nicht nur das abstrakte Privileg, sondern die genauso abstrakte weiße Schuld. Nach führenden Köpfen dieser Scholastik wie Ibram X. Kendi, der die 60 Jahre alten Thesen Fanons eigentlich nur etwas schlichter und marktgängiger anbietet als das Original, bilden alle Weißen eine Haftungsgemeinschaft für die Schuld an der Sklaverei und generell jede Unterdrückung von Farbigen in der Vergangenheit. Aus diesem Schuldkollektiv gibt es kein Entkommen. Diese Schuld lässt sich nur immer und immer wieder bekennen, aber nie abtragen. Die kollektive Haftbarmachung von Weißen reicht zurück zu der von Ideologen wie Aimé Césaire, Leopold Senghor und Fanon ab Mitte des zwanzigsten Jahrhunderts entwickelte *Negritude*, die schnell von einem Akt der Selbstvergewisserung in eine schwarze Überlegenheitsideologie kippte, aus der wiederum amerikanische Akademiker schon ab den Siebzigern den Afrozentrismus entwickelten, eine Ideologie der radikalen Segregation. Die wichtigsten Fanon-Schüler und Verfechter der Lehre von moralisch und sogar biologisch minderwertigen Weißen stammten aus einer Alterskohorte und weisen auch sonst bemerkenswerte biografische Ähnlichkeiten auf. Der einflussreiche amerikanische Psychologe und Autor Amos

N. Wilson (1941–1995) forderte schon 1978 die Ausbildung eines »afrikazentrierten Bewusstseins« für schwarze Kinder und Jugendlichen in den USA. (Dieses »afrikazentrierte Bewusstsein« schloss die separate Unterrichtung von Schwarzen und Weißen ein, ging aber noch weiter: es zielte auf eine »Re-Afrikanisierung« von jungen schwarzen Amerikanern, die in Wirklichkeit keinerlei »afrikanische« Prägung besitzen.) Der Erziehungswissenschaftler und Psychologe Asa G. Hillard (1933–2007) schrieb schwarzen Studenten ganz spezielle positive Eigenschaften zu. Die Psychologin Francis Cress Welsing (1935–2016) popularisierte die pseudowissenschaftliche Fabel, Schwarze seien Weißen durch einen höheren Melaninspiegel biologisch überlegen. (Sie behauptete auch, es gebe eigentlich überhaupt keine Homosexualität schwarzer Männer, die gleichgeschlechtliche Liebe sei ihnen vielmehr von den Weißen irgendwie untergeschoben worden.) Auf diesem schon ziemlich alten und obskuren Fundament ruht heute die spezielle Konstruktion des *Weißen*, angereichert durch einen Generalangriff auf alles Westliche, den heute jeder im pseudoprogressiven Lager auf seine Weise führen will. Nach Fanon und seinen Adepten verdanken die westlichen Länder ihren Wohlstand allein der Ausbeutung Afrikas, alle ihre Institutionen dienen auch heute noch dazu, die weiße Vorherrschaft zu sichern. Rassismus bildet gewissermaßen das Skelett des Westens. Deshalb steckt er auch in jedem einzelnen weißen Bürger, unabhängig davon, was er sagt und tut. Aus diesem Rahmen kann beziehungsweise darf also kein Weißer aussteigen.

Wohl aber gibt es innerhalb des Rahmens eine Differenzierung. Wer wie die (weiße) Autorin Robin di Angelo den verinnerlichten Rassismus der Weißen beschwört und jeden Widerspruch gegen die Zuschreibung als »White Fragility«, »weiße Zerbrechlichkeit«, verspottet, der verringert den Anteil seiner Schuld erheblich. Di Angelo formuliert es auch exakt so; ihre Schriften seien nicht nur eine Belehrung für andere, sondern ein Reinigungsprozess für sich selbst: »Weiße Identität«, schreibt sie, sei »inhärent rassistisch. Ich strebe danach, ›weniger weiß‹ zu sein.«

Vertreter dieser Rassenlehre raten Weißen zum einen, sich einer ständigen Selbstüberprüfung zu unterziehen, um rassistische Denkmuster selbst noch im Unterbewusstsein aufzuspüren. Zum anderen empfehlen sie ihnen, sich als »Ally«, als »Alliierter« der Farbigen zu verstehen – was per Definition bedeutet, zuzuhören, jeden Vorwurf ernst zu nehmen und sich selbstverständlich auch der geringsten Kritik an Bewegungen wie »Black Lives Matter« oder den Ausschreitungen junger Banlieuebewohner in Frankreich zu enthalten, selbst dann, wenn es um Plünderung von kleinen Läden im Zuge sogenannter Proteste geht. Die Ally-Eigenschaft macht Weiße natürlich nicht zu »multikulturell Schwarzen«. Dieser Spiegelbegriff existiert nicht. Aber sie gibt zumeist bürgerlichen, privilegierten Weißen im Zentrum der Gesellschaft die Möglichkeit, ihre Tugend demonstrativ auszustellen, ohne dass es sie etwas kosten würde. Vor allem von ihrer Seite gibt es deshalb keine Gnade für einen weißen Facharbeiter in den USA, Frankreich oder Deutschland, der angesichts seines Nettoeinkommens und seiner Chancen auf Bewahrung seines bescheidenen Wohlstands zurückfragt, worin denn genau das Privileg seiner Haut bestehen soll, für eine Supermarktverkäuferin, die sich einfach nicht als Profiteurin des Kolonialismus sehen will, für weiße LKW-Fahrer und Krankenschwestern, denen es schon an Zeit und Muße für die niemals endende Gewissenserforschung fehlt. Nicht ihre seelische Verfassung ist fragil, sondern die materielle Grundlage ihres Lebens. Soziale Fragilität bedeutet – wie schon erwähnt – nicht unbedingt Armut. Aber eine größere Störungsanfälligkeit des Lebens. Und auch einen Mangel an Aufstiegsmöglichkeiten. Anders als für den schlecht bezahlten Mitarbeiter des Wissenschafts- oder Medienbetriebs stehen die Chancen von Industriearbeitern schlecht, sich nach oben in besser bezahlte und abgesicherte Bereiche zu hangeln, schon gar nicht durch öffentliche Tugendbekenntnisse. Stattdessen müssen sie mit der Ungewissheit umgehen, ob ihre Industrie in zehn Jahren noch existiert.

In der von den Wohlmeinenden entworfenen Hierarchie nehmen Weiße, die ihre Schuld nicht anerkennen, den niedrigsten Rang innerhalb der neu sortierten Gesellschaft ein. Statt Selbsterforschung zu betreiben, reagieren Angehörige dieses Milieus sogar mit Selbstverteidigung. Sie fachen durch ihre Verweigerung nicht nur den Zorn der Erleuchteten an, sondern auch einen Neid, den Angehörige der besseren Kreise sich nie offen eingestehen würden; einen Neid auf die Freiheit, absurde Unterstellungen zurückzuweisen. Denn es gibt nur wenige Wohlmeinende, die tatsächlich glauben, sie selbst steckten voller unbewusster Rassismen und würden persönlich eine koloniale Erbschuld tragen. Wenn sie diese Schuldbekenntnisse reproduzieren, unterwerfen sie sich der Konvention ihrer Gesellschaftskreise. Sie begehen ein *Sacrificium intellectus*, sie opfern ihren eigenen Verstand einem Dogma, und zwar mit allen psychischen Folgen, die eine ständige intellektuelle Selbstverleugnung mit sich bringt.

Nicht nur »schwarz« und »weiß« verwandeln sich in dieser Begriffsalchemie in politisch-moralisch aufgeladene Chiffren, sondern auch andere Identitätskategorien. In dem US-Magazin *Advocate* hieß es im Oktober 2016 über den offen schwul lebenden deutsch-amerikanischen Milliardär Peter Thiel, der damals zu den wenigen Trump-Unterstützern im Silicon Valley zählte, der Unternehmer sei »ein Mann, der Sex mit anderen Männern hat«, um dann die Frage zu stellen: »Aber ist er schwul?« Keinesfalls, meinte der Autor, denn »die Idee des Schwulseins« sei eine »bestimmte kulturelle Identität«. Und aus dieser Gemeinschaft schließe sich ein Parteigänger Donald Trumps eben kategorisch aus. Thiels Sexualität tue da überhaupt nichts zur Sache.

Auch Frauen steht nach dieser Logik nicht automatisch die Bezeichnung »Frau« zu. Jedenfalls nicht, wenn sie sich nicht so verhalten, wie es ihnen die Priester des neuen Kastensystems vorgeben. Ayaan Hirsi Ali beispielsweise, die als Kind Opfer der Beschneidung in Somalia wurde, in den Westen gelangte, die in den Niederlanden und dann in den USA als Autorin, Kämpferin gegen die Genitalverstümmelung und als Kritikerin des islamischen Machtanspruchs ein großes Publikum für sich gewann, steht mit ihrer Vorstellung von Frauenrechten einer links-islamischen Aktivistin Linda Sarsour im Weg, die Feminismus sehr viel anders definiert als Ali. Sarsour, die auch den Frauenmarsch gegen Donald Trump mitorganisierte, beschimpfte Hirsi Ali und die ebenfalls islamkritische Autorin Brigitte Gabriel auf Twitter mit Sätzen, die aus den tiefsten Bewusstseinsschichten zu stammen schienen: »Ich wünschte, ich könnte ihnen ihre Vagina wegnehmen. Sie verdienen es nicht, Frauen zu sein."

Auf eine ganz ähnlich essenzialistische Weise twitterte der ZDF-Moderator Jan Böhmermann im Juni 2023 über »Trans Exclusionary Radical Feminists«, abgekürzt TERFS, also Feministinnen, die darauf bestehen, dass biologische Geschlechter existieren, die sich nicht durch Sprechakt ändern lassen: »TERFS ungleich Frauen«.

In den gleichen Kreisen, in denen es zur Doktrin gehört, dass sich jeder unabhängig von seiner Biologie zur Frau erklären kann, stellt es offensichtlich kein Problem dar, Frauen, an deren Geschlecht kein Zweifel besteht, die Weiblichkeit abzusprechen. Jedenfalls dann, wenn sie sich nicht so äußern, wie es Wohlgesinnte von ihnen erwarten.

Wie bei der Verachtung für die Verlorenen und Erbärmlichen, wie bei den Anklagen gegen angebliche Gesellschaftsfeinde und den Konformismus in Wissenschaft und Medien, formiert sich auch der neue Tribalismus überall im Westen nach ähnlichen Mustern. Der gleiche Typus treibt in den

USA wie in Westeuropa die Tribalisierung voran, er bedient sich hier wie dort der gleichen sprachlichen Codes. Begriffe wie BIPoC finden sich auf beiden Seiten des Atlantiks. An der Universität Köln beispielsweise existiert ein »autonomes BIPoC-Referat«. Der in den USA verbreitete Lehrsatz, Schwarz und Weiß würden sich gar nicht auf die Hautfarbe beziehen, sondern auf zugeschriebene Eigenschaften, findet sich in Formulierungshandreichungen europäischer NGOs, folglich auch in journalistischen Texten.

Die Ideologie der Ungleichheit unter der Flagge des Progressiven ähnelt eher einem Plattformunternehmen wie Google oder Amazon als einer klassischen politischen Bewegung. Sie setzt eine möglichst weit gehende Standardisierung von Sprache, Symbolen und Taktiken voraus. Regionale Abweichungen kommen nur vor, wenn sie sich nicht vermeiden lassen. Das lässt sich besonders plastisch an einem Beispiel aus der Abteilung Identitätspolitik zeigen, in dem die Figur des »multikulturellen Weißen«, also der »falschen Art von Schwarzen«, eine entsprechende Umformung erfährt, damit sie auf Deutschland passt.

Dort gibt es bekanntlich keinen großen schwarzen Bevölkerungsanteil. Erst recht keinen, der aus Nachfahren ehemaliger Sklaven besteht. Der Begriff des »multikulturell Weißen«, also nicht richtigen Schwarzen, kursiert trotzdem in Deutschland, nur eben angepasst an Muslime. Auch hier steht es dem Einzelnen nach Ansicht der Diskursleiter nicht frei, sich selbst zu definieren. Wer von ihnen die (weiße) Gesellschaft gegen den Vorwurf des innewohnenden Rassismus verteidigt, den politischen Machtanspruch des Islam kritisiert und generell nicht die Sprachformeln der wohlmeinenden Identitätspolitiker übernimmt, gilt ihnen wahlweise als »Haustürke« und »Hausmuslim«, also als Person, die sich nicht an das vorgegebene Erscheinungsbild eines türkischstämmigen Deutschen und eines Muslims hält. Die mit politisch-islamischen Organisationen bestens verbundene Autorin Kübra Gümüsay führte den »Haustürken«-Begriff in einem Beitrag für die *taz* 2013 als Erste ein, jedenfalls als eine der Ersten für Deutschland. Und zwar mit ausdrücklichem Bezug auf Ibram X. Kendi, den sie zwar nicht namentlich nennt, aber paraphrasiert: »Vor vielen Jahren unterschied ein kluger Mann in den USA zwischen Haussklaven und Feldsklaven (im Original wurde damals das N-Wort verwendet). Der schwarze Haussklave identifiziere sich mit seinem weißen Herrn, er spreche wie er und denke wie er. Und beizeiten ist er gar erbarmungsloser und brutaler gegenüber seinesgleichen, den Feldsklaven. Und diese Haus- und Feldmentalität gebe es in ihrer modernen Form noch immer in den USA. Deutschtürken waren in Deutschland beileibe keine Sklaven. Aber auch hier können Minderheiten rassistisch sein. Gegenüber anderen Minderheiten und gegenüber sich selbst.« Als Beispiel für die »die falsche Sorte Türken« führt sie in dem Artikel die Soziologin und Autorin Necla Kelek an, geboren in Istanbul, mit der Familie ausgewandert in den Sechzigerjahren, die in Deutschland zu den prominenten Kritikern von Zwangsheiraten und (echtem) patriarchalischen Verhalten in der deutsch-türkischen Community zählt.

Natürlich äußerte sich Kelek weder brutal noch rassistisch gegenüber anderen Migranten. Gümüsay unterstellte Kelek bei der Gelegenheit auch gleich ein böswillig verdrehtes Zitat über eine angebliche zoophile Neigung muslimischer Männer, um die Etikettierung der Wissenschaftlerin als »Haustürkin« zu untermauern. (Kelek wehrte sich gegen die ihr angedichtete Aussage gerichtlich und bekam 2018 Recht.) Der »Haustürken«-Vorwurf ereilte in Deutschland auch etliche andere Abweichler. Der deutsche Grünen-Kommunalpolitiker Eyüp Odabasi etwa belegte 2020 den deutsch-türkischen Migrationsforscher Burak Copur mit diesem Schmähbegriff. Das mustergleiche Etikett »Hausmuslim« verpassten gleich mehrere Wortführer dem deutschen Psychologen Ahmad Mansour als Strafe für dessen Warnung vor dem wachsenden Einfluss des Salafismus in Europa, aber auch für den Umstand, dass Mansour öffentlich auf die Verachtung hinweist, die viele muslimische Jugendliche in Deutschland und Frankreich für die westliche Gesellschaft hegen. Auf einer deutschen Facebook-Seite mit dem programmatischen Titel »Hausmuslim« heißt es über den Begriff im Allgemeinen und den Psychologen im Speziellen: »Hausmuslim ist kein Muslim im klassischen Sinne. Er ist ein Produkt, eine Züchtung des jeweiligen Landes, in dem er gegen Muslime agitiert und für die Interessen des Systems und gegen den Islam Propaganda betreibt. In diesem Fall haben wir es mit einem hybriden Hausmuslim zu tun, der in Israel ausgebildet und später nach Deutschland eingeschleust wurde, um hier die Christen und Muslime gegeneinander aufzustacheln.« Der mit einem Stipendium des deutschen Außenministeriums geförderte Journalist Mohamed Amjahid bezeichnete Mansour – der bei seinen öffentlichen Auftritten Personenschutz braucht – als »alman tokenhund«. Ein anderer Journalist verbreitete die (substanzlose) Behauptung, Mansour habe seinen Titel als Diplompsychologe erschwindelt. Wie im Fall Keleks kommen wieder zwei Angriffsarten zusammen: zum einen auf die persönliche Reputation, zum anderen auf ihre Biografie.

Die Identitätspolitik unter progressiver Fahne zielt auf den Kern der Moderne: die Individualität. Ob es um Hautfarbe, Geschlecht oder andere Kriterien geht – die Lehre der neuen Kastengesellschaft weist jedem seinen Platz zu. Ihre Priester wachen nicht nur über den jeweiligen Rahmen, der diesen oder jenen umgeben soll. Sie schnitzen ihn überhaupt erst zurecht. Ihre ebenso zentrale wie obsessive Idee besteht in der Aufteilung der Gesellschaft in Kategorien und Unterkategorien nach ihrer Schöpfung. Ein objektiv Nichtweißer gilt ihnen wie beschrieben nicht unbedingt als Farbiger, ein Schwarzer nicht ohne Weiteres als schwarz, eine Frau nicht als Frau, ein Muslim nicht als Muslim. Die Person erhält die Zuschreibung erst, wenn sie sich an die entsprechenden Gebote hält. Aber irgendeine zugewiesene Kategorie braucht nach Ansicht der Wohlgesinnten jeder. Auf keinem Gebiet entwickeln sie eine derartige Kreativität wie bei der Schöpfung von Namen für jede denkbare Gruppe und Untergruppe. Das beginnt mit der nur noch für Spezialisten überschaubaren Ordnung der Geschlechter, bei denen es sich in Wirklichkeit nicht um Geschlechter, sondern bestenfalls um Phänotypen handelt. Der Kollektivbenennungseifer setzt sich fort mit dem erwähnten Begriff BIPoC, zu dem mittlerweile mehrere Varianten mit zusätzlichen Buchstaben und Zeichen existieren; ein besonderes Gebiet bildet die immer weiter ausgedehnte Buchstabenkette LGBTQ, deren vorläufig letzte Variante LGBTQIA2S lautet. Auch diejenigen, die nicht oder nicht richtig zur Gemeinschaft gehören sollen, brauchen nach dieser Logik unbedingt eine Gruppenbezeichnung, in ihrem Fall eben negativ aufgeladen wie »cis-Person«, »multikulturell weiß«, »TERF«, »Hausmuslim«, »Boomer« oder »OWM« (Old White Male).

Nichts ist den Wohlgesinnten so verhasst wie der Begriff des Bürgers. In ihm sehen sie völlig zu Recht eine Person, die selbst entscheidet, ob sie sich noch mit einem Attribut versieht, oder ob es ihr genügt, einfach Bewohner eines bestimmten Landes zu sein, einer Region oder Stadt, ein Citoyen möglicherweise ganz ohne Identitätskollektiv, so wie Asfa-Wossen Asserate, Autor und Großneffe des letzten äthiopischen Kaisers, der auf die Frage, als was er sich denn selbst sehe, zu antworten pflegt: »Ich bin Frankfurter«, gelegentlich auch: »Ich bin Deutscher«.

Ethnische Zugehörigkeit, Sexualität und Geschlecht bilden in dieser neuen Ordnung, die Wohlmeinende gerade errichten und die sie ernsthaft für Fortschritt halten, im Wortsinn Konstrukte, die Auserwählte für den Rest entwerfen. Sie entscheiden, wer in das von ihnen entworfene Raster gehört und wer nicht. Unter ihrer Herrschaft klettert niemand nach Gutdünken aus seinem Rahmen. Selbst diejenigen nicht, die eine Genderrolle wie »nonbinär«, »nongender« oder »demi-fluid« aus einem mittlerweile umfangreichen Begriffsfundus wählen. Auch diese Laubsägearbeiten am Ich folgen einer exakt vorgegebenen Rollenerwartung.

Die Botschaft der Wohlmeinenden an alle anderen lautet: Wir sagen dir, wer du bist. Wir setzen den Rahmen.

Was gleichzeitig bedeutet: Alles, was du nach außen darstellst, bist du nur durch unseren Spruch.

Auf keinem anderen Feld ihrer Ideologie trifft der Begriff progressiv-regressiv so gut zu wie hier bei ihrer Vorstellung, wie sich die Gesellschaft in Zukunft gliedern sollte. Die Regressiv-Progressiven schreiten fort aus der Gegenwart in eine Zukunft, die sich die schlechtere, zivilisatorisch ärmere Vergangenheit zum Vorbild nimmt.

Niemand, dem überhaupt an Begriffen wie Individualität, Autonomie und Wahlfreiheit liegt, dürfte bezweifeln, dass die Bürgergesellschaft gegenüber dem Tribalismus und der vormodernen Ständegesellschaft einen zivilisatorischen Fortschritt darstellt. In der Ideengeschichte beschränkte sich der Kreis derjenigen, die das so sahen, noch nicht einmal nur auf Verfechter persönlicher Rechte und Freiheiten wie die Gründerväter der Vereinigten Staaten, die britischen Liberalen und Liberalkonservativen, die französischen und deutschen Aufklärer. Auch die Stammväter der klassischen Linken dachten in die gleiche Richtung. Karl Marx und Friedrich Engels erklärten im »Kommunistischen Manifest«, der Kapitalismus habe alles »Stehende und Ständische verdampft«. Das meinten sie durchaus nicht als Vorwurf. Sie fanden vielmehr, die Bourgeoisie habe hier dankenswerterweise schon eine wichtige Modernisierungsarbeit erledigt.

Wenn heute viele westliche Intellektuelle, die sich selbst ausdrücklich als Linke verstehen, das Stehende und Ständische wieder für eine erstrebenswerte Zukunft mit Stämmen und Kasten halten, dann stellt sich die Frage nach dem Warum. Und damit auch nach der Attraktivität einer Stammes- und Ständelogik. Die progressive Wiederauflage der Standesgesellschaft verspricht immerhin eine Art des gemäßigten Tribalismus. Aber auch sie fesselt den Einzelnen an eine kollektive Identität; nach ihren Regeln können und sollen nur weibliche Politiker Frauen in Parlamenten vertreten, nur Schwarze (oder jedenfalls »Marginalisierte«) die Lyrik einer schwarzen Autorin übersetzen, und neuerdings nur schwule Schauspieler einen schwulen Charakter verkörpern.

Die Standesversammlungen der Frühmoderne markierten immerhin einen Fortschritt gegenüber dem Tribalismus und der Despotie. Aber erst im modernen Parlamentarismus kam der Gedanke auf, dass im Prinzip jede Person – Mann, Frau, Weißer, Farbiger – die Interessen seiner wiederum vielfältig gemischten Wählerschaft vertreten kann, genauso wie der Beruf des Schauspielers darin besteht, eine Rolle zu übernehmen, statt nur sich selbst zu repräsentieren.

In dieser Idee sehen die Regressiv-Progressiven bekanntlich keinen Gewinn, sondern ein Problem.

Jede Ordnung bietet zumindest für einige, die in ihr leben, Vorteile. Sonst würde sie gar nicht erst entstehen. Was macht die Einteilung der Gesellschaft in Stämme und Stände so verheißungsvoll? Und vor allem: für wen?

Alle Stämme, ob traditionelle oder neu geformte, zeichnen sich durch das gleiche Grundmuster aus. Sie fordern größtmögliche Homogenität nach innen, Abgrenzung nach außen, Unterordnung des Einzelnen unter das Kollektiv. Im Gegenzug bieten sie ein Gemeinschaftsbewusstsein, das Gefühl kollektiver Macht, meist auch den Glauben zumindest an die moralische Überlegenheit der eigenen Gruppe. Die Bindung nach innen verspricht Schutz vor realen und imaginierten Gefahren. Den größten Vorteil dieser Ordnung genießen die Anführer eines Stammes. Sie treten als Sprecher nach außen auf, als Beschützer nach innen, allerdings unter der Bedingung, dass die Stammesmitglieder sich ihnen gegenüber ergeben zeigen. Anführer immunisieren sich auf diese Weise weitgehend gegen Kritik, und das umso mehr, je aggressiver die Gruppe vorgeht – denn das führt bekanntlich zu Gegendruck. Mit ihrer Regression – denn bei der Rückkehr zur Stammeslogik handelt es sich um Regression – reagieren die bewussten und unbewussten Befürworter des modernen Tribalismus auch auf die Zumutung der Moderne. Wer sich in ein stammesähnliches Gebilde einordnet, reduziert für sich die Komplexität des Lebens ganz erheblich. Er muss keine Argumente mehr abwägen, niemanden mit einer anderen Sicht der Dinge ernsthaft anhören, die eigenen Annahmen nicht mehr mit quälender Skepsis prüfen. An die Stelle der ewigen Selbstreflexion tritt das wärmende Gefühl der Geborgenheit.

Jeder kennt einen völlig harmlosen Ausläufer des Tribalismus, der zur Geschichte von vielen Gesellschaften gehört – die Rituale von Fußballfans (oder von Teams anderer Mannschaftssportarten), die sich für kurze Zeit zu einem modernen Stamm zusammenschließen, mit Feldzeichen, Gesichtsbemalung, eigenen Gesängen, Ritualen und Erzählungen. Zwischen den einzelnen Fan-Stämmen gibt es Kommunikation in Form wechselseitiger Spottgesänge, gelegentlich auch durch Schläge und Tritte. Aber man tauscht untereinander keine Argumente aus, welche Mannschaft denn wohl die bessere wäre. Man regt sich nicht über eine falsche Schiedsrichterentscheidung auf, wenn sie zugunsten der eigenen Seite fällt. Nie käme ein Fan-Stamm auf die Idee, eine Tradition von dem anderen zu übernehmen. Selbst wenn Fans unterschiedlicher Mannschaften ein Bier miteinander trinken – niemals fällt die alles bestimmende Grenze zwischen »wir« und »die«.

Dieses Stamm-gegen-Stamm-Prinzip, das in Fußballstadien zwar ab und zu außer Kontrolle gerät, aber als gebändigter Tribalismus im Kleinstformat keinerlei Schaden anrichtet, wirkt allerdings hoch giftig, sobald es in den politischen Bereich eindringt. Die moderne ausdifferenzierte Gesellschaft beruht auf der öffentlichen Aushandlung von Interessen und Konflikten nach Regeln, die für alle gelten. Sie lebt vom Austausch, von der Bereitschaft, die Welt probehalber mit den Augen des anderen zu sehen. Nur das führt im Idealfall dazu, Interessen als legitim anzuerkennen, die nicht den eigenen entsprechen, die ihnen sogar zuwiderlaufen. Abwägung gibt es also nur durch das echte Gespräch zwischen unterschiedlichen Milieus. Doktrine dagegen, unumstößliche Wahrheiten entstehen in weitgehend homogenen Gruppen, die nicht den Austausch mit anderen suchen, sondern darauf abzielen, andere entweder zu bekehren oder an den Rand zu drängen. Das wiederum gelingt umso besser, wenn eine Gruppe sich allen anderen überlegen fühlt und alles, was sich von ihr und ihrem Denken unterscheidet, mit Verachtung straft.

Die Geschichte der Modernisierung lässt sich weltweit als Überwindung des Tribalismus erzählen. Nur Gesellschaften, die es schafften, Stammes- und Gruppenkämpfe in eingehegte, verhandelbare Konflikte zu verwandeln, indem sie das Gewaltmonopol dem Staat überantworteten, konnten überhaupt die Ressourcen für den Übergang ins technische Zeitalter aufbringen. Das gilt nicht nur für den Westen, sondern auch für autoritäre Gesellschaften in Ostasien: Weltweit stiegen nur Länder und Regionen auf, die den Tribalismus bändigten.

Umgekehrt zeichnen sich alle instabilen, armen, in endlosen gewalttätigen Auseinandersetzungen gefangenen Länder durch ein ausgeprägt tribalistisches Denken aus, in denen der Staat oft nur dem Namen nach existiert. Obwohl Tribalismus und Rückständigkeit ein genauso festes Begriffspaar bilden wie Tribalismusüberwindung und Moderne, zieht sich dieses vormoderne Gruppen- und Stammesdenken durch die gesamte Weltanschauung der Erleuchteten. Das beginnt bei der Selbstwahrnehmung der urbanen akademischen Gerechtigkeitskrieger, die sich mehr und mehr als eigenen Stamm inszenieren, mit eigenem Jargon, eigenen Erkennungszeichen und dem deutlichen Bestreben, unter sich zu bleiben. Bei den *deplorables*, den Unaufgeklärten, den Vorstadt-Karens, kurz, den Gesellschaftsmitgliedern mit dem falschen Bewusstsein, handelt es sich aus ihrer Sicht eben nicht um Bürger mit anderen Ansichten und Interessen, über die zu reden wäre, sondern um feindliche Gruppen und Stämme. An die Stelle von Aushandlung und Ausgleich der Interessen tritt der Kampf um Ressourcen und kulturelles Kapital, also um Macht.

Auch der Kampf an den Universitäten gegen Wissenschaftler mit störenden Ansichten folgt – wie im Kapitel vorher beschrieben – der gleichen Logik. Diejenigen, die Professoren dort niederbrüllen, absurd beschuldigen und mit Drohungen überziehen, tun das ausschließlich im Schutz homogener Kollektive. Sie wollen ausdrücklich keine argumentative Auseinandersetzung. Sie kennen keine Gegner, sondern nur die eigene Seite und Feinde. Diese Feinde behandeln sie, obwohl sie gegen Einzelne vorgehen, wie einen Stamm, dem sie Bezeichnungen wie *Faschisten* und *Rassisten* verpassen. Ambivalenz kommt in dieser Welt nicht vor, sondern nur Sieg oder Niederlage.

Das beantwortet auch die Frage nach dem Nutzen der modernen Stammesformationen: Sie stehen völlig quer zur ausdifferenzierten Gesellschaft mit ihren allgemeinverbindlichen Regeln. Aber sie eignen sich vorzüglich als Kampfverband für innergesellschaftliche Krieger, deren Ziel darin besteht, ihren Glaubenskodex allen anderen aufzuzwingen, und zwar ohne jeden Kompromiss, ohne Abstriche, ohne Diskussion. Wer das anstrebt, der muss dafür sogar einen möglichst homogenen Kampfverband bilden, in dem es keine Selbstzweifel gibt, sondern nur das Bewusstsein, über höhere Einsichten als alle anderen zu verfügen. In Saul Alinskys schon unter den alten Linken weitverbreitetem Buch *Rules for Radicals* (»Regeln für Radikale«) von 1971 lautet Regel Nummer eins: »Es gibt nicht nur die Macht, die man besitzt, sondern auch jene, von der der Feind glaubt, dass man sie besitzt.« Dieser Effekt steigert sich noch einmal deutlich, wenn sich Träger einer Überzeugung nicht als Partei organisieren, die irgendwann mit anderen ins politische Kompromissgeschäft kommen will, sondern als tribalistische Gemeinschaft, die nichts außerhalb der eigenen Moral anerkennt.

Die Tribalisierung des Westens erklärt niemand ausdrücklich zum Ziel. Der Prozess schreitet zwar schnell voran, aber so gut wie unkommentiert von denjenigen, die ihn vorantreiben. Einige dieser neuen Stämme in einer immer stärker von Identität besessenen Gesellschaft lassen sich ohne Mühe erkennen. Etwa in dem Zusammenschluss muslimischer Jugendlicher mit arabischen Wurzeln, die aus den französischen Vorstädten heraus im Juni 2023 und auch schon vorher mit Steinen und Brandsätzen alles Staatliche und in ihrer Wahrnehmung Weiße attackierten, Rathäuser, Schulen, Bibliotheken, Polizeiautos. Oder in den Franzosen marokkanischer Abstammung in Montpellier, die sich im Dezember 2022 zu einer »Strafexpedition« (*Le Figaro*) aufmachten, nachdem mehrere von ihnen einen Unfall provoziert hatten. Jugendliche versuchten damals nach dem Fußball-WM-Spiel Frankreich gegen Marokko, ein Auto einzukreisen und dessen Frankreich-Flagge abzureißen. Der Fahrer, in Panik geraten, gab Gas, um zu entkommen, und fuhr dabei einen 14-jährigen französisch-marokkanischen Jugendlichen tot. Bei dem Fahrer handelte es sich um einen Roma; eine bewaffnete Menge marschierte im Viertel la Paillade-Mosson zu dem Straßenzug, in dem die *tziganes* leben, um an dem gesamten Kollektiv Rache zu nehmen. »Das Drama von Montpellier«, kommentierte die Autorin Céline Pina, »zeigt noch einmal die Tribalisierung unserer Gesellschaft auf.« Im Juni 2023 sammelten sich in Essen jeweils Hunderte Männer libanesischer und arabischer Herkunft, bereit, ihren aus nichtigem Anlass entstandenen Streit auf der Straße auszutragen (übrigens fast unbelästigt von der Polizei).

Dort, wo der Tribalismus nur langsam einsickert, nämlich in der Politik, lässt er sich nicht ganz so deutlich erkennen. Aber dort richtet er den größten Schaden an. Dort verformt er die Gesellschaft ganz anders als einzelne moderne Stammeskriege in Großstädten.

Auch die noch relativ jungen Bewegungen aus dem Bereich der pseudoprogressiven Ideologie richten sich mehr und mehr an diesen tribalistischen Mustern aus, die – wie oben beschrieben – die politische Durchschlagskraft deutlich steigern. Hier mischen sich mehrere eng verwandte Elemente: das stammesähnliche Wir-Gefühl, die Prophetenhaltung gegenüber der Außenwelt, das Gefühl, zu einer Gemeinschaft von Auserwählten zu gehören. Das zeigt sich an Endzeitgruppen wie »Extinction Rebellion« beziehungsweise »Letzte Generation«, in einer etwas anderen Weise auch bei Black Lives Matter, die zwar nicht den nahen Weltuntergang verkünden, aber das Ende der alten amerikanischen Gesellschaft mit ihrem Motto »Vereint in Vielfalt«. Was, könnte jemand fragen, sollen diese Organisationen Gemeinsames haben – die eine fast reinweiß, die andere ganz überwiegend farbig, die eine auf das Thema Klima, die andere auf die Rassismusbekämpfung ausgerichtet? Hier wie dort zeigt sich das von Stämmen bekannte Muster: Abgrenzung nach außen, Homogenität nach innen, außerdem eine fast bedingungslose Loyalität gegenüber den Anführern.

Und noch einige andere Merkmale, die sich erst nach einem etwas tieferen Blick zeigen.

Im Kader der »Letzten Generation«, um mit dieser Gruppe zu beginnen, herrscht erstens eine bemerkenswerte Ähnlichkeit. Die meisten Mitglieder – besonders die der Führungsebene – rekrutieren sich aus dem akademischen Milieu oder dem akademischen Prekariat. Arbeiter, Handwerker, Leute aus mäßig bezahlten Dienstleistungsberufen finden sich so gut wie nirgends in ihren Reihen. Auch kaum Migranten. Ihre Aktivisten lassen sich auch auf keine wirkliche Diskussion ein, sie wiederholen nur die immer gleichen vorbereiteten Textbausteine, die höchstens je nach Publikum differieren: Für den Wortwechsel mit wütenden Autofahrern verwenden sie andere Standardaussagen als in Talkshows. Aber hier wie da zielen sie erkennbar nicht auf Dialog. Sie verkünden und fordern. In den Ankündigungen für Veranstaltungen, die zur Rekrutierung neuer Unterstützer dienen, taucht immer wieder der Satz auf: »Höre unseren Plan.« Ihr Programm lässt sich in einem Satz zusammenfassen: Die fossile Wirtschaft des Westens muss sofort beseitigt und durch eine autoritäre Umverteilungsordnung ersetzt werden. Geschieht das nicht, stehen laut Gruppendoktrin Hungerkatastrophen auch in den Industrieländern, bürgerkriegsähnliche Zustände und der Tod von Millionen, wenn nicht Milliarden Menschen unmittelbar bevor. Schon um diese Überzeugung zu schaffen und aufrechtzuerhalten, müssen die Anhänger ihre Verbindung mit der Außenwelt weitgehend kappen. Alle, die Erfahrungen mit der »Letzten Generation« sammelten und später offen darüber sprachen, bestätigen, dass nur ein sehr kleiner Zirkel über Art und Ausmaß der Aktionen entscheidet. Es herrscht außerdem eine klare, offenbar von den meisten akzeptierte Aufteilung in anonymes Fußvolk, das sich bei Straßenblockaden auch körperlichen Gefahren aussetzen soll, und einigen wenigen mediengewandten Prominenten, die in den Fernsehstudios Platz nehmen. In einem Video, das Mitglieder der Organisation zeigt, kommt auch der eigenartige Begriff »Wildbienen« vor, der Aktivisten bezeichnet, die ein Leben unter dem Existenzminimum führen sollen, damit Geldstrafen gegen sie ins Leere laufen. Sie bilden offenbar die unterste Ebene, die sich für die Ziele einer von Multimillionären finanzierten und von Bürgertöchtern und -söhnen angeleiteten, abgeschotteten Gemeinschaft aufzuopfern hat.

Weder »Extinction Rebellion« noch »Letzte Generation« streben mit ihrem Programm nach einer mehrheitlichen oder auch nur großen Zustimmung in der Bevölkerung, was notwendigerweise mit Kompromissen verbunden wäre. Reinheit geht ihnen vor Breitenwirkung.

Black Lives Matter, eine andere relativ junge Bewegung, gegründet 2013, die mit der Tötung von George Floyd 2020 einen Aufschwung in den USA und eine Ausbreitung auf andere Länder erlebte, besitzt keine so ausgeprägte Stammeskultur wie die »Letzte Generation«. Aber sie betont immer stärker ihre ethnische Basis; Weiße begrüßt sie bestenfalls als nicht gleichberechtigte Allys. Ihre farbigen Kritiker, die multikulturell Weißen, betrachtet sie als Feinde. Ihr ursprüngliches konkretes Ziel, die Öffentlichkeit gegen Polizeigewalt zu mobilisieren, verblasst zugunsten eines gesellschaftsumwälzenden Kampfs gegen die *white supremacy*, also die pauschal behauptete weiße unterdrückerische Überlegenheit. Weil die Existenz dieses systemischen weißen Rassismus im Zentrum ihres Weltbilds steht, zusammen mit der Idee der weißen Kollektivschuld, die sich nicht beseitigen lässt, suchen die Führungsfiguren von Black Lives Matter gar nicht erst nach einer breiten Allianz, für die es unumgänglich wäre, bündnisfähige Ziele zu formulieren. Darin unterscheiden sie sich grundlegend von der Bürgerrechtsbewegung der Sechziger, der Strategie eines Martin Luther King, der sich die Bürgerrechtsbewegung so breit wie möglich wünschte. In seiner berühmten »I Have A Dream«-Rede vom 28. August 1968 rief er die Farbigen dazu auf, gerade nicht in jedem Weißen einen Träger des Rassismus zu sehen. Die berechtigte Wut der Schwarzen auf die Ungerechtigkeit, rief King, »darf uns nicht in ein Misstrauen gegenüber allen Weißen führen, denn viele unserer weißen Brüder, die das heute durch ihre Anwesenheit beweisen, begreifen, dass ihr Schicksal mit unserem Schicksal verbunden ist und dass ihre Freiheit untrennbar an unserer Freiheit hängt. Wir können nicht allein vorangehen.«

Der schon erwähnte Mark Lilla, ein Linker alter Sorte, der gern wieder soziale Themen in den Mittelpunkt der Debatte stellen würde, erklärte bei mehreren Gelegenheiten, er unterstütze zwar voll und ganz das ursprüngliche Ziel von Black Lives Matter, Polizeiübergriffe gegen Schwarze anzuprangern. Aber nicht mehr das, wofür die Organisation heute stehen würde. In seinem (nicht auf Deutsch erschienenen) Buch *The Once and the Future Liberal. After Identity Politics* wirft er der Bewegung vor, die Gesellschaft weder zu befrieden noch zu verbessern. »Black Lives Matter«, schreibt der Politikwissenschaftler, »ist ein Schulbuchbeispiel dafür, wie man keine Solidarität aufbaut. Es kann nicht geleugnet werden, dass das Öffentlichmachen der Misshandlungen von African Americans durch die Polizei und der Protest dagegen Unterstützer mobilisierte und einen Weckruf für jeden Amerikaner mit Gewissen darstellte. Aber genauso wenig kann geleugnet werden, dass die Entscheidung der Organisation, diese Misshandlungen für eine generelle Anklage gegen die amerikanische Gesellschaft zu nutzen, gegen ihre Sicherheitsbehörden, und Mau-Mau-Taktiken gegen Abweichler einzusetzen, dass ihre Forderung nach Bekenntnis von Sünden und öffentlicher Buße (…), der republikanischen Rechten in die Hände gespielt hat.«

Das schrieb Lilla schon 2017, also noch vor der identitätspolitischen Kursverschärfung von BLM ab 2020. Die Auseinandersetzung von Traditionslinken mit BLM erschöpft sich übrigens meist in dem Vorwurf, die Organisation würde der politischen Gegenseite nützen, so wie übrigens auch Prominente aus den Reihen der Grünen und der etablierten Klimabewegung an »Extinction Rebellion« und der »Letzten Generation« hauptsächlich bemängeln, ihre Methoden fügten der großen Sache Schaden zu. Hier wie da scheint es für diejenigen, die ihnen politisch zumindest nahestehen, angemessener, nur taktische Kritik zu üben, statt über die gesellschaftlichen Schäden zu sprechen, die Kampfkollektive mit ihrem kompromisslosen Verkündungsgestus anrichten.

Spätestens an dieser Stelle können (und sollten) kritische Leser fragen, worin denn nach Ansicht des Autors der Unterschied zwischen der »Letzten Generation« und den in diesem Buch ebenfalls behandelten Gelbwesten liegt. Die Bewegten hier wie dort tragen schließlich einheitliche Warnkleidung, nur jeweils in unterschiedlicher Farbe. Und beide zeigten (beziehungsweise zeigen) sich auch bereit, Gesetze zu brechen. Und wodurch sollten sich außerdem die neuen Formationen heute von den avantgardistischen linken Kaderorganisationen früherer Zeit abheben? Gab es das alles nicht schon einmal? Auch dort sahen sich die Mitglieder von der Geschichte beauftragt, ihre Vorstellungen der ganzen Gesellschaft aufzuzwingen. Im Zweifelsfall zogen sie die ideologische Reinheit der Massenwirkung vor.

Es ist gut und produktiv, diese Fragen zu stellen. Denn sie führen vor allem zu der Erkenntnis, was Erscheinungen wie die »Letzte Generation«, aber auch Black Lives Matter sowohl von einer sozialen Bewegung wie den Gelbwesten als auch von den klassisch linken Organisationen des 19. und 20. Jahrhunderts trennt. Die Unterschiede übertreffen die Gemeinsamkeiten bei Weitem.

Genau genommen ähneln »Letzte Generation« und Gilets Jaunes einander nur im Westentragen. Die Bewegung in Frankreich besaß eine beachtliche gesellschaftliche Breite, sie sammelte sich in Groß- wie in Provinzstädten, bei ihren Demonstrationen kamen Arbeiter, Angestellte, kleine Selbstständige, Urfranzosen und Menschen mit Migrationsgeschichte zusammen. Sie entstand, um sozialen Forderungen überhaupt Gehör zu verschaffen, zuallererst, um die Rücknahme der höheren Dieselbesteuerung zu erzwingen. Ein Programm für das ganze Land entwickelten die Gelbwesten nie. Schon gar nicht die Vorstellung, das ganze Land nach ihren Interessen umzugestalten (der Mangel an Programmatik trug auch dazu bei, dass das Phänomen schnell wieder verschwand). Ganz grundsätzlich führten die Gelbwesten einen Kampf um die Anerkennung ihrer sozialen Interessen durch die tonangebenden Kreise. Sie verlangten von dem urbanen akademischen Milieu, von den Medien, kurz, von den Sinnverwaltern, überhaupt als Träger berechtigter Anliegen wahrgenommen zu werden. Wahrscheinlich handelte es sich um die erste Bewegung von unten, die (auch) um kulturelles Kapital kämpfte. Diese Anerkennung bekam sie nie wie verlangt und erhofft, bestenfalls in der kleinen Münze von Zugeständnissen hier und dort.

»Extinction Rebellion« und »Letzte Generation« verkörpern dazu den perfekten Gegenentwurf. Auch wenn die Klimakrieger der »Letzten Generation« ab und an Privatflugzeuge mit Farbe beschmieren, ändert das nichts daran, dass bei den meisten ihrer Aktionen Bürgerkinder nach unten kämpfen, meist gegen Pendler, gegen Handwerker, die zur Arbeit wollen oder von ihrem Arbeitsplatz nach Hause. Auch über ihre Straßenblockaden hinaus schieben die Angehörigen der »Letzten Generation« jeden Gedanken daran beiseite, welche sozialen Folgen es hätte, wenn sie bei ihrem Sturmlauf gegen die Industrie ihre Ziele tatsächlich erreichen würden. Und nicht obwohl, sondern gerade weil sie ihren Kampf nach unten führen, genießen sie eine Unterstützung vieler Journalisten, akademischer Stichwortgeber, etlicher Politiker und sogar Unternehmer, wie die Gelbwesten sie niemals erreichten, ja noch nicht einmal ernsthaft für sich selbst erwarteten. Die Orangewesten verfügen über einen ungehinderten und nahezu ungefilterten Öffentlichkeitszugang. Außerdem über enorme finanzielle Mittel, von denen ein großer Teil von dem Climate Emergency Fund stammt, einer Organisation, zu deren Mitgründern der Investor und frühere Mitarbeiter der Bill and Melinda Gates-Stiftung Trevor Neilson gehört, und die auch »Extinction Rebellion« mit Geld versorgt. Angesichts der überaus freundlichen Behandlung durch die Moralelite können die radikalen Aktivisten ihren Popularitätsmangel bei der Normalbevölkerung problemlos verschmerzen. Sie brauchen sich nicht gegen Widerstände durchzukämpfen, um überhaupt Anerkennung zu finden. Hier formieren sich Angehörige ohnehin schon privilegierter Schichten, um aufmerksamkeitsökonomisch noch ein Stück weiter nach oben zu steigen.

Bei Black Lives Matter verhält es sich ähnlich; die Bewegung findet Unterstützer bei vielen Medien und Politikern, sie verfügt über bemerkenswerte Geldvorräte, auch durch Großspenden von Unternehmen und Stiftungen. Nach einem Bericht des *Economist* sammelte BLM allein zwischen Mai und Dezember 2020 Spenden in der Gesamthöhe von 10,6 Milliarden Dollar ein. An klassischen sozialen Themen zeigt sich die Bewegung, um es vorsichtig zu sagen, desinteressiert. Die BLM-Gründerin und langjährige Führungsfigur Patrisse Cullors bezeichnete sich und eine Mitstreiterin zwar als »trainierte Marxisten«; konkrete Vorschläge für Verbesserungen zugunsten von schlecht bezahlten Arbeitern, für den leichteren Aufstieg von Kindern aus unterprivilegierten Familien (von denen nicht nur Schwarze profitieren würden), kommen in ihren Reden und Schriften aber nicht vor. Stattdessen setzt sich Cullors für die Abschaffung von Polizei und Gefängnissen ein, für Reparationen, die Schwarze für die Schäden »durch weiße europäische Siedler« erhalten sollen, außerdem für »kulturell relevante Erziehungsprogramme«, also einen hauptsächlich an ethnischen Gesichtspunkten ausgerichteten Schulunterricht. Eine ganze Reihe von (auch farbigen) Kritikern weist darauf hin, dass die BLM-Forderung, die Polizei durch Budgetkürzung zu verkleinern oder ganz abzuschaffen (»defund the police«), nur für Angehörige der Oberschicht kein Problem darstellt, die sich Überwachungstechnik und private Schutzdienste leisten können. Etwa in der Gegend von

Los Angeles, in der die Spendensammelorganisation Black Lives Matter Global Network Foundation im Oktober 2020 für 5,8 Millionen Dollar eine Villa kaufte, die angeblich als »sicherer Ort für schwarze Kreative« dienen sollte, tatsächlich aber eher ein Aufenthalts- und Partyort für Patrisse Cullors und andere Führungsfiguren war.

Und worin besteht der Unterschied zwischen den Bewegungen mit tribalistischen Zügen und den klassischen Linken, von den KP-Formationen bis zur klassischen Sozialdemokratie? Es trifft zu, dass innere Homogenität, unbedingte Treue zur Spitze und Überlegenheitsgefühl zu den hervorstechenden Merkmalen vieler linker Organisationen der alten Sorte zählen, je autoritärer, desto stärker. Und ganz nebenbei: Erinnert die Geschichte von der Millionenvilla für die Black Lives Matter-Führung nicht an George Orwells *Farm der Tiere,* den Roman, mit der er die Geschichte des Ostblockkommunismus als Fabel nacherzählte? Aber drei wesentliche Punkte unterscheiden die alten Kampftruppen von den neuen. Und dieser Unterschied markiert den Traditionsbruch mit dem, was früher den Kern des Linksseins bildete.

Zum ersten begründet der gesamte pseudoprogressive Komplex seine Existenzberechtigung völlig anders als die Traditionslinken (zu der ausdrücklich nicht die kommunistischen Kaderparteien zählen). Die sozialdemokratisch-sozialistischen Bewegungen wollten an der Seite der materiell Unterprivilegierten stehen und deren Leben konkret verbessern, statt – wie in den ersten Buchkapiteln beschrieben – von oben herab sozial Schwächeren Moral zu predigen. Sie klagten eher Verhältnisse an als das Verhalten von Einzelnen und Gruppen. Von der willkürlichen Einteilung in Identitätskollektive, der daraus folgenden Segregation, von der Idee, dass es für Farbige einen separaten Schulunterricht geben sollte, von der Behauptung, in jedem Weißen stecke eine unabänderlich rassistische Weltsicht, von dem Ideenkosmos also, der heute als progressiv gilt, hätte sich fast jeder westliche Sozialist der ganz alten Sorte abgestoßen gefühlt. Traditionell Linke der Gegenwart wie Lilla, Stegemann und andere sehen auf diesem speziellen ideologischen Feld zu Recht die größte Fremdheit zwischen ihren eigenen Ansichten und denen der Erleuchteten, die von linken Symbolen und Begriffen nur noch deren Hülle übrig lassen.

Der zweite grundlegende Unterschied liegt in den Zukunftsentwürfen. Alle Linken der alten Spielart, selbst die allerdoktrinärsten, entwarfen für die Zeit nach ihrer Machtübernahme eine von ihren antagonistischen Widersprüchen befreite und weitgehend homogene Gesellschaft. Die Kämpfe der Vergangenheit sollten hier enden. In Wirklichkeit brach dann bekanntlich nicht das von Marx versprochene Zeitalter der Freiheit an, noch nicht einmal das der Gleichheit, sondern eine totalitäre Zeit. Auch in dem milden Sozialismus etwa des schwedisch-sozialdemokratischen Volksheims lösten sich die Widersprüche nicht in Wohlgefallen auf. Aber alle Spielarten alter linker Bewegungen luden dazu ein, mit ihnen in eine hellere Zeit zu ziehen. Darin bestand auch das große Ziel der Bürgerrechtsbewegung in den Vereinigten Staaten, die nicht zu den klassisch linken Erscheinungen gehörte. (Martin Luther King unterstützte den Wahlkampf des Demokraten Lyndon B. Johnson, unterhielt aber auch gute Kontakte zu republikanischen Politkern. Und für den real existierenden Ostblocksozialismus hegte er, anders, als das FBI ihm unterstellte, nicht die geringste Sympathie.) In seiner oben zitierten Rede von 1963 entwarf King eine Zukunft, in der es eben keine vererbte Schuld gibt, auch kein vererbtes Leid, das auch Generationen später nach Entschädigung verlangt. »Ich habe den Traum«, so King, »dass eines Tages in der roten Hügellandschaft von Georgia die Söhne der ehemaligen Sklaven und die Söhne der früheren Sklavenhalter in der Lage sein werden, zusammen an einem Tisch der Brüderlichkeit zu sitzen.«

Exakt diese Verheißung verweigert die progressiv-regressive Bewegung von vornherein. Sie muss sie aus ihrer Logik heraus verweigern, aus der Logik von unauflösbarer Identität und verinnerlichter Schuld. Da in ihrem Weltbild der gesamte Bauplan des Westens auf Rassismus beruht, ein Rassismus, der bewusst oder unbewusst in jedem nichtfarbigen Westler steckt, kann es in keiner für sie denkbaren Zukunft einen gesellschaftlichen Frieden geben. Jedenfalls nicht, solange der Westen und Weiße überhaupt existieren. Mit ihren Ideen und Handlungen stellen die Identitätspolitiker alle Konflikte entlang des Schuld- und Opferbegriffs auf Dauer. Und sie verschärfen notwendigerweise die Auseinandersetzungen durch die Zerlegung der Gesellschaft in Gruppen und Stämme. Kaum jemand aus den Reihen der führenden Theoretiker spricht das so deutlich aus wie Ibram X. Kendi in *How To Be An Antiracist*: »Das einzige Mittel gegen rassistische Diskriminierung ist antirassistische Diskriminierung. Das einzige Mittel gegen die Diskriminierung in der Vergangenheit ist Diskriminierung in der Gegenwart. Das einzige Mittel gegen Diskriminierung in der Gegenwart ist Diskriminierung in der Zukunft.« Und damit meint er keineswegs die sogenannte »positive Diskriminierung« bei der Zulassung von Studenten, eine Praxis, die das Oberste Gericht der USA kürzlich stark einschränkte. Sondern tatsächlich einen Rassismus mit umgekehrter Schubrichtung, das genaue Gegenteil des Zukunftsentwurfs von King. Nach der Doktrin der »Kritischen Rassentheorie« setzen sich Rassismus, Diskriminierung und Anklagen in einer unendlichen Kette fort, die Weiße an die ewige Schuld und Farbige an den niemals endenden Opferstatus fesselt. Wie zu allen progressiv-regressiven Theoremen aus den USA gibt es auch hier das entsprechende deutsche Kendi-Abziehbild. In einem Tweet verkündete der führende Kader der Aktion »Mission Lifeline«, Axel Steier, die Migranten von der nordafrikanischen Küste nach Westeuropa bringt:

»Alle hoffen auf Besserung, auf ein Ende von Rassismus und Abschottungspolitik. Ich fürchte, dass das nicht kommt, solange Deutschland existiert. Das ist alles so verfestigt und in den regelhaften Strukturen fest verankert, das ist mit Reformen nicht zu lösen.«

Die Lehre vom inhärent rassistischen Westen wiederum legitimiert den Versuch, einfach die Richtung von Überlegenheitsdünkel und Abwertung umzudrehen. Die Umkehrung gewinnt an Stärke in dem Maß, wie die zentrale Doktrin sich an Universitäten, in Organisationen und Medien festsetzt. »Da weiße Menschen eine genetische Disposition dazu haben, schneller in der Sonne zu verbrennen, folgt daraus logisch, dass sie nur dazu geeignet sind, wie unterirdische Gnome zu leben«, twitterte beispielsweise die Redakteurin der *New York Times,* Sarah Young, im Jahr 2018. Und: »Es ist schon krank, wie viel Spaß es mir macht, grausam zu alten weißen Männern zu sein.« (Sie behielt ihren Job.) Im September 2022 twitterte Uju Anya, Professorin an der Carnegie Mellon University, über die englische Königin Elisabeth II.: »Ich hörte, die oberste Monarchin eines diebischen, vergewaltigenden, völkermordenden Imperiums stirbt endlich. Möge ihr Tod qualvoll sein.« (Sie weigerte sich, etwas davon zurückzunehmen, und behielt ihren Posten.) Dass sie von einer »ekligen weißen Mehrheitsgesellschaft« sprach, schadete dem Aufstieg der Grünenpolitikerin Sarah Lee-Heinrich zur Vorsitzenden der Grünen Jugend nicht. Etliche wenden ein, diese Art des umgekehrten Rassismus ändere doch nichts an den materiellen Machtverhältnissen. Das nicht, wenigstens nicht sofort. Aber er verändert das gesellschaftliche Klima drastisch. Er fügt bestehendem Rassismus neuen Rassismus hinzu. Und der wiederum provoziert als Reaktion noch mehr vom Gleichen.

Eine noch sehr viel stärkere Wirkung als das Abwertungsgerede mit umgekehrtem Vorzeichen entfaltet die Idee der Reparationen für die Sklaverei, die in den USA im progressiv-regressiven Lager viele Fürsprecher findet, darunter die BLM-Gründerin Patrisse Cullors. In dieser Vorstellung, alle Schwarzen sollten eine Entschädigungszahlung erhalten (wobei bizarr hohe Summen genannt werden), geht es nicht mehr um metaphysische, sondern materielle Schuld. Schon die Frage, warum der Nachfahre von Sklaven für Leiden entschädigt werden soll, die nicht er durchzustehen hatte, sondern seine Ururgroßeltern, weist auf die Absurdität der Forderung hin. Deren Konsequenzen führen allerdings noch weiter. Ausbuchstabieren ließe sich die Idee nur mit einer völlig neu erfundenen Geschichte. Schließlich gab und gibt es Farbige mit altem amerikanischen Stammbaum, deren Vorfahren nie Sklaven waren (etwa die Familie des schon zitierten Gelehrten W.E.B. du Bois). Es gab schwarze Sklavenhalter. Längst nicht jeder amerikanische Weiße, dessen private Geschichte bis zur Mayflower zurückgeht, zählt Sklavenbesitzer zu seinen Vorfahren. Abgesehen von den Millionen Einwanderern, die entweder selbst aus Asien oder Lateinamerika kamen oder aus Einwandererfamilien dieser Weltgegenden stammen – warum sollten beispielsweise weiße Amerikaner mit osteuropäischen Wurzen für die Sklaverei am Mississippi haften? Die fantastische Forderung lässt sich überhaupt nur in einer Gedankenwelt aufstellen, in der die Biografie des Einzelnen nichts mehr zählt. Die Forderung lässt sich nicht durchsetzen, weil dafür erst die westliche Idee der Individualität restlos zerstört werden müsste. Aber damit, dass sie einen unerfüllbaren Anspruch erheben, schaffen die Eiferer die Fiktion einer ewig unbeglichenen Rechnung, aus der sich neues Beschuldigungsmaterial gewinnen lässt. In Europa verbreitete sich nach dem üblichen Schema eine entsprechende Abwandlung des Reparationsprojekts. Die (weißen) Europäer haben demnach die Einwanderung aus Afrika als Buße für die Sünden der Vergangenheit zu betrachten. So verkündet es beispielsweise die grüne Bundestagsabgeordnete Emilia Fester, die eine Aufnahme von Millionen Afrikanern verlangt, »weil wir uns so schlecht benommen haben«. An die Stelle der alten linken Befreiungsrhetorik tritt bei den Progressiv-Regressiven also eine permanente Belagerung der Gesellschaft.

Die Propagandisten dieser Schuldlogik wissen sehr gut, dass keine Mehrheit diese Sicht jemals akzeptieren kann. Sie wissen, dass die ihrer Ansicht nach schuldbeladene westliche Zivilisation auf absehbare Zeit nicht verschwindet (So, wie die radikalen Klimaprediger übrigens wissen, dass sich der Kapitalismus nicht so bald verflüchtigt. Das Ideal der Progressiv-Regressiven besteht darin, die von ihnen behaupteten Ungerechtigkeiten dauerhaft anzuprangern, also im Namen der Moral Macht, Ressourcen, Aufmerksamkeit zu fordern, auch wenn sie behaupten, sie seien eigentlich angetreten, um empörende Verhältnisse zu beseitigen. Es geht ihnen darum, Tribut einzutreiben. Nicht für die, die sie zu vertreten vorgeben, sondern für sich selbst. Den perfekten Zustand erreicht die Gesellschaft in ihren Augen schon dann, wenn niemand mehr die Legitimität ihrer Machtausübung infrage stellt.

Der dritte große Unterschied zu den Linken der alten Schule fällt nicht sofort ins Auge: das Verhältnis zum Staat. Die Marx-Engels-These vom allmählichen »Absterben« des Staates im Kommunismus legten Kommunisten überall dort, wo sie zur Macht kamen, schleunigst beiseite. Sie bauten im Gegenteil den Staat weit über seine herkömmliche Größe aus, und das mit mörderischen Konsequenzen. Selbst gemäßigte traditionslinke Umgestaltungspläne kreisten um die Idee eines starken, zentralistischen Staates, um tief in das Leben ihrer Mündel einzugreifen. Auch hier bewegen sich sämtliche Spielarten der Neoprogressiven in die exakt entgegengesetzte Richtung. Und das ebenfalls aus einer unbezwingbaren inneren Notwendigkeit. Das Konzept des neuzeitlichen Staates und das einer aus Stämmen bestehenden Ordnung stehen einander als Antipoden gegenüber. Der Staat entstand überhaupt erst dadurch, dass Stämme ihre Macht zumindest zu großen Teilen auf eine von allen anerkannte Instanz übertrugen. Der Leviathan-Staat verübte zweifellos immer wieder furchtbare Grausamkeiten (und tut es bis heute). Aber er beendete im günstigen Fall, um mit Thomas Hobbes zu sprechen, den Dauerkampf aller gegen alle. Überall, wo es gelang, die ständige Fehde einzudämmen, gewannen alle Schichten etwas mehr Sicherheit. Wenn maßgebliche Kräfte daran arbeiten, die Gesellschaft wieder in tribalistische Identitätskollektive zu zerlegen, läuft dieser Befriedungsprozess notwendigerweise rückwärts. Die Ablehnung staatlicher und überhaupt formalisierter Machtausübung zieht sich durch die gesamte Vorstellungswelt der Neoprogressiven. Das beginnt eher sanft bei den urbanen wohlgesinnten Eliten, die in der Regel den Nationalstaat für überlebt halten, und sich stattdessen für die supranationale EU begeistern, oft auch für soziale Netzwerke, als deren Bürger sie sich betrachten. Schon wesentlich klarer zeigt sich das Machtverständnis bei den eng zusammengeschlossenen homogenen Stoßtrupps an Universitäten, die nach ihren Regeln über Lehrinhalte und das Recht auf öffentliches Sprechen verfügen wollen, die sich nicht nur als Campuspolizei aufführen, sondern auch als Justiz neuen Typs, die Anklage, Urteil und Strafe aus einer Hand liefert. Für die Kollektive der »Letzten Generation« versteht es sich von selbst, dass sie das Recht zur Blockade des Straßenverkehrs, zur Besetzung von Flughäfen, zum öffentlichen Vandalismus in ihre Hände nehmen. Aber nirgendwo finden Tribalisierung und Angriff auf gemeinschaftliche Institutionen so offen statt wie bei ethnisch fundierten Bewegungen wie Black Lives Matter und verwandten Gruppen. Sie beschränken sich nicht auf den Ruf nach Abschaffung von Polizei und Gefängnissen. Ihre Denker entwerfen auch eine Alternative. Nach ihrer Vorstellung soll an die Stelle der staatlichen Institutionen die *Community Accountability* treten, also die Ausübung von *Gemeinschaftsverantwortung* innerhalb einer Gruppe und nach den Regeln einer Gruppe. Das Konzept stammt wie alle Konzepte und Stichworte dieser Art aus den Vereinigten Staaten, findet seine Fürsprecher aber längst auch in Westeuropa. Hier gilt der Hinweis, der sich in diesem Buch öfter findet: Wer glaubt, es handle sich nur um eine verschrobene Ideengeburt wohlgesinnter Akademiker und Aktivisten, die nie ernsthaft in die Gesellschaft vordringt, der sitzt einem grundlegenden Irrtum auf. Gegen bürgerliche Verantwortungsübernahme innerhalb des allgemeinen gesetzlichen Rahmens wäre überhaupt nichts einzuwenden. Aber das meinen die Adepten der *Community Accountability* ausdrücklich nicht. In den USA und Kanada gehört die Forderung, ethnische Gemeinschaften sollten ihre Rechts- und Sicherheitsangelegenheiten nach eigenem Gutdünken regulieren, zum festen Kanon der Pseudoprogressiven, die auch gar keinen Hehl daraus machen, dass sie damit die erwünschte Segregation vorantreiben. Die *Community Accountability*, hieß es beispielsweise bei einer Veranstaltung der Universität Toronto im Februar 2023, um ein Beispiel herauszugreifen, helfe bei der »Schaffung schwarzer Räume« (»designing Black Spaces«). Die Wohlgesinnten auf dem alten Kontinent übernehmen diese Formeln und Begriffe en bloc. »›We look out for each other‹, also ›Wir passen aufeinander auf‹, ist ein Slogan, den migrantische Communitys und anarchistische Gruppen oft verwenden, wenn sie für Alternativen zum Ruf nach der Staatsgewalt werben«, lobte die *taz* im BLM-Sommer 2020 Versuche in schwarzen Gegenden der USA und in europäischen Migrantenvierteln, ihr eigenes Rechtssystem aufzurichten. Dass die Gemeinschaft dann wie in vormodernen Zeiten wieder soziale Kontrolle über den Einzelnen ausübt, gilt der *taz*-Autorin als faszinierend und hochgradig erwünscht. Vanessa E. Thompson, Soziologin an der Goethe-Universität Frankfurt a. M. und nach eigenen Angaben Rassismusforscherin, meinte ebenfalls 2020 in der *taz*:

»Es gibt abolitionistische Ansätze wie *Transformative Justice* oder *Community Accountability*, die seit Jahrzehnten erprobt werden. Sie wurden vor allem von schwarzen Trans-Frauen und migrantisierten Sexarbeiterinnen entwickelt, die mehrfach von Ungleichheitsverhältnissen betroffen sind. Sie sind in ihren Communitys sexualisierter oder häuslicher Gewalt ausgesetzt, können aber auch nicht die Polizei rufen wegen Prozessen staatlicher Kriminalisierung. Sie sagen: Wir wollen Sicherheit ohne staatliche Gewaltformen, wir müssen aber auch die Gewalt in unseren Communitys angehen. (…) Die Person, welche die Gewalt ausgeübt hat, und die Community übernehmen dann gemeinsam Verantwortung.« In Berlin rief der Grünenpolitiker Jeff Kwasi Klein, Leiter des staatlich geförderten Vereins »Each One Teach One« 2020 bei einer Kundgebung dazu auf, genau diese schwarzen polizeifreien Räume zu schaffen: »Es ist wichtig, dass wir uns organisieren, es ist wichtig, dass wir uns nicht auf den Staat verlassen, sondern verbindliche und robuste Community-Strukturen aufbauen, um nicht mehr die Polizei rufen zu müssen, wenn wir Hilfe brauchen.« Wie das verwirklichte Konzept der Entstaatlichung zugunsten einer neuen Stammeskultur in der Praxis aussieht, lässt sich in etlichen Siedlungen am Stadtrand von Paris besichtigen. Und nicht nur dort. Schon einigermaßen homogene Gesellschaften bleiben im Inneren nur friedlich, wenn der Staat mit seinem Gewaltmonopol Rechtsverstöße an jeder Stelle des Landes auf vorhersehbare Weise sanktioniert. Wer diesen Ordnungsrahmen niederreißt in einer ohnehin schon sozial, ethnisch und religiös gegliederten Gesellschaft, die sich nach Ansicht der Progressiv-Regressiven künftig noch viel stärker in Gruppen unterteilen soll, der öffnet das Tor zu einer Bürgerkriegshölle.

Der autoritären Linken ähnelt die regressive Bewegung mit progressiver Außenhülle bei allen Unterschieden in einem Punkt: So, wie der Ostblocksozialismus die Arbeiter und Bauern (und überhaupt alle außerhalb der privilegierten Funktionärsschicht) stärker unterdrückte und verarmte, als es der Kapitalismus je fertiggebracht hatte, schaffen die angeblichen Antirassisten vom Schlag eines Kendi mehr Rassismus, mehr Misstrauen, mehr Feindseligkeit innerhalb der Gesellschaft und weniger Stabilität für alle. Alles in allem: eine schlechtere Welt.

Die Tribalisierung führt die westliche Gesellschaft nicht nur zurück in glücklicherweise überwundene Verhältnisse. Sie richtet sich auch dezidiert gegen die Schwächeren. Sie entzieht gerade denjenigen Sicherheit und Stabilität, die sie am meisten brauchen, weil sie sich das Wohnen im wohlgeordneten Viertel nicht leisten können, einen privaten Wachdienst schon gar nicht. Nur der durch Bürgerrechte und Gewaltenteilung sinnvoll gebundene Staat kann Stabilität für alle schaffen. Die Allgemeinverbindlichkeit des Rechts und das staatliche Gewaltmonopol machen die Bürgergesellschaft erst möglich. Selbst libertäre Vordenker des Minimalstaats verzichten nicht auf diese beiden Elemente. Entstaatlichung und Tribalisierung wirken zusammen wie ein Zweikomponentengift, das die Grundlagen der westlichen Staaten zersetzt. Wer beides fördert, verhält sich reaktionär, illiberal, menschenfeindlich. Dass dieser Angriff auf die westliche Bürgerordnung unter einem Tarnumhang des menschenfreundlichen Fortschritts stattfindet, macht ihn umso gefährlicher. Denn sobald sich ein politisches Projekt in diese Symbolik einhüllt, setzt bei den meisten urbanen akademischen Zeitgenossen jeder Kritikreflex aus. Zur Verteidigung romantisieren sie Organisationen mit tribalistischen Zügen wie die »Letzte Generation« (»Stimme der Jugend«), sie zeichnen ein albern-idyllisches Bild von ethnisch geprägten traditionellen wie neuen Stämmen, in denen sie eine heimelige Gemeinschaft und überhaupt einen Zustand ohne Widersprüche vermuten (also genau das, was sie bei einer weißen, ethnisch homogenen Gruppe niemals tun würden). Was den umgekehrten, den reversen Rassismus betrifft, bedienen sie sich der gleichen Schutzformel wie schon bei der Jagd auf bestimmte Akademiker an Hochschulen: Sie streiten einfach die Existenz des Phänomens ab und beschuldigen jeden, der es beschreibt, der bösartigen Wirklichkeitsverzerrung. Daran, ob jemand sich die Blindheit auferlegt oder nicht, ergibt sich meist schon, auf welcher Seite der Auseinandersetzung jemand steht. Der französische Autor Pascal Bruckner gehört zu denen, die offen aussprechen, wie das pseudoprogressive Denksystem alte schädliche Verhältnisse nur mit einem entgegengesetzten Vorzeichen versieht. »Soll der Mann sich dafür entschuldigen, dass er ein Mann ist, dann muss die Hälfte der Menschheit dafür um Verzeihung bitten, geboren zu sein. Oder sollten sich nur gewisse Männer für das entschuldigen, was sie getan haben?«, fragte Bruckner in einem Interview mit der *Welt*: »Das wäre etwas ganz anderes. Sind kleine Jungen, vor allem wenn sie weiß sind, durch ihre Geburt von einem Kainsmal gezeichnet? Ist nicht genau das die eigentliche Definition des Rassismus und Sexismus, nämlich aus der Farbe der Haut und dem Geschlecht auf einen Fehler oder eine Minderwertigkeit zu schließen? Wir haben Helden und die Bösewichte ausgetauscht, aber es ist nach wie vor dieselbe Ideologie, die uns beherrscht, nur mit anderen Figuren.«

Obwohl sie alles verkörpert, was dem traditionellen Linkssein diametral entgegensteht, bildet gerade die Identitätspolitik das einigende Band schlechthin zwischen ansonsten sehr unterschiedlichen Milieus und Gruppen. Unter den jüngeren politisch-medialen Mitgliedern der gut situierten Moralbourgeoisie stellt kaum noch einer die Wichtigkeit von Hautfarbe, Herkunft, Geschlecht und Geschlechtsgefühl für die Identität infrage. Kritik an *Communitys*, die sich überwiegend ethnisch definieren, gilt dort meist ohne jeden Zweifel als rassistisch. Selbst das abstruse Konzept der »multikulturellen

Weißen«, also der Gemeinschaftsverräter, stellen nur wenige infrage. Der Neotribalismus passt harmonisch zur Weltsicht der Sinnverwalter, in der konkrete soziale Verhältnisse keine Rolle mehr spielen. Die neuen Stämme bilden sich entlang der neuen Kategorien und Begriffe aus der Sphäre des Nichtmateriellen. Sie führen ihre Konflikte nicht mehr um einen Anteil an der Wert-, sondern an der Sinnschöpfung. Und selbst die Klimabewegung sucht ganz offenkundig Anschluss an dieses Ideengebäude. Bei der Vorstellung ihres Klimabuchs im November 2022 sprach Greta Thunberg ein Generalurteil über den kapitalistischen Westen: »Es ist ein System, das durch Kolonialismus, Imperialismus, Unterdrückung und Völkermord durch den sogenannten Globalen Norden definiert wurde, um Reichtum anzuhäufen, und das immer noch unsere gegenwärtige Weltordnung prägt.« Die deutsche Frontfigur Luisa Neubauer formulierte das Gleiche noch ein bisschen schlichter: »Die Wurzeln der Klimakrise liegen in Machthierarchien von Männern über Frauen, von weißen Menschen über People of Color, von Männern über die Natur.« Die regressiv-progressive Bewegung scheint selbst klimaapokalyptische Organisationen aufzusaugen, um auch sie unter das Dach der großen Schuld- und Identitätslehre zu bringen.

Keiner, der auf die eine oder andere Weise die Umformung der Bürger- in eine Stammes- und Gruppengesellschaft voranbringt, vermag zu erklären, was dieses neue Gesellschaftsgebilde dann eigentlich noch zusammenhalten soll. Vermutlich rechnen sie damit, dass es in einer Gesellschaft ganz nach ihren Vorstellungen zumindest für sie selbst ein sicheres Plätzchen gibt. Die Frage, was ein Dauerkampf der neuen Stämme um Einflussgebiete und Ressourcen für ein Land bedeutet, was er hinsichtlich Sicherheit und Wohlstand anrichtet, scheint sie kalt zu lassen. Ihre einzige Sorge besteht offenbar darin, in der neuen Ordnung, die jedem seinen festen Platz zuweist, einen möglichst hohen Rang einzunehmen.

SECHS
Plattformen

»Mach jedes Detail perfekt und begrenze die Zahl der Details, die perfektioniert werden müssen.«
Jack Dorsey auf Twitter, 2010

Der Anwalt des bedrohten Kapitalismus

Auf die Frage, warum Manager und Finanziers großer Unternehmen mit den Erwachten friedlich koexistieren, gibt es mehrere Antworten, die erst zusammen den ganzen Blick auf die ungleichen Gefährten ergeben. Denn es handelt sich um eine Partnerschaft, in der beide den dialektischen Akt bewältigen, verschiedene Zimmer zu bewohnen, aber das gleiche Bett zu teilen. Stellen wir uns als Modellfigur für dieses Arrangement den leitenden Angestellten eines weltweiten Investmentfonds wie BlackRock mit seinen weltweit etwa 17 000 Beteiligungen vor. Er blickt milde auf junge Kader, die in amerikanischen und westeuropäischen Städten den Westen als unheilbar rassistisches System anprangern. Er sympathisiert vielleicht nicht unbedingt mit Studenten, die Redner auf dem Campus niederschreien und liberale Professoren aus dem Amt treiben. Aber er fühlt sich von ihnen auch nicht gestört. Den Ratgeber für progressive Plünderungen nimmt er im Bewusstsein zur Kenntnis, dass sie nicht in seiner Wohngegend stattfinden. Beauftragte für Diversity, Equity und Inclusion, kurz DEI, also Durchsetzungsbeauftragte der Identitätspolitik, gibt es längst in den meisten Unternehmen, an denen sein

Fonds Anteile hält. In den Fridays for Future-Demonstranten, die auf ihren Schildern den Systemwechsel fordern, sieht er eher Kunden der Firmen, deren Kurs er mitsteuert. Jedenfalls keine Feinde, die ihm unangenehm werden könnten.

Auf den Straßen vieler westlicher Städte geht es nicht harmonisch zu. In der Zeit der Black Lives Matter-Kundgebungen brannten Geschäfte, Dutzende Menschen starben gewaltsam; nach dem 7. Oktober 2023 drängten sich Zehntausende Muslime und selbstbewusste Progressive in London, Paris und Berlin auf Demonstrationen gegen Israel. Dazwischen gab es immer wieder kleinere Ausschreitungen, zu deren Folklore brennende Autos und Blut gehören. Gleichzeitig gab es noch nie ein derart entspanntes Verhältnis zwischen den verschiedenen Strömen einer Bewegung, die linke Symbole und Begriffe benutzt, und den Inhabern wirklich großer wirtschaftlich-politischer Macht. Eine Erklärung lautet, dass es sich auf der einen Seite nicht mehr um essenziell Linke handelt, auf der anderen nicht mehr um klassische Kapitalisten. Aber das allein beantwortet noch nicht, was beide aneinander finden (wobei von den Vertretern des materiellen Kapitals eine größere Zuneigung auszugehen scheint als umgekehrt). Um Antworten auf die Frage nach dem Warum zu finden, müsste man idealerweise den Gründer und Manager eines Investmentfonds treffen, der das Innere dieses neuen Kapitalismus erstens aus nächster Nähe kennt, zweitens mit Distanz auf diese Welt blickt, und drittens mit dem Autor über beides reden will.

Wer die Bereitschaft dieser Branche kennt, solche Unterhaltungen zu führen, erst recht wenn es nicht darum geht, über glänzende Geschäftszahlen und Nachhaltigkeitsbilanzen zu reden, sondern über die Rolle von Finanzunternehmen als Machtfaktor in der Gesellschaft, der kann die Umstände dieses Versuchs vermutlich zutreffend einschätzen. Es gibt nur sehr, sehr wenige dieser Gesprächspartner in dem ohnehin nicht besonders großen Pool von Fondslenkern, die eine zweistellige Milliardensumme hüten. Aber es gibt sie. Einer von ihnen heißt Paul Roderick Clucas Marshall, Jahrgang 1959, der 1997 zusammen mit seinem Geschäftspartner Ian Wace den Fond Marshall Wace LLP gründete, einen der ersten dieser Art in England. Heute verwaltet Marshall Wace etwa 50 Milliarden Dollar. Vor Gründung seines eigenen Unternehmens arbeitete Marshall für Mercury Assets, eine Vermögensverwaltung unter dem Dach von Warburg & Co. Paul Marshall versteht sich als Anwalt des traditionellen Kapitalismus. Oder vielmehr als sein Strafverteidiger. Denn der Kapitalismus altmodischer Art steht unter Anklage, vorgetragen neuerdings nicht nur von der Seite, auf der die progressive Flagge weht, sondern auch von einer modernen internationalen Managerklasse. Es handelt sich um einen Zangenangriff.

Ich hatte Marshalls Rede auf der ARC-Gründungskonferenz in London gehört, in der flachen grauen Halle des Magazin London im Norden von Greenwich am Themseufer, gegenüber den Glastürmen der Canary Wharf. ARC steht für »Alliance for Responsible Citizenship«, Allianz für verantwortliche Bürgerlichkeit. Er sprach wie die meisten Redner der Konferenz über ein etwas weiter gefasstes Thema: die Gegenwart und Zukunft des Kapitalismus. Genauer: dessen bedrohte Zukunft.

Der Kapitalismus der freien Märkte, sagte er, sei das großartigste Instrument zur Erzeugung von Prosperität in der Geschichte. Ihm sei der Rückgang der weltweiten extremen Armut von 90 auf 10 Prozent während der vergangenen 75 Jahre zu verdanken. Nur der Kapitalismus der freien Märkte sei in der Lage, Lösungen für die globalen Probleme der Gegenwart zu finden. Trotzdem befinde sich dieser Kapitalismus in einer tiefen Legitimationskrise. Und zwar bei denjenigen, »die auf der falschen Seite der Disruption stehen, bei jungen Leuten – und in den Ländern, die in Armut stecken bleiben«. Wer den Kapitalismus verteidigen wolle, so Marshall, der sollte darüber nachdenken, welche Sorte er eigentlich meine. Damit kam er zu dem, was er »die drei mutierten Geschwister des Marktkapitalismus« nennt: Monopolismus, zweitens *crony capitalism,* also die enge Verflechtung von großen wirtschaftlichen Spielern mit politischen Entscheidungsträgern, und woker Kapitalismus, der nach seiner Definition gesellschaftliche Verhaltens- und Sprechvorschriften über Unternehmen durchzusetzen versucht. Für den Monopolismus zählt er gängige Beispiele aus den USA auf; Marktanteile großer Tech-Plattformen, die beherrschende Stellung einer einzigen Fluglinie an den meisten Flughäfen des Landes, die Marktmacht großer Banken und Versicherungen. Für den *crony capitalism* greift er in der Zeit zurück, als er darauf hinweist, dass ganz in der Nähe des heutigen Konferenzzentrums 1599 die East India Company gegründet wurde, ursprünglich als reine Handelsfirma, die schnell zu einem wirtschaftlich-politischen Gebilde mit eigener Armee, faktischem Kolonialbesitz und spezieller staatlicher Protektion aufstieg. Für den *crony capitalism* der Neuzeit nennt er einige Daten zum Aufwand, den Großunternehmen für Lobbyismus treiben. In Washington würden Unternehmen dafür zwei Milliarden Dollar pro Jahr ausgeben, in Brüssel eine Milliarde. Seine East India Company der Gegenwart ist Pfizer, ein Pharmaunternehmen, das allein 11 Millionen Dollar im Jahr für den Zugang zu politischen Entscheidungsträgern aufwende, und das mit seinem Impfstoff gegen Corona einen Gewinn von schätzungsweise 35 Milliarden Dollar verbuchte – mit dem Staat als Hauptabnehmer, der den Hersteller gleichzeitig von jeder Haftung befreite. »Das«, so Marshall, »nenne ich gut investiertes Lobbygeld.« Der woke Kapitalismus, der Dritte der missratenen Geschwister, diene der Verbreitung einer Ideologie innerhalb von Firmen von oben nach unten mit den Schlagworten DEI, Diversity, Equity, Identity, also Diversität, Gleichheit und Identität, und ESG,

Environment, Social und Gouvernance, Standards für Umwelt, Soziales und Unternehmensführung. Möglicherweise, so Marshall, habe es bei beiden ursprünglich einmal gute Absichten gegeben. »Aber mit guter Unternehmensführung hat das es sehr wenig zu tun.« Gute Unternehmensführung im traditionellen Sinn sei in vielen Unternehmen allerdings auch lange vernachlässigt worden, »weil die aus Sicht des Managements zu anstrengend oder zu teuer war«. Die Erfinder von ESG und DIE, meint er, mussten also kaum etwas verdrängen. sie seien vielmehr in eine Lücke gestoßen mit ihrem Angebot, einen gewaltigen ungestillten Bedarf zu befriedigen – den der modernen Managerklasse nach gesellschaftlicher Legitimation.

In der Teepause der Konferenz fragte ich ihn, ob wir uns über dieses Thema noch etwas eingehender unterhalten könnten: »Eigentlich wollte ich gleich jemand von BlackRock fragen. Aber wissen Sie, die sind dort so diskret.« Wir verabredeten uns für den nächsten Morgen im Foyer des Hotels Intercontinental.

Der Anwalt des bedrohten Kapitalismus kommt mit einem dunkelgrauen Range Rover. Marshall trägt einen bräunlichen zerknitterten Trenchcoat, ansonsten fast das Gleiche wie am Tag vorher, hellblaues Hemd, einen offenen blauen Zweireiher. Sein Kleidungsstil lässt sich am besten mit Chestertons Bonmot »bürgerlich im Tragen nachlässiger Kleidung« beschreiben (im Unterschied zu Nachlässigkeit bei Tragen bürgerlicher Kleidung). Es gibt Menschen, die nach Geld riechen. Der Finanzvorstand von Marshall Wace gehört definitiv nicht zu diesem Club. Ihn umwabert auch, anders als die meisten Konzernchefs und Spitzenpolitiker, keine Wichtigkeitsaura. Wir setzen uns in einen nicht für uns, sondern ganz allgemein mit einer Kordel abgesperrten Teil des Foyers, in dem Ruhe herrscht. Er behält während des Gesprächs seinen Trenchcoat an. Mit diesem Mantel, seinen leicht zerzausten Haaren und dem typischen Gesicht eines notorisch übernächtigten Frühaufstehers erinnert er ein bisschen an Inspektor Frank Colombo, den von Peter Falk gespielten Ermittler, der in Los Angeles vertrackte Mordfälle in gehobenen Milieus ausschließlich durch Fragen und Schlussfolgerungen löst. Das Gespräch soll auf den folgenden Seiten ausnahmsweise fast wortwörtlich wiedergegeben werden.

Wie, frage ich, kam eigentlich die Idee in große Unternehmen, sich selbst nicht nur als wirtschaftliche Einheit zu betrachten, sondern als Organisation, die Gesellschaftspolitik nach ganz bestimmten und überall identischen Vorstellungen betreiben sollte?

»Dafür«, sagt Paul Marshall, »gibt es mehrere Gründe. Einer besteht darin – wie ich in meiner Rede sagte –, dass es lange ein Vakuum in der Frage der guten Unternehmensführung gegeben hat. Zum anderen: Unternehmen wie BlackRock, Vanguard und State Street, von denen dieser Prozess ausging, verkaufen als Produkt die Anlageformen, in denen sie einzelne Assets zusammenfassen und zu einem bestimmten Preis anbieten. Das kann im Prinzip jeder tun. Und es existiert keine grundsätzlicher Unterschied zwischen einem Produkt von BlackRock und Vanguard. Es gab also einen Grund für sie, sich mit ihrem Produkt auf diese Weise von anderen abzusetzen. Und weil sie sehr viele Beteiligungen kontrollieren, hatte das wiederum eine sehr große Auswirkung auf einen sehr kleinen Markt. Andere Fonds, die sich bis dahin nicht um Unternehmensführung nach bestimmten Prinzipien gekümmert hatten, mussten nachziehen.« Wenn wir einen Blick darauf werfen würden, wer in einem Unternehmen mit ESG und DEI zu tun habe, dann falle ihm auf, dass es sich oft um den eher bürokratischen Typus im Management handle. Ihre Funktion unterscheide sich typischerweise von der eines Fondsmanagers. Diejenigen, die eigentlich auch über die Prinzipien der Unternehmensführung bestimmen sollten, seien in Wirklichkeit nicht immer daran beteiligt. »Wir haben es mit verschiedenen Ebenen von Management und Bürokratie zu tun. Es gibt oft keine Verbindung zwischen denjenigen, welche die wirklich harten Entscheidungen im finanziellen Management treffen, und denjenigen, die sich um die weicheren Themen kümmern, die Werte, die das Unternehmen nach außen vertritt und so weiter.«

Wann, möchte ich wissen, begann diese Entwicklung? Die Finanzindustrie rutschte innerhalb weniger Jahre in ihre Legitimationskrise, als die Immobilienkreditblase in den USA platzte, Lehman Brothers 2008 kollabierte, eine Bankenkrise Europa durchschüttelte, als die Occupy-Wallstreet-Aktivisten den Zucotti-Park in New York besetzten und das »eine Prozent« anklagten, Manager und Investoren, die sich vor dem großen Beben noch als Meister des Universums fühlten. »War das der Punkt«, frage ich ihn, »an dem diese Leute das Gefühl bekamen, ihre Unternehmen bräuchten sehr dringend einen neuen gesellschaftlichen Sinn, einen moralischen Anspruch?«

»Ja«, sagt Marshall, »zu hundert Prozent. Und das ist der Grund, warum das vor allem in Banken und Finanzunternehmen so betont wird. Die Formulierung von ESG-Kriterien kostet sie nicht viel. Das Gleiche gilt für die Ausrufung von Diversität im Unternehmen und das Reden über Inklusion. Es kostet sie nur auf längere Sicht etwas, wenn sie anfangen, nicht mehr nach Kompetenz einzustellen, sondern nach Identitätsmerkmalen. Das ruiniert ihr Geschäft auf Dauer. Und es gibt noch einen anderen Aspekt, der Unternehmen dazu bringt, Regeln zu Diversität, Gleichheit und Identität zu installieren: Das ist die Frage nach dem höheren Sinn des Unternehmens. Für eine Menge von Unternehmen besonders in der Finanz- und Digitalindustrie fällt es schwer, ihren Mitarbeitern zu erklären, dass sie höheren Werten dienen. Wenn Sie leitender Manager bei Goldman Sachs sind – die sich übrigens seit der Krise sehr geändert haben, es ist heute ein viel besseres Unternehmen – und Sie sollen den Mitarbeitern dort sagen, worin der Sinn ihrer Arbeit besteht: Nun, der eigentliche Sinn besteht darin, als Mittler Transaktionen zu ermöglichen, die Käufer und Verkäufer zusammenbringen. Das ist ein sehr abstrakter Sinn. Das Gleiche gilt für Versicherungen. Das Produkt vieler Unternehmen ist eine trockene Angelegenheit, ohne Verbindung zu etwas Aufregendem wie der Verbesserung der Bodenqualität oder der öffentlichen Gesundheit. Wenn Ihr Produkt abstrakt ist, was bieten Sie dann als Vision an, damit Sie Leute motivieren, für Sie zu arbeiten? Um für junge Leute attraktiv zu sein, bekennen sich Unternehmen zu ESG, zu Diversity, Equity, Identity; die Verantwortlichen im Management sagen: Schaut, wir sind ein wunderbares, einem höheren Zweck verpflichtetes Unternehmen, das dieses großartige Ökosystem von Menschen hervorbringt.«

»Aber es klingt gut, und in vielen Firmen scheint es Mitarbeiter tatsächlich zu motivieren. Warum halten Sie es für falsch? Und wie gehen Sie bei Marshall Wace eigentlich mit der Sinnfrage um?«

»Dass Angestellte eines Unternehmens die Welt verbessern«, antwortet Marshall, »ist nicht wirklich der Fall. Das ist ein Fake. Denn darin liegt nicht der eigentliche Zweck des Unternehmens. In unserem Unternehmen zum Beispiel ist es einfach, zu sagen, worin unser Zweck besteht. Wir sind Fondsmanager. Wir sind Treuhänder. Wir reduzieren die Risiken für das Vermögen anderer Leute. Das ist ein legitimer Zweck. Unsere Kunden überlassen uns ihr Geld, weil sie von uns erwarten, dass wir gute Verwalter sind. Das sage ich jedem, der bei uns anheuert. Aber es gibt trotzdem eine Herausforderung, was das betrifft. Die meisten Mitarbeiter bei Marshall Wace sind weit weg von dem Kunden, sie sehen also das Endprodukt nicht, das ihm geliefert wird. Die Versuchung besteht darin, ihnen zu sagen: Nun, es dreht sich alles um Diversität, Gleichheit und Inklusion. Nein, das sind zweit- und drittrangige Dinge, es ist nett, sie zu haben, aber sie stehen nicht im Zentrum. Jedes Unternehmen hat einen Sinn und Zweck, das ist der Grund, warum Kunden für seine Dienstleistung bezahlen. Deshalb muss man den Mut aufbringen, zu sagen: Darin besteht der Zweck unseres Unternehmens. Wenn Sie diesen Zweck nicht in der Weise mögen wie derjenige, der die Firma führt, dann arbeiten Sie entweder woanders. Oder Sie sagen, gut, das Geld, das ich verdiene, kann ich anderen für bestimmte gesellschaftliche Zwecke weitergeben. Aber tun Sie bitte nicht so, als würden Sie sich im Unternehmen für Diversität, Gleichheit und Inklusion engagieren. Denn dieses Statement ist nahezu bedeutungslos. Wenn ein Unternehmen sage: ›Wir haben ein diverses Team, soundsoviel Leute von dieser und so viele von jener Identität‹, dann würde das dem Kunden nicht weiterhelfen. Wie auch?«

Als nächstes interessiert mich, ob es bei der Installation von DEI-Abteilungen nach Marshalls Ansicht eher um die Außenwirkung von Unternehmen geht, oder ob sie sich ab einem bestimmten Punkt eher nach einer bürokratischen Eigenlogik ausbreiten. Für Diversity-Equity-Identity-Abteilungen gelten andere Regeln als für alle anderen Abteilungen in einer Firma. Es gibt kein Produkt zu entwickeln; die Richtlinien und Papiere, die Mitarbeiter dort verfassen, müssen sich nicht am Markt bewähren. Es gibt keine messbare Leistung. Bei Kündigungswellen trifft es diese Bereiche oft als Letztes. Obwohl sie zu gewinnorientierten Konzernen gehören, ähneln sie deshalb eher dem, was der Soziologe Erving Goffman die »totale Institution« nannte – ein abgekapselter Bereich, der völlig eigenen Regeln folgt. Meine Frage an Paul Marshall fällt deutlich kürzer aus als dieser kleine Einschub: »Könnte es also sein, dass in vielen Unternehmen etwas in der mittleren Ebene in eigener Dynamik heranwächst, was Eigentümer und Spitzenmanager gar nicht mehr wagen zurückzuschneiden, weil das sofort zu Unruhe in der Firma und zu einem öffentlichen Aufschrei führen würde?«

»Und um das aufzuhalten«, meint er, »braucht es ein starkes Management. Diejenigen an der Spitze eines Unternehmens müssten sagen: ›Welches ist der Zweck dieser Einheit? Was tut sie eigentlich? Wie messen wir ihre Leistung? Welches ist ihre Auswirkung auf unser Geschäft?‹ Die meisten Unternehmen haben dieses starke Management aber nicht. Dazu gehört nämlich auch Charakterstärke. Daran fehlt es den meisten CEOs und Vorstandsmitgliedern. Sie haben Angst davor, etwas infrage zu stellen, das gesellschaftlich gerade in Mode ist. Die meisten Manager sind darauf konzentriert, Tagesprobleme zu lösen. Sie konzentrieren sich nicht auf Ideen. Sie verstehen nicht, woher die Ideen kommen, die zu DEI geführt haben. Sie analysieren nicht Marcuse. Für sie sind diese Veränderungen wie die Gezeiten im Meer, in dem sie schwimmen. Deshalb werden sie nicht sagen: ›Wir glauben wirklich daran, dass das eine gute Sache ist.‹ Oder eine schlechte. Sie befassen sich einfach nicht wirklich damit.«

»Wahrscheinlich«, sagte ich, »halten die meisten CEOs Gramsci für eine italienische Weißweinsorte.« Das amüsiert ihn. »Und selbst wenn sie wissen, dass Gramsci ein italienischer Philosoph war«, meint er, »würden sie vermutlich sagen: ›Er ist ein toter Philosoph. Was hat er mit mir zu tun?‹ Der Grund ist, dass sie nicht an die Macht von Ideen glauben. Das ist eine kleine Gruppe, der die Zeit fehlt, um so etwas zu lesen.«

Andererseits, wende ich ein, gebe es durchaus einflussreiche Ideen zur die Zukunft des Kapitalismus, beispielsweise das, was Klaus Schwab vom Weltwirtschaftsforum als »stakeholder capitalism« bezeichnet, ein »Kapitalismus der Beteiligten«, in dem sich Unternehmen seiner Vorstellung nach dazu verpflichten sollen, weitreichende gesellschaftliche Veränderungen voranzutreiben, in enger Verbindung mit Regierungen, supranationalen Organisationen und Stiftungen. Diese Art des Kapitalismus, meint Schwab, werde sich weltweit durchsetzen. (In unmittelbarer Nachbarschaft des Begriffs »stakeholder capitalism«, das nur als zweiter kleiner Einschub, finden sich noch etliche Ideen im Frühstadium, die alle nicht auf Beteiligung hinauslaufen, sondern auf Lenkung, etwa das Konzept eines zugeteilten CO_2-Budgets für jeden Bürger oder die Ausgabe von Sozialpunkten. In Davos diskutierte Klaus Schwab auch schon in aller Unschuld die Vision einer *post voting society*, in der künstliche Intelligenz Wahlen überflüssig macht.)

»Was meinen Sie«, möchte ich wissen, »hat Schwab recht mit seiner Prognose, dass nur der stakeholder capitalism überlebt?«

»Dieses Modell ist dabei, zu gewinnen«, sagt Marshall. »Es gewinnt, weil der Cronyismus sein innerer Kern ist. Was Davos angeht, Unternehmensführer gehen dorthin, weil sie ihre Zeit extrem effizient nutzen können. Sie treffen dort Zentralbanker, Banker, Vertreter anderer Unternehmen, Kunden, alle auf einem Fleck. Und sie können bei Politikern lobbyieren. In Davos kombiniert man Cronyismus mit dieser speziellen Philosophie des Stakeholder-Kapitalismus. Politiker wiederum lieben es, weil sie dort Leute wie Elon Musk treffen können. Es funktioniert für alle gut. Deshalb ist es so mächtig. Ich habe im vergangenen Jahr mit Leuten gesprochen, die meine Ansichten teilen, sowohl Politiker als auch Geschäftsleute, und sie gefragt: ›Warum gehen Sie nach Davos?‹ Die Antwort lautete: Ich sehe es wie Sie, es ist schrecklich. Aber eine gute Nutzung meiner Zeit.«

Wir sitzen ziemlich genau fünfzehn der vereinbarten zwanzig Minuten zusammen. In der Lobby verbreitet sich die geschäftige Unruhe eines Londoner Morgens. Im Notizbuch gibt es noch viele Stichworte, aber jetzt, kurz vor neun, nur noch Zeit für eine letzte Frage. »Was könnte, um einem Begriff aus der Wirtschaft zu benutzen, der Schwarze Schwan für den Stakeholder-Kapitalismus sein – also das undenkbare

Ereignis, mit dem die Verfechter des Modells nicht gerechnet haben und das ihre Vorhaben durchkreuzt? Wenn es eine Konstante in der Geschichte gibt, dann doch die, das sich immer wieder das Unerwartete ereignet.«

»*It's a great question.*« Kurze Pause. »Der einzige Schwarze Schwan könnte das sein, was wir gerade auf der ARC-Konferenz versuchen – eine Revolte des öffentlichen Widerwillens gegen dieses Modell zu schaffen. So, dass es für Wirtschaftsführer peinlich wird, sich in Davos sehen zu lassen. Das verstehe ich unter Bürgerlichkeit. Wir müssen die Stimmung in diese Richtung drehen.«

Es gibt nicht den einen starken Verbindungsstrang zwischen dem regressiven Progressismus mitsamt seinen wohlmeinenden Anhängern und der Welt globaler Wirtschaftsplattformen, sondern vielmehr ein Netz aus kleineren und größeren Fasern, ein Nervengeflecht, durch das Signale in beiden Richtungen fließen. Die prägenden Personen auf beiden Seiten nehmen die Welt ähnlich wahr. Beide ignorieren, was Gesellschaft eigentlich bedeutet: nämlich ein über Generationen gewachsenes Gefüge aus Tradition, Sprache, Rechtsauffassungen und glücklicherweise befriedeten Kämpfen in der Vergangenheit. Gesellschaft, das ist eher die tausend Jahre alte Kleinstadt an der Amalfiküste, nicht Canary Wharf.

Die Plattformökonomie von Meta, Google, Amazon, Investmentbanken und anderen Konzernen entstand durch Disruption nicht nur von einer früheren Art des Wirtschaftens, sondern im weiteren Sinn auch von einer hergebrachten Kultur, in der es, so unvollkommen wie auch immer, ein Kartellrecht gab, die Vorstellung von einem Unternehmer als Person, der für die Folgen seiner Handlungen haftet, vor allem eine wiederum nie ganz der reinen Lehre entsprechende, aber immerhin im öffentlichen Bewusstsein verankerte Trennung zwischen Wirtschaft und Politik. Es ließ sich immerhin noch erkennen, wo das eine aufhörte und das andere anfing. Die

Feier des permanenten Wandels, des Abräumens von gewachsenen Strukturen, des »Risses im System« steht im Zentrum des regressiven Progressismus, gehört aber auch zum Selbstverständnis des »mutierten Kapitalismus«, um Marshall noch einmal zu zitieren. Beide schauen auf das Gewachsene herab und meinen, es sei der Erhaltung oder auch nur der näheren Prüfung nicht wert. Den Begriff *Kultur* verstehen beide bestenfalls sehr eng und schemenhaft; vielen Managern im Silicon Valley sagt er genauso viel wie einem führenden Vertreter der Kritischen Rassentheorie oder des Postkolonialismus.

Beide der angeblich ungleichen Partner wünschen sich, was Regeln und Strukturen betrifft, eine größtmögliche Homogenität. Die Gesellschaft selbst soll sich in eine Plattform mit einheitlichem Betriebssystem und gleicher Software verwandeln, gleichgerichtet, alternativlos. Den einen wie den anderen geht es um *solution for the world*. Nichts kommt ihnen lästiger, überflüssiger und falscher vor als ein Nebeneinander von Ansichten, Traditionen und damit Alternativen. Mit nichts können sie weniger anfangen als mit dem Prinzip der Konkurrenz, ob es um Ideen oder wirtschaftliche Erzeugnisse geht. Öffentliche Kontrolle ihrer eigenen Tätigkeiten, das Wirken von Checks und Balances, das Prinzip des Gegenspielers sind ihnen gründlich zuwider. Beider Ideal ist das Monopol.

Beide wissen, dass sich Moral – nicht die eigene, sondern die von anderen verlangte – hervorragend bewirtschaften und kapitalisieren lässt. Beide begreifen die Bedeutung von kulturellem Kapital. Beide treffen sich harmonisch in der Verachtung für alle, die Umwälzungen nicht freudig begrüßen, und geißeln deren trotziges Beharrungsvermögen.

Mit dem Begriff des Bürgers kann weder ein Regressiv-Progressiver noch ein Plattformlenker etwas anfangen. Beide wünschen sich eine Gesellschaft der Objekte statt der Subjekte. Ein Erwachter sieht in dem Einzelnen den Träger einer Gruppenidentität, ein Vertreter des mutierten Kapitalismus einen Verbraucher, außerdem einen Produzenten von Daten, auf die er aber keinen Eigentumsanspruch erheben darf.

Beide machen sich weniger Gedanken darüber, warum sich Menschen auf eine bestimmte Weise verhalten, sondern vielmehr, wie sich ihr Verhalten möglichst effizient steuern und kontrollieren lässt. Beide betonen zwar ständig das Einmalige jeder Person, denken aber in Kollektivbegriffen.

Dazu kommt die Wirkung der sogenannten sozialen Netzwerke, die beide prägen, die neue Ökonomie wie die neue progressive Bewegung. Die Identitätspolitik, die Kritische Rassentheorie, der Postkolonialismus konnten sich durch diese Netzwerke leicht länderübergreifend verbreiten. Die Netzwerke prägten und prägen umgekehrt auch die Ideologien. Das Medium wirkt auf die Botschaft. Wie schon in einem vorigen Kapitel erwähnt: Diese Theorien, aber auch Bewegungen wie Black Lives Matter, Fridays for Future und Letzte Generation funktionieren in ihrer tiefen Struktur ähnlich wie Instagram und TikTok. Sie sind reduktionistisch, sie beschränken sich auf einfache, leicht kopierbare Inhalte. Die Machart richtet sich nicht auf Debatte und Abwägung, sondern auf eine schnelle Inhaltsverbreitung durch Nachahmung. Ihre Formeln öffnen das Denken nicht. Sie schließen es. Das Ziel besteht darin, von wenigen Zentren aus einen möglichst großen Followerstamm aufzubauen. Ein wesentlicher Grund für den Erfolg der regressiv-progressive Lehre liegt in ihrer Anwenderfreundlichkeit. Sie verlangt kein Textstudium, keine Aneignungsarbeit, sie zeichnet sich, um es modern zu formulieren, durch intellektuelle Barrierefreiheit aus. Wer sie konsumiert, lädt sie sich in sein Bewusstsein, so, wie sich jemand eine Software herunterlädt.

Es existiert noch eine andere tiefe Wahlverwandtschaft zwischen den Erwachten in der Sinnproduktion und einem ziemlich neuen Typus unter den Gründern und Managern großer Unternehmensplattformen, der heute eine nicht unbedeutende Rolle spielt. Die Überzeugung, alles könnte prinzipiell durch Sprechakte geschaffen und umdefiniert werden, durchzieht das gesamte regressiv-progressive Gedankengebäude – aber eben auch erstaunlich große Teile des Neokapitalismus, in dem tatsächlich ab und zu Milliardenwerte durch symbolische Handlungen und Narrative entstehen. Zumindest vorübergehend. Niemals in der Geschichte stiegen Firmen derart steil auf, deren Schöpfer nichts besaßen außer einer erfolgreichen strategischen Erzählung.

Mit ihren Auftritten, ihrer Stilisierung zum *weiblichen Steve Jobs* mit schwarzem Rollkragenpullover, tiefer Stimme und ihrer Behauptung, ein Wunderwerk erfunden zu haben, schaffte es Elizabeth Holmes in Kalifornien nicht nur, Hunderte Millionen Investorengelder für ihr Unternehmen Theranos einzuwerben. Ihr gelang auch das wirkliche Kunststück, ihre Firma – oder besser deren Fata Morgana, denn es besaß nie ein vermarktungsfähiges Produkt – fünf Jahre lang aufrechtzuerhalten. An sie und ihr imaginäres Blutanalysegerät, das angeblich aus einem Tropfen Hunderte Diagnosen lesen konnte, also eine Art Thermomix der Labormedizin, wollten sehr viele Geldgeber und Medienleute glauben. Journalisten, selbst Investoren scheuten sich jahrelang, Holmes mit Detailfragen zuzusetzen. Auch deshalb, weil sie bei ihren Séancen die Drohung mitschwingen ließ, wer sie nicht ernst nehme, sei höchstwahrscheinlich ein frauenfeindlicher Sexist.

Sam Bankman-Fried, ehemals Eigentümer der Kryptobörse FTX, gelang es mit seiner Erscheinung als lockenköpfiger Gründer in T-Shirt und Cargohosen, der seine Geschäftszentrale in einer Villa auf den Bermudas unterhielt, die Aura des überbegabten Jugendlichen zu erzeugen, den es noch nicht einmal große Mühe kostet, in kürzester Zeit ein mit 32 Milliarden Dollar bewertetes Unternehmen zu schaffen. Mit der gleichen Zielstrebigkeit arbeitete er auch an seinem öffentlichen Bild als Unternehmer einer völlig neuen Art, der sein

Geld hauptsächlich verdient, um es weiterzugeben, als Entrepreneur, der nicht nur eine Finanzplattform aufbaut, sondern gleich den Kapitalismus der Zukunft. Durch seine in der Tat großzügigen Spenden und Spendenversprechen wirkte Bankman-Fried halb wie ein moderner Midas, der Reichtum durch magische Berührung erzeugt, halb wie ein neuer Maecenas, der mit vollen Händen gib. Dieses Bild bewog Anleger, ihm große Mengen an Kryptowährungen zu überlassen, ohne allzu genau nach seinem Geschäftsmodell zu fragen. Bankman-Frieds Imperium funktionierte tatsächlich nach dem Prinzip, Geld einzunehmen und weiterzugeben. Nur etwas anders, als seine Klienten dachten. Die anvertrauten Kryptomilliarden schleuste er heimlich von FTX an seine Firma Alameda Research, geleitet von seiner Freundin. Das abgezweigte Geld floss von dort in ziemlich riskante Spekulationen. Als große Kryptobörsen weltweit wackelten und FTX- Kunden ihre Einlagen zurückverlangten, konnte die Plattform nicht zahlen. Denn wie sich herausstellte, so jedenfalls steht es in den sichergestellten Unterlagen, wettete Alameda mit dem Kundengeld nicht erfolgreich. Die Kundschaft von FTX starrten in einen Krater, der Kryptos im Wert von acht Milliarden Dollar verschluckt hatte. Vor Gericht räumte Bankman-Fried zwar systematische Täuschung ein, trug aber zu seiner Verteidigung vor, er habe das Kundengeld heimlich vermehren wollen, um damit die größten Probleme der Welt zu lösen oder zu lindern. Der Richter erklärte ihm, auch ein Bankräuber, der mit seiner Beute Lotterie spiele, um den Gewinn dann für karitative Zwecke zu spenden, bleibe trotz dieser wohltätigen Absicht ein Bankräuber. Und es schlage noch einmal deutlich zu seinen Ungunsten aus, wenn sich dann noch nicht einmal der Lotteriegewinn einstellen würde. Der gleiche Richter fragte Bankman-Fried auch, ob er glaube, das Talent zum Erzählen von guten Geschichten zu besitzen. Worauf der Angeklagte antwortete: »Kommt darauf an, woran Sie das messen.«

Adam Neumann überragte als Wunderkind und Schöpfer aus dem Beinahe-Nichts Holmes und Bankman-Fried noch um mehrere Klassen. Er gründete 2010 den Konzern WeWork, der mit seinem Angebot perfekt in die neue disruptive Welt passte. Seine Idee bestand darin, Bürogebäude in der ganzen Welt in kleinste Arbeitsparzellen aufzuteilen, um sie als Büros an eine neue Klasse von kognitiven Wanderarbeitern zu vermieten. Als Idealkunde stellte sich WeWork einen IT-Experten ohne Orts- und Sozialbindung vor, der heute in Seattle einen Auftrag erledigt, im nächsten Monat in Shanghai, um dann mit seinem Rollkoffer zum Flughafen zu fahren, weil das nächstes Projekt in Berlin wartet. WeWork wollte ihm überall die gleiche standardisierte Arbeitsatmosphäre bieten. Nach kurzer Zeit verfügte der Konzern über 779 Bürogebäude in 39 Ländern; kurz vor dem geplanten Börsengang 2019 lag der taxierte Wert des Unternehmens bei 47 Milliarden Dollar. In diesen Monaten galt Neumann als heißester Kandidat für eine welthistorisch noch nie besetzte Rolle: die des ersten Dollar-Billionärs. Die ziemlich schlichte und dazu riskante Geschäftsidee, langfristige Immobilien-Leasingverträge durch kurzfristige Vermietung zu finanzieren, hätte ohne die Aura des Gründers nie zu dieser fantastischen Bewertung geführt. Neumann wollte mit seinem schulterlangen Haar, seiner Jeans-T-Shirt-Kleidung und seinen Reden im Prophetenstil eben nicht wie ein Massenvermieter moderner Bienenstöcke wirken, sondern wie ein Religionsstifter. In seiner Firmenzentrale pflegte er barfuß herumzulaufen, seinen Mitarbeitern verbot er, am Arbeitsplatz Fleisch zu essen. Er zog weltweite Aufmerksamkeit auf sich, als er versprach, eine Milliarde Dollar, die er noch gar nicht verdient hatte, für karitative Zwecke zu spenden, außerdem 20 Millionen Dollar zur Rettung des tropischen Regenwalds. Ein typischer Neumann-Satz lautete: »Wir sind ein als Gemeinschaft angelegtes Unternehmen, das eine maximale globale Wirkung anstrebt.« Den Konzernnamen änderte er in »We«, womit er den Eindruck erzeugte, bei der Bürovermietung würde es sich nur um den ersten kleinen Teil eines sehr viel größeren Plans handeln. In Neumanns Worten: »Die Energie des Wir, größer als jeder von uns, aber im Inneren von uns allen.« Offenbar besaß er hypnotische Überzeugungskräfte; angeblich dauerte sein erstes Treffen mit dem Vorstandsvorsitzenden der japanischen Softbank, die WeWork fortan finanzierte, weniger als 30 Minuten.

WeWork erwirtschaftete nie auch nur einen Dollar Gewinn. Es musste seinen Börsengang 2019 absagen, als sich herausstellte, dass Neumann privat an etlichen Gebäuden beteiligt war, die der Konzern von ihm leaste, und zusätzlich von seinem Unternehmen umfangreiche Kredite erhalten hatte. Das Management räumte kurz vor dem geplanten Börsengang ein, Gewinne seien auf absehbare Zeit nicht zu erwarten. Zum Schluss verbuchte Neumanns Wunderwerk einen Verlust von 1,9 Milliarden Dollar bei einem Umsatz von 1,8 Milliarden. Im Herbst 2023 erklärte sich das große We ohne Work für bankrott.

Holmes besaß nie ihr magisches Gerät, Bankman-Fried nie eine Kryptobörse, sondern im Grunde nur eine Art Durchreiche für das Geld anderer Leute, Neumann nie eine solide Geschäftsidee. Aber alle drei verfügten über ein ausgeprägtes Sensorium für gesellschaftliche Erwartungen. Die Sehnsucht nach einer weiblichen, feministischen Steve-Jobs-Figur gab es in den Medien vor Theranos, die Suche nach dem Finanzmagier, der auch auf magische Weise die Welt von Problemen kuriert, vor FTX, die Erwartung des spendablen Supermilliardärs, der sein Unternehmen als große Gemeinschaft betrachtet, in der er seine Mitarbeiter zu besseren Menschen erzieht, vor WeWork. Abstrakt existierten die Rollen schon. Holmes, Bankman-Fried und Neumann mussten nur noch hineinschlüpfen. Ihre Beispiele legen es nahe, neben dem Monopolkapitalsmus, dem Croynismus und dem woken Kapitalismus noch eine vierte Kategorie einzuführen, die des Narrativkapitalismus. Gut möglich, dass keiner aus dem Trio die Wahlverwandschaft zu der fächerübergreifenden akademischen Lehre erkennt, alles sei Konstrukt, alles Dingliche würde durch Worte und Sichtweisen überhaupt erst hervorgebracht. Vielleicht fällt es ihnen auch nicht auf, dass es sich hier wie dort um eine innerweltliche Religion handelt, ein Glaubenssystem ohne Gott. Oder besser: mit übermenschlichen Figuren, die für sich in Anspruch nehmen, aus dem Nichts zu schöpfen. Wer sich so sieht, drängt notwendigerweise zur Seite, was Religion eigentlich ausmacht, die Rückbildung, die Bescheidenheit angesichts einer höheren Macht. Ein weltlicher Gott kann mit Transzendenz nichts anfangen.

Magisches Denken durchdringt die Bewegung der Regressiv-Progressiven, es besitzt auch eine beachtliche und immer noch wachsende Macht in dem mutierten Kapitalismus, nicht nur bei den beschriebenen Milliardenschöpfern, sondern auch in den Investmentbanken oder bei den staatlichen Partnern großer Pharmafirmen, die ihnen für fantastische Summen kaum getestete Impfstoffe mit zweifelhafter Wirkung für Milliardensummen abkauften, um dann Hunderte Millionen Dosen davon auf den Müll zu werfen. Beide Seiten, die Erwachten an den Universitäten wie die Zauberer des *crony capitalism* und des Narrativkapitalismus, gleichen einander nach den Worten von Giuliano da Empoli auch in ihrer Hybris, »dass sie eine Welt nach ihrem eigenen Bild und ihrem Aussehen erschaffen, die sie vollkommen gleichgültig gegenüber den politischen und sozialen Folgen ihres Handelns macht«.

Mein Cappuccino zur Rettung der Welt

Wenn wir über den Kapitalismus neuen Typs, die selbsterklärte progressive Bewegung und die Beziehung zwischen beiden sprechen, dann reicht der Blick eines Insiders der Finanzindustrie nicht aus. Auch nicht die Forschung nach gemeinsamen Mustern und Motiven. Um Begriffen und Normen zu beschreiben, müssen wir beide Seiten des Marktgeschehens betrachten, also neben den Unternehmen auch ihre Kunden. Beginnen wir mit den Konsumenten, die bei Weitem nicht alle zum harten Kern der Regressiv-Progressiven gehören – denn so groß ist der Kern gar nicht –, aber zu ihrer näheren Umgebung, die sich passende Glaubenssätze zur überlegenen Moral, zur Verachtung von anderen und zu Identitätsfragen auswählt wie aus einem Menü. Für diese gesellschaftliche Gruppe eignet sich der schon eingeführte Begriff »Moralbourgeoisie« am besten. In diesen Kreisen gehört das Bekenntnis zum Antikapitalismus so selbstverständlich zum Lebenswandel wie die Funktionsbekleidung von bestimmten Marken und bunte Fortschrittssymbole im Twitter- und Bluesky-Profil. Wenn sie erklären, dass sie das kapitalistische System selbstverständlich ablehnen, dann kaum wegen der Lohn- und Arbeitsbedingungen von Normalbeschäftigten, sondern mit der Begründung, die bestehende Wirtschaftsordnung zerstöre das Klima, sie plündere den *globalen Süden* aus und leere die Rohstoffvorräte der Erde. Der Antikapitalismus des Moralbürgertums tritt vor allem als Wachstumskritik auf. Mit dem Prinzip des *Immer Mehr,* diesen Satz sagen sich die Angehörigen dieses Milieus wechselseitig, könnte es auf keinen Fall so weitergehen. Sie kaufen gern immer mehr Bücher, die ihnen diesen Befund bestätigen. Vor allem jüngere Moralbürger sehen sich als Treiber eines fundamentalen Wandels, weg von der Wert- und hin zur Sinnschöpfung. Wie passt dieser Anspruch mit der Wachstumsausrichtung des Kapitalismus zusammen?

Außerordentlich gut. Denn bei dieser Moral handelt es sich, wie an anderer Stelle schon festgestellt, um ein sehr spezielles Gewebe von Bekenntnissen und Rechtfertigungen. Wer glaubt, dieser Selbstbild würde zu einer Konsumverachtung oder auch nur zu einer Konsumscheu führen, der kennt einerseits das Moralbürgertum schlecht. Und er traut zum anderen den Unternehmen zu wenig Geschmeidigkeit zu. An Reaktionsfähigkeit fehlt es dem neuen Kapitalismus mit Sinnüberbau genauso wenig wie dem alten. Im Gegenteil, der Neokapitalismus ist zu einem guten Teil durch Anpassung neue Bedingungen entstanden.

Werfen wir also einen Blick auf seine Kundschaft.

In Deutschland, einem Land, in dem die Wohlgesinntheit blüht wie kaum irgendwo sonst, wendet sich gerade die Moralavantgarde nicht vom Fliegen und Autofahren ab, nicht vom Kauf modischer Kleidung und dem Verzehr kostspieliger Lebensmittel, nicht vom Geldausgeben überhaupt. Sie will allerdings anders konsumieren als die ideell und materiell schlechter gestellten Schichten. *Anders* heißt aber nicht weniger. Nach einer Befragung des deutschen Flughafenverbands ADV – mit fast 100 000 Teilnehmern die größte Erhebung dieser Art – stieg der Anteil jüngerer Konsumenten am Passagieraufkommen über die vergangenen Jahre sogar, und das in einer stark alternden Gesellschaft. Der Anteil von Fluggästen unter 30 lag in Deutschland 2008 noch bei 21 Prozent der Fluggäste, heute bei 29. Innerhalb eines Jahres benutzen also gut 18 Millionen Millennials und Angehörige der Nachfolgegeneration ein Verkehrsmittel, das Vertreter dieser Altersklasse als besonders umweltschädlich verdammen. Nur 19 Prozent der Fluggäste gehören zur Altersklasse zwischen 51 und 65 Jahren, also zu den Boomern, denen die Jüngeren gern vorhalten, mit Ressourcen besonders bedenkenlos umzugehen und die Welt, wie es immer wieder in einschlägigen Beschwerden auf Twitter und anderswo heißt, *an die Wand zu fahren.* Die Altersgruppe über 65 Jahre macht gerade 8 Prozent der Passagiere aus.

An zweiter Stelle im Sündenregister gleich nach dem Fliegen steht der Besitz eines Automobils. Der Anteil von Autobesitzern bis 24 Jahre steigt trotzdem, während in Deutschland keine Automesse mehr ohne Empörungsdemonstration stattfindet. In dieser Alterskategorie von 18 bis 24 Jahren lag die Zahl der Autobesitzern pro tausend Einwohner im Jahr 2019 bei 172, im Jahr 2022 schon bei 188. Die absolute Zahl der Privatwagen in dieser Gruppe sank zwar leicht, von 1,148 Millionen 2021 auf 1,082 Millionen im Jahr 2023 – allerdings schrumpft diese Kohorte aus demografischen Gründen. Außerdem fehlen in der Statistik die ständigen Nutzer von Carsharing-Angeboten.

Vom Individual- und Luftverkehr verabschieden sich die Avantgardisten genauso wenig wie von elektronischen Geräten und anderen typischen Spielzeugen der Moderne.

Mit den meist in China produzierten Telefonen und Laptops von Apple – in der Regel etwas schöner im Design und teurer im Preis als die Konkurrenz – signalisieren vor allem Jüngere ihre Zugehörigkeit zu einer bestimmten Schicht. Unter den etwa 136 Millionen iPhone-Nutzern der USA zählen 22 Prozent zu den Jungen zwischen 18 und 24, 27 Prozent zu den Millenials zwischen 25 und 34, von den über 55-Jährigen besitzen nur 18 Prozent das Lieblingsgerät der Vernetzten.

Die Anbieter der *Fast fashion,* also der in Trends schnell wechselnden, in Asien billig hergestellten und zügig verschleißenden Kleidung von Ketten wie SHEIN, Zara und H&M konzentrieren sich fast ausschließlich auf 15- bis 25-Jährigen. Marktanalysten sagen diesem Geschäftsfeld in den USA und der EU jährliche Wachstumsraten zwischen 5 und 10 Prozent voraus.

Ganz nebenbei erlebt auch eine andere Produktsparte einen beständigen Aufschwung, nämlich Medientexte, die das Auto zur überlebten Technik erklären, Flugscham anregen und dazu auffordern, nur noch acht Kleidungsstücke pro Jahr zu kaufen (oder fünf, die Zahlen variieren). Beide Konjunkturen gehen offenbar Hand in Hand. Die Lektüre dieser öffentlichen Bekenntnisse gehört ganz selbstverständlich zum Konsumkosmos der jüngeren, urbanen, materiell oft gut gestellten Westler, die danach streben, sich durch ein geschärftes Bewusstsein für Umwelt und Gerechtigkeit, kurz: *awareness*, sowohl von ihren Eltern als auch von der in dieser Hinsicht stumpfen Unterschicht abzusetzen. Dieses Milieu bildet einen hochinteressanten Markt. Es möchte nicht verzichten, sondern einen Aufschlag für einen moralisch aufgeladenen Zusatznutzen zahlen. Warum sollten Unternehmen zögern, ihnen den Wunsch zu erfüllen?

An Kunden, die sich für das Materielle genauso interessieren wie für die Tugenddemonstration, lässt sich nicht nur ein Flugticket kaufen, sondern auch ein CO_2-Ausgleichszertifikat. Und falls es sich um eine Interkontinentalflug handelt, vielleicht als Reiselektüre noch »Systemsturz«, das Klima- und Antikapitalismusmanifest von Kohei Saito.

Wer zu dieser Klasse zählt, wählt danach aus, welcher Anbieter ihm seine Verantwortung für Klima und Diversität besonders eindrucksvoll schildert. Diejenigen, die dazugehören, wissen, dass ihre Kombination von klassischem und kulturellem Kapital sie zu wertvollen Kunden macht. Ihre Kaufentscheidung trägt nicht nur zum Umsatz des Anbieters bei. Da das Produkt auch dem Zweck dient, etwas nach außen zu zeigen, macht sich der Käufer auch ganz von selbst zum perfekten Werbeträger.

Mit dem achtsamen Bourgeois lassen sich nicht nur angestammte Geschäfte weiterbetreiben, sondern auch neue Felder erschließen. Das betrifft den großen und etwas unübersichtlichen neuen Markt der Kohlendioxid-Ablasspapiere, aber auch das ebenfalls reiche Angebot an Fleischersatz, der zum Verwechseln fleischähnlich schmecken soll.

Ohne die Gruppe der moralischen Konsumenten gäbe es die Erzeugnisse von Beyond Meat, Impossible Foods und anderen Herstellern nicht, Kunstfleischscheiben und -Würste, die zur Kategorie der ultraprozessierten Lebensmittel zählen. Es kostet die Lebensmitteldesigner von Beyond Meat einige Mühe, Erbsen mit roter Beete (für die blutige Anmutung), Kokosöl (zur Imitation von tierischem Fett), Hefeextrakten und vielem anderen so zu mischen und zu bearbeiten, dass das Ergebnis nicht nur täuschend echt nach Fleisch schmeckt, sondern auch die Textur eines faserig-festen Bissens besitzt. Das Unternehmen gibt an, die Herstellung seines Ersatzfleischs würde nur ein Zehntel des Kohlendioxids ausstoßen, das bei der gleichen Menge echtem Fleisch entsteht. Allerdings bezieht sich dieses Verhältnis nur auf die reine Masse, nicht auf die Kalorien, von denen das Ersatzfleisch weniger enthält als ein Stück Rind. Gemessen am Nährwert fällt der CO_2-Vergleich längst nicht mehr so gut für die Erbs/Beete/Kokosmixtur aus.

Da Beyond Meat keine Zahlen zum gesamten Produktions- und Lieferprozess zur Verfügung stellt, kann jeder nur rätseln, wie die Bilanz seines Burgerbelags vom Transport der Zutaten in die Fabrik über die Verarbeitung in einem amerikanischen Werk und einem in den Niederlanden bis zum Tiefkühltransfer zu den Supermärkten ganz am Ende der Rechnung aussieht. Ricardo San Martin, Forschungsdirektor für Fleischalternativen an der University of California, nennt den Beyond-Meat-Prozess eine »Blackbox«. Beim Ökotest des Rinderimitats in Deutschland fielen die erstaunlich hohen Mineralölanteile auf. Die Brätlinge, die neben dem Fleischgeschmack auch das globale Verantwortungsgefühl verkaufen, kosten jedenfalls gut das Doppelte der gleichen Menge Fleisch.

Klassisches Kapital dient nur sehr bedingt dem reinen Genuss, kulturelles Kapital noch viel weniger, zumindest in Weltgegenden, die nicht vom katholischen Glauben geprägt wurden, der mit Sünden menschenfreundlicher umgeht als viele andere Religionen. Dort, wo der Reue nicht jahrhundertelang das Vergeben und Vergessen folgte, also in ausgedehnten Regionen der Vereinigten Staaten, in Mittel- und Nordeuropa, Europa, steigert es das öffentliche Ansehen, wenn jemand seine Sünden öffentlich bekennt, aber auch genauso öffentlich seine guten An- und Absichten herausstellt.

In seinem schon 1988 erschienenen und 2018 neu aufgelegten, leider aber nie ins Deutsche übersetzten Buch *Money and Class in America* schrieb Lewis P. Lapham über das selbstbildstärkende Geldausgeben: »Die konsumierte Sache ist weniger wichtig als das, was der Akt des Konsums repräsentiert; es ist die existenzielle Korrelation, die zählt, die Demonstration dessen, was Thorstein Veblen ›pekunäre Anständigkeit‹ nannte, und den Beweis der Zugehörigkeit zu jenen, die John Calvin als ›Gemeinschaft der Erwählten‹ bezeichnete.«

Wie oben schon angedeutet: dass die demonstrativ Tugendhaften heute vor allem dort zur prägenden Kraft aufsteigen, wo der Protestantismus über Generationen wirkte, lässt sich kaum übersehen. Aus guten Gründen bezeichnen manche die Zurschaustellung des besseren Bewusstseins auch als Neocalvinismus oder Neopietismus. Viele, die dieser nach außen gekehrten Tugendhaftigkeit anhängen, sehen sich zwar als Atheisten, möchten aber zu einer Glaubensgemeinschaft gehören.

Ideen entwickeln auf ähnliche Weise wie biologische Arten, sie pflanzen sich fort, kreuzen sich mit anderen, sie passen sich an die Umgebung an, ohne deshalb ihre Erbinformationen zu verlieren. Spätestens seit Max Weber wissen wir, dass protestantische Ethik mit dem klassischen Kapitalismus harmoniert (was weder gegen sie noch die Wirtschaftsform spricht). In ähnlicher Weise passt die meisten Überzeugungen der Wohlgesinnten heute zum digitalisierten, globalisierten und mit der Politik verwobenen Kapitalismus. Diese Art des Wirtschaftens bietet allen, die sich (auch) mit ihrem Konsum ihren Platz im Kreis der Erwählten sichern wollen, eine paradiesische Vielfalt. Noch nie fiel es so leicht, zu den Besserlebenden zu gehören, die nötigen Mittel vorausgesetzt. Speziell für die Käufer, die eine Sache und die passende Demonstration der *awareness* im Doppelpack erwerben möchten, entstanden beispielsweise die Plattformen zum Verleih von Kleidung. »Die Zukunft der Mode muss den Zugang gegenüber dem Exzess priorisieren« (prioritize access over excess), erklärt das Vermietungsunternehmen »Rent the Runway« seinen Kundinnen (es richtet sich wie die meisten Anbieter dieser Art ausschließlich an Frauen). Das Ziel des Unternehmens bestehe darin, »sich von den verschmutzenden und exklusiven Normen dieser Industrie durch einen geteilten Zugang zu lösen«. Außerdem verspricht RTR, seinen gesamten Kohlendioxidausstoß mit nicht näher aufgeführten Ausgleichsmaßnahmen wettzumachen.

Auf der Webseite der Mietmode-Plattform HURR heißt es sehr ähnlich: »Die meisten Kleidungsstücke landen irgendwo vergraben in Schränken und auf Deponien. Werde Teil der Ökonomie des Teilens (sharing economy) und begrenze die Auswirkungen der Mode auf den Planeten.« Diese Erklärungen finden die Nutzerinnen allerdings ziemlich weit unten im Menü der Seite; weit oben stehen Sätze, die verhindern sollen, dass jemand falsche Schlüsse zieht. Bei diesem Geschäftsmodell geht es nicht im Geringsten um Verzicht. »More fashion than ever before«, versichert »Rent the Runway«, »spend less, fall for more«. Und zur Sicherheit noch einmal an einer anderen Stelle: »Never miss a style beat.«

RTR-Kundinnen dürfen sich in einer Art Clubmitgliedschaft für 5, 10 oder 15 Mietteile monatlich für eine monatliche Zahlung von je 94, 104 oder 149 Dollar entscheiden. Nichtmitglieder können sich einzelne Teile leihen, natürlich liegt die Gebühr dann etwas höher. Bei HURR, spezialisiert auf Einzelverleih, kostet es beispielsweise 143 Pfund, ein blaues Kleid von Magda Butryn für vier Tage zu nutzen. Für das Vergnügen, vier Tage lang über eine Jeansjacke von Emilio Pucci zu verfügen, verlangt die Plattform 111 Pfund. Das Stück kostet nach Angaben von HURR 1045 Pfund, ab 40 Verleihtagen nimmt das Unternehmen also mehr ein als bei einem Verkauf. Für Anbieter rentiert sich dieses Geschäftsmodell besser als die Boutique in teurer A-Lage. Den Kundinnen bietet es die rundum befriedigende Chance, mehr zu tragen, als selbst der größte Kleiderschrank je aufnehmen könnte, und sich gleichzeitig als Teil einer planetaren Rettungsbewegung zu fühlen. Wobei ein großer Kleiderschrank oft schon nicht mehr in das Leben der Bewusstseinskonsumenten passt. Auch keiner in normaler Größe. Wenn das Gehalt in der derzeit etwas überlaufenen *managerial class* nicht ganz dem eigenen Ideal entspricht, in großen Städten möglichst zentral und gerade nicht in Unsicherheitszonen an der Peripherie zu leben, und wenn außerdem noch ein ansehenssteigender Zusatznutzen herausspringen soll, dann bleibt nichts anderes übrig als die Miniaturwohnung. Wie das Borgen von Kleidung galt das Wohnen in der möblierten Kammer früher als Merkmal der Armut, einträglich nur für den Verleiher und Vermieter. Seit Anbieter Kleinstwohnungen mit Bezeichnungen wie tiny flat, Microliving und Smartment versehen und mit dem Argument vermarkten, genauso müsste die Zukunft des Wohnens auf 25 Quadratmetern aussehen, unbelastet von zu viel Eigentum, da der Mieter praktisch alles leihen und die Küche an Essenlieferdienste auslagern kann, seitdem finden die Interessen von Vermietern einerseits mit den persönlichen Ressourcen und dem Selbstbild halbjunger Halbprogressiver ideal zusammen. Denn durch diese Existenzform reduzieren sie zwar ihren heimischen Bewegungsradius, aber auch ihren CO_2-

Fußabdruck. Überhaupt entsprechen sie damit den Erwartungen an eine universell verfügbare Arbeitskraft, weder zu sehr an einen Ort gebunden zu sein (die smarten Boxen gibt es fast immer mit Kurzmietverträgen), noch an einen dauerhaften Partner, für den es etwas eng würde. Von Familie gar nicht zu reden. Das Leben findet unter Vorbehalt statt. Das *manager magazin* beschrieb in einem Text über dieses neonomadische Leben unter anderem die Appartementanlage »Happy Pingeons« in Berlin, wo Daniel, ein deutscher Unternehmensberater, mit dem amerikanischen Programmierer und Teilzeit-DJ Ben und der angehenden amerikanischen Startup-Gründerin Emma auf je 25 Quadratmetern wohnt. Eine Tafel in der Gemeinschaftsküche erinnert an »unsere Werte«, die für das Unternehmen und seine Kunden offenbar gleichermaßen gelten: »Multikulti ist Kult, spread good vibes, leave the world better than you have found it.« Wohnzellen dieser Art gibt es in den meisten Städten, die generell Jüngere mit unsteten Entwürfen anziehen. Im Südosten Londons beispielsweise bietet »The Collective Canary Wharf« eine immer noch zentrale Adresse, Gemeinschafts- und Mikrolebensräume, beispielsweise eine Schlafstelle mit Tisch und Stuhl von 12 Quadratmetern für 1710 Pfund monatlich bei einer Vertragslaufzeit von einem Jahr. Der Traum jedes Eigentümers besteht darin, seine Immobilie in möglichst kleine Einheiten zu teilen. Dem *manager magazin* zufolge liegen die Preise für die Kleinstzellen des smarten Lebens generell 50 bis 80 Prozent über der ortsüblichen Dauermiete.

In seinem Smartment der kollektiven Canary Wharf kann sich der Mieter zwar nur begrenzt bewegen, dafür aber das überlegene Gefühl genießen, nicht wie ein Stadtrandbewohner mehr als eine Stunde zu pendeln, möglicherweise sogar mit dem Auto, statt einfach zum Co-Working-Raum im gleichen Haus zu laufen oder wenigstens mit E-Roller oder Rad zum zentral gelegenen Arbeitsplatz zu fahren. Der Nutzer lebt nicht nur im Zentrum einer Großstadt, sondern mit seiner Klimagerechtigkeit auch im Zentrum der zeitgemäßen Moral. Diesen Status mietet er mit. Er erwirbt sich das Recht, auf die Unsmarten herabzusehen, genauso wie die Kundin, die Designerstücke mietet. Sie bezahlt für das Vergnügen, alle zu verachten, die wegen ihrer begrenzten finanziellen Möglichkeiten ausschließlich Discountware aus Asien kaufen.

Wer per CO_2-Ausgleichszertifikat moralisch abgesichert, in die Karibik fliegt, konsumiert nach gleichem Muster auch das Hochgefühl gegenüber den unerleuchteten britischen, niederländischen oder deutschen Billigurlaubern in ihrem spanischen Hotelbunker.

Ein Käufer von Fleischersatz und mit allen möglichen Gütesiegeln versehenen Lebensmitteln gibt sein Budget auch für die Bestätigung aus, über das höhere Bewusstsein zu verfügen. Alle finden sich dank eigener Konsumentscheidung in einem ähnlich wohligen Gefühl wieder wie das zahlende Publikum in dem Saal in Manhattan, wo Hillary Clinton 2016 den Korb der Erbärmlichen in die politische Begriffswelt einführte.

Kaum irgendwo herrscht so viel Kundenzufriedenheit wie auf dem Markt der Moral. Wer den Zusatznutzen mindestes so hoch schätzt wie das Materielle, wer Geld ausgibt in der Erwartung, sein kulturelles Kapital zu stärken, der hütet sich, seine Investition durch Nachfragen zu zerstören. Er möchte deshalb nicht so genau wissen, ob sein CO_2-Ausgleichszertifikat tatsächlich das ausgestoßene Kohlendioxid seines Langstreckenflugs kompensiert. Er besteht lieber nicht darauf, von den Herstellern Details zur Klima- und Gesundheitsfreundlichkeit von Fleischersatzscheiben zu erfahren. Ein Microappartementbewohner will sich nicht eingehend mit der Frage befassen, ob es sich in irgendeiner Weise auf das Weltklima auswirkt, wenn eine ziemlich überschaubare Zahl von Angehörigen der Laptopklasse einen Teil ihres Lebens in Zellen von 12 bis 20 Quadratmetern verbringt. So, wie vermutlich keine einzige Kundin von Mietmodeplattformen Spekulationen darüber anstellt, was mit den Kleidungsstücken nach Ende einer Modesaison oder spätestens nach dem Vermietungszyklus passiert. Da sie laut Firmenprospekt den Planeten nicht oder kaum belasten, besteht ja auch kein ernsthafter Anlass zur Sorge.

Ähnlich sieht es bei den sogenannten ESG-Kriterien aus, den Zielvorgaben für Umwelt, Soziales und deren Kontrolle innerhalb von Unternehmen. Da mittlerweile eine selbst für Profis kaum noch überschaubare Fülle von ESG-Kriterien existieren, erfreuen sich Dienstleister hoher Wachstumsraten, die auf diesem Gebiet Beratung, Prüfung und Zertifizierung anbieten. Der internationale Konzern Price Waterhouse Coopers bietet Unternehmen eine »Nachhaltigkeitsberatung«, die Klienten durch das ESG-Dickicht lotsen soll, und wirbt dafür mit dem Spruch: »Nachhaltig ist das neue profitabel.«

Selbst wenn er es wollte, kaum ein Kunde kann tatsächlich prüfen, was sich genau hinter diesen immateriellen Standards verbirgt, mit denen ein Unternehmen wirbt, und noch weniger, ob die Firma sie tatsächlich einhält. Wer sich durch die Versicherung eines Produzenten besser fühlt, besonders nachhaltig mit natürlichen Ressourcen zu wirtschaften, wenig Treibhausgase auszustoßen und die Belange von Minderheiten zu unterstützen, hat allerdings auch wenig Grund, an der Botschaft zu zweifeln.

Der Konsum einer zusammen zu dem materiellen Gut eingekauften Moral bestätigt das Bewusstsein der Kunden, ihre guten Absichten auch praktisch zu verwirklichen. Die dazu passende Formel des Selbstlobs lautet, sie lebten *konsequent* und nutzten ihre Macht als Konsumenten, um eine bessere Welt zu hinterlassen, wie es in der zitierten Losung an der Wand des Berliner Mikroappartements heißt. In ihrer Vorstellung üben sie *Druck* auf Unternehmen und die Gesellschaft aus. Mit der nötigen Distanz stellen sich die Verhältnisse etwas anders dar. Einen Druck auf Unternehmen erzeugt die demonstrativ moralische Klasse schon deshalb nicht, weil die Unternehmen ihr überhaupt keinen Widerstand entgegensetzen, sondern geschmeidig ihre Wünschen bedienen. In den PR-Abteilungen und Managementebenen der großen Konzerne sitzen längst Angehörige der gleichen Klasse, die wissen, wie hoch ihre Kundschaft den Wert des Zusatzkonsums schätzt. Er schafft Distinktion.

Vom Moralkonsum beim Kauf von Kleidung, Lebensmitteln und Reisen führt ein fließender Übergang zu den *Luxury Beliefs,* den luxuriösen Glaubensinhalten, die weit über den bloßen Kaufakt hinausgehen. Den Begriff prägte der amerikanische Autor Rob Henderson, der den sozialen Aufstieg aus ärmlichen Verhältnissen über ein Yale-Studium schaffte. Seine Herkunft macht es ihm vermutlich leichter als anderen, die Schicht, zu der er heute selbst gehört, mit einer gewissen Distanz zu beobachten. In seinen Texten beschreibt er das schon von Lapham in den Achtzigern geschilderte Bedürfnis dieses Milieus, durch ihren Konsum in den Kreis der Erwählten einzutreten, vor allem aber die Schwierigkeiten der Gutsituierten, die Distinktion aufrechtzuerhalten. Wohlstand und Abstand lässt sich heute schwerer signalisieren als früher. Viele Anzüge großer Bekleidungsketten für 300 Dollar beziehungsweise Euro unterscheiden sich zumindest auf den ersten Blick kaum von einem 3000-Dollar-Exemplar. Der technische Fortschritt macht heute einen zwar standardisierten, aber individuell angepassten Anzug für normale Einkommensbezieher erschwinglich. Ob jemand ein Jackett mit passender Ärmellänge und ohne verräterischen Abstand zwischen Kragen und Nacken trägt, ist eher eine kulturelle Frage, weniger eine des Einkommens. Auf Märkten weltweit kursieren so viele gefälschte Luxusuhren und -taschen, dass die Masse der Kopien das Original unter sich begräbt. Bei Modeschmuck geben nur kleinste Details darüber Auskunft, ob das Exemplar dem

Wert einer Pizza oder eher dem eines Ferienhauses entspricht. Langstreckenflüge, früher eine Domäne der Bessergestellten, können sich heute auch Facharbeiter hin und wieder leisten, wenn sie geschickt buchen. Ein Wohlstandsmerkmal, das um 1900 in vielen bürgerlichen Haushalten zur üblichen Lebensführung gehörte – die dauerhafte Beschäftigung von privatem Personal –, findet sich wegen der horrenden Kosten heute nur noch in wirklich sehr reichen Familien. Dieser Luxusrest aus älteren Epochen dient anders als früher nicht mehr der Außendarstellung, sondern beschränkt sich auf rein private Räume. In dieser exklusiven Welt gibt es kaum das Bedürfnis, sich von anderen abzusetzen. Die Existenz der extrem Reichen unterscheidet sich so stark vom Leben aller anderen Schichten und berührt deren Sphären gleichzeitig so wenig, dass es sich für die Bewohner dieser fast unzugänglichen Enklaven erübrigt, Hinweis- oder Warnschilder aufzustellen. Eher geben sie Geld für das Privileg der Unsichtbarkeit aus. Das Distinktionsproblem plagt eher den Bereich unterhalb der Milliardäre und Multimillionäre, aber oberhalb der *deplorables,* der Verlorenen, der Randbewohner. Dieses ausgedehnte und in sich fein abgestufte Zwischengebiet fällt praktischerweise mit der Hauptinteressenzone von Unternehmen zusammen, die höherwertige Konsumgüter und Dienstleistungen anbieten. »Luxury beliefs«, so Henderson, »haben heute in einem hohen Maß Luxusgüter verdrängt. Luxusglaubenssätze sind Ideen und Ansichten, die den oberen Klassen Status verleihen, während sie oft die Kosten dafür den unteren Klassen aufbürden.« In seiner Beschreibung des Phänomens bezieht er sich wie Lapham vor vier Jahrzehnten auf Thorstein Veblen, der die Moral als Fortsetzung des Wohlstands mit anderen Mitteln schon 1899 in seinem Buch *The Theory of the Leisure Class* beschrieb. Dort heißt es über die alchemistische Umformung von Geld in kulturelles Kapital: »Der Hauptnutzen eines Butlers liegt darin, dass er die Fähigkeit seines Herrn beweist, ihn zu bezahlen.« Diese Funktion der Statusdemonstration, meint Henderson, erfüllten heute die Luxusglaubenssätze für die urbane akademische Klasse: »Der Hauptzweck der luxury beliefs besteht darin, die soziale Klassenzugehörigkeit und Bildung des Gläubigen nachzuweisen.« Zu dem Glaubenssystem gehöre auch das unausgesprochene Wissen, dass die Verbreitung bestimmter Ideen – etwa, die Polizei solle durch Mittelentzug ausgedünnt werden – die Angehörigen dieser Klasse weniger kostet als andere. Und in vielen Fällen gar nichts.

Der luxuriöse Glaubenskanon als Steigerung des demonstrativen Konsums zeichnet sich dadurch aus, dass sich die meisten seiner Forderungen an andere richten. Wie schon zum Anfang des Buchs beschrieben, möchten Städter, die mehr grüne Energie fordern, nicht selbst neben Windkraftanlagen wohnen, obwohl sich dafür auch Stadtparks abholzen ließen. Sie möchten ihre eigenen Kinder nicht auf Gesamtschulen schicken, obwohl sie diese Schulart als die demokratischste von allen preisen, sie leben erstaunlich oft in frei stehenden Häusern oder großen Altbauwohnungen, obwohl sie gern kritisch anmerken, wie sehr diese Art von Immobilien dem Klima schaden (in die oben erwähnten Mikroappartements zieht es nur eine kleine Untergruppe). Nicht wenige erwerben mit ihren geäußerten abstrakten Überzeugungen und Ratschlägen an andere geradezu die Erlaubnis zum ganz traditionellen und gar nicht so sanften Konsum, der ihnen wegen ihres besseren Glaubens zusteht, anderen aber nicht. Im Jahr 2019 ging die Meldung durch mehrere Zeitungen, dass Schüler des Mathematikleistungskurses am Frankfurter Carl-Schurz-Gymnasium, von denen sich die meisten bei »Fridays for Future« engagierten, als Klassenfahrt eine Fünf-Tage-Kreuzfahrt von Kiel über Oslo nach Kopenhagen aussuchten. Darin sahen weder die Jugendlichen noch der Studienleiter der Schule, Mitglied bei Bund Umwelt und Naturschutz, irgendeinen Widerspruch. Nach den Berechnungen dieses Studienleiters sei der CO_2-Abdruck der Kreuzfahrt gar nicht so hoch, wie man immer denke. Außerdem bestehe der Zweck der Kreuzfahrt auch darin, sich kritisch mit dem Thema Kreuzfahrten zu befassen und einem für Umweltfragen zuständigen Mitglied des Aida-Konzerns an Bord dazu Fragen zu stellen. Der Studienleiter sagte Journalisten außerdem den unbedingt einrahmungswürdigen Satz: »Mit dem Fahrrad nach Wanne-Eickel fahren – das wollen die Schüler nicht.« Der Kreuzfahrtpreis pro Person lag übrigens bei 390 Euro; die Schüler stammten also offenbar aus einem Milieu, in dem eine Ausgabe dieser Höhe für eine Klassenfahrt bei den Eltern auf keine Einwände stößt. Anfang 2023 machte die Geschichte zweier Aktivisten der »Letzten Generation« die Runde, die nicht zu einem Gerichtstermin erschienen, weil sie sich in der Zeit einen Urlaubsflug nach Thailand gönnten. Für Mitglieder einer Organisation, die das umgehende Ende der fossilen Wirtschaft fordert, und deren Kader den Flugbetrieb in Düsseldorf zum Beginn der Feriensaison störten, um Familien den Trip nach Spanien wenigstens so schwer wie möglich zu machen, wirkt dieses Verständnis von eigener Freiheit und der Freiheit anderer bemerkenswert. Wahrscheinlich können nur sie selbst die Frage beantworten, wie sich jemand fühlt, wenn er die Straße für Berufspendler blockiert, von denen viele vermutlich zur sozial ärmeren Schicht gehören, um sich anschließend mit einem Interkontinentalflug zu belohnen. In der *taz* erklärten beide Aktivisten nach ihrer Reise mit gelinder Zerknirschung, sie verstünden ja die Diskussion, einerseits. Aber auf dem Landweg via Seidenstraße gebe es einfach zu viele gefährliche Länder. Und ganz grundsätzlich stellten sie fest, »dass nicht Klimaaktivist*innen in eine besondere Pflicht genommen werden müssen«, sondern jede*r nach Möglichkeit, außerdem, »dass reine Individualkritik nicht zu den großen Veränderungen beitragen wird, die wir so dringend benötigen«. Dorthin führt ihrer Ansicht nach eher die

Kollektivkritik an den Nichterwählten, die ein Auto brauchen, um zumindest so viel Geld zu verdienen, dass sie sich einmal im Jahr den Pauschalurlaub in Südeuropa leisten können.

Ähnlich indigniert wie die beiden Deutschen, die eine kurze Auszeit im Kampf gegen den Weltuntergang brauchten, reagierte der Sprecher der Organisation »Renovate Switzerland«, Max Voegtli, als ihn jemand im Sommer auf dem Züricher Airport im Wartebereich eines Flugs nach Mexiko fotografierte.

»Renovate Switzerland« fordert von der Schweizer Regierung, einen Klimanotstand auszurufen. Um dieser Forderung Nachdruck zu verleihen, blockieren die Mitglieder Straßen, auch den Gotthardtunnel; Voegtli war deswegen gerade von einem Gericht zu einer Geldstrafe verurteilt worden. Nach fester Überzeugung der Organisation droht schon in wenigen Jahren eine globale Klimakatastrophe, die große Teile der Erde in unbewohnbare Zonen verwandelt. Unmittelbar nach dem Urteil brach Voegtli nach eigenen Angaben zu einer dreimonatigen Reise durch Südamerika auf, die in Mexiko beginnen sollte. Er habe, schrieb er auf Twitter, »alternative Reisewege« gesucht, »aber es waren wenige zu finden«. Seine Organisation beklagte sich darüber, dass Zeitungen überhaupt darüber berichteten. Das, so eine Sprecherin, sei eine »mediale Hetzjagd gegen die Klimabewegung«. Für die Bewegung arbeitet Voegtli zwar hauptberuflich, nach eigenen Angaben aber unbezahlt. Außerdem empfiehlt er sich auf LinkedIn als Vortragsredner zu »degrowth, equality, socialism and climatejustice«. Als Sohn eines (verstorbenen) Managers, der lange das Chinageschäft eines Schweizer Technologiekonzerns leitete, zählt Voegtli wie Luisa Neubauer, Carla Reemtsma und Greta Thunberg zur europäischen *Jeunesse dorée,* die ihr Leben unbelastet von Erwerbsarbeit ganz den oben zitierten *großen Veränderungen* widmen kann, die wie viele andere große Veränderungsprojekte erst einmal mit der Erziehung der Massen beginnt.

Die Notwendigkeit des Degrowth, also des Schrumpfens, des Verzichts, beschwören und erklären in Deutschland nur wenige so nachdrücklich wie Maja Göpel, eine Autorin, die sich selbst als Transformationsforscherin bezeichnet. Sie sieht den Wohlstand im Westen wegen seines Ressourcenverbrauchs kritisch, aber auch den Umstand, dass die Entwicklungs- und Schwellenländer ein ähnliches Lebensniveau wie in den Industriestaaten anstreben. Eigentlich, so ihre Grundthese, nehmen sich die Menschen mehr, als sie dürften. »Ich kann ja nur auf etwas verzichten, das mir nach Lage der Dinge zusteht«, schreibt Göpel in ihrem Bestseller *Die Welt neu denken,* der Wohlstand, in dem die westliche Welt lebt und an dem sich viele Entwicklungsländer orientieren, hätte nach den Regeln der Nachhaltigkeit aber gar nicht erst entstehen dürfen. Der Verhaltensökonom Armin Falk von der Universität Bonn schlägt deshalb einen kategorischen Imperativ in Zeiten des Klimawandels vor: ›Konsumiere so, wie du dir wünschen würdest, dass alle es tun.‹«

Als eine Reporterin des *Spiegel* Göpel 2020 in ihrem Haus besuchte, entstanden auch Fotos; das Bild, das den Artikel illustriert, zeigt zwar nicht ihr Haus, aber die Forscherin auf einem weitläufigen Grün, im Hintergrund zwei villenartige Häuser in einer gut- und großbürgerlichen Gegend der Kleinstadt Werder an der Havel.

In einem Gespräch mit dem Bahn-Magazin *mobil* nennt Göpel »die sieben F«, mit denen jeder persönlich zu einer besseren Welt beitragen könnte: »Fliegen, Fleisch, Fummel, Finanzen, Funken, Fläche und Flagge zeigen.« Fummel, erklärt sie, stehe für das Kaufen von Kleidung, Finanzen für eine nachhaltige Geldanlage, Funken, »dass man mit anderen über den Veränderungsprozess redet, Netzwerke knüpft, Verständnis weckt«. »Flagge zeigen« meint das politische Bekenntnis. Was die Fläche angehe, meinte Göpel, sei sie mit ihrer Familie nicht gut. Aber dieser Faktor, erklärte sie, sei auch am schwersten zu beeinflussen. Dafür esse sie kein Fleisch, kaufe nur sechs Kleidungsstücke pro Jahr, fliege nie innerhalb Deutschlands (also nur Langstrecke); was die Finanzen betrifft, seien die »Ersparnisse entsprechend geparkt«. Mit Netzwerken und Flaggezeigen lässt sich Göpels berufliches Feld ganz gut zusammenfassen. Sie verdient ihren Lebensunterhalt als Autorin, Rednerin, Talkshowgast und Gastprofessorin. Und sie lässt wenig Zweifel daran, dass sie sich mit ihren Büchern und Auftritten, in denen es immer um die Notwendigkeit, aber auch um die innere Schönheit des Verzichts geht, auch einen Ausgleich für ihre Wohnfläche und ihre Flugmeilen erarbeitet. Den Käufern ihrer Bücher macht sie ein ähnliches Kompensationsangebot: Wer ihre Schriften kauft, tut damit schon etwas Gutes und stellt sich so eine Lizenz aus, dafür hier und da etwas mehr zu konsumieren als der Durchschnitt. Mit ihren Texten richtet sie sich an ein neubürgerliches Publikum, das seine materiellen Wünsche befriedigen kann, darüber hinaus aber noch durch den erwähnten symbolischen Konsum das Leben mit Sinn und Bedeutung aufladen möchte. Konsum inklusive Zusatznutzen und symbolischer Verzicht können sehr praktisch zusammenfallen, wenn jemand ein Buch kauft, um darin etwas über Verzichtsethik zu lesen. Der Bevölkerungsteil, der nicht zur Zielgruppe von Göpels Büchern gehört, kommt in ihren Betrachtungen nicht oder nur sehr schemenhaft vor. Nach einer Untersuchung der ING-Bank verfügen 30 Prozent der Bevölkerung in Deutschland über keinerlei Ersparnisse; bei einem Viertel von denen, die etwas besitzen, beläuft sich der Notgroschen auf höchstens drei Monatsgehälter. Für diese Gruppe erübrigt sich schon einmal die Sorge, das eigene Geld nachhaltig anzulegen. Und gerade in der unteren bis mittelmäßigen Einkommensschicht verfügen viele nicht über das Privileg, zu Hause arbeiten und sich das Arbeitsvolumen im Wesentlichen frei einteilen zu können. Sie gehören zu den schon in Kapitel eins erwähnten

Peripheren und von der moralischen Höhe aus Unsichtbaren, die zu festen Zeiten an bestimmten Orten erscheinen müssen, um die technischen Betriebssysteme der Gesellschaft in Gang zu halten. Es kann also gut sein, dass ein Facharbeiter, der mit seiner Familie auf relativ wenigen Quadratmetern lebt, fünf Tage in der Woche mit seinem Auto pendelt – seine berufstätige Frau mit dem zweiten Auto möglicherweise auch –, der Fleisch verzehrt, sich mit Frau und Kindern einmal im Jahr einen kurzen Ferienflug leistet, der zulässt, dass in der Familie mehr als sechs Kleidungsstücke pro Kopf erworben werden, außerdem keine Erbauungsschriften kauft und genauso wie seine Angetraute schon aus Zeit- und Müdigkeitsgründen beim Funken und Flaggezeigen schlecht abschneidet, im Göpel'schen Bewertungsschema F 1 bis F 7 mit seinem Lebensstil deutlich weniger Karmapunkte sammelt als die Autorin, trotz Haus und langen Flügen. Mit seinem Durchschnittseinkommen kann ein Normalbürger in der Regel auch nicht der Empfehlung Göpels folgen, den materiellen gegen Zeitwohlstand einzutauschen. Er würde zwar gern, ihm fehlt nur der nötige Überschuss an Geld, um sich mehr Muße zu gönnen. Als Autorin beschäftigte Göpel für ihre letzten beiden Bücher einen Ghostwriter. Die Übertragung größerer Arbeitsanteile an andere schafft Platz im Terminkalender, steht aber nicht jedermann offen. Zeit- und Geldwohlstand befinden sich sehr viel wahrscheinlicher in der gleichen Hand, als dass eines als Tauschäquivalent für das andere dienen würde.

Ein gewisser Widerspruch zwischen Deklaration und eigenem Konsumverhalten fällt sogar den Erwählten selbst auf. Zu den zentralen und immer wiederkehrenden Abwehrformeln gehört der Satz, es komme ja gar nicht auf das Verhalten des Einzelnen an – was konkret bedeutet, es käme auf *ihr* Verhalten nicht an. Vielmehr müssten Regeln das Leben für alle in die passende Form bringen. Das erinnert an die allerdings satirisch gemeinte Bemerkung von T. S. Eliot über den

»Traum von einem System, das so perfekt ist, dass niemand darin gut zu sein braucht«.

Wie die Formel *Aber es kommt doch gar nicht auf mich an* in der Praxis wirkt, lässt sich an allen aufgeführten Beispielen von Fridays for Future-Gymnasiasten über den Schweizer Managersohn bis zu Göpel illustrieren, am schönsten aber an Al Gore, ehemals Vizepräsident der Vereinigten Staaten, der als Warner vor der Klimakatastrophe und unermüdlicher Veränderungsmahner für die Gesellschaft Berühmtheit und den Nobelpreis erlangte. 2017 begann eine öffentliche Debatte über den Ressourcenverbrauch von Gores Anwesen in Nashville, einem Haus mit 10 000 Quadratmetern Fläche, 20 Zimmern, einem Pool und einem ausgedehnten Grundstück. Sehr viele Journalisten erklärten die Frage nach dem persönlichen Verbrauch des früheren Vizepräsidenten umgehend zur durchsichtigen Kampagne von Rechten und Klimaleugnern. Faktenchecker von AP bewiesen eine gewisse Originalität, als sie die Frage, wie weit Gores CO_2-Fußabdruck über dem amerikanischen Durchschnitt liegt, für irrelevant erklärten und zur Begründung anführten, es handle sich schließlich nicht um eine amerikanische Durchschnittsimmobilie. Womit sie natürlich goldrichtig lagen. Eine Autorin der Zeitschrift *The New Republic* ließ sich von einer Sprecherin Gores erklären, der frühere Vizepräsident lebe klimaneutral. Obwohl die Sprecherin der Bitte der Journalistin nicht nachkam, die nötigen Zahlen zur Unterfütterung zu schicken, erschien ihr Text unter der emblematischen Überschrift »Al Gores Carbon Footprint Doesn't Matter« (»Al Gores CO_2-Fußabdruck spielt keine Rolle«). Allerdings sparte sie sich die Begründung, warum nicht jeder andere Amerikaner und überhaupt jeder andere Erdbewohner genau diesen Satz auch für sich in Anspruch nehmen sollte, zumal viele US-Bürger und erst recht die allermeisten Menschen weltweit deutlich unter Gores Verbrauch liegen dürfte. Damals, 2017, besaßen die Gores übrigens noch eine Farm in Tennessee und eine Villa am Meer in Montecito, Kalifornien.

Die Moralkonsumenten wissen sehr gut, dass es das perfekte System nicht gibt, in dem sich der Einzelne nicht mehr anstrengen muss, Deklaration und eigenes Verhalten in Übereinstimmung zu bringen. Und sie wünschen es auch gar nicht. Für sie existiert das ziemlich ideale System schon jetzt, und es funktioniert ziemlich simpel. Eine Moralbourgeoisie erteilt sich mit ihren demonstrativen Handlungen (Funken, Flaggezeigen) die Erlaubnis, mehr und anders zu konsumieren als die materiell weniger Begüterten und ethisch weniger Begabten. Das öffentliche Vorzeigen von Tugenden – wozu natürlich auch Verzichtsapelle an Ärmere gehören – erfüllt für sie den gleichen Zweck wie das CO_2-Kompensationspapier für den Langstreckenflieger. Wer zu dieser Kaste gehört, verhält sich so ähnlich wie die Besucherin einer Lesung, die ein Autor in der *Neuen Zürcher Zeitung* schilderte: Sie empörte sich im Gespräch mit ihm darüber, dass im Restaurant des Literaturhauses auch Tatar serviert würde, also rohes Fleisch, das sie offenbar für noch verachtenswerter hielt als gebratenes. Der Verfasser des *NZZ*-Textes schrieb, er hätte gern mit der jungen Frau ausführlicher darüber diskutiert. Die entschuldigte sich allerdings; sie müsse jetzt schnell los, um ihren Flug nach Mexiko zu erwischen. Zu dieser längst internationalen Kaste gehört auch die SPD-Influencerin Lilly Blaudszun, Jahrgang 2001, die in einem *Zeit*-Streitgespräch mit dem CDU-Politiker Thomas de Maizière den denkwürdigen Satz sagte: »Wir trinken unseren Cappuccino mit Hafermilch, weil wir uns um das Klima sorgen und nicht weil wir uns für etwas Besseres halten.« Möglicherweise merkte sie es selbst nicht, dass sie damit ein zentrales Glaubensbekenntnis der Erwählten offenbarte: Es geht nicht darum, etwas zu tun oder zu unterlassen, was irgendeinen auch nur hypothetischen Einfluss auf das Weltklima haben könnte. Sondern darum, *sich um das Klima zu sorgen*. Sie sorgt sich genaugenommen nicht beim Cappuccinotrinken. Sie geht ihrer Sorgearbeit nach, *indem* sie Cappuccino auf die einzig angemessene Art zu sich nimmt, um anschließend mit einer großen Wochenzeitung darüber zu reden.

Im Club der Erwählten stellen sich die Mitglieder nicht nur selbst Konsumlizenzen aus. Sie dürfen sich auch allen mit bestem Gewissen überlegen fühlen, die sich die Mitgliedsgebühr nicht leisten können. Als moralische Avantgarde sehen sich die Clubmitglieder in der Pflicht, die Lebensführung von Schlechtergestellten zu bewerten, zu kontrollieren und nach Möglichkeit zu bestrafen, auch wenn der Ressourcenverbrauch an der Peripherie deutlich unter dem der Moralbourgeoisie liegt. Denn die Weigerung dieser Leute, die Überlegenheit der luxuriösen Glaubenssätze und die daraus folgende Hierarchie als *gerecht* anzuerkennen, ruft geradezu danach, ihnen mit der Verteuerung des Ferienflugs und der Tankfüllung eine Lektion zu erteilen.

Sollten die Steuern auf Flüge drastisch steigen, würden sich viele der Peripheren vermutlich den einen kurzen Ferienflug im Jahr an die spanische oder bulgarische Küste nicht nehmen lassen. Denn auch für sie gibt es eine maßgeschneiderte Lösung: Unternehmen wie die Plattformen Klarna, Affirm und andere BNPL-Firmen (buy now, pay later) bieten dieser Klientel Konsumkredite zu entsprechenden Zinsen an, ausdrücklich auch für Pauschalurlaube und kleine Anschaffungen. Hier wächst also eher ein zusätzliches Geschäftsmodell, als dass ein angestammtes gefährdet würde. Die BNPL-Mikrokredite, die es auch Leuten mit geringen und sogar schrumpfenden Nettogehältern erlauben, beim Konsum wenigstens den Anschluss nicht ganz zu verlieren, gehören zu den attraktivsten Angeboten der Finanzbranche. Nach Angaben von Klarna liegen die Zahlungsausfälle unter einem Prozent.

Wer aus den Führungsetagen von Großunternehmen auf die Konsumenten blickt, sieht also ganz überwiegend Erfreuliches. Gerade der länderübergreifende Erwähltenclub, in dem es zum guten Ton gehört, den unvermeidlichen Kollaps des Kapitalismus vorauszusagen, verhält sich in Wirklichkeit außerordentlich konsumfreudig. Sein Bedürfnis nach demonstrativer Moral lässt sich mühelos bewirtschaften, vor allem deshalb, weil sich der gewünschte immaterielle Zusatznutzen meist sehr kostengünstig herstellen lässt. In vielen Fällen bestehen er nur aus der Versicherung, die Ware sei besonders nachhaltig hergestellt, dem Versprechen, das Unternehmen würde einen Teil des Gewinns spenden, oder ganz einfach in der Regenbogen-Einfärbung des Firmenlogos während der Pride Week. Könnten Investoren und Manager ein gesellschaftliches Wunschmilieu designen, dann sähe es vermutlich exakt so aus wie die Bürgerkinder, die auf Fridays-for-Future-Demonstrationen Schilder mit dem Spruch: »System change, not climate change« durch die Straßen tragen, Fotos davon mit ihren iPhones aufnehmen, viel Zeit auf Instagram und TikTok verbringen, gern Geld für Produkte ausgeben, die eine Botschaft aussenden, und zur Erholung gern Nachbarkontinente bereisen.

Wie schon festgestellt: Nicht jeder, der für den Eintritt in den Club der Erwählten bezahlt und die damit verbundenen Rechte in vollen Zügen ausübt, gehört zum Kern der Regressiv-Progressiven. Umgekehrt verfügen nicht alle Priester der Bewegung über das notwendige konventionelle Kapital dafür. Wie bei allen Bewegungen in der Geschichte gibt es auch hier einen heißen Kern, der die Lehre verkündet und durchsetzt, und eine sehr viel größere Gefolgschaft, die aus Opportunismus und Neugier folgt, solange es vorwärts geht. Aber selbst die reine Lehre – warum sollte sie den Inhabern wirtschaftlicher Macht Angst einflößen? Sie sehen eine Bewegung, die klassische soziale Fragen erfolgreich zugunsten der Einteilung nach Hautfarbe, Herkunft und Geschlecht verdrängt. Eine Bewegung, die das Konkrete durch Abstraktion ersetzt. Die sich für den Unterschied zwischen Weißen und People of Color interessiert, aber nicht für den zwischen BlackRock und dem klassischen Unternehmerkapitalismus. Eine Bewegung, die überall die Einrichtung von Diversity-Equity-Identity-Abteilungen fordert, aber keine besseren Arbeitsbedingungen für die Beschäftigten bei Amazon. Sie sehen ein Netzwerk, dessen Mitglieder eine berserkerhafte Energie darauf verwenden, liberale Universitätsprofessoren oder die Autorin Joanne Rowling zu verfolgen und ihnen bizarre Etiketten wie *Faschist, Rassist* und *transphob* anzuheften, die sich aber offenbar nicht im Geringsten an den autoritär-technokratischen Vorstellungen stören, wie sie die Teilnehmer des WEF in Davos untereinander diskutieren, etwa die schon erwähnte Idee, Wahlen durch Datenauswertung per KI zu ersetzen. Die nichts Kritikwürdiges daran finden, wie die Bill and Melinda Gates Foundation als private Organisation Weltgesundheitspolitik betreibt.

Sie sehen eifernde Agitatoren, die selbst schlecht entlohnten weißen Arbeitern einreden, sie wären privilegiert und mit einer Erbschuld für alles Vergangene beladen. Wer die gesamte Welt anhand von Hautfarben in Unterdrücker und Unterdrückte einteilt, verdrängt notwendigerweise die Kritik an realen Machtverhältnissen. Ob während der Gelbwesten-Rebellion in Frankreich oder den Trucker-Protesten in Kanada – die Regressiv-Progressiven standen immer gegen die *deplorables,* die dort aufbegehrten. Ihre Wut richtet sich gegen die Verachteten, die sich weder um die Wahl von Pronomen kümmern noch dem *White Guilt*-Konzept unterwerfen wollen – und nicht gegen den *crony capitalism,* in dem nur wenige große Spieler die Regeln zu ihren Gunsten bestimmen. Kurzum, wer von der sehr hohen Etage herunterschaut, der sieht zwar einen Klassenkampf. Allerdings den von Bürgerkindern nach unten.

Es verhält sich allerdings nicht so, dass die Erwachten und Wohlmeinenden einfach nur eine nützliche Arbeit für die Vertreter des *crony capitalism* und die Anhänger technokratischer Gesellschaftssteuerungsmodelle verrichten würden. Diejenigen, die das an Identität und Schuld ausgerichtete neue Gesellschaftsbild aus den Universitäten, Stiftungen und Medien heraus verbreiten, gehören genauso wie Manager und Investoren zur Elite oder zum Elitennachwuchs der westlichen Gesellschaften. Beide verbindet mehr, als sie trennt. Das lässt sich an mehreren Markierungen ablesen. Aber an keiner Stelle so deutlich wie an der Verdammung von Elitenkritik. Kritik an Eliten als populistisch, rechts, gefährlich und einfach ungehörig zu entlarven gehört mittlerweile zum festen Repertoire an Universitäten, im politisch-medialen Betrieb und in Organisationen, die Geld vom Staat, von Stiftungen oder von beiden Seiten bekommen. Meist erhalten die verteidigten Eliten noch den Zusatz *liberal*. Der Begriff *liberale Eliten* bildet eine außerordentlich weit gefasste Klammer. Zu ihr kann sich der Anführer einer einflussreichen Studentenorganisation zählen, der auf dem Campus gegen den Faschismus und für die Anliegen der Hamas kämpft, ein Mitglied im Führungszirkel einer NGO, ein Journalist eines Mediums, das sich als progressiv empfindet, ein Diversity-Berater, aber auch ein Vorstandsmitglied eines Konzerns, der eine Diversity- und Privilegienüberprüfungsschulung für alle Mitarbeiter des Unternehmens anordnet. Zu keiner Zeit hielt eine gesellschaftliche Führungsschicht Herrschaftskritik für besonders gerechtfertigt. Die Besonderheit der heutigen Elitenkritik-Kritiker liegt darin, dass sie sich selbst oft als Erben der klassischen Linken ausgeben, der politischen Kraft also, für die Kritik an Machtverhältnissen lange eine Selbstverständlichkeit darstellte. Progressive jedweder Spielart bescheinigen sich bis heute ein besonders waches Bewusstsein für gesellschaftliche Missstände. Den kritischen Blick auf das gesellschaftliche

Oben als reaktionär und demokratiegefährdend darzustellen, und zwar unter der Fahne von Fortschritt und Weltoffenheit – dieser gedankliche Twist gehört zu den gewagtesten, aber auch erfolgreichsten Manövern der Wohlgesinnten. Die Verdammung sogenannter populistischer Elitekritik als eine der größten Gefahren für westliche Staaten bildet beispielsweise den Kern von Anne Applebaums Buchs *Die Versuchung des Autoritären.* Zum gängigen Handwerkszeug derjenigen, die Elitenkritik als Übel darstellen, zählt die Behauptung, es gäbe überhaupt keinen Gegensatz zwischen den urbanen *Eliten* und den *deplorables* draußen, keine Verachtung des Zentrums für die Peripherie. Ein Autor der *Zeit* etwa unterstellte schon 2018 in seinem Text von vornherein »die Konstruktion eines Konflikts zwischen Volk und Elite«. Bei Jan-Werner Müller, Professor für politische Theorie in Princeton, heißt es: »Das Geschäftsmodell der Populisten besteht darin, den Dualismus von korrupter Elite und homogenem Volk zu propagieren.« In der *Financial Times* meinte Robert Shrimsley 2023, »die Verunglimpfung einer neuen Elite mit immenser kultureller Macht ist der neue hektische Versuch bestimmter politischer Akademiker, ein Buch zu verkaufen, und er wurde freudig von rechten Medien aufgegriffen.« In diesen und vielen fast identischen Ausführungen gibt es zwei Argumentationslinien. Entweder geht die verwerfliche Elitenkritik sowieso ins Leere, weil es sich bei den Angegriffenen um eine reine Erfindung von Populisten handelt. In der anderen Variante existiert das Objekt der Kritik zwar, die Erörterungen handeln aber ausschließlich davon, dass diese Kritik von jemand aufgegriffen und ausgenutzt werde, dass es sich um ein Geschäftsmodell handle, und welche schlimmen Folgen daraus für die Gesellschaft erwüchsen. Shrimsley unterscheidet in der *Financial Times* immerhin zwischen alten und neuen Eliten, liefert für Letztere eine Kurzbeschreibung und trifft dabei einen wichtigen Punkt. »Die neuen Feinde«, schreibt er, indem er probehalber die Perspektive derjenigen einnimmt, die er als Populisten bezeichnet, »teilen bestimmte Züge, die sich so zusammenfassen lassen: Abschlüsse von Spitzenuniversitäten, Stadtbewohner, Arbeitsplatz in den Medien oder der Kreativindustrie. Da man aber für alle gehobenen Jobs einen anständigen Abschluss benötigt, besteht der wahre Punkt darin, dass die neue Elite überwiegend linksliberal ausgerichtet ist.« Dabei handelt es natürlich um eine Selbstzuschreibung (im Original »liberal-leaning«, die Übersetzung »linksliberal« dürfte dem am nächsten kommen). In vielen anderen Texten lautet das entsprechende Etikett »liberal elites«, ins Deutsche oft unzutreffend mit »liberale Eliten« übersetzt. Viele Angehörigen dieser neuen Elite verfolgen weder klassisch linke noch klassisch liberale Ideen, sondern illiberale und antiaufklärerische Positionen, die sie selbst für progressiv halten. Aber der entscheidende Punkt liegt in der Offenbarung, die in Kurzform lautet: »Ja, wir sind die Elite. Eine neue, mit kulturellem wie materiellem Kapital ausgestattete Elite, die von dem Investmentbanker bis zum Kreativfreiberufler reicht. Aber wir sind, und darin liegt das Neue, die gute Elite, eine Führungsschicht, die garantiert, dass die Gesellschaft auf dem richtigen Pfad voranschreitet. Deshalb ist es nicht nur falsch, uns einer kritischen Betrachtung zu unterziehen, sondern auch bösartig. Wenn jemand ganz genau beobachtet und auf seine Motive durchleuchtet werden sollte, dann nicht wir, sondern unsere Kritiker.«

Hinter der Beteuerung, das notwendige Gute voranzubringen, verschwindet bei ihnen auch regelmäßig die Machtfrage. Die neue Elite unterscheidet sich von der alten auch dadurch, dass sie tut, als besäße sie gar keine Macht. Jedenfalls redet sie nicht über ihre eigene Macht, sondern unterstellt nur ihren Feinden, groß und mächtig zu sein. Sicherlich gibt es neben zutreffender Kritik auch entschieden freiheitsfeindliche und tatsächlich giftige Attacken auf diese neue Elite. Diese Giftigkeit unterscheidet sich allerdings nicht grundlegend von der zerstörerischen Wirkung, die von dem verächtlichen Blick der neuen Elite auf die Schwächeren, auf die kulturell Ärmeren ausgeht, von dem Hohn über die sogenannten Erbärmlichen, denen das nötige Kleingeld zum moralisch richtigen Leben fehlt. Es gibt noch einige andere Verbindungen zwischen denjenigen, die sich eher dem materiellen Kapital verpflichtet fühlen, und den Verwaltern des kulturellen Kapitals. Aber die mit Abstand wertvollste Leistung dieser Sinnschöpfer besteht darin, dass es ihnen gelungen ist, die Hauptrichtung der Gesellschaftskritik umzukehren. Sie verläuft neuerdings von oben nach unten. Für diesen Zaubertrick empfinden die Lenker großer quasimonopolistischer und mit der Politik verflochtener Konglomerate zu Recht eine tiefe Dankbarkeit. Was sich an ihnen und ihren Organisationen alles mit plausiblen Gründen kritisieren ließe, wissen sie selbst am besten.

Mit seiner Wendung von der »neuen Elite« deutet der *Financial Times*-Autor auf eine echte Novität hin. In der Elite, die er meint, verbinden sich materielles und kulturelles Kapital zu einer Substanz, die Gesellschaften sehr viel stärker formt und lenkt als Geld allein. Die Träger des einen und anderen Kapitals begegnen einander auf der gleichen Hochebene, Investoren, Manager und Sinnschöpfer wie die regressiv-progressiven Theoretiker Ibram X. Kendi, Robin Di Angelo und andere. Das frische kulturelle Kapital, ruhig auch angereichert mit rhetorischer Schärfe in Fragen der Identitätspolitik, lindert die von Paul Marshall erwähnte Legitimationskrise der Finanzunternehmen und Plattformen. Es führt einer ins Wanken geratenen Welt eine neue Energie zu, die Google, Amazon, BlackRock und andere bei allem finanziellen Aufwand nie aus sich selbst hätten hervorbringen können. Den Sinnschöpfern garantiert die Mitgliedschaft in dem Club ebenfalls einen luxuriösen und in dieser Art noch nie dagewesenen Status. Sie erhalten Zugang zur wirklich oberen Etage, zu materiellen Mitteln für wissenschaftlich verbrämte Projekte (wie im Fall Kendis), auch für private Zwecke – und sie können trotzdem ihren radikalen Gestus behalten. Das sollen sie sogar. Sie dürfen weiter die Rolle der Gesellschaftskritiker übernehmen. Bei dem, was sie produzieren, handelt es sich auch tatsächlich um Gesellschaftskritik, nur eben von einer Sorte, die sich nicht um soziale Verhältnisse schert. Der neue Club des Fusionskapitals schafft es, die Position der Macht und gleichzeitig die der imaginierten Gegenmacht zu besetzen. Die Verschmelzung dieser beider Kapitalarten zu einer neuen Qualität – *das* ist das Kapital des 21. Jahrhunderts.

Ein wenig erinnert diese Allianz an eine Heiratspraxis, die im 19. Jahrhundert überall in Europa und darüber hinaus in Mode kam: Söhne und Töchter alter, verarmter und von Machtverlust gepeinigter Adelsgeschlechter heirateten die Kinder der reichen bürgerlichen Emporkömmlinge. Das erwies sich für beide Seiten als enorm vorteilhaft; die einen brachten den großen Namen, Tradition und Manieren in die Ehe, die anderen das Geld. Heute finden die beiden Vorzüge unter umgekehrtem Vorzeichen zusammen: Die Manager und Investoren als älterer Teil sorgen für die konventionellen Finanzmittel, die progressiv drapierten Ideenproduzenten aus den Universitäten und NGOs, die ESG-Erfinder und DEI-Instrukteure liefern eine neue Legitimation, neue Begriffe und neue Manieren. Beide zusammen gewinnen dadurch eine Stärke, die für jeden allein unerreichbar wäre.

Das Bewusstsein bestimmt das Sein

Die Webseite des E-Kommerz-Konzerns Amazon zeigt einen glücklichen Mitarbeiter, der auf einem Regenbogenstreifen wandelt. In dem dazugehörigen Text heißt es: »Diversität und

Inklusion helfen uns dabei, bessere Entscheidungen im Sinne unserer Kund:innen zu treffen.

Weltweit haben wir 13 Interessengruppen, die sogenannten Affinity Groups, mit mehr als 130 000 Mitarbeiter:innen aus über 2000 lokalen Gruppen in 58 Ländern. Diese Netzwerke wurden von den Mitarbeitenden initiiert und sind beispielsweise federführend bei der Organisation von internen Events wie dem International Women's Day oder der Teilnahme am CSD.«

Amazon gehört zu den *Big Five,* zur Gruppe der Plattformunternehmen, zu der außerdem Alphabet, Apple, Meta und Microsoft zählen. Alle zusammen vereinen einen beträchtlichen Anteil der globalen Wertschöpfung auf sich. Das Unternehmenskonglomerat Amazon erwirtschaftete 2022 mit 1,5 Millionen Mitarbeitern einen Umsatz von 513 Milliarden Dollar. Sein Gründer Jeffrey Preston Bezos verfügt über ein Privatvermögen von schätzungsweise 168 Milliarden Dollar. Eine Dokumentation der Medienplattform Fontline sieht in dem Konzern »eine der einflussreichsten ökonomischen und kulturellen Kräfte der Welt«. Und das zu Recht. Amazon betreibt nicht nur ausgedehnte Geschäfte. Es prägt Bewusstsein.

Neben den meist identitätsbasierte Interessengruppen weist das Unternehmen auch auf seine konzerninternen Tage speziell für Frauen hin, auf Christopher Street Day-Feiern und ausgedehnte DEI-Abteilungen, die über Diversität wachen. Eine Gruppe fehlt in der Aufzählung der Vorzüge: Gewerkschaften. »Als Unternehmen glauben wir nicht, dass Gewerkschaften die besten Antworten für unsere Beschäftigten sind«, lautet die offizielle Auskunft der Unternehmenspressesprecherin Kelly Nantel: »Unser Fokus bleibt darauf gerichtet, direkt mit unserem Team zu arbeiten, um Amazon zu einer großartigen Arbeitsumgebung zu machen.« Die längste Zeit seiner Existenz blieb der 1994 gegründete Konzern tatsächlich gewerkschaftsfrei. Das änderte sich erst 2020 durch

Umstände, die das Management nicht voraussah. Im März 2020 protestierte Chris Smalls, Arbeiter im Amazon-Lager JFK8 auf Staten Island, gegen die Arbeitsbedingungen. Als er zusammen mit anderen eine Kundgebung auf dem Betriebsgelände organisierte, kündigten ihn seine Vorgesetzten zum 1. April. Sie hielten den Vorgang auch dann noch für einen Routinefall, als Smalls begann, außerhalb von JFK8 Beschäftigte anzusprechen und Gegenwehr zu organisieren. In einem Memorandum erwähnten Amazon-Anwälte zwar nicht, dass es sich bei ihrem Ex-Mitarbeiter um einen Farbigen handelte, notierten aber, Smalls sei »weder schlau noch redebegabt«.

Der in die Arbeitslosigkeit entlassene Packer schaffte, woran vorher alle scheiterten, die sich daran versuchten: Er brachte die Gewerkschaft ins Innere von Amazon. Keine etablierte, sondern eine, die er zusammen mit einem Kern von Unterstützern gründete, die Amazon Labour Union, kurz ALU.

Der Konzern bietet seinem Fußvolk offenbar keine so großartigen Arbeitsbedingungen, dass eine organisierte Interessenvertretung überflüssig wäre. Schon vor der Gründung der ALU gab es in JFK8 und anderen Lagern Proteste von Arbeitern gegen die rigiden Normvorgaben. Der Komplex auf Staten Island zählt zu den größten Umschlagplätzen des Unternehmens, jede Minute verlassen 30 fertige Sendungen den Hallenkomplex. Eine bescheidene Forderung der Arbeiter lautete, ihnen statt zwei Pausen von 15 Minuten eine von einer halben Stunde zu erlauben. Beschwerden gab es auch gegen Zwölf-Stunden-Schichten mit hohen Tempovorgaben beim Packen. Zu den Normen gehört ein dichtes Kontrollnetz, beispielsweise Kameras, aber auch eine App mit dem schönen Namen »Mentor«, die Arbeits- wie Pausenzeiten und die Telefonnutzung in Echtzeit registriert.

Als der linke Kongressabgeordnete Mark Pocan 2021 twitterte, ein Unternehmen, das seine Angestellten dazu nötigen würde, aus Zeitmangel in Plastikflaschen zu urinieren, könnte sich schlecht als »progressiv« bezeichnen, verspottete die PR-Abteilung von Amazon den Politiker: »Sie glauben doch nicht wirklich die Sache mit dem In-Flaschen-Pinkeln, oder?« Ein Vertreter des Unternehmens antwortete dem Abgeordneten auf Twitter: »Wäre das wahr, würde niemand für uns arbeiten.« Dann tauchten allerdings sehr viele Berichte und Videos auf, die genau das zeigten, Amazon-Fahrer, die sich mit Flaschen behelfen, weil ihnen die Zeitvorgaben kaum die Möglichkeit lassen, unterwegs eine Toilette zu suchen. Es gab außerdem konkrete Schilderungen, wie Mitarbeiter von Versandzentren sich in Müllkübel erleichtern, weil ihnen die Zeit für einen Gang zum WC fehlt. Amazon entschuldigte sich offiziell bei Pocan, hängte an dieses Schreiben aber auch den Hinweis an, Beschäftigten anderer Unternehmen ginge es in dieser Beziehung überhaupt nicht besser, UPS-Fahrer würden ebenfalls Flaschen benutzen.

Smalls ALU zählt nur etwa 10 000 Mitglieder. Neben den 130 000 Mitgliedern der konzernintern geförderten Affinity-Gruppen wirkt sie klein und schwach. Amazon-Mitarbeiter berichten von verpflichtenden Meetings, in denen den Beschäftigten erklärt werde, dass Gewerkschaften vor allem ihnen selbst schaden würden.

Merkwürdigerweise sehen die wenigsten großen Medien überhaupt einen Widerspruch, wenn ein Konzern mit einem Umsatz, der das Haushaltsvolumen vieler Staaten übertrifft, zwar Mitarbeitergruppen nach Hautfarbe und sonstigen Identitätsmerkmalen fördert und mit ihnen wirbt (»Black Employee Network«, »Asians at Amazon«, »Latinos at Amazon«, eine Vereinigung für Übergewichtige, »Body Positive Peers«, und eine Affinity-Gruppe für Schwule und Lesben namens »Glamazon«), es aber gleichzeitig für unangebracht hält, mit Gewerkschaftern über Pausenzeiten zu diskutieren. Und wie passt eigentlich die Botschaft der Affinitätsgruppen, nämlich »Lebe dein wahres Selbst« mit einer Kontroll-App wie »Mentor« zusammen? Für konkrete Arbeitsbedingungen, die alle Mitarbeiter einer bestimmten Hierarchiestufe betreffen, egal ob schwarz, asiatisch, weiß, schwul oder mit anderen Persönlichkeitsmerkmalen, fühlen sich die mächtigen DEI-Abteilungen jedenfalls nicht zuständig. Probleme von Mitarbeitern, die in Plastikflaschen urinieren müssen, fallen weder unter Diversität noch unter Identität oder Inklusion. Genauso wenig wie Arbeitszeiten und Gesundheitsschutz. Für die DEI-Richtlinien gilt das Gleiche, was Paul Marshall über die ESG-Kriterien feststellte: Sie kosten so gut wie nichts, bringen den Mitarbeitern keinen konkreten Nutzen, bewirken aber eine enorme Immunisierung des Unternehmens gegen Kritik von innen und außen. Über die Amazon Labour Union gab es zwar etliche Medienberichte in den USA, zumeist freundliche, aber nur einen Bruchteil der Beiträge, verglichen mit den Berichten über Black Lives Matter. Chris Smalls fand für sich und seine Anliegen sehr viel weniger öffentliche Aufmerksamkeit als Ibram X. Kendi, der Star der Kritischen Rassentheorie obwohl Smalls durch den Druck seiner Gewerkschaft die Bedingungen für tausende Beschäftigte jedweder Hautfarbe zumindest ein wenig verbessern konnte, während Kendi für keinen einzigen Normalamerikaner jemals etwas Nützliches bewirkte.

Die Installation der Diversitäts- und Identitätspolitik in Unternehmen dient der Sinnschöpfung, aber nicht nur. Sie ergibt auch Sinn in der Bedeutung von praktischem Nutzen.

Nicht für die Beschäftigten und Kunden, wohl aber für Eigentümer und Management.

Wie an den Universitäten, wie in der gesamten regressiv-progressiven Bewegung dient das vorgeschobene Interesse für Minderheiten als Schutzschild, um dahinter neue Machtverhältnisse zu etablieren. Diversität, Identität und Gleichheit in Gestalt dieser Schlagworte wirken wie eine dicke Sauce, die Interessierte über die harten Machtverhältnisse, über die Interessengegensätze und die Klassengrenzen gießen. Die Grenzen, Gegensätze und sozialen Verhältnisse bleiben zwar, aber ihre Konturen verschwinden. Alles in allem wiederholen die Unternehmen damit nach innen und außen ein Grundprinzip der verkehrten Linken. Hier soll das Bewusstsein das Sein bestimmen. Und nicht nur bestimmen, sondern ein neues Sein schaffen.

Dass die Schlagworte D, I und E in einem Unternehmen die klassischen Auseinandersetzungen über Lohn, Arbeitsbedingungen und sozialen Interessenausgleich überdecken, aber vor allem vor schlechter Wahrnehmung schützen, zeigt sich erst im Kontrast, also im Vergleich zwischen Amazon und anderen großen Plattformen auf der einen Seite – und Tesla auf der anderen. Der Eigentümer des Elektroauto-Herstellers Elon Musk, dem außerdem SpaceX, die von Twitter in X umbenannte Nachrichtenplattform und andere Unternehmen gehören, spricht sich bekanntlich gegen das aus, was er und viele andere als *woke* bezeichnen. Einer seiner bekanntesten Twitterbotschaften lautet: »Entweder wird der Virus der woken Geisteshaltung besiegt oder nichts sonst bedeutet noch etwas.« (The woke mind virus is either defeated or nothing else matters.) Seine Firmen werben nicht mit Affinity Groups und Regenbogen, obwohl dort wie in allen größeren wirtschaftlichen Einheiten Menschen mit unterschiedlicher Hautfarbe arbeiten, natürlich auch schwule und lesbische Beschäftigte. In einer Beziehung ähnelt der Milliardär Musk allerdings dem Milliardär Bezos – er hält ebenfalls nichts von Gewerkschaften und Tarifverträgen. Beide Personen und ihre Konzerne erfahren allerdings eine bemerkenswert unterschiedliche Behandlung in Politik und Medien. Das beginnt damit, dass spätestens seit der Übernahme von Twitter und Musks Aussagen über den Wokismus eine breite Kampagne in den USA und Europa gegen ihn als Person begann, die bis heute andauert. Zwar gibt es auch negative Berichterstattung über die Arbeitsbedingungen bei Amazon, die fehlenden Tarifverträge und den Versuch, Gewerkschaften vor der Tür zu halten. Aber die befassen sich vor allem mit dem E-Kommerzriesen selbst, weniger mit der Person ihres Gründers und Eigentümers. Gegen Amazon gab es auch nie annähernd schlechte Presse und politische Aktionen von dieser Breite und Heftigkeit. In Schweden weigerte sich das staatliche Postunternehmen Post Nord Ende 2023, Nummernschilder an Kunden von Tesla zu verschicken – aus Solidarität mit Tesla-Arbeitern, wie die Gewerkschaft der Postbeschäftigten mitteilte. Es handelte sich um einen rechtswidrigen Boykott, gegen den sich das Unternehmen schließlich mit Erfolg vor Gericht wehrte. Das Tesla-Werk in Grünheide beschäftigte Gewerkschaft, Politik und Medien sehr viel stärker als jedes Amazon-Versandzentrum in Deutschland. Abgeordnete beschuldigten den Autohersteller, zu viel Wasser zu entnehmen und Brandenburgs Trockenheitskrise zu verschärfen (was nicht zutraf); mehrere Medien befassten sich in großen Beiträgen mit der Zahl der Arbeitsunfälle in der Fabrik, die IG Metall fand bei ihren Aktionen, die Tesla zu einem Tarifvertrag zwingen sollen, eine große öffentliche Resonanz. Von Amazon versucht die Gewerkschaft Verdi seit 2013, einen Tarifvertrag zu erstreiten, bisher erfolglos. Auch darüber erscheinen natürlich Medienberichte. Allerdings längst nicht mit dieser politischen Aufladung. Und nicht auf Jeff Bezos zugespitzt. Hier, in der Personalisierung der Auseinandersetzungen, liegt der größte Unterschied zwischen den beiden Unternehmern. Im Fall von Musk findet eine ausgiebige Skandalisierung seines Reichtums statt. Es scheint eine Selbstverpflichtung von vielen Medien zu geben, so viele negative oder zumindest einseitige Meldungen über den Tesla-Gründer zu produzieren, wie es nur geht, etwa, Twitter beziehungsweise X stünde kurz vor der Pleite, Musk drohe seinen Werbekunden, Musk sei Antisemit. Nichts davon trifft zu. Es gibt Versuche, von offizieller

Seite in seine Geschäfte einzugreifen, beispielsweise durch die Ankündigung des EU-Binnenmarktkommissars Therry Breton, innerhalb der Europäischen Gemeinschaft könnte X abgeschaltet werden. Als Grund führte Breton an, X verbreite Desinformation, nannte aber weder konkrete Beispiele noch Zahlen, die belegen würden, dass sich auf X mehr irreführende Informationen finden als auf Facebook, TikTok oder im Angebot von bisher unbeanstandet operierenden klassischen Medienunternehmen. Höchst kritisch bearbeiten Journalisten und Politiker auch den Punkt, ob es einem Milliardär erlaubt sein sollte, eine einflussreiche Meinungsplattform zu besitzen, sie tun es jedenfalls sehr viel häufiger, als danach zu fragen, was aus Jeff Bezos' Eigentum an der *Washington Post* für die Zeitung selbst und die Gesellschaft folgt. Noch sehr viel seltener macht jemand öffentlich zum Thema, ob die umfangreichen Geldzahlungen der Bill und Melinda Gates-Stiftung an private Medien nicht möglicherweise dazu betragen, zu viel Einfluss in sehr wenigen Händen zu konzentrieren, und das auf eine ziemlich intransparente Weise. Dass manche Medien direkt oder über den Umweg einer weiteren Stiftung Geld von der Gates Foundation erhalten, lässt sich zwar an etlichen Stellen nachlesen. Aber nicht jeder Leser sucht nach diesen Informationen. Selbstverständlich versichert die Stiftung genauso wie das Medienunternehmen, das die Zahlungen entgegennimmt, etwa der *Spiegel,* es gebe keinerlei inhaltlichen Einfluss. Allerdings liegt schon in der Zahlung von mehreren Millionen über längere Zeit und der Wahrscheinlichkeit weiterer Zuwendungen eine Lenkung. Der *Spiegel* etwa widmete 2022 eine Titelgeschichte dem ganz überwiegend negativ geschilderten Treiben von Multimilliardären unter der Schlagzeile »Die feudalistische Welt der Superreichen«. Die Illustration auf dem Cover zeigte Elon Musk am prominentesten. Leser können an dieser Stelle raten, welcher Milliardär weder auf dem Titelblatt noch im Text selbst vorkam.

Es wäre spielend leicht möglich, auch einen stetigen Strom negativer Berichte über Bezos, Gates, Mark Zuckerberg und andere moderne Digitalfürsten zu erzeugen, sowohl mit Blick auf ihr Privatleben als auch auf ihre Geschäftspraktiken und die Arbeitsbedingungen in ihren Unternehmen. Und dass sich mit der gleichen Leichtigkeit politische Aktionen gegen ihre Plattformen starten ließen, gerade in Europa, denn vor allem die speziellen Steuerverhältnisse in Irland, die kleine Abgaben auf große Gewinne ermöglichen, fallen mit Sicherheit in die Regelungskompetenz der EU. Es zahlt sich für Unternehmen aus, eine Fassade der Tugendhaftigkeit zu errichten. Wer sich mit den eigenen Bekenntnissen wie eine Nichtregierungsorganisation gibt, die nebenbei noch etwas Geld verdient, verringert mit Sicherheit seine Angriffsfläche. Ein Unternehmen, das die Bedeutung der ethnischen Herkunft seiner Mitarbeiter betont, zu konzerninternen CSD-Feiern aufruft und die Regenbogenfarben in seiner Werbung ausgiebig einsetzt, erzeugt den Eindruck, es kritisiere ungerechte gesellschaftliche Verhältnisse, als würde es zu einer Opposition im erweiterten Sinn gehören, zumindest aber zu einer Allianz gegen dunkle Mächte.

In der Außendarstellung von Konzernen findet eine Homogenisierung statt, die gleichzeitig den Blick auf jedes Unternehmen lenkt, das dabei nicht mitzieht. Die Slogans von weltweit operierenden Unternehmen wirken so, als kämen sie aus einer einzigen Werbeagentur mit einem sehr kleinen Textbaukasten. »Diversität ist der Schlüssel zum Erfolg«, heißt es bei Novartis. »Wir sind Vielfalt und leben unsere Verantwortung« bei Lidl. »Telekom lebt Diversity«, informiert uns die Telekom. Der Schlusssatz in der kurzen Selbstbeschreibung der britischen Großbank HSBC lautet: »Wir sind Teil von etwas sehr, sehr viel Größerem.« (»We are part of something far, far bigger.«) Das Konzernmotto von Amazon: »Arbeite hart, hab Spaß, mach Geschichte.« (»Work hard, have fun, make history.«) Die große Überschrift der US-Bank J.P. Morgan deklariert: »Tu das Richtige. Geh direkt mit Problemen um. Schätze jeden gleich.« (»Do The Right Thing. Deal directly with problems. Value everyone equally.«) Niemand, wirklich niemand glaubt einer Investmentbank, sie würde im eigenen Haus und unter ihren Kunden jeden gleichermaßen wertschätzen. Kein Unternehmen der Welt tut das. Die Versicherung wirkt ungefähr so glaubwürdig wie die rituelle Einfärbung des Markenzeichens mit dem Regenbogen exklusiv in Ländern, in denen das Bekenntnis offene Türen einrennt und die Geschäfte nicht stört.

An der erstaunlichen Karriere der Regenbogenfahne lässt sich vermutlich am besten nachzeichnen, wie ursprünglich emanzipatorisch gemeinte Symbole und Begriffe durch eine Mühle gedreht wurden, die sie umformte, entkernte und für völlig neue Zwecke nutzbar machte. Im Jahr 1978 entwarf der Künstler Gilbert Baker in San Francisco eine Flagge mit acht Farben, die zum ersten Mal am 25. Juni 1978 zu dem Gay Pride March durch die Stadt getragen wurde.

Dieser Marsch erinnerte an die Stonewall Riots, bei denen sich Besucher der Stonewall Bar in Manhattan im Juni 1969 mit Flaschen und anderen Gegenständen handgreiflich gegen eine Polizeirazzia wehrten. Mit dem Stonewall-Krawall gab es zum ersten Mal eine Demonstration gegen die Diskriminierung von Homosexuellen. Die Flagge von 1978 bezog sich also auf ein Ereignis, das damals schon neun Jahre zurücklag. Inzwischen war die Emanzipation von Schwulen längst ein Teil der Bürgerrechtsbewegung in den USA. Die Zeiten änderten sich. Baker sagte, zum Entwurf des Symbols habe ihn Harvey Milk angeregt, damals Stadtrat in San Francisco und der erste offen schwule Politiker Kaliforniens. Eine von mehreren Erklärungen, warum gerade die Regenbogenfarben von einer schon etablierten Emanzipationsbewegung diesen Erfolg feierten, verweist auf Judy Garland *Somewhere Over The*

Rainbow aus dem Film *Wizard of Oz.* Garland genoss außerdem unter Schwulen eine solche Popularität, dass sich für sie die Wendung *friends of Dorothy* etablierte, benannt nach der von Garland gespielten Figur. In mehreren Interviews meinte Baker, seine Regenbogenfahne stamme direkt aus der Natur, nämlich vom Himmel – was der Vermutung nicht widerspricht, dass sein Symbol in der Szene auch wegen Garlands Song so begeistert aufgenommen wurde.

Von Baker stammt auch ein Satz, der unabhängig von ihrem Ursprung für diese und für alle anderen Fahnen zutrifft: »Flags are about proclaiming power.«

Die Fahne mit den Farbstreifen tauchte schon sehr viel früher in der Geschichte auf, beispielsweise als Zeichen der Anhänger Thomas Müntzers im Bauernkrieg von 1524 bis 1525. Sie proklamierte Macht, allerdings die Macht einer Gegenbewegung, die im Fall der Baker-Fahne schon für einen Triumph stand. Ihr Erfinder hätte es sich vermutlich nie vorstellen können, dass sie Jahrzehnte später zu einem Marketingsymbol und gleichzeitig zu einem leeren Signifikant werden sollte, zum sogenannten *Zeichen,* das auf nichts Bestimmtes mehr verweist.

Die meisten nehmen nur wahr, wie sich Unternehmen nach außen zeigen. Sie lesen die Statements, verfolgen die Buntfärbung des Logos in Deutschland, Großbritannien und den USA (aber nicht in den Emiraten und in Saudiarabien). Aber sie erfahren in aller Regel wenig darüber, wie diese Prozesse im Inneren von Konzernen ablaufen, was Mitarbeiter darüber denken und wem diese neuen Strukturen nutzen. Deshalb gehört zum vollständigen Bild auch das Gespräch mit Beschäftigten der mittleren und unteren Ebene. Was sich als gar nicht so schwierig erweist, falls es unter der Bedingung stattfindet, Name und Unternehmen nicht zu nennen. Die erste Unterhaltung führe ich mit dem Angestellten der deutschen Niederlassung eines großen US-Unternehmens aus der

Unterhaltungsbranche. Nennen wir ihn Peter. Die Schulungen zu Diversität, Gender und achtsamer Sprache, erzählt er, seien in den Grundzügen vom Mutterkonzern vorgegeben, die Teilnahme teils verbindlich, teils freiwillig. Die Begründung für die Notwenigkeit der betriebsinternen Vorträge laute: »Weil noch immer Menschen diskriminiert werden.« Das sei ganz allgemein, meint Peter, sicherlich auch der Fall. Aber die vorgegebenen Diskriminierungskategorien, etwa nach Hautfarbe, würden nicht auf die Praxis dieser Konzerndependance mit ihren etwa 40 Beschäftigten passen. Dort gebe es keine farbigen Mitarbeiter. »Wir sind ziemlich homogen.« Für Beschwerden wegen Benachteiligung jeder Art gebe es einen Betriebsrat, wie in den meisten deutschen Unternehmen üblich. »Aber auf diesem Gebiet hat es bei uns in den vergangenen 15 Jahren nur wenig Anfragen gegeben.« Nun könnte sich die Kritik darauf richten, die Belegschaft sei zu weiß. Daran ließe sich das aber kaum etwas ändern, denn der Umsatz des Konzerns in Deutschland gehe zurück, die Zahl der Arbeitsplätze werde sich in Zukunft höchstwahrscheinlich verringern, aber auf keinen Fall steigen. Trotzdem gebe es allerdings seit einiger Zeit eine Mitarbeiterin, die sich hauptberuflich mit der Entwicklung und Pflege einer gendergerechten Sprache in der internen Kommunikation befasse. »Sie ist die Einzige, deren Arbeitszeit jetzt von Teilzeit auf mehr Stunden hochgestuft wurde.« Wenn es jemand gibt, der die kommenden Umbrüche in der Niederlassung weniger fürchten muss als andere, dann sie. Die Konstellation in der kleinen Unternehmenseinheit erinnert an das große Phänomen, dass diejenigen, die am nachdrücklichsten von der Veränderungsnotwendigkeit und dem Aufbrechen von Strukturen sprechen, das meist von Positionen aus tun, die über einen sehr soliden Schutz vor Veränderungen verfügen.

Ein anderer Angestellter, dem wir den Namen Simon geben, hätte für sich gern die zumindest in Westeuropa übliche

Arbeitsplatzsicherheit. Er arbeitet für ein halbstaatliches deutsches Unternehmen im Ausland. Hier gelten Regeln, die man wirklich als diskriminierend empfinden könnte, obwohl die nicht ins identitätspolitische Raster passen. Die Belegschaft zerfällt in zwei Klassen. Die einen arbeiten mit Zeitverträgen, die sie im Abstand von ein bis zwei Jahren erneuern können – sogar bis zur Pensionierung. Einen Anspruch darauf erwerben sie allerdings nicht. Die Angestellten erster Klasse verfügen über Dauerverträge. Sie würden, sagt Simon, auch deutlich besser verdienen als die Prekären, zu denen er selbst gehört. Interessanterweise kommt diese Unterdeck-Oberdeck-Zweiteilung in privaten deutschen Firmen kaum vor, dafür aber oft, wie schon geschildert, in staatlichen Hochschulen und dem öffentlich-rechtlichen Rundfunk. Für die Teilnahme an den Schulungen in Peters Unternehmen gibt es keine Pflicht; trotzdem, erzählt er, würden sich viele innerhalb seiner Einheit dafür anmelden. Die Referenten seien meist jung, um die dreißig, die Veranstaltungen fänden per Videoschaltung statt (weshalb sich die Teilnehmer nicht mit Minenspiel oder in einer kurzen Toilettenpause untereinander über den Sinn der Übungen austauschen können). Die Seminare, die als Arbeitszeit gelten, gehen in ihren Inhalten deutlich über die Vorträge in Pauls Konzern hinaus. Sie stehen auch nicht oder kaum im Zusammenhang mit den Aufgaben der Institution, für die Peter arbeitet. Eine Videoschulung habe sich unter dem Titel »Rewriting White History« vor allem damit befasst, dass der internationale Literaturkanon zu sehr von Weißen geprägt sei. Eine andere Veranstaltung, erzählt Simon, sei dem »antimuslimischen Rassismus« gewidmet gewesen – worin er bestehe und wie man ihn erkennen könne. Der Referent habe betont, wie wichtig es sei, Klischees und falsche Wahrnehmungen zu bekämpfen. Etwa, dass Muslime als »negative Charaktere« und »Metapher für das sozial Böse« gesehen würden. Allen Schulungen sei gemeinsam, dass kaum diskutiert werde. Es handle sich vielmehr um eine Art Frontalunterricht. Auch in der Beziehung, dass Diktion und Inhalte als alternativlos gelten würden. Eine Debatte, ob der Begriff »antimuslimischer Rassismus« überhaupt angemessen sei, sei nicht vorgesehen. Auch keine Konkretisierung, wer eigentlich Muslime in toto als »Metapher für das sozial Böse« verstünde. Es gebe andererseits auch keine Unterstellung, jemand aus dem Unternehmen würde so denken oder gar reden, meint Simon. Aber auch keinen Hinweis, wer es sonst tut und wie viele Leute überhaupt in Metaphern denken. Anders als bei Paul gibt es in seinem Unternehmen auch – nein, nicht Sprachvorschriften, aber nachdrückliche Sprechempfehlungen. Beispielsweise sollten die Beschäftigten einen Muslim nicht fragen, ob das Fasten während des Ramadan vielleicht der Gesundheit schade.

Ähnliche Handreichungen zur privaten Kommunikation unter Kollegen stehen auch auf dem Schulungsplan oder in Leitfäden anderer Unternehmen. Bei der Telekom gilt in dem konzerneigenen Transgender-Handbuch die Genderlehre als einzig mögliche Art, auf Geschlecht und Geschlechterverhältnisse hinzuweisen. »Geschlechterrollen«, heißt es dort, »sind ein soziales Konstrukt, das die stereotypische, binäre Sicht auf Männlichkeit und Weiblichkeit prägt. Die Geschlechterrolle definiert, was gesellschaftlich, basierend auf dem bei der Geburt zugewiesenen Geschlecht, von einem erwartet wird.« In diesem Überzeugungssystem handelt es sich bei Menschen um behavioristische Reiz-Reaktions-Apparate, die gesellschaftlichen Sichten, Stereotypen und Erwartungen hilflos ausgeliefert sind. Darauf, welche generellen Erwartungen die Gesellschaft heute angeblich überhaupt an die Gesamtheit der Männer und der Frauen richtet, gibt es in der Broschüre keinen Hinweis. Auch nicht, wer Macht besitzt, sie durchzusetzen. Konkrete Auskünfte erhält der Mitarbeiter in dem Teil, der ihm die richtige Konversation nahebringt. Gegenüber einer Transgender-Kollegin, die sich offenbart, so lernt er dort, sei es eine »verletzende oder beleidigende Bemerkung«, zu sagen: »Du siehst so überzeugend aus – wie eine echte Frau.« Das korrekte Kompliment lautet laut Handbuch: »Du siehst heute großartig aus.« Offenbar, so muss man diese Stelle wohl verstehen, liegt die Großartigkeit in diesem Fall nicht im Auge des Betrachters, sondern in der Beurteilungskompetenz des Handbuchgremiums.

Eine PowerPoint-Präsentation zur Mitarbeiterschulung bei Western Union klärt die Beschäftigten darüber auf, bei dem Satz, »Ich bin der Ansicht, die am besten qualifizierte Person sollte die Stelle bekommen«, handle es sich um eine »Microaggression«. In anderen Seminaren lernen Angestellte anderer Firmen, dass und wie sie, falls es sich um Weiße handelt, ihre Privilegien zu überprüfen hätten. Die Person, die vorträgt, macht ihren Zuhörern unmissverständlich klar, keine Gegenworte von sich zu geben, etwa: »Ich kann beim besten Willen kein Hautfarbenprivileg bei mir feststellen, erklären Sie mir bitte, worum es sich handelt.« (Und natürlich schon gar nicht, man fühle sich gar nicht als weiß, und wolle ab sofort anders gelesen werden.)

In allen unternehmensinternen Schulungen dieser Art rund um die Welt finden sich mehr Gemeinsamkeiten als Unterschiede. Die erste besteht darin, dass es sich überall um Vorgaben von oben nach unten handelt. Nirgends kommen diese Schulungen und Sprachhandbücher zustande, weil die Beschäftigten es sich mehrheitlich *wünschen* würden. Zweitens gleichen sie einander in der fehlenden und sonst für alle anderen Unternehmensbereiche üblichen Effizienzüberprüfung. Dabei wäre es problemlos möglich, DEI an seinem offiziellen Zweck zu messen, die Unternehmenskultur zu verbessern. Diese Wirkungskontrolle findet zum einen nicht statt, weil es heikel wäre, wenn ein Unternehmen sich nach vielen Schulungen und Vorgaben irgendwann bescheinigen würde, keine ernsthaften Probleme mehr mit rassistischer und sonstiger Diskriminierung zu haben. Eine leichtfertige Feststellung dieser Art kann, wie das Beispiel der gefeuerten Adidas-Vorstandsfrau Karen Parkin zeigt, eine Karriere beenden und einen Sturm der Entrüstung gegen das Unternehmen auslösen, und zwar unabhängig davon, ob sich überhaupt konkrete Missstände ausmachen lassen. Außerdem müsste der Befund, das betriebsinterne Klima sei durch die unermüdliche Diversitätsarbeit mittlerweile dauerhaft besserer, zwangsläufig zum Abbau der DEI-Strukturen führen. Aber gerade diesen Bereich tasten die meisten Vorstände aus oben geschilderten Gründen besser gar nicht erst an.

Die bürokratische Machtstruktur mit ihrem Eigenleben macht nur einen Teil der Diversitäts- und Identitätspolitik in Unternehmen aus. Wichtiger ist das, was sie bewirkt und ausdrücklich im Sinn ihrer Erfinder bewirken soll. Der Zweck dieser Veranstaltungen besteht nicht darin, zu diskutieren, sondern eine unumstößliche Botschaft zu verkünden, die ansatzlos befolgt werden soll. Beim Aufbrechen von Sichtweisen herrscht eine klare Rollenverteilung. Die Wendung »Wir müssen reden« als Formel für einen unterstellten Veränderungsbedarf bedeutet in der regressiv-progressiven Ära auf dem Campus, in den Medien, in Unternehmen und eigentlich so gut wie überall: Halt den Mund. Hör zu. Wehre dich nicht. Die Antreiber dieses Prozesses können viele Klingelwörter wie Diskurs, Multiperspektivität, Diversität und Vielfalt aufbieten – keins ändert etwas daran, dass sie zutiefst autoritär auftreten, und dass die gerade nicht viele Perspektiven gelten lassen wollen, sondern nur eine einzige: ihre eigene. Das gesamte Verfahren zielt darauf ab, diejenigen, die sich ihm unterwerfen müssen, auf ein bestimmtes Verhalten zu konditionieren. Das Gesellschaftsmodell im Kleinen, schon etabliert an vielen Universitäten, mittlerweile auch errichtet in Großunternehmen, erinnert in erstaunlich vielen Details an Aldous Huxleys dystopischen Roman *Brave New World* von 1932, in dem ein wohlmeinender Weltrat die allgemeinen Geschicke lenkt, und zwar unter dem Motto »Community, Identity, Stability«. In Wirklichkeit gibt es in dem Musterstaat gerade keine selbst gewählte Gemeinschaft, sondern ein hierarchisches Kastensystem. Eine persönliche Identität ist verpönt, an ihrer Stelle steht eine kollektive zugewiesene Identität; die Mitglieder der strikt voneinander getrennten Kasten reden in vorgefertigten Phrasen, die ihnen ins Unterbewusstsein geschleust werden, während sie schlafen. Stabilität stellt das System nicht durch Bürgerrechte und Ausgleich her, sondern durch die Aufteilung in Kasten, die Belohnung von Konformität und Bestrafung für abweichendes Verhalten.

Klingt das irgendwie vertraut?

Gehen wir in ein letztes Gespräch. Fragen wir eine Mitarbeiterin, einen Mitarbeiter einer DEI-Abteilung möglichst weit oben in der Hierarchie nach ihrer beziehungsweise seiner Sicht der Dinge. Einige Unternehmen reagieren gar nicht. Andere antworten, sie würden für ein solches Gespräch keine Möglichkeit sehen. Konstanze Carreras-Solé, verantwortlich für Diversity, Equity und Identity bei BMW, zeigt sich dafür offen. Das BMW-Hochhaus am Petuelring in München gehört zu den ikonischen Konzernzentralen, die fast jeder kennt. Vier zusammengefügte Zylinder von 101 Meter Höhe, das stilisierte Herzstück des Verbrennermotors, hellsilbrige Glasfront, in der Mitte ein intensiv blau gestrichener Einschnitt in der Fassade. Dahinter beginnt das Gelände des Stammwerks. Seine Bekanntheit verdankt der Bau nicht nur seiner Form und dem Ruf seiner Automobile, sondern auch dem Film *Rollerball* von 1975, der in einer Zukunft spielt, in der ein Konglomerat internationaler Konzerne eine Weltregierung bildet. In den Zylindern am Petuelring residierte im Film eins der fiktiven Großunternehmen, die Energy Cooperation.

In einem Konferenzraum des schönen Hochhauses sitzen Carreras-Solé, die Vertreterin der Kommunikationsabteilung

Jana Fenn und der Autor an einem sehr, sehr großen Besprechungstisch. Beide sind freundlich, Carreras-Solé freundlich-kühl. Das Gespräch beginnt mit einer längeren Fragerunde zu dem Buch, seinem Zweck, zu dem Kontext, in dem die Antworten stehen. Zu den vorigen Büchern des Autors. Auf alles gibt es Antworten nach bestem Gewissen. Carreras-Solé kümmert sich seit September 2022 konzernweit um das Thema DEI; die interne Abteilungsbezeichnung lautet Fokus Strategie & Gouvernance. Dann folgen die Fragen in die andere Richtung.

Wie würde sie jemandem, dem die Abkürzung DEI nichts sagt, den Zweck ihrer Arbeit in ein paar Sätzen erklären?

Sie erläutert, wofür die Abkürzung steht – also Diversity, Equity und Inclusion, beziehungsweise Diversity Management. Am Wortlaut des Gesprächs, das dann folgte, arbeiteten Presseabteilung und die DEI-Beauftragte ziemlich intensiv, ähnlich wie bei Politikerinterviews, weshalb die dann freigegebene Passage nicht wie eine wörtliche Rede klingt, sondern wie eine Deklaration nach langer Schleifarbeit. Jedenfalls lautet sie in der finalen Fassung: »Wir sehen Vielfalt als Stärke. Es reicht natürlich nicht, diverse Menschen mit unterschiedlichen Diversity-Hintergründen ins Unternehmen zu holen oder im Unternehmen zu haben. Wir müssen diese Vielfalt auch entsprechend ›managen‹, das heißt, dafür sorgen, dass die unterschiedlichen Menschen, die gleichen Chancen haben (Equity) und einbezogen werden (Inklusion). Die BMW Group konzentriert sich beim Thema DEI auf fünf Dimensionen: Gender, Alter/Erfahrung, kultureller Hintergrund, sexuelle Orientierung und Identität und körperliche/geistige Fähigkeiten. In jeder Dimension werden unterschiedliche Ziele verfolgt. Bei der Dimension Gender geht es beispielsweise um ein ausgeglichenes Verhältnis von männlichen und weiblichen Mitarbeitenden. Um das zu erreichen, werden unterschiedliche Maßnahmen im Recruiting und in der Personalentwicklung unternommen. Basis für eine erfolgreiche

Zieleerreichung in allen Dimensionen sind der entsprechende Mindset und die Kultur im Unternehmen. Unvoreingenommenheit, Wertschätzung und Toleranz gegenüber den unterschiedlichen Mitarbeitenden bilden die Basis für ein erfolgreiches Diversity Management. Aber auch die richtigen Rahmenbedingungen. Ein Bespiel dafür ist ›Equal Pay‹ oder auch das Thema Kinderbetreuung.«

Das klingt nicht falsch, allerdings auch ziemlich abstrakt. Und führt zu der Frage, ob es denn vor der Einführung des Diversitätsmanagements auf diesen Feldern tatsächlich so viele Konflikte gegeben habe. »Bei uns arbeiten an die 150 000 Menschen aus über 100 Ländern. Da gibt es auch Vorurteile und Missverständnisse – die BMW Group ist ein Spiegel der Gesellschaft«, antwortet die Managerin. Im Unternehmen sollten solche Verhältnisse herrschen, »dass sich jeder willkommen fühlt«. Das Gespräch läuft wie ein freundliches Warmspielen beim Tennis. Keine harten Aufschläge, schnelle Returns von ihrer Seite, aber beiderseits kein Kampfmodus.

Voreingenommenheit abbauen, Irritationen vermeiden, was heißt das, möchte ich wissen, im Arbeitsalltag? Gibt es Sprachempfehlungen für die Belegschaft?

»Es gibt einen Leitfaden für gendergerechte Kommunikation.« Ich zitiere aus dem Telekom-Handbuch und ähnlich gelagerten Fällen, in denen Unternehmen nicht nur bestimmte Sätze ausdrücklich als falsch bezeichnen, sondern auch eine Positivliste mit zertifizierten Sätzen aufstellen, und frage, ob es das bei BMW auch geben würde. »Damit muss man sehr sensibel umgehen«, meint Carreras-Solé, »und auch nicht zu viel vorschreiben«. Es gehe ihr nicht darum, das Verhalten der Beschäftigten durch Druck zu verändern. Es gebe ja schon Veränderungen, die bräuchten allerdings Zeit, »und diese Zeit muss man den Mitarbeitern und der Gesellschaft lassen«. Daraus spricht zum einen die Überzeugung, dass es für die Gesellschaft einen ganz bestimmten

Entwicklungspfad gibt, aber auch eine gewisse Gelassenheit. Von bestimmten Sätzen, wirft die Frau aus der Kommunikationsabteilung ein, würde der Leitfaden tatsächlich abraten. Etwa von der Wendung »Das ist eine schwule Farbe«. Die Wendung »that's so gay« beziehungsweise »that's a gay color« kam in der Jugendsprache der Nullerjahre im englischsprachigen Raum auf, und zwar in der Bedeutung: »das ist so langweilig« oder »wenig aufregend«, allerdings angewendet auf Dinge, nicht auf Personen. Diese Art der Benutzung schwappte zeitversetzt auf den deutschen Sprachraum über. (In der Anglosphäre durchlief »that's so gay« allerdings auch schon eine ausgiebige Parodiephase. In einer Folge von »The Simpsons« ruft jemand, als der Stinkstiefel Nelson Lisa küsst: »You kissed a girl. That's so gay!«) Wenn sich die Empfehlung tatsächlich auf diese Sätze beschränkt, denke ich, dann wäre sie vielleicht nicht unbedingt nötig und würde auch kaum diesen enormen Managementaufwand erfordern. Direkt schädlich wäre sie aber auch nicht. Konstanze Carreras-Solé scheint dieser Punkt wichtig zu sein. »Wir bevormunden unsere Mitarbeiter nicht, wir sensibilisieren sie.«

Seit einiger Zeit gibt es Kritik am sogenannten Pinkwashing, also der Benutzung von Regenbogenfarben zu Marketingzwecken überall dort, wo ein Konzern das risikolos tun kann. Die Vorwürfe kommen vor allem aus der schwulen Community. Deren Kritik traf 2023 auch BMW, das sein Logo in seinem Twitter-Hauptaccount und dem für Deutschland in die fünf Farben tauchte, aber nicht bei seinen regionalen Twitter-Auftritten in Russland und Saudi-Arabien. »Fanden darüber Diskussionen bei Ihnen im Unternehmen statt?«

»Ja, natürlich gibt es die Diskussion auch innerhalb des Unternehmens.« An dieser Stelle legt Carreras-Solé zum ersten Mal einen Nachdruck in die Stimme.

Und wie, möchte ich wissen, begründet der Konzern die unterschiedliche Einfärbung?

Die Antwort lautet so wie bei allen Unternehmen, die während des Pride Month im Juni ihr Markenzeichen dort mit dem Regenbogen kolorieren, wo es um die Rechte von Schwulen ganz gut bestellt ist, und es anderswo bleiben lassen. »Wir müssen respektieren, dass es andere Kulturen gibt«, sagt sie, »andere Richtlinien. Und man muss sensibel damit umgehen.« Wenn das Unternehmen den Regenbogen verwende, »dann muss es authentisch sein«.

Natürlich ließe sich manches bemäkeln. Beispielsweise der Anspruch, die Maßnahmen würden dafür sorgen, dass sich jeder im Unternehmen willkommen fühlt. Selbst im besten denkbaren Großunternehmen herrscht erfahrungsgemäß keine perfekte Harmonie für alle und jeden. Aber alles in allem verlasse ich den Bau mit den vier Zylindern mit dem Eindruck, dass der Autohersteller es mit einem Mittelweg versucht, auf dem er sich von anderen Großunternehmen nicht besonders unterscheidet, seine Diversitäts- und Inklusionspolitik aber auch nicht in ähnliche Extreme treibt wie manche Konzerne in den USA, von Universitäten einmal ganz abgesehen. Möglicherweise beobachten Manager in vielen Firmenzentralen sehr wachsam (also auf ihre Weise *woke*), dass die Welle ihren höchsten Punkt schon erreicht hat und jetzt über lange Zeit ausrollt. Es gibt erste internationale Unternehmen, die den Versuch für beendet erklären, ihre Produkte auf Biegen und Brechen mit einem moralischen Zusatznutzen aufzuladen, etwa der britisch-niederländische Konzern Unilever. Das weitverzweigte Konglomerat mit gut 400 Lebensmittel- und Kosmetikmarken gehörte zu den Ersten, die es mit »brand purpose« versuchten, also mit der moralischen Sinngebung für seine Produkte. Von dem früheren Vorstandschef Alan Jope stammte der Satz: »Den Zweck in das Herz unseres Geschäfts zu stellen ist der Pfad zu nachhaltigem Wachstum.« Was dann dazu führte, den Käufern von Mayonnaise, Katzenfutter und Eiscreme zu vermitteln, wie sehr sie durch den Erwerb dieser Waren die Welt verbessern würden. Die Eissparte von Unilever beispielsweise warb mit »Happy People, Happy Planet, Winning Smiles«. Hein Schumacher, der neue Chef von Unilever, verkündete Ende 2023 das Ende dieser Firmenpolitik, vor allem deshalb, weil sich das versprochene nachhaltige Wachstum nicht einstellen wollte. »Die Debatte rund um die Nachhaltigkeit und den Zweck von Marken«, lautete Schumachers Bilanz, »hat in den vergangenen Jahren mehr Hitze als Licht erzeugt.« Das Unternehmen wolle deshalb in Zukunft nicht mehr jeder seiner Marken einen höheren Sinn aufzwingen.

Die Erfahrung machten auch andere Anbieter, die sich an ein Massenpublikum wenden, das vor allem auf Preis und Produktzweck achtet und sich eher nicht danach sehnt, mit dem Kauf ein Zeichen für andere zu setzen.

Das jedenfalls – Zeichen senden – wollte der Konzern Anheuser Busch mit seiner Biermarke Bud Light, als er am 1. April 2023 auf Instagram einen Werbespot von fünfzig Sekunden mit der Transgender-Influencerin Dylan Mulvaney in einem Audrey Hepburn-Kostüm zeigte. Bud-Käufer, die linksliberale Städter wahrscheinlich in den *Korb der Erbärmlichen* einsortieren würden, wollten sich ganz überwiegend in dieser Figur nicht wiedererkennen. Unter ihnen machte sich der Eindruck breit, gerade diejenigen, die auf Bud Light-Konsumenten in den Staaten zwischen Ost- und Westküste herabschauen, hätten ihnen absichtlich einen Spot vorgesetzt, der ihnen, den Erwachten, gefallen würde, wenn sie tatsächlich Käufer des Billigbiers wären. Es folgte ein Kaufboykott, der die Marke fast ruinierte und in der Brauerei 350 Arbeitsplätze kostete.

Auch Procter & Gamble gewann nicht wie erhofft mehr Kunden mit seinem Werbespot für Gillette-Rasierer von 2019, der seiner Zielgruppe die toxische Männlichkeit austreiben sollte. Der Umsatz in der Körperpflegesparte von P&G ging in der Folge um drei Prozent zurück.

Die Reaktion liegt zum einen in der Natur der schon erwähnten Massenkundschaft. Aber auch daran, dass Bierbüchsen und Rasierklingen den Käufern generell kaum die Möglichkeit bieten, eine Tugendbotschaft an den Rest der Gesellschaft zu senden. Das bedeutet nicht, dass das Geschäft mit dem moralischen Zusatznutzen vor seinem Ende stehen würde. Auf vielen Gebieten und für die Kundschaft mit dem passenden Bewusstsein funktioniert es nach wie vor blendend, hier und da in Zukunft wahrscheinlich sogar mit steigenden Ergebnissen. Aber es bedeutet sehr wohl, dass die Praxis sich nicht beliebig ausdehnen lässt. Selbst für die Bewegung der Wohlmeinenden gibt es Grenzen, die dem Druck nicht nachgeben. Ironischerweise verhindert gerade die Verschiedenheit in der Gesellschaft, dass alle im Gleichschritt einer falschen Diversität marschieren. Ganz nebenbei widerspräche die zu weite Ausdehnung auch dem Konzept, einer bestimmten Schicht die Mitgliedschaft in einem exklusiven Zirkel der besonders Begnadeten zu verkaufen.

Möglicherweise wirkt der Unwille der Nichterleuchteten, sich ausgerechnet denen zu unterwerfen, die sie verachten, wie ein Wellenbrecher für die regressiv-progressive Revolution. Und einiges spricht dafür, dass sie am ehesten dort gezwungenermaßen haltmacht, wo niemand auf Dauer Zahlen ignorieren kann, nämlich in den Unternehmen, die sich direkt an die Endverbraucher wenden müssen. Im Umkehrschluss heißt das: Dieses Überzeugungssystem dürfte sich voraussichtlich in den Institutionen am längsten und hartnäckigsten halten, die sich aus Steuern, Abgaben und zumindest Großspenden finanzieren und sich dem Wettbewerb kaum stellen müssen.

Die Zukunft ist offen. Sie könnte der Szenerie ähneln, die der amerikanische Autor Dave Eggers in seinem Roman *Every* entwirft. Dort liegt der neue Regierungssitz der Vereinigten Staaten auf einer halb natürlichen, halb künstlichen Insel in der San Francisco Bay, errichtet auf einem Untergrund aus militärischem Müll früherer Jahrzehnte, umgeben von einem dreieinhalb Meter hohen Metallzaun. Dort befindet sich die Zentrale des wirtschaftlich-politischen Unikums namens »Every«, einer Fusion von Google (und auch ein bisschen Facebook) und Amazon. In dieser nicht allzu fernen Zukunft existiert praktisch kaum noch ein Produkt oder eine Dienstleistung in der virtuellen und auch in der analogen Welt, das nicht von Every stammt. Die Mitarbeiter auf der Insel produzieren nicht nur Programme, Apps, alle vorstellbaren und auch eigentlich unvorstellbaren Datensammelsysteme und die entsprechenden Geräte dazu. Sie erzeugen vor allem ein einheitliches Bewusstsein für Hunderte Millionen Menschen weltweit. Mögliche Konkurrenzunternehmen erledigt das Konglomerat einfach dadurch, dass es die Firmen für absurde Summen aufkauft und in sein Imperium integriert. Dessen zentrale Botschaften für die Welt lauten: Niemand sollte so verrückt sein, sich bei seinen Lebensentscheidungen an die eigenen Instinkte zu halten. Im eigenen Interesse möge sich jeder der Weisheit des Kollektivs unterordnen, verdichtet in Daten und Algorithmen, die ihm als Nutzer sagen, welche Begriffe er benutzen soll (und vor allem welche nicht), welches Essen er wählen, welche Kleidung er kaufen und welche Texte er lesen sollte. Das Glück des Einzelnen liegt in der Planbarkeit des Lebens, im Vermeiden von Zufällen, kurzum – das ist das Every-Schlüsselwort überhaupt – in der Sicherheit. In seiner Arbeit, sagt der musterhafte Every-Angestellte Francis, gehe es darum, »möglichst jedes Vielleicht zu eliminieren«. Für diese Sicherheit errichtet der Konzern ein System der vollkommenen Überwachung unter dem Schlagwort »Transparenz«, ein Sozialpunktesystem, in dem jeder das Verhalten von anderen nach einem festgelegten Schema beurteilen darf. Im Namen der Sicherheit schreiben Angestellte von »Every« nach und nach die gesamte Literatur um, um dort alles auszumerzen, was irgendjemand irritieren könnte. Nur eine kleine Minderheit der sogenannten *Trogs* –abgeleitet von Troglodyten – entzieht sich noch der totalen Vernetzung und Transparenz, weshalb die nicht mehr eindeutig staatlichen Autoritäten ihnen die Rechte jedes Jahr etwas stärker beschneiden. Eggers erfindet eine Every-Sprache, die den manipulativen Klang von Formeln wie *Diversität, Multiperspektivität, Mikroaggression* und *Intersektionalität* auf die Spitze treibt. Eine Every-Abteilung, die das Land nach noch unkontrollierten öffentlichen Plätzen absucht, um dort Kameras aufzustellen, sagt über sich, dass sie hilft, »Orte sichtbar zu machen«. Die Wohneinheiten auf dem Every-Campus, eine Art postsowjetische Kommunalka im Stil von Zaha Hadid, in die im Romanverlauf fast jeder Beschäftigte einziehen muss, tragen die Namen berühmter historischer Dissidenten. Die Hauptfigur, übrigens eine echte Dissidentin mit dem Ziel, Every von innen aufzusprengen, kommt im Haus »Vaclav Havel« unter. Seinem Roman stellte Eggers ein Zitat von Erich Fromm voran: »Gibt es vielleicht außer dem angeborenen Wunsch nach Freiheit auch eine instinktive Sehnsucht nach Unterwerfung?«

Darauf läuft die Frage nach der Zukunft der antiaufklärerischen Revolution mit der Fortschrittsfahne hinaus. Und gleichzeitig die Frage nach dem Schicksal der Bürgergesellschaft. Gewinnen kann nur das eine oder das andere Modell. Welches, das entscheidet sich an den Bürgern, durch ihre Selbstorganisation oder Passivität. Die Every-Welt wäre eine mögliche Variante der Zukunft. Das Pendel könnte auch wieder in eine andere Richtung schlagen. Da die Zukunft offen ist, kann auch das geschehen.

Wer heute noch einige Jahre oder sogar Jahrzehnte vor sich hat, darf zumindest nicht behaupten, in langweiligen Zeiten zu leben.

SIEBEN
Bürger

»Der ideale Bürger nimmt sich selbst als Gesetzgeber wahr.«
John Rawls

Was ist ein Bürger? Die Geschichte dieser großartigsten Idee des Westens beginnt mit einer Bedrohung. Im Lauf des Peloponnesischen Krieges, ausgefochten im 5. vorchristlichen Jahrhundert, geriet Athen nach mehreren Niederlagen an das Ende seiner Kräfte. Die führende *polis* mit ihrem *strategoi* Themistokles stand vor der Aufgabe, in einer Lage fast ohne Reserven 110 neue Triere zu besetzen, ihre Standardschiffe mit doppeltem Ruderdeck, die jeweils etwa 170 Männer brauchten. Heute prägen Romane und Filme unser Bild von diesen Flotten; meist werden die als Sklavengaleeren dargestellt. Auf den Bänken der antiken Triere saßen allerdings nur in wenigen Ausnahmefällen Sklaven, um Lücken zu füllen. Bei den Ruderern handelte es sich üblicherweise um gut trainierte und bezahlte Fachleute, von deren Geschick der Schlachterfolg abhing. Die maritime Kampftechnik dieser Zeit bestand darin, Schiffe des Gegners mit einem Rammsporn zu treffen und zu versenken. Auf diese Weise schlug die in Zahlen eigentlich hoffnungslos unterlegene hellenische Flotte bei Salamis im Jahr 480 vor Christus die Armada des persischen Großkönig Xerxes. Damit verhinderte sie den Vorstoß des östlichen Reichs nach Europa, der den Kontinent vermutlich dauerhaft in eine völlig andere Richtung getrieben hätte. Jahrzehnte später mangelte es Athen im Krieg gegen Sparta so sehr an diesen unverzichtbaren Spezialisten, dass dem Stadtstaat nichts anderes übrig blieb, als alle Männer im wehrfähigen Alter zu mobilisieren, Bürger, Metöken – Mitbewohner ohne Bürgerrechte – und Sklaven. Gleichzeitig erkannten die militärischen und politischen Anführer, dass sich Metöken und schon gar nicht Sklaven für ein gefährliches Unternehmen gewinnen ließen, das enorme technische Fähigkeiten und hervorragende Koordination von der gesamten Mannschaft verlangte. Welche Anstrengung sollten Männer unternehmen, die noch nicht einmal sich selbst gehörten, geschweige denn, dass sie irgendetwas mit dem Schicksal der Stadt verband? Patrizier an den gleichen Rudern wie Sklaven ohne Aussicht auf Freiheit, daraus konnte unmöglich eine erfolgreiche Kampfeinheit entstehen. In dieser Not traf der Rat eine Entscheidung, die alle üblichen Bräuche umstürzte: Er versprach den Sklaven nicht nur die Freiheit, sondern ihnen wie den Metöken nach erfolgreicher Mission auch das Bürgerrecht. Jede Chronik des Peloponnesischen Krieges betont den völlig außergewöhnlichen und verzweifelten Charakter dieser Maßnahme.

Die athenische Gesellschaft kannte damals schon eine geteilte, gegliederte Macht. Ein Rat traf die politischen Entscheidungen, denen sich auch der militärische Führer, der *strategoi*, unterzuordnen hatte. Juristische Fälle regelte ein Gericht mit ausgelosten Bürgern. Metöken durften sich an den Staatsgeschäften nicht beteiligen; sie zahlten für das Recht, in geschützten Mauern zu leben, eine Sondersteuer. Sklaven galten wie Gegenstände als Eigentum, über das ihre Besitzer frei verfügten. In dieser hierarchischen Ordnung lassen sich Bürger besser als Patrizier oder Bürgeraristokraten beschreiben. Die kostbare Zugehörigkeit mit allen Rechten verlieh der Rat nur einzeln und ausnahmsweise. Mit dem bis dahin unerhörten Tauschangebot des Rechtstitels gegen Loyalität einschließlich der Bereitschaft, sein Leben für das Gemeinwesen aufs Spiel zu setzen, fand die erste historisch bezeugte Masseneinbürgerung in Europa statt. Sie ereignete sich wie beschrieben aus reiner Not, sie beendete auch nicht die relative Exklusivität dieses begehrten Standes. Damit trat das meritokratische Prinzip hervor, das untrennbar zur Idee des Bürgers gehört – der Aufstieg nach dem Verdienst, das sich jemand erwirbt.

Bei aller Bedeutung dieser Einbürgerungsgeschichte lässt sich der Krieg zwischen Athen und Sparta nicht als Triumphparabel der Demokratie über die militärische Oligarchie erzählen; Athen als Vormacht ging rüde mit seinen Vasallen um, was das diktatorische Sparta in die Lage versetzte, als Befreier Griechenlands aufzutreten. Und am Ende siegte die spartanische Allianz. Trotzdem liegt in der Öffnung des Bürgerrechts für Sklaven und Mitbewohner ein wesentlicher Kern des Bürgerdaseins: Es handelte sich um einen Rechtstitel, den jemand von außen erwerben konnte, wenn er versprach, sich für das Gemeinwesen einzusetzen und notfalls zu opfern. Das Recht verliehen Bürger, also potenziell Gleiche. Anders als die Stammesgemeinschaft auf der einen und die Aristokratie auf der anderen Seite steht das Konzept des Bürgers neuen Anwärtern grundsätzlich offen. Die für den Eintritt nötige Loyalität gilt, anders als in den beiden anderen Formationen, nicht einer Person oder einer Gruppe, sondern einem Prinzip. Offenheit und Loyalitätsforderung bilden ein logisches Paar. Eine von mehreren Bedrohungen des Bürgerprinzips liegt in der Entkoppelung. Vergibt ein Gemeinwesen den Zugang ohne Bedingungen oder bringt es die Kraft nicht auf, den Beitrag von einzelnen in Krisen einzufordern, dann zerfällt es. Und das noch schneller, wenn seine Mitglieder nicht mehr beantworten können, worin eigentlich die Prinzipien des Gemeinwesens liegen sollen, die alle binden, angestammte Bürger wie neue.

Die Vorstellung von dem, was einen Bürger ausmachte, fußte in der hellenischen Welt des 5. Jahrhunderts vor Christus auf wesentlich älteren Ideen, die den Keim für diese und spätere Bürgerkonzepte legten. Im attischen Griechisch steht kleros für Erbe, das zugeloste Land einer Familie, auf dem sich auch die Ahnengräber befinden. In enger Verbindung mit dieser Bedeutung von *kleros* steht *oikos*, der Hausstand, der über Generationen weitergegebene Platz der Familie, das Eigene. In dieser Urform von *kleros* und *oikos* verbinden sich Individuum, Familie und Besitz mit einem Ort, beglaubigt durch einen vererbbaren Besitztitel. Erst durch diese Sicherheit – wenn auch nur eine relative, denn wechselhaft waren die Zeiten trotzdem – ergab es Sinn, etwas Bestimmtes für die nächste Generation zu erhalten. (Später, im hellenistischen Griechisch, erhielt die Wendung *kleros* seine sehr viel enger gefasste Bedeutung als »Anteil am Heiligen«, das diejenigen bezeichnete, die ein religiöses Amt ausübten.) Durch alle Weiterentwicklung des Bürgerbegriffs schimmert noch die früheste Verbindung von Person, Ort und Anrecht bis in die Gegenwart wie ein Wasserzeichen durch. Auf dieser Grundlage entstand eine besondere soziale Figur – weder Herrscher über eine große Zahl wie ein Stammesanführer oder ein Fürst in einem frühen Staatsgebilde noch ein völlig der Willkür unterworfener Untertan.

Die Begriffe Bürgertum und Bürgergesellschaft verbinden wir instinktiv mit der europäischen Aufklärung seit dem 18. Jahrhundert, also dem Beginn der festgeschriebenen Gewaltenteilung, der ebenfalls kodifizierten Bürgerrechte, der Abschaffung von Folter, Leibeigenschaft und Sklaverei. Tatsächlich markiert die Idee von der Würde des Einzelnen, die auch Eingang in Gesetze und Staatspraxis fand, einen herausragenden, allerdings auch sehr späten Punkt einer langen Entwicklung. Die Wurzeln von Gewaltenteilung, Rationalität und Recht reichen allerdings sehr tief, sie gehen zurück bis in Zeiten, die wir als archaisch ansehen. Die fördernden Bedingungen für das Aufblühen einer Bürgerkultur entstanden über längere Zeit und über viele historische Stufen. Wir müssen uns durch diese Schichten graben, um zu verstehen, wie diese historische Spezialität – denn darum handelt es sich, im Weltmaßstab gesehen – überhaupt ihre Chance bekam.

Zu den ältesten und besten Erfindungen des Westens gehört das Prinzip der Machtkontrolle durch Verteilung von Macht auf institutionelle Gegenspieler. Schon zu einem sehr frühen Zeitpunkt der hellenischen Kultur bestimmte ein Rat die *kybernes,* dic Lenker. Sie ernannten sich also nicht selbst, und sie mussten sich in aller Regel vor dem Gremium verantworten. In der geteilten Macht sah der Historiker und Geograf Herodot, geboren 484 vor Christus, einen entscheidenden Vorteil für die Gemeinschaft im Vergleich zur Tyrannei: »Wie kann auch die Alleinherrschaft etwas Gutes sein, die tun kann, was ihr beliebt, ohne Verantwortlichkeit?« Platon definiert die Tyrannenherrschaft als »vierte und schlimmste Unordnung des Staates«. Er erkannte scharfsichtig, warum selbst der klügste und talentierteste Alleinherrscher das Gemeinwesen früher oder später in den Abgrund führen musste: Er verwirft und bekämpft die Bindung durch Regeln, die Begrenzung durch ein Gegenüber, mit dem er die Macht nicht teilen will. Tyrannen, argumentierte der Philosoph, »fehlt es an dem, was das Instrument der Urteilsfähigkeit darstellt – Vernunft. Der tyrannische Mann ist unterworfen wie ein Sklave, weil sein bester Teil – die Vernunft – versklavt ist. Folglich ist der tyrannische Staat versklavt, denn es mangelt ihm an Vernunft und Ordnung.« Selbst in Kriegszeiten besaßen die Oberbefehlshaber, die *strategoi,* wie oben beschrieben, keine diktatorischen Durchgriffsrechte. Im frühen Europa existierten Stadtrepubliken, Oligarchien und Despotien nebeneinander. Das Griechenland des 5. Jahrhunderts kannte auch schon den Typus des Tribunen, des autoritären Anführers, der sich vom Volk legitimieren ließ und Linderung von Problemen versprach – etwa, indem er die Macht einflussreicher Familien zurückdrängte – und der sich im Lauf seiner Karriere oft genug in einen Unterdrücker der Mehrheit verwandelte. Aber die Kleinteiligkeit der Herrschaftsgebiete, die diesen Erdteil über Jahrhunderte hinweg prägte, verhinderte, dass hier ein tyrannisches Großreich mit einem allmächtigen Potentaten an der Spitze entstand. Regionale Herrscher durften Grausamkeit gegen ihre Untertanen ebenso wenig übertreiben wie deren Ausplünderung durch Steuern, da die Alternative meist nur wenige Tagesreisen entfernt lag. Deshalb war die Möglichkeit, anderswo die Ansiedlung als Metöke und mit Glück sogar das Bürgerrecht zu erlangen, so wertvoll: beides half, Machtausübung einzugrenzen. Die Mongolen- und Tatarenimperien, Chinas Kaiserreich, das Kalifat, das osmanische Sultanat und die Inkastaaten mobilisierten bei ihren Untertanen die Kraft zu riesigen militärischen Vorstößen, gewaltigen Bauwerken und beeindruckenden Kulturzeugnissen. Nur die Idee des mit Rechten ausgestatteten Individuums konnte sich unter ihrem Druck nie entfalten. Diese empfindliche Pflanze brauchte eine Kombination von günstigen Umständen, wie sie sich nur in einem kleinen Teil der Welt ergab. Unter einer absoluten Macht blühte sie entweder nie auf, oder sie verkümmerte schnell.

Neben anderen sehr viel älteren Ideen findet sich auch das Prinzip der Machtteilung als Trennung der weltlichen und der geistlichen Sphäre im Neuen Testament wieder. Dieser im Christentum angelegte Dualismus der beiden Reiche ersparte dem Westen über lange Zeit und mit wenigen Ausnahmen sowohl theokratische Universalherrscher als auch weltliche Despoten, die sich selbst für die absolute und einzige Quelle der Legitimität halten konnten. Die Unterscheidung zwischen weltlicher und geistlicher Herrschaft stand nicht nur auf dem Papier. Das zeigte sich, als eine Seite es wagte, den Dualismus aufzukündigen, nämlich Papst Bonifatius VIII., der sich am 18. November 1302 mit der Bulle *Unam Sanctam* ohne Umschweife zum Herrscher über den gesamten Erdkreis erklärte, woraus folgte, dass er von sämtlichen Fürsten Unterwerfung unter seine Oberhoheit verlangte. Zum Zeichen der neuen Würde ließ er seiner Tiara eine zweite Krone anmontieren, um künftig beides, das Symbol der irdischen wie der göttlichen Macht auf seinem Haupt zu tragen. »So erklären wir denn, dass alle menschliche Kreatur bei Verlust ihrer Seelen Seligkeit untertan sein muss dem Papst in Rom«, hieß es in der berühmtesten Bulle des Mittelalters, »und sagen es ihr und bestimmen es.« Philipp der Schöne von Frankreich, seinerzeit der mächtigste weltliche Herrscher Europas und damit der natürliche Gegenspieler des Papstes, sah in den Worten genau die Herausforderung seiner Autorität, die sie auch darstellte. Erst schnitt er die römische Kurie vom Zufluss der Kirchensteuer aus Frankreich ab, was Bonifatius schon erheblich schmerzte. Das reichte ihm noch nicht. Philipps Kanzler Guillaume de Nogaret heckte zusammen mit dem römischen Adligen Sciarra Colonna, der ebenfalls eine Rechnung mit dem Kirchenoberhaupt offen hatte, eine französisch-italienische Attacke auf die päpstliche Sommerresidenz von Anagni aus. Die Männer drangen am 7. September 1303 ohne Mühe in den Palast ein, wo sie dem Heiligen Vater den meisten Überlieferungen zufolge ein Eselsfell überwarfen, um ihn zu verhöhnen. In Anagni kam es jedenfalls zu einem Ereignis, das Chronisten vorsichtig mit *Manus inicere* umschreiben, eine Wendung, die für »jemand aus der Ruhe reißen«, »Hand an jemand legen« oder auch sehr viel gröbere körperliche Zudringlichkeit stehen kann. Von da an versuchte kein Papst mehr, die Vorrechte von Fürsten zu beschneiden. So, wie umgekehrt kein christlicher Würdenträger mehr direkt auf den Inhaber des Fischerrings losging. (Ganz nebenbei, der gescheiterte Anspruch auf eine ungeteilte Oberherrschaft dürfte der kirchlichen Spiritualität alles in allem genützt haben.)

Um möglicherweise gewollten Missverständnissen vorzubeugen: Nein, diese Schilderung läuft nicht darauf hinaus, ein Bild des Westens als harmonisch ausgeglichene Kultur zu zeichnen. Trotz Machtbegrenzung, Kleinteiligkeit und Konkurrenz der Herrschaftsmodelle zeichnete sich auch dieser Erdteil durch Gewalt und Unterjochung aus, gegen die jede noch so kleine Freiheit und jede Vernunft sich erst durchsetzen musste. Und natürlich verfolgten weder Päpste noch Könige mit ihrer wechselseitigen Einflussbegrenzung das Ziel, die Bürger zu stärken. Aber in der Geschichte unterscheiden sich Absichten und Wirkungen sehr häufig. Die Teilung der Macht schuf überhaupt erst den Freiraum – zusammen mit einigen anderen vorteilhaften Bedingungen –, in dem Bürger besser gedeihen konnten als in der restlichen Welt.

Kulturen verfügen über Tiefenstrukturen, vor allem in der Sprache, aber nicht nur dort. Diese Muster unterhalb der sichtbaren Formen und Konventionen steuern eine Kultur zwar nicht so, als wären sie ein verborgenes Betriebssystem. Aber sie begünstigen bestimmte Ideen. Zu diesen tiefen Prägungen gehört die Fähigkeit zur Abstraktion, ohne die es kein rationales Denken gibt – und schon gar keine Dialektik. Abstraktes Denken entwickelte sich auch in anderen Weltgegenden. Aber der Westen erlebte einen sehr langen, wenn auch nicht gradlinigen Aufstieg des rationalen Denkens von der antiken Welt bis zur technischen Moderne, der in anderen Regionen entweder nie richtig begann, oder wie in der Islamophäre nach einer frühen Glanzzeit zum Stillstand kam.

Abstraktion und Dialektik finden wir innerhalb des Westens nicht nur im weltlichen Bereich, sondern auch in der religiösen Überlieferung. Beispielsweise in dem berühmten und vielfach ausgedeuteten ersten Satz des Johannesevangeliums: ἐν ἀρχῇ ἦν ὁ Λόγος καὶ ὁ Λόγος ἦν πρὸς τὸν Θεὸν καὶ Θεὸς ἦν ὁ Λόγος, in der Einheitsübersetzung übertragen als: »Im Anfang war das Wort, / und das Wort war bei Gott, / und das Wort war Gott.« Die Züricher Bibel trifft es besser, da näher am Sinn des Originals: »Im Anfang war das Wort, der Logos, und der Logos war bei Gott, und von Gottes Wesen war der Logos.« Das Wort, der Logos, ist also nicht identisch mit Gott. Es kommt von Gott und verweist seinerseits immer auf Gott.

In diesem Gedanken liegt eine bemerkenswerte Abstraktion. Das Verhältnis von Gott und Logos lässt sich denken als etwas, das sich von einem Urpunkt löst, um sich in Spiralbewegungen von diesem Punkt fortzubewegen. Stellen wir uns diese Bewegung am besten als logarithmische Spirale vor, die sich aus der Fibonacci-Sequenz ergibt, also 1, 1, 2, 3, 5, 8, 13, 21, 34, 55 und weiter ohne Ende. (Diese Grundform finden wir übrigens in der belebten und unbelebten Welt, vom Schneckengehäuse bis zur Spiralgalaxie). Egal wie weit sich der vom Ursprung gelöste Punkt entfernt, er umkreist diesen Anfang endlos weiter, er bezieht sich immer auf ihn, er entfernt sich räumlich, ohne die Verbindung je zu verlieren. Wo immer sich dieses Bewegte auf seiner Bahn befindet – es enthält also an jedem möglichen Punkt die Botschaft des Anfangs. Diese Bewegung hinaus in diese Welt erfährt in der Geschichte von Jesus buchstäblich ihre Verkörperung: Jesus, ganz Gott und gleichzeitig ganz Mensch, ist nicht identisch mit dem Vater, aber immer mit ihm verbunden, von seinem Wesen und von ihm ausgesandt. Er ist der lebendige Logos. In dieser kurzen biblischen Sequenz finden wir in einem Satz ein komplexes Konzept, das sich erst nach und nach entfaltet, eine Verdichtung, die vom bildlichen Denken zur Abstraktion führt. In der Idee, dass Jesus ganz Gott und ganz Mensch ist, und nicht identisch mit dem Schöpfergott, aber auch nicht ohne ihn zu denken, dass er Bote ist, aber auch die Botschaft selbst – darin liegt eine Qualität, die im westlichen Denken schon früh entstand, um sich später zu verfeinern und zu verästeln: die Dialektik.

Im Neuen Testament finden sich noch andere Denkmuster, die Tiefenstrukturen der hellenischen Weltbetrachtung widerspiegeln und zusammenfassen. Die vier Evangelisten, die von Leben, Tod und Auferstehung Jesu erzählen, schildern die gleichen Ereignisse, aber jeweils aus individueller Perspektive und mit kleinen Abweichungen. Sie vermitteln damit eine Methode, die zu den Grundmustern des westlichen Denkens gehört: Mehrere Sichten stehen gleichberechtigt nebeneinander. Und gerade die Verschiedenheit der Perspektiven liefert nach dieser Idee ein komplexeres Bild als ein einziger Blickwinkel. Nebeneinander stehen bedeutet: Es gibt keine Notwendigkeit, sich auf eine »richtige« Sicht zu einigen. Die Bibel lässt nicht nur mehrere Perspektiven zu, sondern auch Raum für Zweifel. Zum einen den Zweifel des ungläubigen Thomas an der leibhaftigen Auferstehung Christi; bekanntlich legt der Jünger seinen Finger in die Wunde des Gekreuzigten. Und zwar auf ausdrückliche Aufforderung durch Jesus selbst, der an dem Zweifel nichts Verwerfliches findet. Er beschimpft Thomas nicht dafür, dass er dem Anblick nicht traut, er verlangt auch nicht von ihm, gefälligst zu glauben, sondern sagt: Prüfe nach. Einen sehr viel wichtigeren Zweifel lässt die Passionsgeschichte bei Jesus selbst zu, der am Kreuz ruft: »Mein Gott, mein Gott, warum hast du mich verlassen?« Darin liegt eine intellektuelle Ungeheuerlichkeit, die in ihrer Wirkung gar nicht hoch genug geschätzt werden kann: Derjenige, der zugleich Bote und Botschaft, Mensch und Gott ist, zweifelt nicht nur am Sinn seiner Mission. Er rebelliert, er durchbricht – gewissermaßen auf offener Bühne, als Kommentar in den Zuschauerraum – den Determinismus der Erlösungserzählung. Liefe seine Geschichte ab wie ein Uhrwerk, wäre er sich der Auferstehung und des ewigen Lebens völlig sicher, dann müsste er sich im Angesicht seines Todes nicht gegen den Gang der Dinge auflehnen.

Wie schon erwähnt, handelt es sich bei der Bibel um keinen Urtext, sondern um ein aus vielen älteren Überlieferungen synthetisiertes Dokument. Sie kommt aus einer bestimmten Welt und prägt ihrerseits eine Kultur, zusammen mit sehr viel älteren Aufzeichnungen. Die Betonung liegt auf *bestimmte* Welt. Diese Feststellung ist wichtiger als die Erörterung, ob diese Ideen aus der hellenischen Sphäre (zu der auch Teile Kleinasiens gehörten) *besser* sind als Methoden der Weltbetrachtung, die aus anderen Erdteilen stammen. Es kommt zunächst einmal darauf an, dass dieses Ideengebäude anderen gegenüber Besonderheiten aufweist, und zwar nicht nur in Details, sondern schon im Grundriss, der Tiefenstruktur. Ein religiöser Text mit der eingeschriebenen Teilung von geistlich und weltlich, mit Elementen der Abstraktion, der legitimen Vielfalt von Blickwinkeln, der Ansprache des Individuums und sogar der zweifelnden Selbstbefragung unterscheidet sich jenseits aller Qualitätsurteile von der Welt des Islam, dessen Urtext anders als die Bibel nicht von Gott erzählt, sondern Gottes ultimative Gesetzgebung enthält, der eine Perspektivenvielfalt in dieser Überlieferung ausdrücklich verwirft: der, wie es über den Koran heißt, »keinen Zweifel kennt«, auch keine gedankliche Abstraktion, also die Loslösung vom Ursprung, und der unverkennbar ein Kollektiv anspricht, nicht den Einzelnen. Der Ideenkosmos, aus dem die Schriften der griechischen Philosophen und die Bibel stammen, ist auch ein anderer als der Kosmos der Hindu-Religionen und ihrer festen Verbindung mit einer Gesellschaft streng voneinander getrennter Kasten. Nicht nur in ihrer irdischen, sondern auch in ihrer Seelenexistenz gibt es hier keine Gleichheit der Menschen, unabhängig von ihrer Lebensführung. Dieser Kosmos ist auch ein grundlegend anderer als der von animistischen Kulturen, deren Anhänger an die buchstäblich tödliche oder heilende Wirkung eines ganz und gar irdischen Wortes glauben. Die Frage, welche Tiefenstruktur die *objektiv bessere* sei, läuft insofern ins Leere, da jeder zwangsläufig aus seiner Kultur heraus urteilt, falls sein Urteil etwas bedeuten soll. Es gibt keinen archimedischen Punkt, von dem aus sich die verschiedenen Kulturen neutral betrachten ließen. Das hindert natürlich niemanden daran, seine hergebrachte kulturelle Matrix für die geeignetere oder sogar überlegene zu halten. Entscheidend ist vielmehr, festzuhalten, dass eine bestimmte kulturelle Tiefenstruktur zu uns gehört, von vielen Generationen Schicht für Schicht ausgeformt. Es war *diese* Struktur, die den Westen zur erfolgreichsten und freiesten Zone der Welt machte, zum blühenden Garten von Wirtschaft, Wissenschaft und Kunst. Und darüber hinaus zu einer wirklich osmotischen Kultur, die Zuwanderern aus anderen Gegenden schon vor Jahrhunderten den vergleichsweise geringsten Widerstand entgegensetzte. Es liegt nicht die allerkleinste Anmaßung darin, wenn jemand als Vertreter des Westens sagt: Dies ist *unsere* Kultur. Und sie mag nicht für alle Gesellschaften weltweit praktikabel sein. Aber sie ist die beste für *uns,* verteidigungswürdig für uns, wobei zu diesem freiwilligen Wir sowohl Menschen gehören, deren Vorfahren seit tausend Jahren im heutigen Deutschland, Frankreich oder in England leben, als auch diejenigen, die sich als erste (und möglicherweise einzige) in ihrer Familie mit ihr identifizieren wie die aus dem Sudan stammende Autorin Ayaan Hirsi Ali, die von sich sagt: »Die westliche ist meine angenommene Kultur.«

Die gängige Epochenunterteilung in Mittelalter (meist versehen mit dem Epitheton »finster«) und die Zeit der »Erhellung«, der Aufklärung, zeichnet ein unzulässig grobes Bild. In Wirklichkeit bildeten sich zentrale Prinzipien schon früh heraus, die wir dem Westen zurechnen. Ihre Keime brauchten das oben beschriebene Klima, um überhaupt auszutreiben, und den glücklicherweise vorhandenen Freiraum, um zu wachsen. Schon im römischen Recht zeigt sich eine bemerkenswerte Differenzierung, die es ohne das Konzept des Individuums als Träger eigener Rechte und ohne die Figur des (römischen) Bürgers nicht hätte geben können. Das römische Rechtsdenken der klassischen Periode trennte das formale Recht von Sitte und Religion. Es unterschied zwischen öffentlichem Recht und Privatrecht, auch zwischen dem *ius civile,* das für römische Bürger galt, und dem *ius gentium* für Nichtrömer (festgehalten von dem Rechtsgelehrten Gaius), es kannte den Unterschied zwischen Eigentum und Besitz und formulierte Grundzüge des Vertragsrechts. Seine Systematik prägte die Rechtswissenschaft über das Mittelalter bis zur Neuzeit und Gegenwart. »Dreimal hat Rom der Welt Gesetze diktiert«, heißt es bei dem Rechtstheoretiker Rudolf von Jhering, »dreimal die Völker zur Einheit verbunden, das erste Mal, als das römische Volk noch in der Fülle seiner Kraft stand, zur Einheit des *Staats,* das zweite Mal, nachdem dasselbe bereits untergegangen, zur Einheit der *Kirche,* das dritte Mal infolge der Rezeption des römischen Rechts, im Mittelalter zur Einheit des *Rechts*; das erste Mal mit äußerem Zwange durch die Macht der Waffen, die beiden anderen Male durch die Macht des Geistes.« Jhering schätzte an der Tradition des römischen Rechts vor allem die Systematik, die Ausbildung fester Formen, die er an anderer Stelle als bedeutenden Schutz vor Übergriffen würdigte: »Die Form ist die geschworene Feindin der Willkür, die Zwillingsschwester der Freiheit.« Von dieser Formalisierung des Rechts führt ein direkter Pfad zur Entstehung der Wissenschaft in Europa. Die älteste Universität des Kontinents, Bologna, begann im 11. Jahrhundert als Rechtsschule. Das Nebeneinander kleiner Herrschaftsgebiete, das Aufblühen der Städte förderten die Entstehung von weiteren Universitäten genauso wie der durch die Machtteilung entstandene Spielraum.

Zu den vor Willkür schützenden Grundsätzen im Recht, die sich wie schon erwähnt lange vor der klassischen Aufklärung herausbildeten, gehört beispielsweise die Unschuldsvermutung. Die Regel *»ei incumbit probatio qui dicit, non qui negat«* – wer eine Behauptung aufstellt, trägt die Last des Beweises, nicht der, der bestreitet – findet sich schon in der Gesetzessammlung, die der byzantinische Kaiser Justinian im

6. Jahrhundert anlegen ließ. Der Kirchenrechtler und Kardinal Jean Lemoine (1250–1313) prägte die Formel, die bis heute unverändert gilt: *»item quilbet presumitur innocens nisi probetur nocens«;* eine Person ist als unschuldig anzusehen, bis ihre Schuld bewiesen ist. Es dauerte sehr lange, bis sich dieser Gedanke auch in der europäischen Rechtspraxis vollständig durchsetzte. In Ketzer- und Hexenprozessen galt bekanntlich genau das Gegenteil – die beschuldigte Person musste ihre Unschuld beweisen, was so gut wie nie möglich war. Und über lange Zeit betrachteten weltliche wie geistliche Gerichte unter Folter erpresste Geständnisse als gültigen Beweis. Trotzdem blieb die Unschuldsvermutung kein machtloser Gedanke. Friedrich Spee von Langenfeld, der sowohl Philosophie als auch Theologie studierte, polemisierte in seiner Schrift *Caution criminalis,* die 1631 zunächst anonym erschien, gegen Folter und Hexenprozesse, und stützte sich dabei auf juristische Sätze, deren Wurzeln bis in die Spätantike zurückreichen. Für Spee stand die Würde des Einzelnen über den Interessen von Staat oder Klerus, einen Schuldigen zu finden, weshalb er Folter aus kategorischen Erwägungen verdammte (»ein Unschuldiger muss für ein unsicheres Verbrechen die sichersten Qualen erdulden«; »man darf mit Menschenblut nicht spielen und unsere Köpfe sind keine Bälle, die man nur so hin und her wirft«), aber auch aus praktischen: Um den Schmerzen zu entgehen, argumentierte er, würden Gefolterte meist jeden Unsinn gestehen, den die Ankläger von ihnen hören wollten. Spee und der Philosoph und Jurist Christan Thomasius trugen mit ihren Thesen wesentlich dazu bei, dass die Hexenprozesse endeten. Auf Spee von Langenfelds Logik griff auch Friedrich der Große zurück, als er in Preußen die Folter abschaffte.

In der Geschichte des Westens gab es Irrationalität zuhauf, Despotie, bizarre und willkürliche Anklagen, Folter, Sklaverei. Im Westen herrschten prinzipiell die gleichen Übel wie in allen anderen Erdteilen. Aber nur im Westen bestand die selbstbestimmte Akkumulation des Wissens durch Forschung fort, während die Wissenschaft in der muslimischen Welt früh in Orthodoxie erstarrte und bis heute unter dem Primat der Religion steht (in China unter dem Primat der Staatspartei). Nur im Westen prägte sich die Gewaltenteilung immer weiter aus. Nur im Westen setzte sich das Prinzip der Unschuldsvermutung tatsächlich durch. Nur hier endeten politisch-religiös verbrämte Prozesse und Folter, um in den totalitären Exzessen des zwanzigsten Jahrhunderts noch einmal für kurze Zeit gespenstisch zurückzukehren. Ausschließlich in westlichen Ländern entstand eine erfolgreiche Bewegung zur Abschaffung der Sklaverei. Sie endete dort tatsächlich, während sie etwa im Sudan und anderen muslimischen Ländern informell bis heute fortbesteht. Ganz offiziell erlaubten die Gesetze in Bahrain noch bis 1937, in Kuweit bis 1949 und in Katar bis 1952 den Besitz von Sklaven. Und ganz exklusiv im Westen bildete sich eine von vielen geteilte kritische Reflexion über die Sünden der Vergangenheit heraus. Aus diesem Grund richten sich Reparationsforderungen wegen der Sklaverei auch einzig und allein gegen den Westen, nicht gegen arabische Staaten – obwohl sie den Sklaventransfer aus Afrika und aus Europa sogar noch intensiver betrieben als die westlichen Länder, und obwohl das finanzielle Potenzial der arabischen Halbinsel mindestens ebenso zu Klagen einladen würde wie das der westeuropäischen und der Vereinigten Staaten.

Der Trick der Wohlmeinenden, die Historie des Westens durchweg als Kriminalgeschichte zu erzählen, besteht darin, sie immer nur halb zu erzählen. In der dramatischen Auseinandersetzung zwischen Unrecht und Recht, zwischen Unterdrückung und Bürgerprinzip lassen sie grundsätzlich das Finale weg. Um es abgewandelt mit Churchill zu sagen: Mag sein, dass die westliche Gesellschaft die schlechteste von allen ist – abgesehen von allen Alternativen. Die langen und wechselhaften Auseinandersetzungen über die Gesellschaftsordnung zeigen zum anderen auch, dass sich Individualität, Recht und Machtbegrenzung nie von selbst verstanden. Bedrängt und bedroht vom jeweiligen Gegenteil waren sie immer. Auch deshalb ist der Blick in die Geschichte so wichtig und nützlich. An den Schlachten um den Freiheits- und Bürgerbegriff lässt sich auch alles Nötige für die Gegenwart lernen. Der Westen war nicht milder in der Produktion des Schlechten. Er war und ist besser darin, auch die Gegenmittel hervorzubringen.

Wenn wir von der kulturellen Besonderheit des Westens sprechen, dann vor allem in dem Sinn ihrer relativen Seltenheit, weltweit gesehen. Nur in dem kleinen zerklüfteten westlichen Anhängsel Asien entstanden überhaupt Gesellschaftsformationen, in denen die Vorstellung des mit Rechten begabten Individuums und der Bindung und Zähmung staatlicher Gewalt durch das Recht nicht so absurd wirkte wie in restlichen Erdteilen. Mit der Errichtung europäischer Filialen in Nordamerika und Australien breitete sich diese Art der Ordnung zwar aus, es entstand der politische Westen. Aber er blieb mit seiner Bürgeridee im Weltmaßstab immer die Ausnahme, selbst auf seinem Höhepunkt, den er erst spät in seiner Geschichte erreichte. Im Jahr 1900 dominierte dieser Westen zusammen mit seinen Kolonien – in denen er allerdings seine Prinzipien für die Unterworfenen nicht gelten ließ – die Welt territorial. Seine eigentliche Einwohnerschaft befand sich aber auch damals schon global in der Minderheit. Europa mit seiner Vielgestaltigkeit vom Atlantik bis zum Ural stellte im Übergang vom 19. zum 20. Jahrhundert etwa ein Viertel der Menschheit, Nord- und Südamerika etwas weniger als 10 Prozent, wobei die indigenen Völker beider Kontinente noch abgerechnet werden müssen. Heute leben trotz Einwanderung in Europa noch nicht einmal 10, in Nordamerika weniger als 5 Prozent der Weltbevölkerung. Zum Ende des 21. Jahrhunderts versammeln die Länder, die wir heute zum Westen rechnen, wahrscheinlich nur noch ein Zehntel der gesamten Erdpopulation. Das wäre noch kein größeres Problem, wenn sich die Ideen von Individuum, Rechtsbildung und Gewaltenteilung gleichzeitig international ausbreiten würden. Wir erleben das Gegenteil. Dieses Buch zeigt, wie dieser Gesellschaftsentwurf auch im Westen selbst und aus dem Inneren des Westens eine Bedrohung erfährt, die er möglicherweise nicht übersteht.

Es gibt, sagten wir, keinen archimedischen Punkt, Kulturen von außen zu betrachten und zu vergleichen, als besäße der Beobachter überhaupt keine Prägungen. Aus diesem Grund lässt sich auch die eigene Kultur nicht so sehen, als gehörte man nicht dazu. Genau diesen Punkt glauben die Regressiv-Progressiven allerdings gefunden zu haben, wenn sie die gesamte westliche Überlieferung unter Daueranklage stellen, wenn sie das Eigene verachten und ihm die bizarre Erfindung des *globalen Südens* entgegenhalten, wenn sie das Propagandabild des Westens als ausschließlich rassistische, kolonialistische Macht zeichnen, die stets als Täter auftritt, während es sich bei den Bewohnern der nichtwestlichen und nichtweißen Welt grundsätzlich um Opfer handelt. Indem sie die gesamte Menschheitsgeschichte in ein grobschlächtiges Hell-Dunkel-Raster pressen, glauben sie, vor allem eins bewiesen zu haben: dass sie selbst nicht zum Westen gehören.

Aber natürlich gehören sie dazu. Eine zwischen innerweltlicher Religion und Sekte changierende Bewegung, die unablässig die eigene Kultur anprangert, ohne irgendetwas Substanzielles von ihr zu wissen, und sich mit der gleichen Ignoranz etwas über edle Opfer außerhalb zusammenreimt – dieses Phänomen existiert ausschließlich im Westen. In ihrem schiefen Gedankengebäude finden sich typische Elemente des westlichen Denkens, allerdings als herabgesunkenes Bildungsgut, vulgarisiert, losgelöst von jeder Dialektik. Zum einen die Bedeutung des Zweifels und der Abstraktion, hier allerdings abgetrennt von der Rationalität. Alles, was im Zusammenspiel mit anderen Ideen einen großen Wert besitzt, verwandelt sich zur Plage, sobald jemand es absolut setzt. Zweifel ähnelt in seiner Funktion dem Salz, das fast jeder als Beigabe im Essen schätzt, während es giftig und womöglich tödlich wirkt, wenn jemand auf den verrückten Gedanken kommt, es zur Hauptspeise zu erklären. So geht es auch mit der Dialektik: Ohne Ausbalancierung durch die Rationalität verirrt sie sich schnell in die banal-beliebige Behauptung, es gebe überhaupt keine Objektivität, stattdessen hänge alles vom Blickwinkel ab. Dazu gesellt sich bei den Regressiv-Progressiven eine ins Absolute und Ungenießbare gekippte Individualität, die nichts außerhalb der eigenen Lebenswelt gelten lässt und jedes noch so kleine Störgefühl wegen eines angeblich verletzenden Wortes oder einer ungenügenden Beachtung zum Drama erklärt, für das sich die ganze Gesellschaft gefälligst zu interessieren hat. So wird Vernunft Irrsinn, Wohltat Plage. Die zur Karikatur heruntergekommenen Elemente des Zweifels und der Individualität vermischen sich in dieser Ideologie mit autoritären Bruchstücken, mit Klassendenken und Verfolgungseifer – also mit dem, was es im Westen auch immer zu unterschiedlichen Zeiten in unterschiedlicher Stärke gab. Die Einzelteile dieses Glaubenssystems, dieser »Installation des Hasses auf den Westen im Herzen des Westens« (Alain Finkielkraut) stammen samt und sonders aus dem Westen, mühsam zusammengenagelt, da es zwischen ihnen keine organische Verbindung gibt. Wenn in diesem krummen und intellektuell ärmlichen Etwas überhaupt so etwas wie eine Systematik existiert, dann die des unentwegten Selbstwiderspruchs. Wer diese Mixtur aus losgelösten, entkernten Begriffen und autoritärer Anmaßung zu seinem Prinzip macht, sieht beispielsweise als Student an einer westlichen Hochschule kein Problem darin, wegen der Ansprache mit einem falschen Pronomen einen öffentlichen Nervenzusammenbruch zu erleiden, aber gleichzeitig jüdische Kommilitonen zu drangsalieren und liberalen Hochschullehrern das Etikett Faschist anzukleben.

Er bringt es als Mitarbeiter des akademischen Betriebs oder Journalist mühelos zusammen, in der freiesten, permissivsten Gesellschaftsordnung der Welt ausschließlich Unrecht und Unterdrückung zu entdecken, und gleichzeitig eine zynische Schlächterorganisation wie die Hamas zur Befreiungsbewegung zu erklären. Die Ideologie des Verdrehten und Verkehrten erlaubt es ihm, überall Rassismus zu wittern, sogar in der Frage »woher kommst du?«, um selbst ohne den geringsten Selbstzweifel den Rassismus der »Kritischen Rassentheorie« zu verbreiten. Die Haltung des permanenten Selbstwiderspruchs erlaubt es, die Traditionen der eigenen Kultur durchweg als minderwertig und verächtlich darzustellen, aber selbst grausame Traditionen außerhalb des Westens wie die Beschneidung von Mädchen noch zu rechtfertigen, kleinzureden oder zumindest zu behaupten, ein Westler dürfe darüber nicht urteilen. Diese Ideologie stellt ihren Anhängern die Lizenz aus, sich als Gerechtigkeitskämpfer zu stilisieren und zu behaupten, die Marginalisierten lägen ihnen am Herzen, um dann sozial Schwächere, die sich nicht an die wohlmeinenden Verhaltens- und Sprachvorgaben halten, zu marginalisieren, zu verhöhnen und sie so weit wie möglich an der politischen Mitsprache zu hindern. Zum Modus des permanenten Widerspruchs gehört es auch, fast alles und jedes zum Abbruch, zur »Dekonstruktion« freizugeben – nur nicht das eigene schiefe Denken. Die Alles-ist-relativ-Prediger geraten regelmäßig außer sich, sobald jemand an ihrem labilen Überzeugungsgerüst rüttelt. Und erst recht, wenn andere ihren Machtanspruch infrage stellen. Über all diesen einzelnen Widersprüchen liegt der zentrale innere Widerspruch dieser Weltanschauung – die Beschwörung eines progressiven, befreienden Aufbruchs, der in Wirklichkeit in eine düstere Antimoderne führt.

Bevor wir näher beschreiben, wie die Adepten dieser Bewegung Punkt für Punkt gegen das vorgehen, was zum guten Erbe des Westens zählt – Rationalität, Individualität, Machtbegrenzung, Rechtssystematik –, werfen wir noch einen kurzen Blick in die Geschichte, um zu fragen, ob es sich bei dieser Verbindung zwischen vorgeblich befreiendem und tatsächlich autoritärem Denken innerhalb des Westens tatsächlich um eine so neue Erscheinung handelt. In dieser Wucht und Breite durchaus. Es gibt allerdings einen berühmten Vorläufer der Regressiv-Progressiven, den viele bis heute in völliger Verkennung von Person und Werk fälschlich der Aufklärung zurechnen: Jean-Jacques Rousseau. In sehr vielen Zügen seiner Persönlichkeit ähnelte er den Wohlgesinnten von heute. Zwei seiner wichtigsten Werke nehmen viele ihrer Gedanken vorweg, einschließlich des systematischen inneren Widerspruchs. Sein *Gesellschaftsvertrag oder Prinzipien des politischen Rechts (Du contrat social ou Principes du droit politique)* und sein Erziehungsratgeber *Émile oder über die Erziehung,* beide erschienen im Jahr 1762. Angesicht der beiden Texte erscheint rätselhaft, warum der Verfasser des *Gesellschaftsvertrags* unter die französischen Aufklärer gerechnet wird. In seinen Anfängen arbeitete Rousseau tatsächlich an der berühmten Enzyklopädie von Denis Diderot und Jean le Rond d'Alambert mit, pflegte mit Diderot eine enge Freundschaft und verkehrte in dessen Kreis, zu dem Paul Thiry d'Holbach, Friedrich Melchior Grimm und andere gehörten. Später brach er nicht nur persönlich mit Diderot. Die Lehre, die Rousseau in seinem *Gesellschaftsvertrag* formulierte, führt auch in die direkte Gegenrichtung. Seine von ihm entworfenen Mustermenschen wechseln nur von der einen in eine neue und sogar umfassendere Unmündigkeit, die der Denker aus Genf für die bessere hielt. Mit durchaus scharfem Blick erkennt er die Verbindung von Person, Ort und vererbbarem Besitzrecht, also *kleros* und *oikos,* als etwas Grundlegendes für die Figur des Bürgers. Für ihn stellte privates Eigentum (und überhaupt Individuen mit Rechten) allerdings die Wurzel allen Übels dar. »Der erste Mensch, der ein Stück Land eingezäunt hatte und dreist sagte:

›Das ist mein‹, und so einfältige Leute fand, die das glaubten«, heißt es im *Gesellschaftsvertrag,* »wurde zum wahren Gründer der bürgerlichen Gesellschaft. Wie viele Verbrechen, Kriege, Morde, Leiden und Schrecken würde einer dem Menschengeschlecht erspart haben, hätte er die Pfähle herausgerissen oder den Graben zugeschüttet und seinesgleichen zugerufen: Hört Ja nicht auf diesen Betrüger. Ihr seid verloren, wenn ihr vergesst, dass die Früchte allen gehören und die Erde keinem.«

In seiner perfekten Gesellschaft ackern die Menschen folglich auf Grund und Boden, auf den sie kein Anrecht haben. Auf das, was sie produzieren, auch nicht, denn die Früchte gehören ja der Gemeinschaft. Den Einzelnen gibt es nur als rechtloses Mitglied eines Kollektivs, das die gesamte Gesellschaft umfasst. Nach dieser Logik darf keiner einen eigenen Willen bekunden, es gibt keine Abwägung, ja nicht einmal die Artikulation von Interessen, sondern nur die Unterwerfung aller unter die »volonté génerale«, den »allgemeinen Willen«.

Nun ergibt sich das Problem, wer in einer Gesellschaft der angeblich Gleichen diesen unantastbaren Allgemeinwillen formulieren und durchsetzen soll. Diese Aufgabe fällt einem Komitee weiser Gesetzgeber und Lenker zu. Darüber, was sie dazu qualifiziert und wie sie überhaupt in ihr Amt kommen, lässt sich Rousseau nicht weiter aus. Die Macht beziehungsweise Legitimationsfrage verschwindet in einem esoterischen Nebel. Irgendwie, so meint er, würden sich die edlen Gestalten offenbaren, wodurch auch immer: »Die erhabene Seele des Gesetzgebers ist das einzige Wunder, das seine Sendung beweisen muss.« Aus einer allgemeinen Wahl gehen die Erhabenen also nicht hervor. Loswerden lassen sie sich genauso wenig. Und kritisieren auch nicht. Denn innerhalb des idealen Staates darf es »keine besonderen Gesellschaften« geben, also Parteien, Vereine, freiwillige Zusammenschlüsse zur Vertretung von Interessen. Sondern nur die übergeordneten Weisen, denen keine Opposition, kein Korrektiv gegenübersteht. Es steht ihnen überhaupt nichts gegenüber, sondern nur etwas unter ihnen – das atomisierte Volk. Die Abschaffung von Machtkontrolle und freier Meinungsäußerung, erklärt der Autor in seiner Logik ganz folgerichtig, sei die notwendige Voraussetzung, um dieses System aufrechtzuerhalten. »Diese Vorsichtsmaßregeln«, schreibt er, »können einzig und allein bewirken, dass der allgemeine Wille immer klar ersichtlich ist und das Volk sich nicht irrt.« Die Gefahr der Verirrung des Volkes bereitete ihm große Sorge, während es sich für ihn von selbst verstand, dass das Komitee der Weisen sich unmöglich irren konnte. Eigenartigerweise glauben die meisten über Rousseau zu wissen, er habe den guten Naturzustand des Menschen beschworen, der sich automatisch zeigen würde, wenn die zivilisatorischen Krusten von ihm abfallen. Sein *Gesellschaftsvertrag* zeigt, wie wenig er in Wirklichkeit diesem makellosen menschlichen Urwesen vertraute. In dem von ihm entworfenen Staat sollte es deshalb zwar Publikationen geben, aber auch eine Zensur, die alle aus Sicht der Weisen falschen Gedanken unterdrückt. »Das Zensoramt«, so verfügt er, »erhält die Sittlichkeit, indem es die Meinungen vor Verschlechterung bewahrt, ihre Lauterkeit durch weise Ausführung der Gesetze erhält, ja ihnen bisweilen sogar, wenn sie noch schwankend sind, eine bestimmte Richtung gibt.« Für Untertanen, die sich dieser Obrigkeit nicht klaglos unterwerfen, hält er Verbannung für angemessen, in hartnäckigen Fällen auch die Todesstrafe. Formal bilden die Weisen nicht die allerhöchste Instanz, sondern Gott beziehungsweise ein höchstes Wesen, denn »alle Gerechtigkeit kommt von Gott«. Allerdings besitzen nur die Gesellschaftslenker die Fähigkeit, Gottes Willen richtig zu deuten. Merkwürdigerweise übersehen bis heute die meisten, die Rousseau im Lager der Aufklärung vermuten, diesen Punkt – aber bei seinem Traumstaat handelt es sich um eine lupenreine Theokratie. Die Weisen üben nicht nur die ungeteilte politische Macht aus, zensieren und fällen Urteile. Sie treten auch als Priesterfürsten auf, als Exekutive der höchsten Macht.

Ein größerer Gegensatz als der zwischen dieser Diktatur der Unfehlbaren und Diderots Ideen der bürgerlichen Emanzipation lässt sich kaum denken. Immanuel Kants Diktum: »Wage es, dich deines eigenen Verstandes zu bedienen« und seine Definition der Aufklärung als Ausgang aus der selbstverschuldeten Unmündigkeit wären in Rousseaus Staatswesen sofort der Zensur zum Opfer gefallen. Seine Ordnung kennt nur zwei Ebenen, die der Hirten, die sich im Besitz der absoluten Wahrheit befinden, und die der Schafe, denen jede Fähigkeit fehlt, vernünftige Entscheidungen für sich selbst zu treffen. Hier tritt am deutlichsten seine radikal antiaufklärerische Gesinnung hervor; seine erhabenen Seelen an der Spitze unterziehen sich gar nicht erst der Mühe, ihren Untertanen mit Argumenten den Sinn der Vorschriften nahezubringen, geschweige denn, dass sie irgendein Argument von unten zur Kenntnis nehmen würden. Sie – und damit ihr Konstrukteur Rousseau – erwarten Unterwerfung und bedingungslosen Glauben. Als der *Gesellschaftsvertrag* 1762 erschien, gab es in England schon seit gut zwei Generationen eine konstitutionelle Monarchie, in den Niederlanden eine republikanische Ordnung, in Rousseaus Heimatstadt Genf einen Bürgerrat, und selbst in Frankreich eine Ordnung, in der die Zensurbehörde die Publikation von Diderots Enzyklopädie nicht verhinderte. Zeitgenossen mussten damals weit reisen, wenn sie eine Despotie studieren wollten, die keinerlei Machtteilung kannte, noch nicht einmal zwischen dem weltlichen und dem geistlichen Bereich, nämlich zur Hohen Pforte nach Konstantinopel. Trotzdem schaffte es Rousseau, sein Diktaturmodell, das alle gesellschaftlichen Ausdifferenzierungen des Westens über den Haufen warf, als Entwurf einer strahlenden Menschheitszukunft zu verkaufen.

In seinem Erziehungsroman *Émile* spiegelt sich dieses Menschen- und Gesellschaftsbild. Der Mentor namens Jean-

Jacques lässt das Waisenkind Émile auf dem Land aufwachsen, fernab der verderblichen Stadt. Sprachen und Wissenschaft, entscheidet der Vormund, seien nichts für den Heranwachsenden. Dafür legt er großen Wert darauf, den schon fast erwachsenen Émile auf seine Rolle in einem Idealstaat vorzubereiten, in dem, wie im »Gesellschaftsvertrag« entworfen, der Einzelne nur als Teil der Gemeinschaft existieren darf: »Der Mensch und der Bürger (...) hat der Gesellschaft kein anderes Gut zu bieten als sich selbst, alle seine anderen Güter besitzt sie schon, ob er will oder nicht.« Und: »Jeder von uns tut mit allen anderen seine Güter, seine Person, sein Leben und seine ganze Kraft unter der oberen Führung des Allgemeinwillens zusammen, und wir als Körper empfangen jedes Glied als einen vom Ganzen untrennbaren Teil.« Schließlich führt er ihm Sophie zu, seine künftige Frau, die nur weiß, »was zu wissen ihr gemäß ist«. Der verheiratete 25-jährige Émile bittet den gütigen Jean-Jacques schließlich, weiter sein Berater zu bleiben. In diesem Modellentwurf wie in seinem »Gesellschaftsvertrag« erklärt Rousseau den von den Gefahren der Zivilisation abgeschirmten, selbstlosen, eigentlich noch kindlichen, nie ganz emanzipierten und immer der Anleitung bedürftigen Menschen zum Ideal, wobei er sich hütet, den Widerspruch aufzulösen, warum bei ihm die Erzieher und Führer, die ja offensichtlich nicht in dieser Beschränkung leben, einen höheren Rang einnehmen als das naive, unverbildete Menschenkind.

In Rousseaus Texten lassen sich unschwer die Grundzüge des modernen Totalitarismus erkennen, in dem anders als in Despotien der altmodischen Sorte nicht mehr der bloße Machterhalt zum legitimierenden Zweck der Gewaltausübung erklärt wird, sondern ein übergeordneter Zweck – die Schaffung der besten aller Welten für sämtliche Gesellschaftsmitglieder. Grausamkeiten müssen in diesem Konzept nur begangen werden, um Widerstände auf dem Weg zum Paradies beiseitezuräumen. Der dem guten Ziel verpflichtete Diktator unterzeichnet Todesurteile mit blutendem, aber völlig reinem Herzen. Für die Auseinandersetzung der Gegenwart über den Weg der Gesellschaft ist es nützlich, den Blick nicht nur auf die autoritären und totalitären Systeme des 20. Jahrhunderts zu richten, um zu verstehen, was die Bürgergesellschaft bedroht, sondern auch auf deutlich ältere Vorstellungen.

Seine eigenen Kinder schob der Verfasser des Émile ins Waisenhaus ab, damit sie ihn beim Denken und Schreiben nicht störten. Auch seine Geliebte Thérèse Levasseur sollte nicht für sie sorgen dürfen. Von ihr verlangte der Philosoph, dass sie sich ganz um ihn und seine Bedürfnisse kümmerte. In seinen autobiografischen *Bekenntnissen* umging Rousseau dieses Kapitel nicht etwa schamhaft, sondern erklärte, etwas besseres als das Waisenhausschicksal hätte seinem Nachwuchs gar nicht widerfahren können. Die Mutter Thérèse Levasseurs überließ er in Paris längere Zeit der finanziellen Fürsorge durch Friedrich Melchior Grimm. Hier und in anderen Fällen erlebte Rousseau immer wieder Hilfe von anderen, auch von Diderot, der sich trotz des Freundschaftsbruchs gegen das Verbot von Émile aussprach. Das hinderte den nach eigener Einschätzung bescheidenen und prinzipienfesten Denker nicht daran, überall Verschwörungen gegen sich zu wittern und sich bei jeder Gelegenheit als Opfer aufzuführen. Als ihm der Philosoph David Hume 1766 anbot, ihm in England eine neue Existenz zu schaffen, zu der ein eigener Wohnsitz in Wooton Hall und eine von Hume erwirkte Pension des Königs von England zählten, nahm Rousseau selbstverständlich an – um seinen Wohltäter, sobald er beides hatte, öffentlich in paranoider Weise zu beschuldigen, er hätte ihn aus niederträchtigsten Motiven auf die Insel gelockt, um dort immerfort gegen ihn zu intrigieren. Sein Wahn und seine Wutausbrüche lassen sich durchaus als Enttäuschung darüber deuten, dass die Gesellschaft ihm nicht die Position des Menschheitserziehers anbot, die er für sich vermutlich als die einzig angemessene betrachtete. Er starb 1778, und damit zu früh, um sich in dem revolutionären Tugend- und Terrorregime praktisch zu betätigen. Allerdings erkannte Maximilien Robespierre die Qualität des Erbes, das der Denker hinterließ. Er versuchte folgerichtig, Rousseau postum zum jakobinischen Staatsphilosophen zu machen.

Jean-Jacques Rousseaus *Gesellschaftsvertrag* lässt sich nicht nur als Begründungsapparat für Robespierres Terror lesen, sondern auch als geistige Vorarbeit für die linken Diktaturen des 20. Jahrhunderts. Alles in allem passt dieser bemerkenswerte Philosoph aber noch sehr viel besser zu den von sich selbst berauschten Erwachten der Gegenwart als zu den untergegangenen Ostblockparteien. Erstens, weil der Mann aus Genf sich nur beiläufig ökonomischen Fragen widmete, sondern vor allem eine von oben vorgegebene und undiskutierbare Moral mit religiöser Verbrämung als ideales Herrschaftswerkzeug sah. Zum zweiten erscheint er in seiner radikalen Trennung zwischen den Empfehlungen für die anderen und seiner eigenen Lebensführung, in seiner Egozentrik, seinem dramatischen Opfergetue und seiner penetranten Selbstrührung heute wieder als hoch aktuelle Figur. Mit dieser Kombination nahm er schon im 18. Jahrhundert die Grundzüge der wohlmeinenden Eiferer vorweg, die sich heute in der Rolle der Weisen mit dem Führungsauftrag für die gesamte Gesellschaft sehen, und die sich ihre Geführten genauso wünschen, wie sie der Mann aus Genf für seinen Musterstaat entwarf: entweder als einfältige, unselbstständige Wesen, die dankbar und widerspruchslos alle Vorschriften annehmen – oder als zur Strafe für ihre Unbelehrbarkeit Ausgestoßene, die in der Gemeinschaft nichts mehr zu suchen haben.

Machen wir einen nicht allzu großen Schritt, kommen wir von Rousseaus idealer Gesellschaft zur Gegenwart, in der maßgebliche Kräfte sich gerade bemühen, die Bürgergesellschaft abzuräumen. Zu den ältesten Prinzipien der Machtbegrenzung gehört die weiter oben beschriebene Machtkontrolle. Sie bildete sich nicht erst in Bürgerrepubliken heraus, sondern schon in frühen Stadtstaaten, sogar in vielen Fürstentümern und Monarchien, allein schon durch die Teilung in das weltliche und das geistliche Reich. Das Prinzip der Machtteilung, der »gespaltenen Spitze«, wie es bei Luhmann heißt, bezweckt zweierlei. Zum einen folgt sie der alten Erkenntnis, dass selbst der klügste Alleinherrscher oder das weiseste Gremium ein Korrektiv braucht, um nicht das größte Unheil anzurichten. Nur in der Begrenzung kann Macht vernünftig wirken. Erst durch Rede und Gegenrede lassen sich Argumente bewerten.

Zweitens ergibt sich aus dem Prinzip der Gewaltenteilung auch die Verantwortung für Entscheidungen. Je differenzierter und klarer die Teilung der Macht, desto deutlicher tritt die Verantwortung der beteiligten Institutionen und ihrer Mitglieder hervor. Und umgekehrt: Je stärker die Grenzen zwischen den Institutionen bis zur Unkenntlichkeit verschwimmen, desto gründlicher löst sich auch jede Verantwortung auf. Die Idee des institutionellen Gegenspielers zieht sich durch die gesamte westliche Gesellschaft, und zwar mit ihren Entwicklungsstufen und wachsenden Freiheitsgraden. Institutionelle Gegenspieler bekämpfen einander nicht als Feinde. Sie ergänzen einander, indem sie ihren Wirkungsbereich wechselseitig begrenzen. Sie füllen definierte Rollen aus. Das beginnt bei den geistlichen und weltlichen Herrschern, setzt sich mit Fürst und Ständerat fort, erreicht in der konstitutionellen Monarchie mit König und Parlament die nächste Stufe und teilt die Funktionen zwischen Staatsoberhaupt, Regierung, Parlamentsmehrheit und Opposition, Verfassungs-, Straf- und Zivilgerichtsbarkeit, Bundes-, Landes- und Gemeindeebene seit dem 19. Jahrhundert meist noch etwas feiner. Ob Richter, Staatsanwalt und Verteidiger in der Strafjustiz, Unternehmer und Gewerkschafter in der Wirtschaft, ob staatliche Macht insgesamt auf der einen und die Medien auf der anderen Seite – diese Mächte stehen einander nicht notwendigerweise feindselig gegenüber. Sie füllen unterschiedlich definierte Funktionen aus, unterliegen unterschiedlichen Regeln und machen darin ihre jeweilige Verantwortung deutlich.

In der Gegenwart des Westens steht genau diese Ausdifferenzierung infrage. Und das in ganz grundsätzlicher Weise. Was bewirkt diesen Richtungswechsel? Es gibt nicht diesen einen Richtungswechsel, weder bei der Machtbegrenzung noch bei der Infragestellung rechtlicher Prinzipien. Beides war in der Geschichte immer wieder bedroht, und musste sich immer wieder neu durchsetzen. In vielen tyrannischen und diktatorischen Phasen verschwanden diese Grundsätze ganz. Und heute erfahren sie wieder eine allerdings sehr gründliche und verbreitete Infragestellung, nicht durch eine einzelne Partei, nicht durch einen einzelnen autoritären Führer. Wir erleben den Aufstieg eines aus der Geschichte bekannten freiheitsfeindlichen Grundmusters, aufgeladen mit einigen neuen Begriffen. Der Blick in die Historie hilft zu verstehen, was heute geschieht. Und auch, welche Gegenmittel zur Verfügung stehen. Der Exkurs zu Rousseau weiter oben behandelte ein relativ junges Phänomen: das der moralischen Diktatur, in der die Herrschenden mit reinstem Gewissen verfolgen und verurteilen, weil sie sich durch ein höheres Ziel dazu legitimiert fühlen. Hier liegt der entscheidende dialektische Umschlagpunkt, der geradezu zwingend dazu führt, dass der erste Angriff von Ideologen mit einer Heilsgewissheit immer der Gewaltenteilung gilt, sobald sie selbst in eine Machtposition gelangen. Wer glaubt, den richtigen Weg für die ganze Gesellschaft zu kennen, und sich beauftragt fühlt, ihre Mitglieder zu erziehen, dem erscheint die Idee eines Korrektivs nicht nur aus machttechnischer Sicht lästig wie jedem Allerweltsautokraten, sondern darüber hinaus geradezu beleidigend. Diejenigen, die den Erleuchteten widersprechen, irren sich nicht einfach. Sie sind, wie es in dem berühmten »Lied der Partei« heißt, »dumm oder schlecht«. Wo immer eine Bewegung Einfluss gewinnt, die sich auf eine überlegene Moral beruft, argumentiert sie nicht mehr im Streit mit ihren Gegnern. Sie erklärt es zu einem öffentlichen Skandal, dass es überhaupt andere Meinungen gibt. Aus dieser Überzeugung handeln nicht nur Studenten, die Professoren auf dem Campus niederschreien, nicht nur Gruppen, die öffentliche Veranstaltungen zu verhindern suchen, wenn dort aus ihrer Sicht jemand mit der falschen Meinung auftritt. Die Haltung, Rede und Gegenrede als gemeingefährliches Treiben zu brandmarken und wie einen Seuchenherd zu bekämpfen, teilen inzwischen auch viele Politiker und Medienmitarbeiter im Westen. Diese Entwicklung vollzog sich parallel mit dem öffentlichen Bedeutungsgewinn der Themen Klimapolitik, Migration, Identität und der Transgenderideologie, allesamt Felder, die von Anfang sehr stark von moralischen Vorstellungen geprägt waren, also einer klaren Aufteilung zwischen falsch und richtig, gut und böse. Während es vor einem Jahrzehnt auf den Feldern Klima und Migration noch zur Normalität auch in linken und zur Mitte zählenden Parteien gehörte, volkswirtschaftliche und rechtliche Argumente anzuführen und nach Kosten, Nutzen und Praktikabilität zu fragen, drängte die Moralisierung Abwägungen dieser Art immer stärker beiseite. Das geschah in dem Maß, wie sich eine alle diese Themen überwölbende Erzählung herausbildete, das Generalnarrativ vom schuldigen Westen. In der Klimadebatte drängte sich immer stärker der Topos der »historischen Klimaschuld« des Westens nach vorn, die jetzt beglichen werden müsse (weil sich hier als erstes eine Industrie entwickelte). Weltklimapolitik besteht nach Vorstellungen von Jennifer Morgan, früher Greenpeace-Chefin und heute Staatssekretärin im Auswärtigen Amt, vor allem in der Umverteilung von Geld vom Westen in den globalen Süden. Für die Migrationspolitik lautet die Anwendung der Grundformel, die Einwanderung aus afrikanischen und arabischen Ländern müsste der Westen als Buße für seinen Kolonialismus hinnehmen; wegen seines inhärenten Rassismus habe er kein Recht, sich dagegen zu wehren oder auch seine eigenen Interessen in den Vordergrund zu stellen. Die Identitätspolitik dient ihren Erfindern zufolge der permanenten Bekämpfung des tief verinnerlichten westlichen Rassismus (der sich allerdings sowieso nie ausmerzen lässt). Judith Butler kommt das Verdienst zu, auch den Transgenderkomplex, also die Lehre von der beliebigen und stets segensreichen Umformung der Geschlechtsidentität, in ihrem jüngsten Werk irgendwie mit dem Komplex des schuldigen patriarchalkolonialistischen Westens verquirlt zu haben. Diese allgemeine Feldtheorie aller gesellschaftlichen Fragen, die dauerhafte Verklammerung von Westen, weißen Bürgern und Schuld zu einer alles erklärenden Formel braucht keine Evidenz, keine Argumente, keine Begrenzung. Sie kann unmöglich ein Korrektiv dulden – denn jedes Widerwort stammt logischerweise von Schuldigen und dient der Leugnung oder Rechtfertigung des Bösen. Diese Formel bildet das Zentrum des regressiv-progressiven Denkens. Sie strahlt von dort ab in Politik, Medien, Wissenschaftsbetrieb und selbst Unternehmen. Alle, die ihr folgen, gelangen unweigerlich zu den gleichen oder zumindest sehr ähnlichen Gesellschaftsvorstellungen, wie sie Rousseau entwarf, und wie sie später diverse Erziehungsdiktatoren auch praktisch ausprobierten.

Von der Aussicht, zu den unbezweifelbar Guten zu gehören, geht eine große Verführungskraft aus, namentlich für Politiker. Ihr Wunsch nach Unangreifbarkeit übersteigt wahrscheinlich die Ansprüche von Normalbürgern. Gegenspieler schätzen auch westliche Regierungspolitiker deutlich weniger, als sie es in ihren Reden beteuern. Wer als Inhaber von Macht – und das gilt nicht nur für die Politik – die Chance erhält, sich selbst als Vertreter der hellen Seite zu präsentieren und ernsthafte Kritiker in das Gebiet des Unmoralischen zu verbannen, der findet meist genügend Rechtfertigungen, um sie auch wahrzunehmen. Viele Mandatsträger erklären, sie besäßen einen *moralischen Kompass,* sie könnten sich also auch sehr gut selbst beaufsichtigen. Nur liegt der Witz der Kontrolle durch Machtteilung ja gerade darin, dass sie nicht auf den tugendhaften Charakter des Amtsträgers baut, sondern verhindert, dass ganz durchschnittliche Charaktere einen allzu großen Schaden anrichten. Im Übrigen zeigt ein Kompass zwar die Himmelsrichtungen, beantwortet aber nicht die Frage nach dem Weg. Amtsinhaber, die ihre Botschaften moralisieren und auf diesem Weg die institutionelle Kontrolle ihrer Handlungen schwächen, verhalten sich also in einer sehr verständlichen Weise: Sie schützen sich vor Einwänden, die sie sowieso als unnötig und störend empfinden, und fühlen sich damit außerdem gut aufgehoben in einer Zeit, in der es auch außerhalb der Berufspolitik in öffentlichen Debatten meist nicht darum geht, ob jemand plausible Argumente vorbringt, sondern, ob er auf der richtigen Seite steht.

Als klassischen Ort für Rede und Gegenrede, für institutionelle Machtkontrolle, sieht die Verfassung eigentlich das Parlament vor. Die parlamentarischen Traditionen reichen in Deutschland nicht sonderlich tief, anders als etwa in England. Im traditionell korporatistischen Deutschland jedenfalls haben die Verantwortlichen schon bemerkenswert viel vom Prinzip der Machtkontrolle abgeräumt, die ein Kernelement der Bürgergesellschaft bildet. Das geschah und geschieht gleich auf mehreren Wegen. Zum einen durch die Auslagerung von öffentlicher Meinungsbildung in einen diffusen halbprivaten Bereich von Organisationen, die sich in einer Pervertierung des Begriffs »Zivilgesellschaft« nennen. Zivilgesellschaft meint im Wortsinn Bürgergesellschaft. Zum selbstorganisierten Bürgertum gehören Organisationen wie die Amadeu-Antonio-Stiftung, die »Neuen Deutschen Medienmacher«, die »Berliner Register« und viele andere ähnliche Gebilde mit Sicherheit nicht. Denn sie erhalten staatliches Geld, um damit am Meinungskampf teilzunehmen. Die »Amadeu-Antonio-Stiftung« etwa richtet mit Geld aus dem Bundesfamilienministerium eine »Meldestelle für antifeministische Vorfälle« ein. Dort kann jeder einen Hinweis schicken, auch anonym, wenn er oder sie beobachtet, dass sich jemand öffentlich »gegen Gender-Ideologie« ausspricht, eine Demonstration mit »antifeministischen Inhalten« organisiert oder die Arbeit von Gleichstellungsbeauftragten »angreift«, also kritisiert. Nichts davon fällt unter ein gesetzliches Verbot, sondern, jedenfalls in dieser allgemeinen Formulierung, unter Meinungsfreiheit. Die Stiftung weist auch ausdrücklich darauf hin, dass sie Hinweise auf »Vorfälle« entgegennimmt, »unabhängig davon, ob sie einen Straftatbestand erfüllen oder unter der sogenannten Strafbarkeitsgrenze liegen«. Nach dem gleichen Prinzip verfahren die »Register« in Berlin, von denen gleich mehrere existieren. Eins davon vermerkte die schon erwähnte Biologin Marie-Luise Vollbrecht (zuerst mit ihrem vollen Namen, dann anonymisiert, aber natürlich wiedererkennbar) wegen »Transfeindlichkeit«, weil sie in einem Vortrag an der Humboldt-Universität über Geschlecht und Geschlechtsrollen die Auffassung vertreten hatte, es gebe nur zwei biologische Geschlechter. Das zu meinen ist nicht nur legal, es gehört auch zu den Grundlagen der Biologie. Der ebenfalls mit Staatsgeld versorgte Verein »Neue Deutsche Medienmacher« wiederum bietet Medienunternehmen eine wohlmeinende Beratung an, wie sie über Migration berichten sollten, und unterstützt außerdem das Konzept der »postmigrantischen Gesellschaft«, das die Vorstellung ausdrücklich ablehnt, Einwanderer hätten sich in eine schon bestehende Ordnung zu integrieren. Vielmehr sollen die verschiedenen identitären Gruppen einen nur noch locker zusammenhängenden Quilt bilden, mit den angestammten Bürgern als

Gruppe unter vielen. Es handelt sich also um einen direkten Gegenentwurf zur Bürgergesellschaft. Den dürfte ein privater Verein verbreiten; die Meinungsfreiheit lässt das problemlos zu. Die Sache liegt aber grundlegend anders, wenn eine staatlich finanzierte und personell eng mit dem politischen Betrieb verflochtene Organisation das als verkappte Außenstelle des Staates verbreitet. Ebenso tief verändert es den Charakter der Gesellschaft, wenn quasistaatliche Gebilde legale Meinungen stigmatisieren. Zwischen 1998 und 2023 gaben verschiedene Bundesregierungen für einen Bereich, der sich am ehesten als Diskurslenkung bezeichnen lässt, insgesamt 1,5 Milliarden Euro aus, die an ein wachsendes Geflecht von formal außerstaatlichen Stellen flossen, darunter auch an die oben genannten Vereine. Im Lauf der Jahre steigerten sich die Zuwendungen von ursprünglich bescheidenen Beträgen zu dreistelligen Millionensummen pro Jahr. Diese Entwicklung unterläuft gleich zwei Grundsätze der Bürgergesellschaft. Erstens gibt es hier kein Korrektiv, keinen institutionellen Gegenspieler, der den Geldempfängern im Auftrag der Wähler auf die Finger sieht. Darin, die öffentliche Kontrolle weitgehend auszuschalten, besteht ja gerade der Zweck der Übung, diese Tätigkeiten formal außerhalb des Staates anzusiedeln. Über die Details ihrer mit Steuergeld mitfinanzierten Tätigkeit schulden diese Organisationen dem Bürger keine Rechenschaft. Weder müssen sich die Repräsentanten dieser Vereine einer Wahl stellen noch lassen sie sich abwählen. Zweitens betrachten sie – und damit ihre politischen Auftraggeber – die Bürger ganz offen als Erziehungsobjekte, denen sie beibringen, welche Meinung zu bestimmten Themen als politisch erwünscht gilt.

Ein anderer Weg, Macht nach und nach der Kontrolle durch Gewaltenteilung zu entziehen, besteht in ihrer allmählichen Verlagerung auf außernationale Ebenen. Im ersten Schritt bedeutet das, Souveränität auf die Europäische Union zu übertragen. Vor allem in Deutschland halten das mehr oder weniger alle, die sich als progressiv sehen, für einen ausnahmslos positiven Prozess, in dem sich ein historischer Determinismus erfüllt. Der österreichische Autor Robert Menasse steht idealtypisch für diese Denkrichtung von Politikern, Intellektuellen, Medienbeschäftigten und Politikwissenschaftlern, die in einem europäischen Einheitsstaat den logischen Endpunkt dieser Entwicklung sehen. In einem Interview mit der *Neuen Zürcher Zeitung* antwortete Menasse 2023 auf die Frage, ob die Nationalstaaten seiner Ansicht nach für dieses Ziel ihre Souveränität aufgeben sollten, scheinpräzise: »Nicht aufgeben. Aufheben«, allerdings ohne zu erläutern, worin der Unterschied bestehen soll. Im gleichen Gespräch nennt er die Letztbegründung für die Transformation zum Einheitsstaat, mit der er wenig überraschend an das Schuldnarrativ andockt: »Nationalismus führt in letzter Konsequenz zu Auschwitz. Warum? Nationalismus ohne Abgrenzung, ohne Feinde funktioniert nicht. Er braucht einen Feind, den er vernichten will.« Warum es viele Nationalstaaten in Europa und außerhalb gab und gibt, den industriellen Massenmord, für den Auschwitz steht, aber nur als Sonderfall, führte er in dem Gespräch nicht weiter aus. Menasse stellte in der Vergangenheit auch die abstruse Falschbehauptung auf, der Gründungsakt der Europäischen Wirtschaftsgemeinschaft habe 1958 auf dem Gelände der Auschwitz-Gedenkstätte stattgefunden. Dem ersten Präsidenten der EWG, Walter Hallstein, legte er den frei erfundenen Satz in den Mund: »Die Abschaffung der Nation ist die europäische Idee.« Dass sich die überwältigende Mehrheit der EU-Bürger nicht für einen Superstaat von Hammerfest bis Palermo erwärmen will, fällt unserem Denker durchaus auf. Aber auch hier bietet er eine patente Lösung. In seinem »Europäischen Landboten« von 2012 rät er, »die Demokratie erst einmal zu vergessen, ihre Institutionen abzuschaffen, soweit sie nationale Institutionen sind, und dieses Modell einer Demokratie, das uns so heilig und wertvoll erscheint, weil es

uns vertraut ist, dem Untergang zu weihen. Wir müssen stoßen, was ohnehin fallen wird, wenn das europäische Projekt gelingt.« Wen sein »Wir« alles umfasst, wird nicht recht klar. Eine Mehrheit kann er nicht meinen, ansonsten müsste er ja nicht die Demokratie zugunsten eines höheren Zwecks für erledigt erklären.

In dem, was Menasse pars pro toto für viele andere vorschlägt, liegt eine innere Logik. Auf dem von ihm vorgezeichneten Weg muss die Demokratie weichen, am Ziel erst recht. Denn außerhalb der nationalen Ebene existiert die klassische Gewaltenteilung nicht mehr. Weder besitzt das Europäische Parlament das Recht, den Chefposten der Kommission aus eigener Entscheidung zu besetzen, noch kann es deren Präsidenten stürzen. Es besitzt kein Recht, eigene Gesetzesinitiativen einzubringen.

Für die Europäische Union existiert also kein institutioneller Gegenspieler. Und im Parlament selbst auch keine klassische Opposition. Das Gremium entfaltet zwar eine emsige Tätigkeit, es leistet sich die Präsenz an zwei Orten, für seine Mitglieder gibt es sehr großzügige Diäten. Aber ihm fehlt alles, was ein Parlament nach westlichen Maßstäben auszeichnet. Wie bei der Machtübertragung nach außen auf formal nichtstaatliche Organisationen lösen sich bei der Transformation nach oben mit der Kontrolle auch die Verantwortlichkeiten gegenüber den Bürgern auf.

Auf dem Evangelischen Kirchentag 2011 erklärte die damalige Kanzlerin Angela Merkel diesen Weg der Gesellschaftsveränderung für alternativlos. Ihre Argumentation verknüpfte sie konkret mit der Bekämpfung des Klimawandels. Sie gilt aber, wenn man sie genau ansieht, darüber hinaus und generell. »Wir haben Souveränität an die EU-Kommission abgegeben«, referierte sie damals auf der Kirchentagsbühne. Daran, Rechte an außernationale Gremien zu übertragen, seien viele Staaten aber überhaupt noch nicht gewöhnt. In dieser Zurückhaltung machte sie das zentrale Problem aus. »Wenn wir eine wirkliche Weltordnung wollen«, so Merkel, »eine globale politische Ordnung, dann wird man nicht umhinkönnen, an einigen Stellen Souveränitätsrechte an andere abzugeben, das heißt, dass andere Organisationen uns bestrafen, wenn wir das (in diesem Fall Vorgaben zur CO_2-Reduzierung) nicht einhalten.« Darin liege »ein wirklich kultureller Prozess, den wir durchlaufen müssen«. Ihr Idealbild, das sie dort stellvertretend für viele andere ähnlich Gesinnte zeichnete, ist bemerkenswert. Auch sie erklärt nicht, wer sich hinter dem »Wir« verbirgt, das eine »wirkliche Weltordnung« will. Jedenfalls stand diese Idee niemals irgendwo zur Abstimmung. Und auch sie folgt ebenso wie Menasse ausschließlich einer inneren Prozesslogik nach dem Muster: Wer einmal A sage, müsse dann auch B sagen. Seine besondere Note erhält ihr Entwurf der idealen Welt zum einen durch die subtile Verknüpfung von Souveränitätsaufgabe und Schuld: Wer sich gegen diese Machtübertragung wehrt, hält also die Klimarettung auf, die es Merkel zufolge nur in und durch diese neue Weltordnung geben kann. (Sie gehört auch zu den Politikern, die schon sehr früh die Wendung von »Klimaschuld des Westens« verwendeten.) Und zweitens beschrieb sie damals auch das Endziel dieser Transformation. Eine Vollendung der neuen Ordnung sieht sie darin, dass ein nicht näher genanntes Gremium, für das weder Kontrolle noch Machtbegrenzung durch einen Gegenspieler existiert, »uns bestraft«. Diese Vorstellung siedelt schon sehr nah an dem *Gesellschaftsvertrag* Rousseaus, der in Wirklichkeit eben keine ausdifferenzierte Gesellschaft und keine Bürger kennt, sondern nur weise Führer und Geführte, Kontrolle und Strafen, gegen die es keine Berufungsinstanz gibt. Hier entstehen nicht nur papierne Entwürfe zur Abschaffung des Bürgers. Es vollzieht sich ein realer politischer Prozess, der längst nicht mehr in seinen Anfängen steckt. An die Stelle der Luhmann'schen »gespaltenen Spitze«, also der Ordnung der abgegrenzten Institutionen mit klaren Zuständigkeiten, Grenzen und Verantwortungen, tritt Schritt für Schritt ein diffuser Wohlfahrtsausschuss aus nicht gewählten internationalen Gremien, Kommissionen, entkernten Parlamenten und staatlich durchfinanzierten Organisationen mit informeller Macht, der für sich in Anspruch nimmt, die »volonté generale«, den allgemeinen Willen zu kennen und durchzusetzen. Gegen den Einzelnen, der zweifelt, ob darin tatsächlich ein zivilisatorischer Fortschritt gegenüber der Bürgergesellschaft besteht, können Mitglieder dieses Wohlfahrtsausschusses spielend leicht ihre Moral ins Feld führen, ihre guten Absichten – und den westlichen Nichtmehrbürger gleichzeitig an sein Sündenregister erinnern.

Vor unseren Augen läuft gerade der lange Prozess der Emanzipation und Ausdifferenzierung in faszinierender Weise rückwärts. Einflussreiche Personen im Westen demontieren gerade in vielen Einzelschritten den wirklich schon sehr alten Grundsatz der Machtteilung. Auch das, was lange unumkehrbar galt, die im Westen entstandene Rechtsauffassung, kehrt sich eben doch um. Die Behauptung einer nicht individuellen, sondern kollektivbezogenen Schuld, eine Schuld des Westens und seiner Weißen, gehört mittlerweile zu den gängigen Versatzstücken in Politikerreden und Medienbeiträgen. Auch bei vielen Vorwürfen wegen sexueller Belästigung, die sich gegen Prominente richten, versteht sich die Unschuldsvermutung nicht mehr von selbst. Eine der größten zivilisatorischen Errungenschaften des Westens, die Trennung zwischen Recht und Moral, die sich in einem langen Prozess vom römischen Recht über Rechtsphilosophen wie Christian Thomasius bis zum bürgerlichen Recht des 19. Jahrhunderts herausbildete, steht heute wieder als Ganzes infrage. (Da hier oft Missverständnisse lauern: Trennung von Recht und Moral heißt nicht, dass ethische Grundsätze sich nicht mehr im Recht niederschlagen würden. Das tun sie natürlich. Die Unterscheidung in getrennte Kategorien bedeutet, dass nicht das moralische Urteil von Gruppen und Autoritäten oder sogar von Mehrheiten die Anwendung des Rechts regelt. Die Ausübung der Meinungsfreiheit etwa hängt nicht davon ab, ob das Gesagte als »gut« und »richtig« gilt, auch nicht davon, ob eine Mehrheit es vernünftig findet. Die Versammlungsfreiheit gilt allgemein, es kommt nicht darauf an, wer sie in Anspruch nimmt. Religiöse und sonstige Gruppen können nicht verlangen, dass der Staat ihre speziellen Vorstellungen in allgemeine Gesetze gießt. Und niemand darf rechtliche Regeln mit der Begründung umgehen, er verfolge damit gute Absichten.)

Mit Gesetzen und Gesetzesvorhaben in Deutschland, Kanada und anderen westlichen Staaten, die es unter Strafe stellen, jemanden mit dem aus dessen Sicht falschen Geschlechtspronomen anzusprechen, und die bestimmte bisher legale Meinungsäußerungen als »Hass« verfolgen, dringt das moralisierte Recht gar nicht so schleichend, sondern ziemlich direkt in die Gesellschaft vor.

Auch ein anderes Phänomen aus vormodernen Zeiten kehrt gerade wieder zurück: Immer seltener regieren Bürger andere Bürger. Stattdessen bildet sich eine neue Aristokratie von Berufspolitikern und sonstigen Funktionären heraus, die meist ihr gesamtes Erwachsenenleben in ihren Institutionen verbringen, sich in ihrer Lebensweise völlig vom Rest der Gesellschaft unterscheiden und immer weniger Neigung verspüren, sich in ihr politisches Geschäft vom gemeinen Bürger hineinreden zu lassen.

Mit den Auflösungserscheinungen auf den Gebieten von Gewaltenteilung und Recht steht auch ein drittes zentrales Prinzip des Westens unter starkem Druck: die Rationalität. Stattdessen bestimmt magisches Denken immer größere Teile der öffentlichen Debatte. Für den magischen Denker der Gegenwart hängt der Konflikt am Zeichen, nicht am Bezeichneten. Deshalb legen sie auch so großen Wert darauf,

ständig Zeichen zu setzen. Setzen all die richtigen Zeichen, sprechen alle die richtigen Worte und meiden falsche Begriffe, verschwinden die Übel. Erwähnen Medien und Politiker bestimmte Sachverhalte nicht mehr, so legen es sich die Anhänger der Wortmagie zurecht, dann verkümmern diese Themen durch Nichtbeachtung und zerfallen schließlich zu Staub. Bei dieser Zusammenfassung handelt es sich nicht etwa um Polemik, sondern um die Skizze eines inzwischen höchst einflussreichen Denkgerüstes. In ihrem Buch *Die Geschichte des politischen Konflikts* argumentieren Thomas Piketty und Julia Cagé: Erst die Medien erzeugen, indem sie bestimmte Themen aufgreifen, ein entsprechendes politisches Verhalten. In einem Interview mit der *Welt* erklärte Cagé im September 2023 den Aufstieg des Rassemblement national, also der Partei le Pens, wie folgt: »Das hängt mit dem Rechtsruck in den französischen Medien zusammen, die der Medienmogul Vincent Bolloré gekauft hat. Er zwingt den Redaktionen seiner Fernsehsender CNews, Canal+, C8, dem Radiosender Europe1 sowie den Wochenzeitungen *Paris Match* und *Le Journal du Dimanche* eine bestimmte Rhetorik auf. Es geht in diesen Medien von morgens bis abends nur um Sicherheit, um Fragen der Immigration und der gescheiterten Integration. Das ist eine kognitive Verzerrung.«

Seit 2015 starben in Frankreich mehr als 250 Menschen durch Schüsse, Stiche, Sprengstoff oder Attentate mit Autos, verübt von Terroristen, die damit ein islamisches Frankreich erzwingen wollten. Es gab etliche Enthauptungen, außerdem mehrere mit islamischen Wahnideen begründete Morde an Juden, außerdem kollektive Gewaltausbrüche von Jugendlichen, die den laizistischen Staat offen ablehnen. Den Mangel an Sicherheit, die gescheiterte Integration Hunderttausender, die sich stattdessen dem Islam zuwenden oder dort schon immer ihre Zugehörigkeit sahen – diese Phänomene beobachten Millionen Franzosen vor ihrer Haustür. Man muss schon zu den besonders Privilegierten und Erwählten gehören, um diese Wirklichkeit auf Distanz zu halten. Das hält Cagé nicht von dem Glauben ab, wenn die von ihr als rechts bezeichneten Medien einfach damit aufhören würden, diesen Themen so viel Gewicht beizumessen, würden Franzosen auch wieder anders wählen.

Nach dem gleichen Muster forderte 2018 der Geschäftsführer des Deutschen Kulturrats, Olaf Zimmermann, eine einjährige »Auszeit« für Talkshows im öffentlich-rechtlichen Fernsehen – mit der Begründung, dort würde zu viel über Migrations- und Integrationsprobleme geredet, und das wiederum fördere den Aufstieg der AfD.

Gewinnt irgendwo im Westen eine rechte Partei Stimmen, lautet der wohlmeinende Standardkommentar, das komme daher, dass die Kräfte in der Mitte und Links ihnen »hinterherlaufen« und ihr Vokabular übernehmen würden.

Magisches Denken verbreitet sich selbst dort, wo die Rationalität vor Jahrhunderten als geistiges System entstand, im Wissenschaftsbetrieb. Die renommierte Fachzeitschrift *Nature Human Behaviour* etwa erklärte 2022 in ihrem Editorial, sie werde keine Forschungsergebnisse mehr publizieren, die »versehentlich Individuen oder menschliche Gruppen stigmatisieren«, und deren Ergebnisse »möglicherweise als Rechtfertigung für die Unterminierung der Rechte spezifischer Gruppen aufgrund deren sozialer Charakteristika« verstanden werden könnten. Es geht also noch nicht einmal um Absicht, sondern um das bloße Risiko, jemand könnte an sich völlig korrekte Forschungsergebnisse für etwas nutzen, das einige als diskriminierend verstehen. Lieber sollen also bestimmte Fragen gar nicht erst gestellt werden. Und schließlich stammt die gesamte Sprachpolitik, also das Gebot, bestimmte Begriffe zu verwenden beziehungsweise auf keinen Fall zu benutzen, aus der Werkzeugkiste des Dekonstruktivismus, der Sprache beziehungsweise »Sprachhandeln« als Instrument sieht, das die Wirklichkeit selbst modelliert, nicht nur ihre Wahrnehmung. Auch dem Stürzen und Abtransportieren von Denkmalen, dem Umbenennen von Straßen und Universitäten, dem Umschreiben von literarischen Klassikern (das selbst vor Agatha Christie nicht haltmacht) liegt der magische Glaube zugrunde, dieses Purgatorium könnte die Vergangenheit rückwirkend ändern.

Denksysteme entwickeln sich nach einer spezifischen Logik, je nachdem, welchen grundsätzlichen Pfad sie einschlagen. Die Ideen des Individuums, der Machtbegrenzung, eines von Politik und Religion unabhängigen Rechts und das Prinzip der Rationalität gehören zusammen. Sie stützen einander. Genauso bilden institutionell unbegrenzte Macht, moralunterworfenes Recht und magisches Denken eine innere Einheit. In dem ersten Modell stehen Bürger im Zentrum, in dem anderen Kollektive. In dem einen Gemeinwesen bestimmt (neben Glück und anderen Nebenfaktoren) die Meritokratie den Platz des Einzelnen, im Gegenentwurf vor allem seine Gruppenzugehörigkeit und Prinzipientreue. Mischungen aus beiden Welten gibt es nur für Übergangszeiten. Früher oder später drängt die Entwicklung entweder in die eine oder die andere Richtung.

Natürlich unterscheiden sich die von ihrer Mission durchdrungenen Kämpfer für die schlechtere Zukunft an den Universitäten, unterscheiden sich die radikalen Antiwestler des Westens, die für die Hamas auf die Straße gehen, in Auftritt und Rhetorik sehr stark von Politkern etablierter Parteien, die meinen, sie müssten Machtkontrolle zugunsten höherer Zwecke abräumen. Aber beide Gruppen schwingen im gleichen Takt. Sie glauben beide, der Gesellschaft ginge es besser, wenn die Bürgergesellschaft, wie sie sich nur im Westen herausbildete, auch dort verschwinden würde. Mit der Nähe von beiden verhält es sich ähnlich wie mit der Nähe zwischen der progressiv-regressiven Bewegung und den großen Unternehmen. Es gibt keine Gleichheit zwischen beiden – aber ein Geflecht intellektueller Verbindungen. Und einen großen gemeinsamen Nenner. Ob progressiv-regressiver Kämpfer, neoautoritärer Politiker oder Lenker einer internationalen Plattform: Jeder sieht in der Figur des emanzipierten und selbstbewussten Bürgers einen Feind, mindestens aber ein Ärgernis.

Warum treiben Politiker bis in die formale Mitte des Spektrums diese Entwicklung überhaupt mit dieser Energie voran? In den meisten Fällen dürfte dem, was sie tun, überhaupt keine tiefere Gesellschaftstheorie zugrunde liegen, sondern eher ein Reflex, mit dem sie auf die von ihnen zum großen Teil mitverursachten Umbrüche in ihren Ländern reagieren. Je weniger sich Staaten angesichts der starken und schnellen Einwanderung auf ein gewachsenes Bürgertum stützen können, je schwerer ihren Eliten die Erklärung fällt, worin die Bindungskräfte der Gesellschaft bestehen, je aggressiver ein neuer Tribalismus das Bürgerprinzip verdrängt, desto eher sehen diese Eliten ihre und die allgemeine Rettung in der Ersetzung von Politik durch belehrende Moral, in der Schwächung des Gegenspielerprinzips und in der Begrenzung des Meinungsspektrums. Damit, glauben sie, ließe sich die Gesellschaft am ehesten stabil halten. Sie irren sich, wie sich auch alle Verfechter autoritärer Modellstaaten in der Geschichte irrten. Gerade Gegenspielerprinzip, Kritik und Zweifel machen die Gesellschaft zum lernenden Organismus. Rede und Gegenrede verhindern die Erstarrung in Orthodoxie. Die Freiheit des Einzelnen macht ein Gemeinwesen widerstandsfähig und reich. Es sind Bürger, die erfinden, Kunstwerke schaffen, Unternehmen gründen. Nicht Stämme, auch keine Gremien weiser Lenker. Instabil werden Gesellschaften, wenn ihnen die Idee des Bürgers abhandenkommt, wenn ihre Bevölkerung in antagonistische Gruppen zerfällt, wenn das für alle verbindliche Recht sich auflöst.

In einem liegt Merkel mit ihrer oben zitierten Argumentation richtig: Die Abwicklung der Bürgergesellschaft ist ein kultureller Prozess – genauso wie ihre Entstehung. Aber nicht mit ihrer zweiten Behauptung. Wir müssen diesen Prozess nicht durchlaufen. Es gibt keinerlei Determinismus. Die Figur des Bürgers steht nicht vor ihrem Ende. Im Gegenteil. Nach gut zweieinhalb Jahrtausenden Ausdifferenzierungsgeschichte strahlt die Idee des mit Rechten, Selbstbewusstsein und Unternehmergeist begabten Individuums immer noch hinaus in die Welt. Nichts hat sie ernsthaft verdunkeln können. Auch nicht im Westen selbst. Diese Idee erlebt gerade eine ernsthafte Bedrohung. Es handelt sich aber nicht um die erste dieser Art, auch nicht um die zweite oder dritte. Im Rückblick erweisen sich die Despotien, die Diktaturen, die Versuche zur Abschaffung des Bürgers im Westen als finstere, aber kurze Zwischenzeiten in einer langen Geschichte. Wenn es eine kritische Masse der Bürger will, kann sie sich auch heute gut verteidigen.

Verteidigung gründet sich allerdings auf die Bereitschaft zur Konfrontation. Die folgenden zwölf Regeln, eine Summe aus der Geschichte von Bürger-, Macht- und Rechtsverständnis, können dabei helfen.

1. In einer offenen Gesellschaft lässt sich aus der Hautfarbe weder eine generelle Privilegierung noch eine generelle Diskriminierung ableiten.
2. Schuld ist immer individuell und konkret. Niemand muss sich eine Schuld für den Kolonialismus und die Sklaverei einreden lassen. Es gibt keine »white guilt«.
3. Niemand kann eine moralischere, höherwertige Sicht der Dinge für sich beanspruchen, weil er einer Minderheit angehört.
4. Wenn sich jemand durch eine legitime Meinungsäußerung »verletzt« fühlt, ist das ein Affekt, aber kein Argument, das jemand kümmern müsste.

5. Im öffentlichen Raum hat niemand Anrecht auf einen »safe space«, also einen Schutzraum vor Kritik und überhaupt anderen Meinungen.
6. Institutionelle Machtteilung, Rede und Gegenrede gehören zu allen öffentlichen Angelegenheiten. Zweifel gehört zur Wissenschaft.
7. Von keinem Mitarbeiter in einem Unternehmen und einer Institution dürfen Bekenntnisse verlangt werden, die über das hinausgehen, was Verfassung und allgemeine Gesetze vorsehen.
8. Es ist völlig legitim, eine pauschale Anklage gegen den Westen als kolonialistisch, rassistisch und unterdrückerisch genauso pauschal als anmaßend zurückzuweisen.
9. Wer die Existenz einer »weißen Schuld« und einer kollektiven westlichen Schuld für die Vergangenheit behauptet, sollte umgehend mit der Frage konfrontiert werden, was ihn dazu legitimiert.
10. Weder der Staat mit seinen Ressourcen noch überwiegend staatlich finanzierte Organisationen haben sich am öffentlichen Meinungsstreit zu beteiligen.
11. Der Staat und seine Repräsentanten befinden sich gegenüber den Bürgern in einer dienenden Position. Sie sind den Bürgern verantwortlich, nicht umgekehrt.
12. Erwachsene sind keine Erziehungsobjekte. Auch die beste Absicht rechtfertigt keinen Übergriff auf die Souveränität des Bürgers.

Civis, Citoyen, Bürger: In diesem Begriff können sich alle wiederfinden, die Institutionen und Formen der Bürgergesellschaft verteidigen, und sich dabei nicht scheuen, ein Risiko einzugehen. Zum Bürgertum gehört jeder, der zusammen im frei gewählten Bündnis mit anderen diese Verteidigungsbereitschaft mobilisiert, der im Privaten die Mittel für sein Leben selbst aufbringt, wenn er die Kraft dafür besitzt, und der darüber hinaus nichts von anderen verlangt, was er nicht auch für sich und seine Familie akzeptieren würde. Man muss nicht in der Stadt leben, um Bürger zu sein. Man muss auch nicht aus einer im engeren Sinn bürgerlichen Familie stammen. Asfa-Wossen Asserate, Großneffe des letzten äthiopischen Kaisers, um ein Beispiel zu nennen, gehört dem Hochadel an, verkörpert aber gleichzeitig sämtliche Bürgertugenden in vorbildlicher Weise. Bürger kann jemand sein, dessen Vorfahren sich über ein Dutzend Generationen in diesem Land zurückverfolgen lassen, aber auch ein Einwanderer, der in Deutschland zu einer Gesellschaftsordnung gehören möchte, die er in seiner alten Heimat nicht findet. Bürger zu sein ist eine geistige Haltung, kein im engeren Sinn sozialer Status. Und auch keine Frage der Herkunft. Umgekehrt gehören die Mitglieder der »Letzten Generation«, die Straßen blockieren und historische Denkmale beschmieren, nicht zum Bürgertum, auch wenn sie aus bürgerlichen Familien stammen.

Ein Bürger will die Gegenwart beeinflussen. Er interessiert sich für die Zukunft. Aber er sollte sich stärker als bisher der Vergangenheit zuwenden. Zu den beliebtesten progressiven Verdammungsbegriffen gehört der Vorwurf der Rückwärtsgewandtheit. Genau davon bräuchten die Bürger der Gegenwart mehr. Ganz richtig, zur Verteidigung des Westens ist es nötig, zurückzuschauen. Nur mit der Wendung hin zur Vergangenheit und zum Erbe entsteht überhaupt kulturelles Bewusstsein. Zu den bizarrsten Unterstellungen im Streit zwischen den Regressiv-Progressiven (und sogar den klassisch Progressiven) auf der einen und dem großen Rest auf der anderen Seite gehört die von den Ersteren immer wieder gedankenlos heruntergeleierte Formel von den Uneinsichtigen, die angeblich an der »Vergangenheit kleben«, »am Gestern hängen« und sich »gegen Veränderungen wehren«, wozu noch regelmäßig die Diagnose gehört, es handle sich um eine Vergangenheit, »die es so nie gegeben hat«, um die Fantasie von einer »heilen Welt«, die der akademisch veredelte Progressist den Verstockten austreiben muss. Wer das Eigene von Vorfahren übernimmt, um es zu erhalten und weiterzugeben, der weiß, dass sich nichts ohne Änderung erhalten lässt. Erhalten heißt ja gerade, etwas an wandelnde Bedingungen anzupassen, zu reparieren, zu verbessern, auszubauen. Jeder, der sich als Teil einer solchen Überlieferung sieht, weiß, dass er unter anderen Bedingungen lebt als die Generation vor ihm, genauso, wie seine Nachfolger vieles nach ihren Wünschen und Notwendigkeiten einrichten. Niemand, der etwas erhält, um es weiterzugeben, will äußere Umstände konservieren. Er will, dass der Charakter des Eigenen bleibt, so wie der Eigentümer eines geerbten Hauses repariert, Brüchiges ersetzt, neue Bequemlichkeiten hinzufügt und gut damit lebt, dass seine Erben ihn darin wiederholen. Er wird nur eben keine tragende Wand herausreißen, zumindest nicht, ohne vorher die Statik des ganzen Gebäudes anderweitig abzusichern. Wer sich als Verwalter und Erhalter eines Erbes sieht, lebt sowieso in dem Bewusstsein, dass die Welt sich nie in einem heilen Zustand befindet, wenn das Wort »ungefährdet« oder »im perfekten Gleichgewicht« bedeutet. Jede Überlieferung erzählt von Bedrohungen und jähen Wendungen. Daraus ergibt sich ja gerade die Notwendigkeit, das Eigentum so zu pflegen, dass es auch die nächsten Jahre noch übersteht. Heile Welten gibt es, wenn überhaupt, nur im Inneren der *safe spaces* westlicher Universitäten, die ihre Insassen merkwürdigerweise weder lebenstüchtiger noch glücklicher machen. Abgesehen davon eignen sie sich nur sehr schlecht dafür, das ganze Leben dort zu verbringen. Andere und spätere Autoren können irgendwann das Rätsel lösen, warum Vertreter eines Milieus, das frühere Generationen mit Nichtachtung straft und selbst nichts Erhaltenswertes hervorbringt, sich berufen fühlen, andere, auf die das alles nicht zutrifft, über das richtige Verständnis der Vergangenheit zu belehren.

Wenden wir uns also zurück. Dann sehen wir einen Berg geistiger Schätze, aufgetürmt in zweieinhalbtausend Jahren. Diese Schätze gehören uns. Wer sich heute im Westen Bürger nennt, dem steht ein unfassbarer Reichtum der Ideen zur Verfügung. Zur Verfügung bedeutet: zur Nutzung. Der angemessene Platz des Bürgers befindet sich im Zentrum der Gesellschaft. Von dort darf er sich bei Strafe seines Untergangs nicht verdrängen lassen. Die Schätze der Emanzipationsgeschichte sind im übertragenen Sinn der *kleros* des Bürgers, sein Anrecht, sein Erbe. Und der Platz in der Mitte sein *oikos,* sein Eigenes, sein ideelles Eigentum.

Die Bürger müssen sich (wieder) daran erinnern, wer sie sind. Und daran denken, dass sich weit und breit keine andere Kraft findet, die an ihrer Stelle das Bürgerprinzip verteidigt.

Das können sie nur selbst. Sie haben alle Kraft und Mittel dazu.

ACHT
Provisorischer Frieden – ein Entwurf

»Verehrtes Publikum, los, such dir selbst den Schluß! / Es muß ein guter da sein, muß, muß, muß!«
Bertolt Brecht »Der gute Mensch von Sezuan«

Im November 1819 ließ Prinz Liholiho, Sohn des verstorbenen Königs von Hawaii Kamehameha I., bei einem Fest in seinem Palast Schüsseln mit Schweinefleisch zu den Tischen bringen, an denen ausschließlich Frauen saßen. Dann setzte er sich zu ihnen, um das Mahl gemeinsam zu verspeisen. Als Liholiho die Tische wechselte, begann auf Hawaii ein neues Zeitalter. Mit dem gemeinsamen Essen beendete er das jahrhundertealte *kapu*-System in dem Inselreich, ein Geflecht von Verboten und Geboten, das bis dahin das Leben aller Einwohner beherrscht hatte, vom Fischer bis zum König. Es handelte sich in der Tat um ein Geflecht, ein Netz, das sich über die gesamte Gemeinschaft legte. *Kapu,* das auf hawaiianisch soviel wie *verboten, gesperrt* bedeutet, untersagte strengstens gemeinsame Mahlzeiten von Männern und Frauen, es stellte den Verzehr von Schweinefleisch für Frauen unter Strafe und verfügte, dass Frauen noch nicht einmal Männern beim Essen von Schwein zuschauen durften. Dazu kamen noch viele andere spezielle Regeln, die sich für die Hawaiianer kaum noch überblicken ließen, geschweige denn verstehen. Verstieß jemand gegen *kapu,* und wenn auch nur versehentlich, zog das meist die Todesstrafe nach sich. Eine Priesterkaste setzte die Einhaltung der Regeln, für die es keine sinnvolle

Begründung gab, mit drakonischen Strafen für Abweichler durch.

Dem öffentlichen Bruch des Tabus durch den Prinzen beim großen Festessen folgte allerdings kein Gegenschlag der Priester, auch kein Entsetzen in der Bevölkerung, sondern das Gegenteil – ein großes Aufatmen. Auf die Gelegenheit, die lebensfeindliche Verbotsordnung abzuschütteln, hatten die meisten offenbar sehnsüchtig gewartet. Es fehlte nur das öffentliche Signal. Der Missionar Francisco de Paula Marin notierte am 7. November 1819 in sein Journal: »An diesem Tag aßen alle Frauen Schweinefleisch, und sie brannten alle Kirchen (Tempel) auf der Insel nieder.« Den Priestern entglitt innerhalb kürzester Zeit ihre Machtbasis, nämlich der Glaube, nur *kapu* sei in der Lage, die Gesellschaft zusammenzuhalten. (Darin, diese Priesterherrschaft zu brechen und damit die eigene zu stärken, lag auch das zentrale Motiv Liholihos, als er vernichtete, woran sowieso kaum noch jemand ernsthaft glauben wollte.)

Der amerikanische Anthropologe Alfred Louis Kroeber führte mehrere Begriffe aus der organischen Welt in die Geschichte von Kulturen ein, die in seinem Fach bis dahin nicht verwendet wurden. Für ihn konnten Kulturen wachsen, sich erschöpfen und sogar sterben. Als Musterbeispiel für *cultural fatigue,* kulturelle Erschöpfung, führt die Literatur seitdem die freiwillige und weitgehend einmütige Aufgabe der *kapu*-Ordnung auf Hawaii an. Das Vorschriftensystem erschöpfte die meisten, die unter ihm lebten. Es erdrückte sie, es bot keinen gemeinschaftlichen Vorteil. Und es erschöpfte sich selbst durch seinen Mangel an innerem Sinn.

Nach diesem historischen Muster könnte auch das Glaubensgebäude der Wohlgesinnten zusammenbrechen: aus eigener Ermattung, hauptsächlich aber, weil die Mehrheit sich nicht mehr von einer autoritären Kaste beaufsichtigen und bestrafen lassen will. Militärische Mittel besaßen die Priester auf Hawaii nicht. Ihre Macht beruhte ausschließlich darauf, dass eine Mehrzahl der Inselbewohner es lange Zeit für besser hielt, den Anweisungen zu folgen.

Bevor es um drei mögliche Varianten gehen soll, wie die große destruktive Bewegung der Gegenwart enden könnte, brauchen wir noch die Antwort auf die Frage, die nicht wenige Gegner der Regressiv-Progressiven sich stellen: Verlieren die Wohlgesinnten nicht jetzt schon an Einfluss? Muss sich überhaupt jemand Gedanken darüber machen, auf welche Weise die Welle ausläuft?

Ein Argument für den schnellen Niedergang der Eiferer lautet, mit der Feier von Gewalt und Terror in Israel hätten die innerwestlichen Feinde des Westens eine Grenze überschritten, und ihre wichtigsten Helfer verloren – Linksliberale, die zwar selbst nicht zu den Regressiv-Progressiven zählen, aber bisher jeden ihrer Exzesse mit großer Nachsicht kommentierten. Viele glauben noch einen Grund zu erkennen, warum das Überzeugungssystem der Erleuchteten demnächst zerfällt: seine Lächerlichkeit.

Die eine wie die andere Annahme stützt sich auf zutreffende Beobachtungen. Und es spricht einiges dafür, dass die moderne Priesterkaste zusammen mit ihren Doktrinen wieder in der Bedeutungslosigkeit verschwindet. Allerdings nicht so schnell.

Lächerlichkeit gehört tatsächlich zum Wesen der Erleuchteten, und besonders lächerliche Exzesse verführen zu dem Schluss, damit würde sich ihre Bewegung ganz von allein demontieren. Viele Meldungen und Zitate aus dieser Welt lesen sich wie Parodien, stellen sich dann aber als authentisch und völlig ernstgemeint heraus. An der Europa-Universität Flensburg beispielsweise entfernten besorgte Mitarbeiter eine Frauenstatue mit der Begründung aus dem Foyer, sie sei wegen ihres (für eine Frau völlig normalen) Beckens zu »weiblich«, um die anstößige Plastik durch ein regenbogenfarbenes

Fragezeichen aus Plastik zu ersetzen. In den USA gibt es nicht nur den Vorwurf, Mathematik sei rassistisch, sondern auch den, hinter dem Angebot von Milch in Schulkantinen verstecke sich Rassismus (*dietary rassicm*), und zwar mit der Begründung, Milch würde von rassistischen Gruppen als Symbol der weißen Überlegenheit benutzt. In die Rubrik »Rassismus, von dem sie bisher nichts ahnten« fällt auch die Entfernung eines Felsbrockens vom Campus der Universität Wisconsin-Madison, weil aktivistische Studenten bei der Archivrecherche darauf gestoßen waren, dass der dunkle Stein, der vage an einen Kopf erinnert, in den 20er-Jahren des 20. Jahrhunderts angeblich mit einem abfälligen Begriff für schwarze Amerikaner verbunden wurde. Daran erinnerte sich 2021 niemand mehr; erst die Studenten brachten die längst vergessene Geschichte überhaupt wieder in Umlauf. Rassistisch ist ferner der Begriff »Schwarze Löcher« in der Astronomie (zumindest nach Ansicht von zwei Professoren der Cornell University), außerdem französisches Essen (nach Ansicht einer französischen Professorin, (da »Ausdruck des weißen Privilegs«); »kulturelle Aneignung« wiederum erhebt nach Ansicht vieler Wohlmeinender ihr Haupt, wenn Westler Yoga betreiben und Gerichte kochen, die ursprünglich nicht aus Europa stammen – wobei offenbar noch nicht geklärt ist, ob das auch für Kartoffelgerichte gilt. Und während sich das Geschlecht täglich durch Willensakt wechseln lässt, sich aber gleichzeitig von außen als *Konstrukt* gar nicht zweifelsfrei feststellen lässt – weshalb Menschen in der Spezialsprache der Erwachten immer nur als männlich, weiblich oder etwas anderes gelesen werden können –, handelt es sich bei dem weiblichen Penis nicht etwa um eine Metapher, sondern um eine fleischliche Realität, an deren Existenz besser jeder glaubt, der nicht als transphob gelten will. Natürlich wirkt das alles ridikül auf Außenstehende. Und zu den Außenstehenden gehört per se jeder, der die Gesamtlehre nicht mit all ihren Konsequenzen verinnerlicht. Andererseits gehörten auch zu autoritären und totalitären Ideologien der Vergangenheit Züge, die schon auf Zeitgenossen lächerlich und bizarr wirkten.

Das verhinderte nie ihren Aufstieg, auch nicht ihre Herrschaft über Jahre, mitunter Jahrzehnte. Absurdität schadet nur Personen oder Gruppen mit geringem Einfluss. In Kombination mit ernsthafter Macht verwandelt sie sich auf paradoxe Weise in ein Instrument, um die Macht zu festigen. Überall dort, wo Einzelne aus Opportunismus offensichtlichen Unsinn nachplappern oder zumindest schweigend hinnehmen, um Vorteile zu erhalten oder Nachteile zu vermeiden, stärkt das diejenigen, die unsinnige Dogmen aufstellen. Auf der anderen Seite verliert derjenige, der sich aus Opportunismus einfügt und Ansichten vertritt, an die er selbst nicht glaubt, seine innere Souveränität. Eine Bewegung, die durchsetzt, dass beispielsweise an einer Universität der Unsinn von den rassistischen schwarzen Löchern und ähnlicher Okkultismus gelehrt werden kann, beweist gerade dadurch ihre Macht. George Orwell beschreibt diese Methode modellhaft in der Szene seines Romans *1984*, in der das hohe Parteimitglied O'Brien dem Helden Winston Smith, den er foltert, vier Finger vors Gesicht hält, und ihn auffordert zu sagen, wie viele er sieht. Smith antwortet: »Vier«; als O'Brien die Schmerzen von Smith erhöht, gibt er schließlich die gewünschte Antwort: »Fünf«. Natürlich wenden die Erwachten in Machtpositionen keine Tortur wie in 1984 an. Das müssen sie auch nicht. Wie schon erwähnt – auf dem Gebiet der Techniken, Druck auszuüben und den Willen von Menschen zu untergraben, gibt es seit Jahrhunderten nur wenig Neuerungen. Viele Methoden lassen sich sanft oder extrem gewalttätig anwenden, aber ihre Grundmuster bleiben im Großen und Ganzen die gleichen.

Wenn seine lächerlichen Volten und seine Widersprüche ausreichen würden, um das regressiv-progressive Gebilde zum Einsturz zu bringen, dann wäre das schon geschehen.

Die schon deutlich größte Gefahr für die Macht der Regressiv-Progressiven geht von den dutzenden größeren und kleineren Widersprüchen ihres zusammengebastelten Glaubenssystems aus. Einer Bewegung, deren Lehre eigentlich nur aus Widersprüchen besteht, fällt es ab einem bestimmten Punkt schwer, noch neue Anhänger zu rekrutieren. Es kostet sie auch immer größere Mühe, ihre Unterstützer bei Laune zu halten, opportunistische Journalisten, Leute aus Werbeagenturen, Gönner aus Unternehmen, große Spender. Auf diese Alliierten ist wenig Verlass. Sie folgen zwar jeder neuen gesellschaftlichen Welle, sobald sie eine gewisse Größe erreicht, allerdings gern mit etwas Abstand. Sie besitzen auch ein feines Gespür für den richtigen Zeitpunkt, sich wieder davonzumachen. Das Wohlwollen dieser wertvollen Verbündeten riskieren die Erwachten hauptsächlich deshalb, weil sich die Erzählung kaum noch aufrechterhalten lässt, ihre Bewegung würde zwar gelegentlich etwas übertreiben, aber alles in allem gute Absichten verfolgen. Das mag in den Anfangszeiten von Identitätslehre und Diskriminierungsbekämpfung einmal der Fall gewesen sein. Aber Anhänger einer Bewegung, die über Gegner Behauptungen verbreiten, von denen sie wissen, dass sie erlogen sind, die andere nicht widerlegen, sondern sozial vernichten wollen, die diabolische Gewalt feiern, wenn sie nur von den Richtigen ausgeht – diese Kämpfer können beim besten Willen keine benevolenten Motive für sich beanspruchen. Gute Absichten müssen nun einmal von anderen anerkannt werden. Darin, dass man sie sich selbst bescheinigt, liegt kein Wert.

Schon aus mittlerer Distanz fallen die zentralen Widersprüche der Regressiv-Progressiven auf. Sie verbreiten den Wahn, ein Gemeinwesen würde friedlicher, wenn sie die Bürgeridee zugunsten einer Dauerkonfrontation von identitären Gruppen abräumen, stabiler, wenn eine neoprogressive Kaste sich mit islamischen Feinden des Westens verbündet, und schließlich auch menschenfreundlicher, wenn die erhabenen Seelen aus den zentralen Stadtvierteln alle, die ihr Gesellschaftsbild nicht teilen, mit Verachtung strafen. Die Erleuchteten und Wohlgesinnten können außerdem nicht erklären, wohin sie eigentlich wollen. Zum einen leiten sie ihren Bedeutungsanspruch daraus ab, dass nur ihre Dogmen die Kraft besäßen, die Gesellschaft als Ganzes in eine gute Richtung zu führen. Andererseits kennen sie überhaupt nichts Ganzes. Nach Überzeugung der Erwachten verdienen es die westlichen Gesellschaften überhaupt nicht, in irgendeine Zukunft transformiert zu werden, noch nicht einmal unter ihrer wohlmeinenden Leitung. Ihrer Schulddoktrin zufolge steckten Ungerechtigkeit und Rassismus so tief in der Matrix des Westens, dass er mit Stumpf und Stil – also eigentlich auch mit seinen Bürgern – verschwinden müsste, um eine bessere Welt zu schaffen.

Wer außer Abrissarbeiten nichts anzubieten hat, der stößt früher oder später auf den Widerstand einer ziemlich breiten Allianz von Kräften, die sich zwar in vielen Vorstellungen unterscheiden, aber darin einig sind, dass keine Gesellschaft unter den Bedingungen der permanenten Anklage und der immer weiter zugespitzten identitätspolitischen Konflikte bestehen kann. Denn dann verliert sie, worauf alle angewiesen sind, die sozial Schwächeren aber besonders: Stabilität. Mit der Frage der Stabilität begann dieses Buch, und damit endet es in diesem großen Bogen auch. Stabilität, Berechenbarkeit, die Vertrautheit der sozialen Umgebung wünscht sich eine Mehrheit, egal ob alteingesessen oder zugewandert, ob politisch eher links oder rechts, und unabhängig von ethnischen Wurzeln.

Ihre Inkonsistenz, ihre Unfähigkeit, einen eigenen Gesellschaftsentwurf zu liefern, ihr abstoßender Verfolgungseifer – all das macht die Bewegung der Erwachten angreifbar. Sie stößt heute auf einen stärkeren Widerstand als noch vor drei oder fünf Jahren – wobei sie allerdings auch mehr Macht und

Ressourcen besitzt als damals. Mit den Gegenreaktionen, von denen es eine bemerkenswerte Reihe gibt, meldet sich gewissermaßen das Immunsystem der erwachsenen Gesellschaft. Zum einen zeigen Neugründungen von Institutionen außerhalb des Einflussbereichs der Wohlgesinnten, über welche Vitalität die Bürgergesellschaft verfügt. Neben etablierten Medien, die vielfach in der neuen Orthodoxie erstarren, entstanden neue; konservative, aber auch klassisch liberale wie »Persuasion« und »Free Press with Bari Weiss« in den USA. Als Reaktion auf die Verengung an den Universitäten gründete sich in den Vereinigten Staaten die schon erwähnte Heterodox Academy, in der sich Wissenschaftler ausdrücklich dem echten Meinungsstreit statt der risikoarmen Debatte innerhalb der eigenen weltanschaulichen Nachbarschaft widmen. Die von Bari Weiss, Peter Boghossian und anderen gegründete Universität Austin nimmt sich neben Harvard und Stanford zwar winzig aus. Aber ihr Beispiel beweist, dass sich dort neue Institutionen bilden, wo die alten ihre wesentliche Funktion – die freie Forschung und den organisierten Streit – aus Engstirnigkeit aufgeben. Und nebenbei, dass sich dafür auch Geldgeber finden. In Deutschland stellt das Netzwerk Wissenschaftsfreiheit Öffentlichkeit her und leistet Gegenwehr, wenn politische Gruppen oder der Staat selbst an Hochschulen die akademische Freiheit beschneiden.

Mit ihren Jubelkundgebungen zugunsten der Hamas testeten antiwestliche Studenten und Hochschullehrer die Geduld vieler bisher langmütiger Unterstützer etwas zu selbstherrlich aus. Danach meldeten sich Mäzene bei Universitätspräsidentinnen, um schon vereinbarte Großspenden wieder zurückzuziehen. Studentische Wortführer der antisemitischen Kundgebungen stellten fest, dass große Anwaltskanzleien sie trotz Yale-Abschluss nicht mehr einstellen wollen. Es kommt also nicht mehr jeder Vertreter der regressiv-progressiven Lehre mit allem und überall unbeschadet durch.

In San Francisco, wo es lange Zeit eine breite Unterstützung für die neue Gesellschaftslenker-Kaste gab, wählte eine Bürgermehrheit Funktionäre ab, die selbst die traditionell linke Stadtgesellschaft noch weiter transformieren wollten. Es traf den Distriktanwalt – einen selbsterklärten Anhänger des linksautoritären Regimes in Venezuela –, der die Verfolgung kleinerer Diebstähle weitgehend einstellte, und damit die öffentliche Verwahrlosung weiter vorantrieb. Außerdem drei Mitglieder des School Board, die vorgeschlagen hatten, Eignungstests für Colleges abzuschaffen und den Besuch von weiterführenden Schulen nicht mehr von der Leistung, sondern von Hautfarbenquoten abhängig zu machen. Die große Abwahlkoalition ließ sich auch nicht beeindrucken, als die plötzlich bedrängten Kräfte die wütenden Einwohner als Zusammenrottung von Rechten, Trumpisten und Rassisten beschimpften. Die Bürger einer nach wie vor linksliberal geprägten Stadt entdeckten ihre Bürgerlichkeit wieder. Hier liegt übrigens einer der wichtigsten Punkte für die Zukunft: Der regressiv-progressive Komplex wird erst ernsthaft an Boden verlieren, wenn nicht nur Konservative und klassisch Liberale, sondern auch Linksliberale sich ihren Dogmen öffentlich entgegenstellen.

Michael Shellenberger gehört zu den politischen Zentristen, für ihn kommt sowohl die Wahl von traditionellen Demokraten als auch gemäßigten Republikanern infrage. Nach Maßstäben seiner Heimatstadt San Francisco kann er als mitte-rechts gelten. Sich selbst bezeichnet Shellenberger als »Ökomodernist«; als Präsident des vom ihm gegründeten »Environmental Progress«-Instituts setzt er sich für eine Energiepolitik ein, die sich von Stromerzeugung durch Kohle hin zur Nuklearenergie bewegt. In seinem Buch *San Fransicko* widmete er sich einem zweiten Themenfeld: dem Niedergang der Großstädte unter Kommunalregierungen, die sich eher von Identitäts- und Symbolpolitik leiten lassen als von der Sorge um Sicherheit und Verlässlichkeit in weniger betuchten

Vierteln. Dieses Phänomen, sagte Shellenberger, als wir uns in Berlin trafen, gebe es in vielen amerikanischen Metropolen, aber nirgends in einer so extremen Form wie in San Francisco. Die Abwahl von Distriktanwalt und radikalen Schulpolitikern, meint er, habe in gewisser Weise einen Wendepunkt für die Stadt und darüber hinaus markiert: »Ja, ich würde sagen, das war der *Peak woke,* der Höhepunkt dieser Bewegung.« Allerdings der Höhepunkt in einer Hochburg, noch längst nicht im ganzen Land. Schon gar nicht in Europa. »Der Aufstieg dieser Ideologie«, sagt er, »war ein langer Prozess über viele Jahre. Und wenn das der Wendepunkt war, dann wird sich auch ihr Abstieg über viele Jahre hinziehen. Sie wird nicht schnell und plötzlich verschwinden.«

Sie verschwindet nicht demnächst, vielleicht auch nicht in mittlerer Zukunft. Zum einen, weil das Glaubenssystem der Erwachten heute in vielen Ländern den gesamten Sektor der Sinnproduktion durchzieht, von den Universitäten, NGOs und einem Großteil der Medien und fast dem gesamten Kulturbetrieb bis hin zu vielen Parteien, Unternehmen, selbst Kirchen. Es gibt nur wenige Zeitungen und Magazine, Filme und Theaterstücke, gesellschaftswissenschaftliche Aufsätze und Politikerreden, die nicht an irgendeiner Stelle die Botschaft von der allgegenwärtigen Diskriminierung, der Schuld des Westens, der reaktionären Peripherie und andere Versatzstücke aus dem gleichen Baukasten unterbringen. Je nach Publikum kommen manchmal nur einige Signalbegriffe vor, ab und zu fällt die Dosis auch sehr kräftig aus. Aber nur wenige Produkte des akademisch-medial-kulturellen Komplexes bleiben davon völlig frei. Die Wirkung dieser Dauerpräsenz ist nicht zu unterschätzen.

Natürlich gibt es auch Medien, Bücher, öffentliche Stimmen, die sich kritisch mit diesem Ideologiesammelsurium befassen. Aber dieser Bereich ist kleiner, er verfügt über eine geringere Reichweite, vor allem aber über weniger Geld.

Das Wohlwollen der klassischen linken Intelligenzija für die Erwachten und ihre Heilslehre mag hier und da bröckeln. Aber bis jetzt gibt es keine generelle Abwendung, noch nicht einmal nach den antisemitischen Exzessen an den Universitäten. Die eine oder andere Stiftung geht möglicherweise vorsichtiger mit Spenden an radikale Organisationen und bestimmte Hochschulen um. Aber meistens lassen sie es bei der Ermahnung an ihre Schützlinge, es nicht zu übertreiben.

Dass die Erwachten auf Gegenwehr treffen, spricht noch nicht für das Ende der Auseinandersetzung. Sondern eher, um den berühmten Satz Winston Churchills abzuwandeln, für das Ende der Anfänge, was die Formierung der Bürgergesellschaft gegen ihre Feinde betrifft.

Die große progressive Rückschrittsbewegung könnte irgendwann kollabieren wie das Tabusystem in Hawaii. Für dieses Ende aus Altersschwäche ist die Glaubenslehre der Erwachten allerdings noch entschieden zu jung. Es könnte sein, dass sich mehr und stärkere Gegenkräfte bilden, die sich mit den regressiv-progressiven eine zermürbende Auseinandersetzung liefern. Die dürfte sich allerdings noch lange hinziehen.

Außerdem gibt es auch Reaktionen auf den Aufstieg der Regressiv-Progressiven, die dieser Bewegung sogar nützen, ihr neue Energie verschaffen und der Bürgergesellschaft schaden. Weder trägt es zur Befriedung der Gesellschaft noch zur Verteidigung der Bürgerlichkeit bei, wenn einige Gegner der Moralelite deren Methoden mit anderen Vorzeichen nachahmen. Das geschieht, wenn sie den Opferdiskurs übernehmen, wenn sie sich über die Skandalisierung von Meinungen beklagen, über die Stigmatisierungen beispielsweise als *alter weißer Mann* oder mutwillig verdrehte Zitate, und es bei der Beschwerde belassen. Natürlich steht es jedem frei, seine persönlichen Verletzungen zu reklamieren. Aber bei wem? Erstens sollte das Ziel für alle Befürworter einer debattierenden Gesellschaft sein, dem Argument wieder Vorrang vor dem

Affekt zu verschaffen. Entweder kann jemand Allgemeingültigkeit oder radikale Subjektivität beanspruchen – aber nie beides. Außerdem passt ein zelebrierter Opferstatus schlecht zur Idee des emanzipierten Bürgers. Es kommt darauf an, die *grievance culture*, die Beschwerdekultur, als Methode in ihre Einzelteile zu zerlegen und aus dem Debattenraum zu befördern, statt sie zu kopieren.

Das Gleiche gilt für die Verbannung von kulturellen Überlieferungen. In den USA gibt es Fälle, in denen Konservative völlig harmlose Bücher aus Schulbibliotheken entfernten und eine Lehrerin sanktionierten, weil sie ihren Schülern ein Foto von Michelangelos David-Statue zeigte. Diese schlichte Methode, mit den gleichen Mitteln zurückzuschlagen, legitimiert nur die Praxis, bestimmte Texte und kulturelle Güter aus der Öffentlichkeit zu verbannen. Sie verdoppelt das Übel, statt es abzuschaffen. Für die Sache der offenen Gesellschaft ist herzlich wenig gewonnen, wenn die Bevormundung nur ihren Richtungspfeil wechselt.

Es gäbe noch einen anderen Weg, der weder autoritäre Gegenmittel braucht noch lange Jahre der Auseinandersetzungen, die Kräfte auf beiden Seiten verschleißen. Es wäre möglich, den Kulturkrieg zwischen der Bürgergesellschaft und ihren Feinden geordnet zu beenden. Für diese Variante braucht es ein wenig Fantasie. Unmöglich ist sie aber nicht. Und sie würde einige Vorteile bieten, sogar für die Erwachten selbst. Die Befriedungsidee geht von der pragmatischen Feststellung aus, dass die Vertreter der Moralelite nicht schnell und auch nicht auf mittlere Sicht aus den Universitäten, den Redaktionen und dem Kulturbetrieb verschwinden. Im Bereich der Sinnschöpfung bleiben sie auf Jahre hinaus die dominierende Größe. Gerade deshalb, weil die Progressiv-Regressiven sich inzwischen an vielen Stellen in der Defensive befinden, bieten die meisten von ihnen alle Kräfte auf, um ihren Status zu verteidigen. Für sie geht es um die Erhaltung ihres materiellen, mehr aber noch um die Bewahrung des kulturellen Kapitals. Die Auseinandersetzung zwischen Bürgergesellschaft und den Erwachten ähnelt immer stärker einem Grabenkrieg mit sehr geringer Aussicht, die jeweils andere Seite einfach überrennen zu können.

In einer ähnlichen Lage befanden sich beide Parteien am Ende des Dreißigjährigen Krieges. Weder die katholische noch die protestantische Seite konnte noch hoffen, die andere niederzuwerfen. Eine Rückkehr zum Status vor 1618 war genauso realitätsfern. Nach jahrelangen Verhandlungen einigten sich die erschöpften Kontrahenten neben kleinen Grenzveränderungen auf eine generelle Amnestie für alle Vorfälle während des Krieges, die gleichberechtigte Anerkennung des katholischen, lutherischen und reformierten Glaubens im Reich, auf eine von allen akzeptierte territoriale Abgrenzung der Konfessionen voneinander und auf eine paritätische Regierung und Verwaltung in den wenigen Reichsstädten mit gemischter Bürgerschaft. Der Friedensvertrag traf auch Vorkehrungen, um den Reichstag davor zu schützen, dass eine konfessionelle Fraktion aus dem politischen Geschäft gedrängt werden konnte. Der Kerngedanke bestand darin, immerhin ein halbwegs ziviles Nebeneinanderleben zu organisieren. Dass es eine konfessionelle Aussöhnung bestenfalls sehr viel später geben würde, falls überhaupt, das wussten alle Beteiligten. Die Formel von wechselseitiger Akzeptanz, Trennung und Parität in gemeinsam genutzten Institutionen hielt erstaunlich lange, was angesichts der blutigen Vorgeschichte nicht unbedingt jeder erwartet hätte.

Ein Westfälischer Frieden der Gegenwart käme allerdings unter etwas anderen Voraussetzungen zustande als damals. Zwar kann auch hier keine Seite die andere auf absehbare Zeit überwältigen. Trotzdem stehen hier nicht ungefähr gleich starke Kräfte gegeneinander. Ohne die Sinnproduzenten käme eine Gesellschaft allerdings für einige Zeit ganz passabel zurecht. Ohne die handfesten Produzenten – und zu denen zählen nun einmal die verachteten Peripheren, die *deplorables,* die Ortsgebundenen, die Dienstleistungen erbringen, Güter erzeugen und transportieren – aber noch nicht einmal für eine Woche. Die einen beherrschen zwar die Höhen der Deutung, die anderen die Tiefe des Raums. Dort entstehen Ressourcen, die Diskurslenker und Sinnschöpfer nicht selbst erzeugen können. Es gibt keine wechselseitigen Abhängigkeiten zwischen beiden Seiten. Der durchsubventionierte antikapitalistisch-antipatriarchale Kulturbühnenimpresario in Berlin lebt von den Steuern, die der Molkereiunternehmer im Allgäu abliefert. Der Molkereibesitzer seinerseits braucht die Kulturbühnengröße nicht, er braucht genauso wenig die Verfasser von Kuratorenmanifesten oder die Postkolonialismusdozentin. Er besucht vermutlich auch keine der von ihnen organisierten Veranstaltungen, er liest ihre Texte nicht, wahrscheinlich besitzt er auch nur eine sehr verschwommene Vorstellung davon, worin die Tätigkeit dieser Leute besteht. Alles, was er von ihnen weiß, ist, dass sie nicht zu seiner Welt gehören und auch gar nicht dazugehören wollen, mit ihrer Definitionsmacht aber in sein Leben eingreifen. Vermutlich gibt es in allen Gemeinwesen und über alle Zeiten hinweg nur zwei wirklich tief eingeprägte Verhaltensmuster und damit zwei Urtypen: diejenigen, die sich obsessiv um die Lebensführung von anderen Leuten kümmern, um dort Einfluss zu nehmen, und die anderen, die sich einfach nur wünschen, von Belehrungen verschont zu bleiben, die aber ihrerseits überhaupt keinen Ehrgeiz entwickeln, anderen einen bestimmten Lebensstil aufzudrängen.

Wie lässt sich also ein tiefer Konflikt befrieden, wenn sich beide Lager real auf sehr unterschiedlichen Machtebenen befinden? Nun: Es bedeutet, dass die Wohlmeinenden, die Erwachten, die autoritären Progressiven den aus ihrer Sicht sehr viel größeren Schritt zu gehen haben. Sie müssen akzeptieren, dass in jedem normalen westlichen Land ein politisches Spektrum von links bis rechts existiert, außerdem eine größere Gruppe von Leuten, die weder eindeutig zur progressiven noch zur konservativen Seite gehören. Es gab schon immer *somewheres,* die sich an einen Ort binden, und das auch meist gar nicht als Einengung empfinden, und *anywheres,* die sich überall zu Hause fühlen, und gerade das dauerhafte Leben an einem bestimmten Ort für eine Zumutung halten. Zu allen Zeiten gab es diejenigen, die alles Hergebrachte infrage stellen, und den Typus, der sich vor allem am Hergebrachten orientiert, der Veränderungen nicht ablehnt, aber meint, dass sich zuerst das Neue legitimieren muss, nicht das Bewährte. Das, was Edmund Burke in seinen *Betrachtungen über die Französische Revolution* schrieb, gilt auch heute noch: »Die, deren Grundsatz es ist, die alte, ehrwürdige Stimme des menschlichen Geschlechts zu verachten, und einen Grundriss zur gesellschaftlichen Verbindung nach völlig neuen Formen zu entwerfen, müssen natürlicherweise erwarten, dass wir (…) sie und ihre Erfindungen der allerstrengsten Prüfung unterwerfen werden. Sie müssen sich darauf gefasst machen, dass wir uns bloß an ihre Gründe halten, aber durchaus nicht an ihre Autorität kehren werden.«

Wer an der gesellschaftlichen Debatte teilnehmen möchte und Gehör beansprucht, muss also anerkennen, dass diese sehr verschiedenen Milieus legitime Positionen vertreten, einander auch in gewisser Weise ergänzen, und dass Wahlen notwendigerweise zum größeren Gewicht mal auf der einen, mal auf der anderen Seite führen. Ausdifferenzierung von rechts bis links, offener Streit zu gleichen Bedingungen und Machtwechsel zeichnen ein halbwegs lebenswertes Land aus. Sorgen muss man sich machen, sobald eine Seite die Dominanz für sich beansprucht, um dann die Regeln so zu ändern, dass sie nur noch ihr nützen; wenn eine Seite die andere nicht als Ergänzung der eigenen versteht, sondern als Gefährdung des Gemeinwesens, woraus sie den Schluss zieht, die anderen im Namen des Gemeinwohls entweder missionieren oder niedermachen zu müssen.

Die Regressiv-Progressiven hätten in dieser großen Befriedung auch das Grundrecht zu respektieren, »in Ruhe gelassen zu werden« – so definierte der amerikanische Verfassungsrichter Louis Brandeis einmal den Kern der Privatheit. Die Mitglieder der Moralelite dürfen auch gern den Ratschlag beherzigen, erst einmal Verantwortung für ihr eigenes Leben zu übernehmen, bevor sie sich für die Welt zuständig fühlen.

Was erhalten nun die Erwachten in einer Friedensregelung? Aus ihrer Sicht wahrscheinlich viel zu wenig, aus Sicht vieler ihrer Gegner zu viel – was das Kräfteverhältnis schon einmal ganz treffend widerspiegelt. In bestimmten Institutionen, die ihr Geld von der Allgemeinheit empfangen – vor allem also bei den gebührenfinanzierten Medien in Deutschland, der Schweiz und Österreich –, sollte nach dem Vorbild des Westfälischen Friedens in Zukunft eine paritätische Besetzung bei den wichtigen Posten herrschen und damit auch ein inhaltliches Nebeneinander von konservativ und progressiv. Unter diesen Umständen bekämen die Anstalten eine Bestandsgarantie, wenn auch nicht mehr in der jetzigen Größe. Innerhalb der Sender gäbe es also einen gewissen Raum auch für die Anhänger von Schuld- und Identitätslehre. Mit einer echten Binnenpluralität könnten die Anstalten sogar eine neue Legitimität entwickeln, andernfalls laufen sie Gefahr, ihre Existenzbegründung völlig zu verlieren. Vor allem für die Regressiv-Progressiven wäre dieser Kompromiss die sehr viel bessere Variante, verglichen mit der Privatisierung oder Abwicklung dieser Anstalten. Universitäten, Schulen und öffentliche Verwaltung müssen in Zukunft von Kulturkämpfen frei gehalten werden. An den Hochschulen bedeutet das natürlich nicht das Ende des Meinungsstreits, sondern die Durchsetzung fester Regeln für alle. Wer Auftritte von Referenten oder

Lehrveranstaltungen stört, wer andere niederschreit, hat ohne Wenn und Aber die Universität zu verlassen. Rektoren, die das nicht ausnahmslos durchsetzen, verlieren die staatlichen Zuwendungen für ihre Hochschulen. Außerdem haben sich alle Fachbereiche regelmäßig der Evaluation zu unterziehen, um zu überprüfen, ob sie wissenschaftlichen Kriterien ausreichend genügen oder nur den Charakter einer ideologischen Schulung besitzen. In diesem Fall dürfen sie nicht aus Steuermitteln finanziert werden. Generell muss sich der Staat aus dem gesellschaftlichen Meinungskampf heraushalten. Diese Befriedungsmaßnahmen nützen auch den Regressiv-Progressiven, denn sie würden verhindern, dass sich nach einem politischen Wettersturz in einem Land die autoritären Methoden zur Abwechslung gegen sie richten. Im Übrigen gäbe es nach diesem Modell eine Bestandsgarantie für die bisherigen Lehrstühle für Gender-, Postkolonialismus- und Critical-Race-Theorie, soweit sie die Evaluierung bestehen. Der Einflussbereich der Erwachten würde unter all diesen Umständen zwar drastisch schrumpfen, aber selbst bei einer politischen Richtungsänderung nicht völlig verschwinden. Zur richtig verstandenen Diversität gehört auch die Einsicht, dass es in Portland ruhig anders zugehen kann als in Austin, in Kreuzberg anders als in Miesbach, in der Innenstadt von Paris anders als in der Provence.

Im Grunde bräuchten die Regressiv-Progressiven nur einen Schritt zu unternehmen – sie müssen den Kulturkrieg einstellen. Es gehört mittlerweile zu ihrer Routine, die Existenz eines Kulturkriegs einfach zu bestreiten, oder, wenn überhaupt, ausschließlich die Gegenreaktionen als Kulturkrieg zu deuten, den nach ihrem Verständnis also nur eine Seite führt. Sonderlich originell wirkt diese Rechtfertigung nicht. Von Clausewitz gibt es den schönen Satz: »Jeder Eroberer liebt den Frieden.« Den eigenen Unterwerfungsfeldzug hält er für unproblematisch, seine Schwierigkeiten beginnen damit, dass die anderen sich wehren. Würden sie den Widerstand einstellen, so sein Argument, wäre endlich Ruhe. Deshalb noch einmal zur Erinnerung, was Kulturkrieg bedeutet: Ganze gesellschaftliche Gruppen als Erbärmliche, als Abgedriftete, als Unbedeutende zu etikettieren – das ist Kulturkrieg. Vorträge und Veranstaltungen, die sich im legalen Rahmen bewegen, aus politischen Gründen zu verhindern – das ist Kulturkrieg. Staatlich finanzierte Meldestellen für strafrechtlich nicht relevante Meinungen einzurichten – das ist Kulturkrieg.

Der Mehrheitsgesellschaft einzureden, sie sei kollektiv rassistisch und trüge eine Erbschuld für die Vergangenheit – das ist Kulturkrieg. Druck auf Universitäten, Verlage, Medien auszuüben mit dem Ziel, die Forschung zu gängeln und das Erscheinen bestimmter Texte zu verhindern – das ist Kulturkrieg. Jeden, der etwas gegen diese Kulturkrieger vorbringt, zum Gesellschaftsfeind, zum Demokratiefeind, zum *Faschisten* zu stempeln – das ist Kulturkrieg. All diese Dinge geschehen. Alles, was die Regressiv-Progressiven ihrerseits zur Befriedung beitragen müssten, wäre, sie in Zukunft zu unterlassen.

Würde dann in den verbliebenen Hochburgen der Erwachten die Verachtung für die Peripheren schwinden? Höchstwahrscheinlich nicht. Respekt lässt sich nicht verordnen. Wenn die Verachtung aber keine Verstärkung mehr durch Steuergeld erfährt, wenn sie keine akademische Oberflächenveredlung mehr erhält, wenn die öffentlich-rechtlichen Sender in dieser Hinsicht den Ton etwas leiser stellen würden, dann ginge ein großer Teil ihrer toxischen Wirkung verloren. Darin besteht überhaupt das Ziel: nicht in einer Säuberung von rechts, die sich manche durchaus erträumen, sondern in der Entgiftung der öffentlichen Atmosphäre. Im Idealfall würde jemand, der aus einer öffentlichen Position heraus seine kulturelle Verachtung über sozial Schwächeren auskübelt wie seinerzeit Hillary Clinton über die *deplorables,* in Zukunft einen ähnlichen Gesichtsverlust erleiden wie jemand, der dabei erwischt wird, wie er Sondermüll in die Landschaft entsorgt.

Wem der Kompromissvorschlag zu schwach und zu nachgiebig gegenüber Leuten erscheint, die sich selbst meist keine Rücksicht bei ihren Kampfmethoden auferlegen, der sollte über den Satz von Marcus Tullius Cicero nachdenken: »Der ungerechteste Frieden ist immer noch besser als der gerechteste Krieg.« Ein fortgesetzter, auf Dauer gestellter Kulturkrieg könnte am Ende das vernichten, was in der Gesellschaft alle dringend brauchen – die Stabilität. In einem Sieg auf einem Trümmerhaufen liegt wenig Wert. Das gilt für jede Seite.

Die Bürger lassen sich leichter für eine Befriedungsregelung gewinnen als ihre Gegner. Anders als die Verächter der Bürgergesellschaft konzentrieren sie ihre Kräfte auf ihre Familie, ihren Beruf, ihr Unternehmen, sie beziehen umgekehrt ihre Kräfte aus dem Ort, an dem sie leben, aus ihrer Tradition. Ihre gesellschaftliche Position verdanken sie keiner Anklage- und Schuldideologie. Sie befinden sich in der Rolle der Verteidiger. Egal, ob es zu dem skizzierten Arrangement zwischen den beiden Seiten kommt oder nicht, Bürger sollten und müssen sich selbst ermächtigen. Bürgerlichkeit versteht sich nicht mehr von selbst. Andernfalls wären die Erwachten nie innerhalb weniger Jahre zu dieser Macht im Westen aufgestiegen. Im Grunde verstand sich die Bürgerlichkeit niemals von selbst. Sie musste immer erklärt und verteidigt werden. Aber hier liegt auch ihr eigentlicher und zentraler Vorteil: Bürger können ein Bild einer Gesellschaft entwerfen, die anziehend wirkt. Das konnten die Regressiv-Progressiven nie. Ihre Geist- und Humorlosigkeit macht sie zu großen und für den Moment auch durchaus erfolgreichen Eiferern, aber zu schlechten Werbern ihrer Sache. Es gelingt ihnen nicht, andere einzuladen. Ihr Gedankengebäude besitzt keine Konsistenz. Ihre Traktate bestehen zur Hälfte aus Widersprüchen, zur Hälfte aus Wiederholungen.

Auch wenn der Anschein etwas anderes sagt: Bürger befinden sich ihnen gegenüber in einer Position der Stärke. Sie müssen das vor allem selbst verstehen. Es gibt nur eins, das schwächer macht als Verzagtheit: Gleichgültigkeit. Wenn die Bürger, die Bürger sein wollen, sich auf ihre reiche Geschichte besinnen, dann bleibt die Bürgergesellschaft des Westens bestehen.

Und womöglich mehr als das. Sie wird nicht nur bestehen bleiben, sondern zu neuer Größe aufblühen. Überlebt sie diesen Angriff, dann steht sie stärker da als vorher. Die Zukunft ist offen, auch für ein neues bürgerliches Zeitalter.